RECLAM-BIBLIOTHEK

„Der von diesen Frauen beschriebene Alltag vermittelt ein buntes Mosaik persönlicher Erfahrungen, die in ihrer Gesamtheit den widersprüchlichen Verlauf deutsch-jüdischer Geschichte weit besser belegen als manch trockenes Schulbuch. Den Auftakt bilden Zeugnisse des unwahrscheinlich großen Taten- und Freiheitsdrangs engagierter junger Frauen um die Jahrhundertwende, der vor allem in der Frauenrechtsbewegung zum Ausdruck kam. Nach ersten anfänglichen Erfolgen und nach bitteren Rückschlägen in der Weimarer Republik folgen dann die finsteren Kapitel von Verfolgung und Vertreibung, die Erinnerungen an das Exil und die schmerzhaften Erfahrungen der wenigen Überlebenden der Vernichtungslager. Der letzte Teil des Buches umfaßt die Zeit von 1945 bis heute. Er zeigt den Wiederaufbau nach dem Krieg in der ehemaligen DDR und das Leben im neugegründeten Staat Israel.
Der gemeinsame Nenner dieser sehr unterschiedlichen Texte ist die Suche der Autorinnen nach ihrer nationalen Identität und die Frage nach ihren heimatlichen Wurzeln."   Münchner Merkur

Erinnerungen
deutsch-jüdischer Frauen
1900–1990

RECLAM VERLAG LEIPZIG

Herausgegeben, mit einer Einleitung und Anmerkungen
versehen von Andreas Lixl-Purcell
Mit 22 Fotodokumenten

ISBN 3-379-01423-0

© Reclam Verlag Leipzig 1992 (für diese Ausgabe)

Die Quellen- und Rechtsangaben folgen am Schluß jedes Beitrags. Die Rechte zum Abdruck der Fotos erteilten uns freundlicherweise die Autorinnen bzw. deren Erben.

Reclam-Bibliothek Band 1423
2. Auflage, 1993
Reihengestaltung: Hans Peter Willberg
Umschlaggestaltung: Matthias Gubig
Abb. S. 1: Autograph von Else Lasker-Schüler
Printed in Germany
Lichtsatz: INTERDRUCK Leipzig GmbH
Reproduktionen: Reprocolor GmbH Leipzig
Druck und Binden: Ebner Ulm
Gesetzt aus Garamond-Antiqua

Einleitung

1. Textauswahl

Die Beiträge dieses Buches beschreiben die Erinnerungen dreier Generationen deutsch-jüdischer Frauen aus dem 20. Jahrhundert. Im Mittelpunkt stehen Autorinnen aus deutschsprachigen Ländern, deren Autobiographien detaillierte Bilder aus der deutschen Sozialgeschichte liefern. Bis auf wenige Ausnahmen sind die Texte bisher noch nicht veröffentlicht worden. Die Sammlung versetzt den Leser in das Leben von jüngeren und älteren, bekannten und unbekannten, verheirateten und alleinstehenden Frauen aus vielerlei Berufen, sozialen Schichten und politischen Gruppierungen. Der beschriebene Alltag vermittelt ein facettenreiches Mosaik persönlicher, sozialer und politischer Erfahrungen, die zusammen den widersprüchlichen Verlauf deutsch-jüdischer Geschichte beleuchten.

Die Auswahl dieser vergessenen autobiographischen Zeugnisse erfolgte mit der Absicht, nachgeborenen Generationen zur Begriffs- und Erfahrungswelt jüdischer Frauen im deutschsprachigen Raum Zugang zu verschaffen. Jugenderinnerungen, Familiengeschichten und Alltagserlebnisse kommen dabei ebenso zur Sprache wie Berufserfahrungen und feministische Ansichten. Bei der Zusammenstellung der Texte wurde versucht, den Verlauf deutsch-jüdischer Geschichte chronologisch darzustellen, die Divergenz sozialer und politischer Gruppierungen zu dokumentieren und die thematischen Schwerpunkte der Frauenmemoiren vorzustellen.

Der Aufbau des Buches setzt Akzente, die bewußt auf die Interessen heutiger Leser eingehen. Die Verfasserinnen berichten vom Taten- und Freiheitsdrang junger Frauen um die Jahrhundertwende, von einflußreichen Politikerinnen wie Bertha Pappenheim und Rosa Luxemburg, von der Arbeit der Frauenrechtsbewegung und vom Aufschwung jüdischen Lebens in den deutschen Großstädten. Auch von der Verfolgung und Vertreibung jüdischer Frauen aus Deutschland ist die Rede, ebenso vom Terror in den Nazi-Vernichtungslagern und vom Wiederaufbau nach dem Krieg. Dabei greift der autobiographische Horizont der Kapitel über zentrale Erlebnisse wie Holocaust und Exil weit hinaus und rückt sowohl die Zeitspannen vor und nach dem Faschismus ins literarische Blickfeld.

Da die Erinnerungen deutsch-jüdischer Frauen besonders den Bezug zur Sozialgeschichte hervorkehren, erstreckt sich im ersten Teil des Buches der autobiographische Rahmen zurück bis zum Kaiserreich. Teil II behandelt das Leben in der Weimarer Republik angefangen mit der Novemberrevolution 1918 bis zu Hitlers Machtergreifung 1933. Die Kapitel in Teil III, IV und V berichten über die Zeit des Dritten Reiches und gruppieren sich um die Themenkreise „Verfolgung und Vertreibung", „Erinnerungen ans Exil" und „Holocaust". Teil VI am Ende des Buches stellt unter dem Titel „Autobiographisches aus Ost und West" neuere Texte aus der Phase 1945–1990 vor. Die Öffnung des geschichtlichen Horizonts zielt darauf ab, kulturpolitische Zusammenhänge zu verdeutlichen und die Erfahrungen dreier Generationen deutscher Jüdinnen möglichst differenziert darzustellen. Da in fast allen Autobiographien die Jahrzehnte vor und nach dem Nationalsozialismus gesondert behandelt werden, spiegelt die Gliederung des Buches zugleich die Erinnerungsmuster deutsch-jüdischer Memoirenliteratur.

Aus dieser Optik ergeben sich gemeinsame Nenner, die über das betont Autobiographische und Historische der Texte hinausweisen und den Bezug zur unmittelbaren Gegenwart betonen. Das übergreifende Thema aller Beiträge ist das Nachdenken über die Heimat und die Rolle deutsch-jüdischer Frauen in der Geschichte. Die Kapitel verleihen Einsicht in individuelle Schicksale, die nicht nur außergewöhnlich wertvolle Erfahrungen vermitteln, sondern auch politische Lernprozesse darstellen und somit eine Brücke schlagen zum zerstörten Erbe des deutschen Judentums. Die Anthologie zielt darauf ab, die Brisanz dieser Memoiren einem möglichst breiten Publikum zugänglich zu machen, wozu besonders die jüngere Generation, Juden, Frauen, Germanisten, Historiker, politisch Engagierte und all diejenigen Leser zählen, die sich für deutsche Memoirenliteratur interessieren und von den Verfasserinnen wertvolle Anregungen zur eigenen geschichtlichen Ortsbestimmung erwarten.

Der Großteil der im Buch versammelten Autoren gehört den zwei Generationen nach der Jahrhundertwende an. Während die Frauen älterer Jahrgänge vor allem vom wirtschaftlichen und sozialen Aufschwung ihrer Familien im Kaiserreich berichteten, standen die nach 1900 Geborenen im Mittelpunkt der geo-politischen Umwälzungen, die das europäische Judentum von Grund auf verändern sollten. Es waren die Frauen dieser Generation, die in der Blüte ihrer Jahre im Holocaust ums Leben kamen oder sich nach der Flucht aus Nazi-Deutschland in der Emigration eine neue Existenz aufbauen mußten. Sie waren es zumeist, die später im Exilland ihre Lebensgeschichten niederschrieben, um ihren Kindern und Enkeln Zeugnis zu geben von einer Welt, deren Kultur und Lebenszusammenhang zwischen 1933 und 1945 vernichtet wurden.

Die Frauen des Kaiserreiches und der Weimarer Republik schrieben mehr Autobiographien, Tagebücher und Memoiren als alle anderen Generationen deutscher Jüdinnen davor. Die Erinnerungsarbeit entsprang dem Wunsch, als Überlebende Bericht abzustatten über den Ablauf deutsch-jüdischer Geschichte. Die Autobiographien vermitteln nicht nur die individuellen Schicksale der Verfasserinnen, sondern sind vor allem im Sinne einer kollektiven Trauerarbeit und Vergangenheitsbewältigung zu verstehen. Es kann nicht verwundern, daß gerade jene Generationen, die im Mittelpunkt des unerhörten geschichtlichen Geschehens standen, zu ihren Erfahrungen Stellung nehmen wollten.

Bei der Zusammenstellung der Dokumentation wurde darauf geachtet, das breite Spektrum der Memoirenliteratur deutscher Jüdinnen repräsentativ zu erfassen und Autoren aus möglichst vielen geographischen Regionen und sozialen Schichten vorzustellen. Dabei zeigte es

sich, daß weitaus mehr Lebensberichte aus den Großstädten als aus der Provinz vorlagen. Deutlich bemerkbar war auch ein Mangel an Autobiographien von sozialistischen Arbeiterinnen und von Frauen aus dem
Ostjudentum. Beides verweist auf die Ungleichzeitigkeit
der sozialen und kulturpolitischen Entwicklungen in
Stadt und Land.

Die meisten Autorinnen kommen aus bürgerlichen Familien. Dies erklärt die mitunter deutliche Distanz zum
orthodoxen Judentum, zum Zionismus und zum Sozialismus, die in vielen Selbstdarstellungen aus dem Kaiserreich und der Weimarer Republik spürbar wird. Da die
Familien der Verfasserinnen meist aus Großstädten kamen, jüdischen Reformgemeinden angehörten und sich
bewußt zum Deutschtum bekannten, standen sie separa-
tistischen und revolutionären Bewegungen gleicherma-
ßen kritisch gegenüber. Weil Memoiren und Autobiographien zudem ein typisches Alters-Genre sind, zeigte
sich bei einigen Autoren auch ein Hang zur Romantisie-
rung der Jugend im Kaiserreich und in der Republik.
Wie „nebelhafte Märchenbilder" (Friedrichs, Kapitel 10)
tauchen die Erinnerungen aus der Kindheit auf und stehen im krassen Gegensatz zur schroffen Welt der Erwachsenen. Hinter der Koppelung der Perspektiven ver-
birgt sich das tiefe Trauma der Verfolgung, Vertreibung
und Vernichtung jüdischen Lebens im Faschismus. Anstatt die Gedanken an das erlittene Unrecht wachzuru-
fen, verbinden viele Memoirenschreiber die scheinbar
intakte Welt ihrer Kindheitserinnerungen mit dem Leben in der Gegenwart, um in der Montage der Bilder
den Bruch in der Geschichte ihres Lebens anzudeuten.
Bei älteren Texten ließ sich auch eine größere Streuung
autobiographischer Themenkreise beobachten als in solchen Memoiren, die über den Ersten Weltkrieg, die Zeit
des Dritten Reiches und die Periode des kalten Krieges
berichten. Dies mag damit zu begründen sein, daß in
Zeiten sozialer Stabilität und Sicherheit der Erinne-
rungshorizont weiter ausschweift als in Zeiten persönlicher und politischer Krisen. Dies bewirkte eine leichte
Verschiebung der autobiographischen Schwerpunkte

und führte zu einer etwas idealisierten Sicht auf den Alltag jüdischer Frauen in Deutschland vor dem Faschismus.

Die hier veröffentlichten autobiographischen Zeugnisse stammen aus Nachlässen in Deutschland, Österreich, der Schweiz, Israel, Ekuador, Frankreich, Großbritannien, den Niederlanden, Schweden, Australien und den Vereinigten Staaten. Mit Ausnahme von ein paar älteren Texten aus der Zeit des Kaiserreichs und der Weimarer Republik entstanden die meisten Memoiren in der Zeitspanne zwischen 1955 und 1980. Von den 33 im Buch vertretenen Verfasserinnen beteiligten sich acht persönlich an der Auswahl und Edition ihrer Kapitel (1, 3, 9, 10, 13, 20, 30, 33) oder schrieben eigens Arbeiten für diese Anthologie. Ihnen sei ganz besonders gedankt: Frau Prive Friedjung, Nellie H. Friedrichs, Salomea Genin, Else Gerstel, Ruth Glaser, Susi Lewinsky, Senta Meyer-Gerstein und Charlotte Pick. Die Vorlagen zu den Kapiteln von Frau Elisabeth Bamberger (16), Margot Bloch-Wresinski (11), Mathilde Jacob (6) und Käthe Mendels (5) kommen aus privaten Sammlungen. Dank für ihre Hilfe bei der Veröffentlichung der Manuskripte gilt in erster Linie Herrn Frank J. Bamberger, Dr. Sibylle Quack, Frau Wilma Reich und Frau Erica Schwarz in Sydney, Australien.

Die anderen Memoirentexte des Buches kommen aus öffentlichen Archiven. Die mit Abstand größte Sammlung deutsch-jüdischer Frauenautobiographien befindet sich heute im Leo-Baeck-Institut in New York. Zu den Beständen des Archivs zählen mehr als 150 Lebensberichte von Frauen, die den Zeitraum der letzten zwei Jahrhunderte beschreiben, wobei besonders viele Selbstzeugnisse die Jahre der Emigration von 1933 bis 1945 behandeln. Eine kleinere Sammlung deutscher und englischer Memoiren aus dem Jahr 1940 wird an der Houghton Library im US-Bundesstaat Massachusetts aufbewahrt. Die Texte dieses Archivs sind das Resultat eines Preisausschreibens der soziologischen Abteilung der Harvard-Universität zum Thema „Mein Leben in Deutschland vor und nach dem 30. Januar 1933". Von den etwa

300 Einsendungen stammen gut ein Drittel aus der Feder deutscher Jüdinnen, darunter auch die inzwischen veröffentlichten Memoiren von Dr. Käte Frankenthal und die Arbeit der Gewinnerin des Preisausschreibens, Dr. Hertha Nathorff. Wichtig für das Verständnis dieser Lebensberichte ist der Umstand, daß die Mehrzahl der Arbeiten in der Emigration und noch vor Bekanntwerden des Nazi-Holocausts verfaßt wurde. Die dritte große Sammlung deutsch-jüdischer Memoiren befindet sich in Israel in der Bibliothek des Yad-Vashem-Museums in Jerusalem. Die Dokumente wurden unmittelbar nach dem Zweiten Weltkrieg unter der Leitung des damaligen Archivars Dr. Ball-Kaduri gesammelt und enthalten hauptsächlich Augenzeugenberichte von Überlebenden aus dem Nazi-Holocaust. In der Bibliothek befinden sich mehr als 100 Autobiographien deutschsprachiger Jüdinnen. Eine vierte, etwas kleinere „Dokumentation lebensgeschichtlicher Aufzeichnungen" wird im Institut für Wirtschafts- und Sozialgeschichte der Universität Wien aufbewahrt. Die Sammlung steht unter der Leitung von Dr. Therese Weber und Dr. Albert Lichtblau und enthält etwa 20 Memoiren österreichischer Jüdinnen aus diesem Jahrhundert.

Von den mehr als 400 Autobiographien deutscher Jüdinnen konnte nur ein kleiner Bruchteil hier abgedruckt werden. Bei der Edition der Kapitel wurde darauf geachtet, die literarische Authentizität der Arbeiten zu bewahren und die Quellen möglichst vollständig zu zitieren. Zum besseren Verständnis der ausgewählten Stellen wurden jedoch hin und wieder Teile eines Textes ausgelassen, wenn es sich um historische Tangenten, allzu private Erinnerungen oder inhaltliche Abschweifungen handelte. Die ausgelassenen Partien wurden jeweils durch eckige Klammern gekennzeichnet. Übersetzungen von hebräischen und jiddischen Ausdrücken erscheinen in runden Klammern. Sprachliche Korrekturen wurden nur dann vorgenommen, wenn es sich um offensichtliche Schreibfehler oder um grammatische oder stilistische Unebenheiten handelte. Um dem Leser den Einstieg in die Kapitel zu erleichtern, ist jedem Text eine

Einführung vorangestellt. Angaben zur Biographie der Verfasserinnen und zur Entstehungsgeschichte der Texte vermitteln den literarischen Hintergrund der autobiographischen Arbeiten. Kurze Anmerkungen am Ende der Kapitel geben Auskunft über geschichtliche Zusammenhänge, Personennamen oder geographische Anspielungen.

Nicht zuletzt möchte sich der Herausgeber bei den Autoren, deren Nachkommen und bei den Mitarbeitern der oben erwähnten Archive bedanken, die das Zustandekommen dieser Dokumentation freundlich unterstützten. Direktor Dr. Robert Jacobs, Dr. Frank Mecklenburg und Dr. Diane Spielmann vom Leo-Baeck-Institut in New York und Direktor Rodney G. Dennis von der Houghton Library erteilten wertvolle wissenschaftliche Auskünfte. Frau Hadassah Modlinger und Ora Alcalay vom Yad-Vashem-Archiv kümmerten sich tatkräftig um die Zusammenstellung der Dokumente in Teil V. Frau Lori Batten übernahm freundlicherweise die Abschrift vieler Manuskripte. Dr. Harriet Freidenreich, Dr. Albert Lichtblau und Dr. Sibylle Quack boten Rat und Hilfe bei der Beschaffung seltener Texte. Für ihre tatkräftige Unterstützung bei der Zusammenstellung der Abbildungen möchte ich mich ganz besonders bei Frau Amy Lixl-Purcell bedanken. Dank gebührt auch den Lektoren des Reclam-Verlags, Herrn Dietmar Thom und Frau Gabriele Bock, und den internationalen Stiftungen, die mit Forschungsstipendien die Herausgabe dieses Erinnerungsbuches ermöglichten, darunter die Robert-Bosch-Stiftung und der Forschungsrat der University of North Carolina at Greensboro. Der Band wurde mit Unterstützung der Robert-Bosch-Stiftung gedruckt.

2. Die Memoirenliteratur deutsch-jüdischer Frauen seit 1900

Im Zuge der Frauenbewegung und des neuerwachten Interesses an der Sozialgeschichte des Alltags ist in den letzten Jahren eine Fülle von Biographien und Autobiographien entstanden, darunter auch zahlreiche Lebensberichte deutsch-jüdischer Frauen im In- und Ausland. Viele Jüdinnen, die das Dritte Reich überlebt und jahrelang im Zustand des Schweigens verharrt hatten, stellten sich der Frage nach dem Schicksal ihrer Geschlechtsgenossinnen mit einer neuen Dringlichkeit, die auch an der Literaturwissenschaft nicht spurlos vorübergegangen ist.[1] Was in diesen Autobiographien zum Ausdruck kam, ist der Versuch, herkömmliche Erinnerungsmuster zugunsten einer Darstellungsweise zu überwinden, die zu einem tieferen Verständnis für die Rolle der Frauen in der deutsch-jüdischen Geschichte führte. Die Bedeutung des autobiographischen Schreibens innerhalb der jüdischen Geschichtsschreibung und der Frauenbewegung im besonderen leitete sich aus der Erkenntnis ab, daß der Mangel an eigener Sprache, Selbstdarstellung und Erinnerung eine Hauptform politischer Unterdrückung darstellt. Dabei stand der Wunsch im Vordergrund, das herkömmliche Verständnis deutsch-jüdischer Identität kritisch zu beleuchten und zugleich die Schicksale deutscher Jüdinnen zu dokumentieren.

Sich autobiographisch auszudrücken bedeutete für die Verfasserinnen freilich noch nicht, sich von den Scheuklappen patriarchalischer Geschichtsschreibung einfach zu befreien. Die Implikationen solcher Argumente für die Lektüre der Memoirenliteratur deutsch-jüdischer Frauen sind vielfältig. Autobiographien von Frauen sind als solche noch nicht feministisch, kritisch oder subversiv, das heißt, sie drücken keine unvermittelten Wahrheiten über Frauen aus. Ebenso falsch wäre es, diese Autobiographien dazu heranzuziehen, um eine total isolierte Frauenkultur zu rekonstruieren, oder um sie als historische Dokumente der totalen Unterwerfung zu interpretieren. Aus diesem Grund sollte nicht der Versuch unternommen werden, die Erinnerungen deutscher Jüdinnen allein als authentische weibliche Stimmen der Wahrheit im Kampf gegen die historischen Zerrbilder der Frau zu lesen. Die Dokumentation sollte daher nicht nur im Hinblick auf die dargestellte Wirklichkeit als autobiographische Mischung von Dichtung und Wahrheit verstanden werden, sondern vor allem als ideologiekritische Literatur innerhalb einer wichtigen Übergangsphase.

Der größere Anteil der von Frauen verfaßten Memoirenliteratur in diesem Jahrhundert führte zur Darstellung alternativer Denkmodelle, die weitgehend mit der Formulierung andersgearteter geschichtlicher Erfahrungen zusammenhingen. Der eigentliche Durchbruch deutschjüdischer Frauenautobiographien vollzog sich in den frühen siebziger und achtziger Jahren, Wirft man einen Blick auf die Zahl der Veröffentlichungen, so erkennt man die breitgestreute Rezeption dieses Genres. Seit 1970 erschienen über 120 Erinnerungsbücher jüdischer Frauen aus Deutschland, Österreich und der Schweiz. Überwiegend waren es Memoiren bekannter Emigrantinnen, darunter Schauspieler, Künstler, Musiker, Historiker, Journalisten und Schriftsteller wie Hannah Arendt, Carola Bloch, Hilde Domin, Lotte H. Eisner, Martha Feuchtwanger, Lea Grundig, Else Lasker-Schüler, Margarete Susman, Gabriele Tergit, Salka Viertel und andere.

Was diese Autobiographien so interessant macht, ist die Tatsache, daß sie im Rahmen einer neuen sozialen und kulturellen Bewegung veröffentlicht, gekauft und gelesen werden, die um ein viel besseres Verständnis deutscher Jüdinnen und ihrer Geschichte bemüht war. Im Gegensatz zu älteren Generationen unterscheiden sich die Autoren vor allem darin, daß sie sich mit ihren Memoiren selbst an der öffentlichen Diskussion um die deutsch-jüdische Frage beteiligen. Die autobiographischen Arbeiten dieses Buches liefern Ausgangspunkte für einen kritischen Dialog mit den Vorstellungen chauvinistischen Hegemoniedenkens und neue Beiträge zur Debatte um die Sozialgeschichte deutscher Jüdinnen im 20. Jahrhundert.

Die Vielzahl der autobiographischen Strategien in diesem Buch zeigt weder Einheitlichkeit noch sind sie reduzierbar auf eine Dimension „jüdischer Frauenautobiographie" innerhalb eines singulär gehaltenen Begriffs von Weiblichkeit. Im Gegensatz zur normativen patriarchalischen Erinnerungsarbeit verdeutlichte sich erst die Notwendigkeit für Frauen mit möglichst vielen verschiedenen Stimmen zu sprechen. Deswegen wäre es auch falsch, von der Voraussetzung einer absoluten Authentizität dieser Texte auszugehen oder auf die Frage nach der Bedeutung dieser Memoiren nur eine einzig mögliche Antwort zu erwarten.

Mit dem Bewußtsein einer Verpflichtung zu feministischem Engagement kam oft der Wunsch nach Rechtfertigung des eigenen, vor allem des autobiographischen Schreibens zum Ausdruck. Bei einigen Verfasserinnen stellte sich die Frage nach der historischen Sinngebung ihres Lebens aus dem Gefühl der Vereinsamung im Alter. Bei anderen Autoren war es die bewußte Identifikation des eigenen Schicksals mit dem von vielen anderen Frauen. Dabei stand oft der Impuls im Vordergrund, sich nicht sprachlos der Vergangenheit auszuliefern, sondern den „Nachgeborenen" die Erfahrungen des eigenen Lebens zu vermitteln, sei es nun als Zeugenbericht, Anklage, Rechtfertigung, Ratschlag oder Rückblick.

Nicht um literarisches Ansehen ging es den Autoren beim Schreiben ihrer Autobiographien, Memoiren und Tagebücher. Was sie motivierte, war nicht der Drang nach Verkündung beruflicher Erfolge oder philosophischer Wahrheiten, sondern vielmehr die Absicht, geschichtliche Erfahrungen auf den Begriff zu bringen und die Lehren ihres Lebens weiterzugeben. Anneliese Borinski (Kapitel 25), eine Lehrerin an der „Jüdischen Volksschule" in Berlin, widmete ihre Autobiographie aus dem Jahr 1945 dem Gedächtnis ihrer Freunde in einer Jugendgruppe des *Makkabi Hazair*, die im Holocaust ums Leben kamen.

> Es gibt sehr viel von der Arbeit und dem Leben, das wir in den letzten Jahren geführt haben, zu erzählen. [...] Ich glaube, daß man einen Rechenschaftsbericht ablegen muß. Das heißt, daß ich, weil ich wohl die Einzige bin, die übrig geblieben ist und Euch jetzt erreichen kann, Euch, den verantwortlichen Kameraden, Rechenschaft ablegen muß über das, was mit un-

seren Menschen geschehen ist. [...] Dieses Bewußtsein, daß ich einmal vor Euch treten muß, um Euch
zu berichten über die Verpflichtung, die wir eingegan-
gen sind, hat mich in den letzten Jahren aufrechterhalten und vorwärts getrieben.

Viele der Verfasserinnen äußerten die Hoffnung, daß
zukünftige Geschlechter diese Lehren niemals vergessen
sollten, um eine Wiederholung des Schicksals zu vermeiden. Jede Autobiographie bietet dem Leser eine eigene
Auslegung der Geschichte und einen anderen Rahmen
der Erinnerung. Käthe Mendels (Kapitel 5), die mit
ihrer Familie den Krieg im australischen Exil überlebte,
begründete 1971 das Schreiben ihrer Autobiographie
wie folgt:

Ich betrachte mich nicht als Schriftstellerin, [...] aber
andererseits denke ich, daß unsere Nachfahren von
ihren eigenen Verwandten die Geschichte ihrer Familie erfahren sollten. Daher beginne ich meine Autobiographie, indem ich über die letzten 15 Jahre in
Deutschland berichte. Noch ein Grund bewegt mich,
meine Erinnerungen niederzuschreiben. Ich bin mir
sicher, daß uns die jüngste Generation, sobald sie erwachsen ist, die Frage stellen wird: „Wie kam es, daß
Euch die Flucht gelang und so viele unserer Familienmitglieder und Freunde zurückblieben?"

Die meisten der hier vorgelegten Selbstdarstellungen
zeichnen sich durch eine betont nüchterne Sprache aus,
die der Welt des Alltags entspricht und realistisch den
Ablauf der Ereignisse widerspiegelt. Die geschichtliche
Reflexion führte oft zum Nachdenken über die Sinngebung des eigenen Lebens, das sich am besten im literarischen Format von Zeugenberichten, Familiengeschichten oder historischen Betrachtungen ausdrücken ließ.
Dabei wird das eigene Leben oft als Teil eines Kollektivs
empfunden, das den einzelnen Menschen unlösbar in
den geschichtlichen Gang der Ereignisse verwickelte.

3. Vom Kaiserreich bis zur Weimarer Republik

Autobiographische Berichte folgen wie alle anderen Prosaformen gewissen Leitmotiven, die in ihrer Gesamtheit ein Bild vom Leben der Verfasserin vermitteln sollen. Wichtige historische Perioden und politische Ereignisse werden dabei oft zu Orientierungsposten, an denen die eigene Laufbahn literarisch verankert wird. Die ersten zehn autobiographischen Beiträge dieses Buches sind in der Welt des Kaiserreichs und der Weimarer Republik angesiedelt. Das Band der Erinnerungen verläuft entlang geschichtlicher Leitlinien, die mit dem kulturellen Aufschwung der Monarchie beginnen und quer durch die Krisenzeit des Ersten Weltkriegs bis zum Ende der Weimarer Republik im Jahr 1933 führen.

Zu Wort kommen Jüdinnen aus zionistischen, sozialistischen und liberalen Kreisen sowie Sprecherinnen aus der Frauenbewegung und Autoren aus mehreren geographischen Regionen von der Bukowina im Südosten des Habsburger Reiches bis nach Niedersachsen im Nordwesten. Der sozialgeschichtliche Hintergrund ist ebenso unterschiedlich wie die autobiographischen Strategien der Verfasserinnen. Das breite Panorama der Erinnerungen verdeutlicht das große soziale und kulturelle Gefälle zwischen jüdischen Gemeinden in Stadt und Land und zwischen dem deutschen und östlichen Judentum. Als Beispiel für diesen Pluralismus sei hier eine Stelle aus der Autobiographie von Julie Kaden (Kapitel 4) zitiert, an der sich die ablehnende Einstellung einer assimilierten jungen Jüdin aus Dresden gegenüber der orthodoxen Minderheit ablesen läßt.

> Warum mußten denn zum Beispiel die vielen orthodoxen Juden [...] in besonderen koscheren Gasthäusern essen? Gefielen sie wirklich ihrem Gotte besser, wenn sie kein Schweinefleisch aßen, wenn das Vieh für sie in besonderer Weise geschlachtet, das Essen in getrennten Schüsseln zubereitet wurde? Warum gefielen denn wir, wie mir schien, diesem selben Gotte ebenso gut, wo wir doch zwischen „Milchern" und „Fleischern" keinen Unterschied machten und uns je-

desmal nach dem Bad unsere mit Prager Schinken belegte Semmel ausgezeichnet hatten schmecken lassen?

Die Erinnerungen von Julie Kaden und Ruth Glaser (Kapitel 9) führen den Leser in das Leben emanzipierter Jüdinnen vor und nach dem Ersten Weltkrieg ein. Hier spürt man den Geist einer jungen Generation, die sich ohne Vorbehalte mit der Symbiose deutsch-jüdischer Kultur identifizierte und sich sehr aktiv am kulturpolitischen Leben ihres Heimatlandes beteiligte. Die Betonung dieses ehemaligen Zugehörigkeitsgefühls steht auch am Anfang vieler anderer Autobiographien, darunter Else Gerstels Bericht über ihre Jugend in Berlin (Kapitel 1) und die Erinnerungen von Nellie H. Friedrichs an ihre Schulzeit in Braunschweig (Kapitel 10).

Im Gegensatz zur Welt des jüdischen Bildungsbürgertums schildern die Erinnerungen von Prive Friedjung und Mischket Liebermann das religiöse Leben im ostjüdischen Ghetto. Prive Friedjungs Memoiren (Kapitel 3) beschreiben mit eindrucksvollen Farben das fromme Leben ihrer Familie in der Bukowina im heutigen Rumänien, wo ihr Vater Schächter der jüdischen Gemeinde war. Ihre Erinnerungen spiegeln die tiefe Religiosität des Ostjudentums, den starken Druck der väterlichen Autorität und schließlich die Rebellion der jungen Frau unter dem Einfluß zionistischer und marxistischer Lehren. Ein ähnlicher Ausbruchsversuch wird in der proletarischen Selbstdarstellung von Mischket Liebermann (Kapitel 8) beschrieben, die als Tochter eines ostjüdischen Rabbiners im Berliner Scheunenviertel aufwuchs. Beide Frauen nahmen in ihren Autobiographien bewußt revolutionäre Haltungen ein, die der „Milieufrömmigkeit" ihrer Umgebung diametral entgegengesetzt waren.

Eine interessante Sicht auf die Politik der Frauenbewegung bieten die Beiträge von Alice Salomon (Kapitel 7) und Rahel Straus (Kapitel 2). Als eine der ersten Ärztinnen Münchens beschreibt Rahel Straus ihre beruflichen Erfolge und ihre feministische Vortragstätigkeit in München nach der Jahrhundertwende. Die Memoiren schildern ihre Mitarbeit bei dem von Anita Augspurg und Lida Gustava Heymann gegründeten „Verband für Frauenstimmrecht", beim „Jüdischen Frauenbund (JFB)" und anderen politisch und sozial orientierten Vereinen. Während die große Mehrheit deutsch-jüdischer Frauen liberalen Gruppierungen angehörte – mehr als ein Viertel aller deutschen Jüdinnen waren Mitglieder des JFB – unterstützte Straus vor allem die zionistische Bewegung. 1906 gründete sie sogar ihre eigene „jüdisch-nationale Frauengruppe", die sich aber schon ein Jahr später wieder auflöste. Mit Bewunderung kommentiert Straus die Arbeit der Wiener Frauenrechtlerin Bertha Pappenheim, unter deren Leitung der JFB am Ende der zwanziger Jahre mehr als 50 000 Mitglieder zählte[2] und sich besonders in der Betreuung junger unverheirateter Mütter große Verdienste erwarb.

Im Vergleich zum ausgeprägten feministischen Engagement in den Autobiographien von Rahel Straus und Alice Salomon schildert Käthe Mendels (Kapitel 5) die Familiengeschichte einer patriotischen jungen Angestellten im Ersten Weltkrieg. Neben den vielen Entbehrungen der Kriegsjahre kommen hier die Opfer zur Sprache, die Juden und Deutsche gemeinsam dem Vaterland darbrachten. Während der vorbildliche Einsatz deutscher Juden zum Wohl des Vaterlandes im Mittelpunkt steht, bezeugt der Text auch die zunehmende Beteiligung junger Frauen an der Wirtschaft der Monarchie.

Anders als die vaterländische Gesinnung in der Autobiographie Käthe Mendels' kommt in den Erinnerungen von Mathilde Jacobs das tiefe Unbehagen an der Politik ihrer Zeit zum Ausdruck. Das Gemetzel des Krieges und die infernalischen Materialschlachten vor Verdun zertrümmerten hier das Ethos der Pflichterfüllung für Kaiser und Vaterland. Mathilde Jacobs „Erinnerungen an Rosa Luxemburg" (Kapitel 6) stammen aus der Feder einer Berliner Rebellin, die sich während des Krieges bewußt auf die Seite der Arbeiterschaft gestellt hatte und deren Kampf für eine sozialistische Republik unterstützte. Im Hintergrund dieses autobiographischen Berichts zeichnen sich bereits gefährlich die Konturen der deutsch-nationalen Bewegung nach Ende des Krieges ab. Die militärische Niederlage der Mittelmächte führte nämlich 1918 nicht nur zur Auflösung des deutschen Kaiserreiches und zu revolutionären Aufständen in fast allen Großstädten Deutschlands, sondern auch zu einer deutlichen Verschärfung des Antisemitismus.

Nationalisten und völkische Rassenhetzer, denen die liberalen, sozialistischen und pazifistischen Anschauungen vieler deutscher Juden von vornherein ein Dorn im Auge waren, entfalteten in den Nachkriegsjahren eine zügellose antisemitische Propaganda. Sie brachten die These in Umlauf, daß sowohl der Verlust des Krieges als auch die darauf folgende Revolution eine Verschwörung des Judentums waren, das der deutschen Armee in den Rücken fiel. Diese sogenannte Dolchstoßlegende fand besonders im faschistischen Lager viele Nachbeter, die das Judentum damit zum Sündenbock für alle Nachkriegswirren stempelten.[3] Im Verlauf der einsetzenden Arbeitslosigkeit und des wirtschaftlichen Niedergangs der Weimarer Republik kam es zu einer starken antisemitischen Propaganda im Umfeld der Faschisten. Die nationalsozialistische Wahnvorstellung, daß die Juden Deutschlands Unglück seien, fand nach 1929 mehr und mehr Anhänger.

Viele autobiographische Berichte aus den späten zwanziger Jahren enthalten Hinweise auf den wachsenden Antisemitismus der Republik, doch nur wenige Autoren weisen diesen Erlebnissen große politische Bedeutung zu. Die Gefahr lauerte im Hintergrund, wurde aber als solche nicht bewußt registriert. „Die Jahre bis zu meinem 13. Geburtstag (1933) verliefen normal" heißt es in den „Erinerungen an Düsseldorf" von Ruth Glaser (Kapitel 9), und die Braunschweiger Studentin Nellie H. Friedrichs (Kapitel 10) erinnert sich an ihren „unverantwortlichen Leichtsinn" inmitten des politischen Verfalls der Weimarer Republik. Stellvertretend für die Einstellung vieler Jüdinnen schrieb Alice Salomon (Kapitel 7) im Jahre 1940:

Viele meiner Freunde haben sich inzwischen gefragt, „haben wir nie bemerkt, daß wir am Rande eines Vul-

kans lebten, der jederzeit auszubrechen drohte?"
Nein, ich glaube nicht, daß viele Menschen daran
dachten, ich selbst miteingeschlossen. [...] Wir lebten
in einer gefährlichen Zeit und hatten unsere Verantwortung für die Republik nicht genügend begriffen.
Für diese kollektive Schuld haben wir teuer bezahlt.

4. Faschismus, Exil und Holocaust

Die Erinnerungen deutscher Jüdinnen aus der Zeit des
Nationalsozialismus lassen sich in drei größere Untersu-
chungsfelder mit folgenden Schwerpunkten gliedern:
Verfolgung und Vertreibung, Leben im Exil und der
Holocaust. Der Aufbau der Kapitel in Teil III, IV, V
folgt dieser Dreiteilung deutsch-jüdischer Frauenautobiographien. In den Abschnitten überwiegen zahlenmä-
ßig die Erinnerungen von Emigrantinnen, die ihre Arbeiten nach dem Krieg verfaßten.
Autobiographien, die vor 1933 geschrieben wurden, zeigen eine deutlich andere Struktur als solche, die während und nach dem Faschismus entstanden. Programma-
tisch für die Thematik vieler nach 1933 verfaßten
Arbeiten steht Hertha Paulis „Erlebnisbuch" mit dem Titel „Der Riß der Zeit geht durch mein Herz". Die Epo-
che des Faschismus zerschnitt nicht nur die historischen
Rollenmodelle deutsch-jüdischer Identität, sondern den
Lebenszusammenhang aller Beteiligten. Während die
Selbstdarstellungen älterer Generationen das Bild einer
selbstverständlichen Zugehörigkeit zur Heimat vermitteln, signalisieren die Erinnerungen aus der Zeit des Faschismus das Ende jüdischen Lebens in Deutschland.
„Eine Welt war über mir zusammengestürzt. Eine gänzlich neue Welt ist im Entstehen", heißt es bei der 27jäh-
rigen Margot Bloch-Wresinski, deren Autobiographie
die Flucht aus Deutschland und den Neubeginn in Palästina beschreibt (Kapitel 11).
Der Bruch mit der Vergangenheit erfolgte im Januar
1933. Mehr als 20 000 Jüdinnen verließen ihre Heimat in
den ersten zwei Jahren der faschistischen Diktatur als es

20

immer deutlicher wurde, daß nur durch eine schnelle Emigration dem Nazi-Terror zu entkommen war. Bereits am 1. April 1933 organisierten SA- und SS-Truppen großangelegte Spektakel und Massendemonstrationen, die neben der Verbrennung ‚undeutscher' Bücher den Boykott und Bankrott jüdischer Firmen und Geschäfte zum Ziel hatten (siehe Abbildung 9). Die Politik der Nationalsozialisten stützte sich dabei auf die rückwärtsgewandten, völkischen Ideale des Antikapitalismus, Antikommunismus und Antisemitismus, wobei es den Nationalsozialisten gelang, die Mehrzahl der Wähler für ihre Ideologie zu gewinnen, darunter viele christliche Akademiker, Anwälte, Künstler, Handwerker, Angestellte, Journalisten und Vertreter der Kirchen. Diese desolate geistige und moralische Einstellung kennzeichnet die Haltung breiter Bevölkerungsschichten[4] im NS-Staat während der gesamten Periode des Faschismus.

Im Frühjahr 1935 begann die zweite Welle der Verfolgung und Vertreibung, die im September zur Verkündigung der Nürnberger Gesetze zum sogenannten „Schutz des deutschen Blutes und der deutschen Ehre" führte. Ziel der Gesetzgebung war die Kennzeichnung und Entrechtung der jüdischen Bevölkerung im Dritten Reich. Der Diskriminierung folgte die gezielte Ausschaltung aller Juden aus dem Wirtschaftsleben, wobei jüdisches Eigentum vom Staat konfisziert wurde. Die dritte Phase des faschistischen Feldzuges gegen das deutsche Judentum begann 1938 nach dem Anschluß Österreichs an das Dritte Reich. Höhepunkt der Aktionen vor Ausbruch des Krieges bildete die Kristallnacht mit der systematischen Zerstörung jüdischer Geschäfte, Wohnhäuser und Synagogen am 9. November 1938.

Der Pogrom führte zur Vernichtung von mehr als 1 000 Tempeln und zur Verhaftung von etwa 25 000 bis 30 000 jüdischen Männern (siehe Abbildungen 11, 12). Auf Verhaftung und Terror folgte eine Flut gesetzlicher Verordnungen, die ebenso sadistisch wie absurd waren. Man warf den jüdischen Gemeinden vor, selber Schuld an den Ausschreitungen zu tragen und erlegte ihnen zur Strafe die Zahlung von einer Milliarde Reichsmark auf.

Die Nazi-Bürokratie war ebenso gründlich wie skrupellos. Diese inhumane Mischung aus Ordnungsliebe und Brutalität, Pflichtbewußtsein und Sadismus erwies sich als gefährliche Waffe, die Hoffnung, Verwirrung und Zerstörung stiftete. Es war diese Koppelung von Verbrechertum und Rechtsstaatlichkeit, welche den Betroffenen alle Rettungswege abschnitt und nur die Wahl zwischen Emigration und Deportation offenließ. In der verdrehten Logik der Faschisten zeichnete sich eine gefährliche Variante ab, die besonders gegen die weiblichen Angehörigen der Verhafteten gerichtet war. Nach dem Pogrom wurden viele Ehefrauen dazu gezwungen, sich der Gestapo als Bürgen zur Verfügung zu stellen und die Auswanderung ihrer Familien einzuleiten. Dies allein bewirkte die Freilassung der Männer und sicherte den Familien das Geleit aus Deutschland. Der Einsatz dieser Frauen bewirkte die Rettung Tausender Männer aus den Konzentrationslagern und führte zu einem Massenexodus kurz vor Ausbruch des Krieges.

Trotz der gemeinsamen Flucht vieler Ehepaare zeigte sich im Verlauf der dreißiger Jahre eine Verschiebung der Statistik[5] zwischen Frauen und Männern in der jüdischen Bevölkerung. 1933 war das Verhältnis 110 zu 100. Sechs Jahre später hatte sich die Zahl der Frauen um 25 Prozent vermehrt, und zwar auf 135 zu 100. Die weitaus größere Zahl der Frauen in der Bevölkerung läßt darauf schließen, daß mehr alleinstehende Männer als Frauen den Weg in die Emigration fanden, mehr Witwen in Deutschland verblieben und folglich mehr Frauen als Männer im Holocaust ums Leben kamen.

Selbst nüchterne Beobachter der politischen Lage konnten sich 1933 jedoch noch kein Bild verschaffen vom wahren Ausmaß der Tragödie, die zu diesem Zeitpunkt begann. Es ist wichtig, sich heute, ein halbes Jahrhundert nach Ende des Faschismus, daran zu erinnern, daß es damals keine historischen Parallelen gab, die zur Beurteilung der Lage hätten herangezogen werden können. Niemand konnte Anfang der dreißiger Jahre vorhersagen, daß sich das Dritte Reich zu einem Verbrecherstaat verwandeln würde, der den Tod von mehr als 50 Millionen Kriegsopfern und mehr als 6 Millionen Juden verschulden würde. Was wir heute über die Untaten des Faschismus wissen, lag außerhalb der historischen Vorstellungskraft und überstieg selbst die allerschlimmsten Vorahnungen.

Der Strom der Flüchtlinge aus dem Dritten Reich führte vor Ausbruch des Krieges zu einem Asylnotstand ungeahnten Ausmaßes (siehe Abbildung 14). Selbst nach der geglückten Flucht ins Exil spürten viele Vertriebene noch den langen Schatten des Faschismus, da in Kriegszeiten jeder Ausländer von vornherein suspekt schien. Margarete Stern (Kapitel 22) gelang kurz vor Schließung der Grenzen die Flucht ins Exil. Über ihre Erlebnisse auf den Philippinen berichtet sie:

> Ich wurde von den Japanern durch eine Kette von unseligen Umständen verhaftet, nicht als Jüdin, sondern weil sie mich [...] für eine amerikanische Spionin hielten. Ich wurde in die Kasematten des berüchtigten Fort Santiago gebracht [...] Über die Torturen und Qualen dieser Zeit möchte ich hier nicht sprechen, außer daß mehr als 90 Prozent der Menschen in Fort Santiago die Haft nicht überstanden.

Wie bei vielen Verfasserinnen liegt die Betonung nicht auf der Bedrohlichkeit und Einsamkeit des Exils, auch nicht auf Bitterkeit, Zynismus oder Resignation inmitten einer hoffnungslosen Lage. Die Schwerpunkte der Erinnerung liegen vielmehr auf der Darstellung menschlicher Stärken und Schwächen inmitten eines unmenschlichen Krieges. Sachlichkeit und humanistisches Denken, nicht Zynismus und bittere Anklage gegen ihre Zeitgenossen bestimmen den Erinnerungsgehalt der Autobiographien. Wo keine metaphysische Erklärungen das Unheil der Geschichte verständlich machen können, betonen die Autoren die Menschlichkeit derer, die ihnen das Überleben leichter machten. „Daß ich im Leben überhaupt noch an das Gute glauben konnte, lag daran, daß ich so viele gute Menschen kennengelernt habe", erinnert sich Margarete Susman in ihrer Autobiographie „Ich habe viele Leben gelebt".

Der Versuch, den Ring des Leidens und des Schweigens

zu durchbrechen, führte bei vielen Autoren zu einer humanistisch-feministischen Grundhaltung, die das ganze Genre der Erinnerungsliteratur durchzieht. Gegen die Gewalttätigkeit der Geschichte zeichnen sich die Autobiographien dieser Periode durch eine betonte Nüchternheit und Sachlichkeit der Darstellung aus.

Die Herausbildung autonomen und kritischen Denkens läßt sich vor allem in den Berichten von Elisabeth Bamberger (Kapitel 16), Charlotte Sachs (Kapitel 18) und Hertha Beuthner (Kapitel 21) erkennen, die jahrelang in der Isolation des Exils lebten. Die Verfasserinnen tasten sich schreibend voran zu einer neuen Identität abseits traditioneller Bindungen. Handlungsmuster, die in der Heimat als eigensinnig, revolutionär oder provokativ gegolten hatten, wurden im Exil zum Anker des Überlebens. Realismus, Nüchternheit und ein neues Selbstbewußtsein suggerieren eine Gefühlswelt ohne patriarchalische Erwartungen. Geleitet vom eigenen Selbstvertrauen und Durchhaltevermögen gelangten viele Frauen zu einer neuen Selbstachtung, die nicht selten zum politischen Aktivismus führte. Als Beispiele aktiven sozialen, kulturellen und politischen Engagements sei vor allem auf die Beiträge von Senta Meyer-Gerstein (Kapitel 20) und Anna Seghers (Kapitel 31) hingewiesen.

Trauerarbeit, der Einsatz im politischen Untergrund und das Nachdenken über Geschichte umschreiben den politischen Kontext der Memoiren aus dem dunkelsten Kapitel –, es sind dies die Erinnerungen an den Holocaust. Weniger als 8 000 deutsche Juden überlebten den Völkermord. Ihnen verdanken wir Einblick in den geschichtlichen Verlauf der Katastrophe. Ab 1940 kam es zu einer tiefgreifenden Umorientierung der faschistischen Rassenpolitik. Anstatt gezielter antisemitischer Aktionen, die allesamt die Vertreibung der Juden aus dem Dritten Reich zum Ziel gehabt hatten, beschloß die SS nach Ausbruch des Zweiten Weltkriegs ein genau ausgearbeitetes Programm zur Vernichtung des Judentums. Dem Krieg nach außen folgte der Krieg nach innen. Eine gigantische Maschinerie der Deportation und

Vernichtung kam ins Rollen, der bis 1945 mehr als 6 Millionen Juden aus ganz Europa zum Opfer fielen.

Das Trauma des Überlebens inmitten eines genau geplanten Genozids zeichnet sich ab in den Erinnerungen von Else Meyring (Kapitel 23), Anneliese Borinski (Kapitel 25), Lucie Begov (Kapitel 26) und Klara Caro (Kapitel 27). Beim Lesen der Kapitel tritt vor allem die genaue Schilderung des Nazi-Systems und dessen unmenschlicher Bürokratie zutage. Erschütternde Beispiele jüdischer Heroik im antifaschistischen Kampf finden sich im Beitrag von Charlotte Holzer (Kapitel 24), die von der Arbeit der Herbert-Baum-Gruppe in Berlin Zeugnis ablegt. Zwei Berichte aus Konzentrationslagern stammen von Lucie Begov (Kapitel 26) und Klara Caro (Kapitel 27), die 1945 mit Hilfe eines Rot-Kreuz-Rettungstransports in die Schweiz gerettet wurde.

Die Kapitel konfrontieren den Leser mit beklemmend authentischen, traurigen und eindringlichen Bildern aus der Vergangenheit. Die Nüchternheit und der unbequeme Humanismus dieser Prosa mag zum Teil die verzögerte Rezeption der Texte erklären.

5. Autobiographisches nach 1945

Im letzten Abschnitt des Buches geht es um Erinnerungen deutsch-jüdischer Frauen aus der Zeitspanne 1945–1990. Die Beiträge stammen von Autoren, die sich entweder im Ausland ein neues Leben aufbauten oder in die alte Heimat zurückkehrten. Im besetzten und geteilten Deutschland kam es nach dem Holocaust zu einem zaghaften Neubeginn jüdischen Lebens. Zu den wenigen in Deutschland verbliebenen Juden kam eine größere Anzahl Überlebender, die von den Alliierten aus den zahlreichen Konzentrationslagern innerhalb des Dritten Reiches befreit worden waren. Die Mehrheit dieser Juden kehrte entweder in ihre alte Heimat zurück oder ging in die westlichen Gebiete Deutschlands, um dort auf die Weiterfahrt nach Palästina oder die Einreise in andere Länder zu warten.[6] Insgesamt kam die Rückkehr der Emigranten und der Überlebenden des Holocausts nur zögernd zustande. Denkt man an die rund halbe Million deutscher Juden in der Weimarer Republik, so zeigt sich, daß die Zahl der heute in Deutschland lebenden Juden etwa 10 Prozent der Bevölkerung vor 1933 ausmacht.

Die Trauer um die Opfer des Faschismus, der Verlust der alten Heimat und der Wunsch, sich der Geschichte nicht sprachlos auszuliefern, bewegten viele Autoren zur Abfassung ihrer Memoiren. Dazu kam der Dank der Geretteten und die Verpflichtung, jüngeren Generationen ein Bild zu verschaffen vom Leben und Überleben nach dem Holocaust. Nelly Sachs (Kapitel 28), deren Familie in Nazi-Konzentrationslagern ermordet wurde, brachte in ihrem autobiographischen Gedicht „Chor der Geretteten" die Gefühle der Überlebenden zum Ausdruck. Ihr Anliegen, das „ertrunkene Wort" auferstehen zu lassen, spiegelt den Neubeginn jüdischen Lebens nach der Sintflut. Das zentrale Motiv ihrer Lyrik ist der Tod und seine metaphysische Überwindung durch Sprache. Nelly Sachs erhielt 1965 den Friedenspreis des Deutschen Buchhandels und ein Jahr später den Nobelpreis für Literatur.

An die Nachgeborenen ist auch die Autobiographie von Frieda Hirsch (Kapitel 29) gerichtet, die ihre „Chronik" für die „lieben Kinder, Enkel, Geschwister und Freunde" in Israel schrieb. Nach anfänglichen Schwierigkeiten mit den konfliktgeladenen politischen Gegebenheiten des Nahen Ostens meisterte die Verfasserin schnell die Umstellung auf die neue Sprache und das herbe Leben des Landes. Mit großer Genugtuung stellte Hirsch später fest, daß „in nur wenigen Tagen aus der schüchternen Dame eine energische Frau geworden" war. Das Kapitel beschreibt die Erinnerungen der 57jährigen Mutter gegen Ende des Zweiten Weltkriegs, ihre Euphorie über den Friedensschluß, aber auch die bittere Enttäuschung über den Ausbruch neuer Kämpfe zwischen Juden und Arabern im israelischen Unabhängigkeitskrieg 1948.

Im Gegensatz zu den Frauenautobiographien früherer

Perioden, die sehr stark an geschichtlichen Leitlinien orientiert waren, zeigt sich nach 1945 eine vom Weltgeschehen eher unbelastete Sehweise. Zwar werden geschichtliche Ereignisse wie die Staatengründung der BRD, DDR und Israels, der Tod Stalins oder die Studentenrevolten Ende der sechziger Jahre zu deutlichen Markierungspunkten, doch die Schwerpunkte der Erinnerung gruppieren sich vor allem um berufliche oder private Erfahrungen. Familiengeschichten, Liebeserlebnisse, Reisen, Begegnungen und die Arbeitswelt rücken dabei in den Mittelpunkt. Der letzte Teil des Buches vermittelt ein Panorama deutsch-jüdischen Lebens nach dem Krieg, das vom Neubeginn in der Emigration und in Israel bis zur Wiederentdeckung der deutschen Heimat führt.

Charlotte Pick, eine geborene Münchnerin, der Ende 1939 die Flucht in die Vereinigten Staaten geglückt war, beschreibt ihre Eindrücke bei einer Reise durch Deutschland (Kapitel 30). Ihr Kapitel zeigt die Konturen der inneren Entwurzelung und die tiefe Trauer über den Verlust ihrer Freunde und Verwandten während der NS-Diktatur. In einem Nachwort zu ihrer Autobiographie mit dem Titel „Die verlorene Heimat" erklärte die Verfasserin die Beweggründe ihrer Erinnerungsarbeit wie folgt:

Der Leser wird sich vielleicht fragen, warum ich heute, nach 25 Jahren Leben im Ausland, diese Erinnerungen niederschreibe. [...] Diese Erinnerungen wurden mit einer gewissen Absicht geschrieben. Sie sollen beweisen, daß sogar diejenigen, die sich retten und ein neues Leben aufbauen konnten, schwer gelitten haben. [...] Ich kann gerade jungen Deutschen nicht eindringlich genug zurufen: „Seid tolerant, denkt, was für namenloses Unglück durch künstlich angefachten Haß, Lüge und Verleumdung angerichtet wurde. Kämpft gegen Vorurteile!"

Auch bei der Emigrantin Anna Seghers (Kapitel 31) finden sich ähnliche Überlegungen, wenngleich unter gänzlich anderen Vorzeichen. Seghers kehrte kurz nach dem Krieg in die sowjetische Besatzungszone zurück und beteilgte sich als überzeugte Kommunistin tatkräftig am Aufbau der Deutschen Demokratischen Republik. Von 1952 bis 1978 war sie Vorsitzende, danach Ehrenpräsidentin des DDR-Schriftstellerverbands. Ihr Beitrag mag hier stellvertretend für den Großteil der antifaschistischen Exilautoren wie Bertolt Brecht, Willi Bredel, Johannes R. Becher, Ludwig Renn, Friedrich Wolf, Arnold Zweig und andere stehen, die in die DDR gingen und dort den Aufbau einer sozialistischen Kultur ins Auge faßten. Ihrer Arbeit lagen dabei jene Leitlinien zugrunde, welche die Sozialisten und bürgerlichen Humanisten im Zuge der Volksfrontpolitik bereits in den dreißiger Jahren gefordert hatten. Kapitel 31 enthält die Wiedergabe einer Rede von Anna Seghers aus dem Jahr 1954 anläßlich neuer Wahlen zur Volkskammer der DDR. In dem Vortrag, den sie vor jungen Arbeitern in Berlin hielt, kommt Seghers auf ihre Motive als Schriftstellerin zu sprechen, die sie Ende 1946 bewogen, aus Mexiko nach Deutschland zurückzukehren. Als sich Anna Seghers dem zerstörten Deutschland und den innerlich zerstörten deutschen Menschen gegenübersah, stellte sie sich die Frage, was geschehen mußte, damit „das Grauen nie mehr wiederkommt"? In ihren Schriften gab sie sich selbst und ihren Zeitgenossen die Antwort:

> Das war der Augenblick, in dem die deutschen Schriftsteller auf den Plan treten mußten, um so klar wie möglich Rede und Antwort zu stehen. Durch die Mittel ihres Berufes mußten sie helfen, ihr Volk zum Begreifen seiner selbstverschuldeten Lage zu bringen und in ihm die Kraft zu einem anderen, einem neuen friedvollen Leben zu erwecken.

Daß eine humanere Form menschlichen Zusammenlebens nicht durch eine bloße Veränderung der Staatsform zu erreichen war, sondern von der Mitarbeit jedes einzelnen abhing, wußte Seghers sehr genau. Deswegen wollte sie den „einzelnen Menschen wieder einsetzen mit seinen Gefühlen und Leidenschaften, mit seinen persönlichen Bindungen in der Liebe, der Freundschaft, der Familie". Ihr selber war das Konzept, mit den Mit-

teln der Literatur das Bewußtsein und damit die gesellschaftlichen Verhältnisse zu verändern, von ihrer Arbeit
her vertraut. Seghers betrachtete sich dabei als „Auf-
schreiberin" von Geschehnissen, als Geschichtsschreibe-
rin, die objektiv darstellt, wie es zu bestimmten Ereignissen kommen konnte und was daraus jeweils zu
folgern war. In diesem Sinn wollte sie durch klare Tatsachen überzeugen und beitragen zur Überwindung von
Unmenschlichkeit und Unterdrückung.

Die Rückwanderung bekannter Schriftsteller, Künstler
und Politiker nach Deutschland trug wesentlich zum
Wiederaufbau des kulturellen Lebens und zur politischen Legitimation beider deutscher Staaten nach dem
Krieg bei. Besonders im Ausland wurde im Sinne des
Potsdamer Abkommens der Erfolg der Entnazifizierung,
Entmilitarisierung und Demokratisierung Deutschlands
an der Übernahme der moralisch-politischen Verantwortung für die NS-Verbrechen gemessen. Obwohl die
DDR anders als die BRD keine Wiedergutmachung an
jüdische NS-Opfer im In- und Ausland zahlte, konnten
Juden in der DDR als „Verfolgte des Faschismus" auf
eine großzügige Unterstützung durch den Staat rechnen.
Die Wiedergutmachung war zweifellos ein Instrument,
das die Voraussetzungen für die BRD schuf, um als voll-
wertiges Mitglied in die Gemeinschaft der Westmächte
aufgenommen zu werden. Wiedergutmachung half nicht
nur bei der Wiederherstellung der deutschen Selbstachtung, sondern trug auch dazu bei, das verlorene Ansehen Deutschlands in der Welt zu verbessern. Die Förderung jüdischen Lebens in Deutschland wurde damit zu
einem Maßstab des neuen demokratischen Bewußt-
seins.[7]

Die Problematik der „deutschen Frage" und die Einstellung der jungen Generation zur NS-Vergangenheit ist
das Thema des Beitrags von Rosemarie Silbermann (Kapitel 32). Die Verfasserin wurde 1922 in Berlin geboren
und wanderte zusammen mit ihren Eltern 1934 nach Palästina aus. Ihr autobiographischer Bericht „Denk' ich an
Deutschland" behandelt den Wandel im Selbstverständ-
nis der jungen Generation im Verlauf der Studentenre-

volten Anfang der siebziger Jahre in der BRD. Silbermanns Aufzeichnungen entstanden nach einem Besuch bei deutschen Freunden und Kollegen in München. Die Zusammenkunft war überschattet vom Terroranschlag palästinensischer Kommandos auf die israelische Olympiamannschaft, dem Deutsche und Israelis gemeinsam zum Opfer fielen. An der Betroffenheit und Anteilnahme ihrer Freunde erkannte die Verfasserin einen historischen Wendepunkt in der Beziehung zwischen Deutschen und Juden. „Ich hatte eine gemeinsame Sprache mit der jungen Generation Deutschlands gefunden." Der autobiographische Aufsatz klingt mit dem Hinweis auf ein neuempfundenes Zugehörigkeitsgefühl aus, in dem die Zuversicht zum Ausdruck kommt, daß sich in Deutschland die Vergangenheit nicht wiederholen wird. Daraus schöpft die Verfasserin die Hoffnung auf eine bessere Verständigung der Völker, an der sie „vielleicht sogar teilhaben könnte als Deutsche".

Der letzte Beitrag stellt eine interessante deutsch-jüdische Frauenautobiographie aus der Gegenwart vor. Die Arbeit entstand kurz vor dem Fall der Berliner Mauer 1989 in der DDR und behandelt den Prozeß der Abkehr einer jüdischen Kommunistin vom Marxismus-Leninismus ostdeutscher Prägung. Der Mut, die Intelligenz und das kritische Selbstbewußtsein Salomea Genins spiegeln sich in der Offenheit ihrer Sprache, aber auch im Durchbrechen vieler historischer Klischees.

Wichtig für das Verständnis des Kapitels sind neben geschichtlichen Ereignissen wie dem innerdeutschen Mauerbau 1961 und dem israelisch-arabischen Sechs-Tage Krieg 1967 vor allem die Vorgänge kurz nach der Gründung der Deutschen Demokratischen Republik, als sich in der SED-Führung eine antizionistische und pro-palästinensische Einstellung durchsetzte. 1952 bis 1953 folgte eine Periode stalinistischer Verfolgungen und Verhaftungen, die eine deutlich antizionistische Zielrichtung zeigten. Nach antisemitischen Prozessen in der Sowjetunion im Anschluß an eine angebliche Verschwörung jüdischer Ärzte gegen Stalin und nach einem ähnlichen Tribunal in der Tschechoslowakei kam es auch in der DDR zu einer Welle antisemitischer Beschuldigungen. Allein im Januar 1953 flohen daraufhin über 400 Juden aus der DDR in den Westen, darunter viele führende Mitglieder[8] jüdischer Gemeinden. Viele der Umsiedler aus der DDR in den Westen waren den Staatsorganen der DDR suspekt erschienen, weil sie Kontakte zu amerikanischen Hilfsorganisationen aufrechterhielten und mit dem kapitalistischen Westen assoziiert waren. Die innerdeutsche Emigrationswelle kam zum Stillstand, als drei Monate nach Stalins Tod 1953 in der DDR eine Beruhigung des antisemitischen Klimas eintrat und es zu einer Rehabilitierung der jüdischen Gemeinden kam. Was blieb war jedoch der militante Antizionismus in der Innen- und Außenpolitik der DDR.

Salomea Genins autobiographischer Bericht beschreibt das soziale Klima in den Jahren des kalten Krieges und die oft unterschwellige Berührungsangst vieler Bürger gegenüber den „Verfolgten des Faschismus", der jüdischen Bevölkerung der DDR. Eine Linksintellektuelle, die sich so wie Genin in ihrer Lebensführung kaum von der Umgebung unterschied, aber dennoch darauf bestand, offizielle Tabus zu hinterfragen, konnte sich trotz aller Solidarität nur schwer verständlich machen. Als praktizierende Jüdin war sie zwar Teil einer geachteten Minderheit, stand jedoch außerhalb des öffentlichen Lebens. Dazu heißt es in ihrer Autobiographie:

Und wenn ich das bisher nicht bemerkt hatte, dann weil ich durch meine Vergangenheit Narrenfreiheit besaß. Immer deutlicher wurde mir, daß die Betroffenheit, die mein Jüdisch-sein auslöste, zwar zur Abwendung führte, gleichzeitig aber ein Schutzschild war, das mich unantastbar machte.

Genins zunehmend kritisches Verhältnis zum sterilen Obrigkeitsdenken innerhalb des Staates führte Anfang der siebziger Jahre zu häufigen Auseinandersetzungen mit SED-Funktionären und Genossen. Auf der Suche nach antiautoritären Denkmodellen fand Genin jedoch nicht nur neue Muster der Vergangenheitsbewältigung, sondern auch ein neues Verständnis für das Erbe des Judentums. Die Einsicht, daß man aus der Geschichte nicht aussteigen kann, nicht als Frau, nicht als Jüdin und nicht als Deutsche, mündet somit in die Frage, ob Deutschland nach der Vereinigung von Ost und West ein Ort für Juden bleiben wird? Genins Bericht legt Rechenschaft ab über ihren Prozeß der Selbstfindung als gläubige Jüdin in der DDR und endet mit einem zuversichtlichen Zitat aus ihrem neuerworbenen Gebetbuch: „Dies gehört Salomea Genin, die im Jahr 5747 zwischen Rosch Haschana (Neujahrstag 1986) und Jom Kippur (Versöhnungstag) in den Schoß der Familie zurückkehrte."

Die Neufassung der jüdischen Identität ermöglichte der Verfasserin nicht nur eine realistische Einschätzung der kulturpolitischen Lage der DDR, sondern auch eine kritische Distanz gegenüber staatlich vorgefaßten jüdischen und weiblichen Rollenmodellen. Der Glaube an die Möglichkeiten neuer Denk- und Lebensweisen führte Genin und andere Autoren zu einer neuen Schreibweise mit betont feministischen Inhalten. Diese Akzentuierung des Andersseins konnte sowohl zu politischem Engagement führen als auch bislang verdeckte Persönlichkeitsstrukturen freisetzen.

Humanistisches Erinnern und feministisches Denken ergänzen sich bei Salomea Genin aber auch in den Beiträgen von Charlotte Pick (Kapitel 30), Rosemarie Silbermann (Kapitel 32) und vielen anderen Verfasserinnen, die den Leser zur aktiven Teilnahme auffordern. Angesiedelt im literarischen Feld zwischen Realismus und Feminismus ermöglichen diese Autobiographien eine kritische Neubestimmung überlieferter Präsentationsformen weiblicher, jüdischer und deutscher Identität. Im Unterlaufen stereotyper Vorstellungen tragen die Texte dieses Buches damit zu einem tieferen Verständnis der Vergangenheit und Gegenwart deutsch-jüdischer Frauen und damit der Geschichte des deutschen Judentums insgesamt bei.

1 Vgl. dazu Irene Runge, „Zur jüdischen Selbstfindung auf deutschem Boden", in: *Blätter für deutsche und internationale Politik* (August 1990), Renate Wall, *Verbrannt, verboten, vergessen.*

Kleines Lexikon deutschsprachiger Schriftstellerinnen 1933–1945 (Köln 1989), Charlotte Ueckert-Hilbert, „Senta Meyer-Gerstein. Eine Hamburger Jüdin in der Emigration" in *Hamburger Zustände*, Band 1 (Hamburg 1988), Andreas Lixl-Purcell, *Women of Exile. German-Jewish Autobiographies Since 1933* (New York 1988), Biddy Martin, Andreas Lixl, „Zur Politik persönlichen Erinnerns. Frauenautobiographien um die Jahrhundertwende", in: *Vom Anderen und vom Selbst*, hrsg. von R. Grimm und J. Hermand (Königstein/Ts. 1982). Siehe auch die autobiographischen Forschungsprojekte von Harriet Freidenreich (Temple University), Katherine Morris, „Memoiren aus dem Exil. Deutsche Jüdinnen in Brasilien" (Vortrag der Friedrich-Ebert-Stiftung) und Sibylle Quack, „Alltag und Emigration. Deutsch-jüdische Frauen in New York" (Deutsches Historisches Institut).

2 Marion A. Kaplan, *Die jüdische Frauenbewegung in Deutschland. Organisation und Ziele des Jüdischen Frauenbundes 1904–1938.* Hamburg 1981, S. 24.

3 Franz J. Bautz (Hrsg.). *Geschichte der Juden.* München 1989, S. 160.

4 Vgl. dazu Werner Hoffmann, „Von der Ausgrenzung zum Pogrom", in: *Offene Wunden, brennende Fragen. Juden in Deutschland von 1938 bis heute.* Hrsg. von G. Gorschenek. Frankfurt 1989, S. 34.

5 Monika Richarz, *Jüdisches Leben in Deutschland. Selbstzeugnisse zur Sozialgeschichte 1918–1945.* Stuttgart 1982, S. 61. Vgl. auch Sybil Milton, „Women and the Holocaust", in: *When Biology Became Destiny. Women in Weimar and Nazi Germany.* Hrsg. von R. Bridenthal, A. Grossmann und M. Kaplan. New York 1984, S. 301.

6 Helmut Eschwege, „Die jüdische Bevölkerung der Jahre nach der Kapitulation Hitlerdeutschlands auf dem Gebiet der DDR bis zum Jahre 1953", in: *Juden in der DDR. Geschichte, Probleme, Perspektiven.* Hrsg. von S. Th. Arndt, H. Eschwege, P. Honigmann, L. Mertens. Sachsenheim 1988, S. 64.

7 Vgl. Michael Wolffsohn, „Thesen zum deutsch-jüdisch-israelischen Verhältnis" und Julius H. Schoeps, „Die Last der Geschichte. Zur Situation der Juden in der Bundesrepublik heute", in: *Offene Wunden, brennende Fragen. Juden in Deutschland von 1938 bis heute.* Hrsg. von G. Gorschenek. Frankfurt 1989.

8 Lothar Mertens, „Juden in der DDR", in: *Deutschland-Archiv*, 19. Jahrgang, November 1986, S. 1192.

I
Erinnerungen ans Kaiserreich
1900–1918

Blick zurück ins Kaiserreich

Else Gerstel, geborene Flato, kam 1891 als Tochter einer Geschäftsfamilie in Berlin zur Welt. Ihre Eltern ermöglichten dem aufgeschlossenen und talentierten Mädchen die Ausbildung auf einem Gymnasium mit Abitur, das sie zum Universitätsbesuch berechtigte. Als eine der ersten Frauen im Kaiserreich begann die Verfasserin 1910 das Studium an der Berliner Universität, was damals noch vielerorts argwöhnisches Aufsehen erregte (siehe Abbildung 3). Elses Heirat mit dem preußischen Amtsrichter und späteren Senatspräsidenten Dr. Alfred Gerstel, dann ihre Schwangerschaft und der Ausbruch des Ersten Weltkriegs beendeten Elses Universitätsstudium. Während der Weimarer Republik führte die Verfasserin ein glückliches und sorgloses Familienleben in Berlin-Dahlem im Umkreis von Freunden und Verwandten. Nach der nationalsozialistischen Machtübernahme 1933 und dem Beginn der anti-semitischen Verfolgungswellen kam es jedoch zum raschen wirtschaftlichen Verfall der Familie. Dr. Alfred Gerstel wurde, wie alle anderen jüdischen Richter Deutschlands, seines Amtes enthoben und im Verlauf des Kristallnacht-Pogroms im November 1938 verhaftet. Erst nach schwierigen Verhandlungen mit den Behörden gelang seine Freilassung unter der Bedingung, daß die Familie Deutschland auf dem schnellsten Weg verließ. Mit knapp 30 Mark Reisegeld flüchteten die Eltern mit der Tochter im Mai 1939 zuerst nach Kuba und später nach Kalifornien, wo sich Else und Alfred den Unterhalt mit der Leitung einer Gästepension verdienten. Nach dem Tod ihres Mannes begann die Verfasserin 1955 eine zweite Karriere als Häusermaklerin, die sie bis ins hohe Alter sehr erfolgreich ausübte. Else Gerstel lebt seit 1975 im Ruhestand in Kalifornien, wo auch ihre Memoiren entstanden.

Im folgenden Kapitel beschreibt sie ihr Elternhaus und die ersten Studienjahre auf der Berliner Universität. Der autobiographische Bericht spiegelt den ungetrübten Optimismus, Freiheits- und Tatendrang der heranwachsenden Generation vor 1914, zeigt aber auch deutlich den Druck der patriarchalischen Gesellschaftsnormen jener Jahre auf das Leben der selbstbewußten jungen Studentin.

Elternhaus

Ich hatte drei Brüder. Die beiden Älteren waren zwei und drei Jahre älter als ich, der Jüngste war vier Jahre jünger. Als wir alle noch Kinder waren, hatten die beiden Älteren ein „Fräulein", eine Gouvernante, der Jüngere, Fritz, und ich eine „Kinderfrau". Da ich im Alter den Älteren, Hans und Walter, näherstand, fühlte ich mich oft wie ein Baby behandelt. Die Teilung zwei und zwei war aber praktisch. So mußte ich immer mit Fritz und der „Kinderfrau" spazierengehen und spielen.

Als ich sechs Jahre alt wurde, und da die Erzieherin, Fräulein Herzfeld, ihr Lehrerinnen-Examen gemacht hatte, unterrichtete sich mich im ersten Schuljahr zu Hause. Einmal wollte sie mir das Zifferblatt an einer großen Uhr lehren, die man über unseren Hof hinweg an einer Gebäudemauer sehen konnte. Ich versagte völlig, konnte die Zeit nicht lesen, reagierte nicht auf Hinweise wie: „großer Zeiger", „kleiner Zeiger", usw. Ich war so eingeschüchtert, daß ich nichts von ihr lernen konnte. Sie erzählte meinen Eltern, daß ich geistig zurückgeblieben sei. Aber ich hatte mir Lesen selbst beigebracht und auch genügend Rechnen, so daß ich nach einem Jahr die Aufnahmeprüfung für die zweite Klasse in der Vogler-Privatschule bestand. Hier fand die Lehrerin am ersten Tag heraus, daß ich nicht sehen konnte, was auf der Tafel stand. Ich war zu kurzsichtig. Meine Eltern wurden benachrichtigt, ich bekam eine Brille. Ich wurde eine sehr gute Schülerin und ein weniger unglückliches Kind. Mein Vater war sehr böse mit Fräulein Herzfeld, weswegen sie mich später haßte.

Ich erinnere mich an ein Erlebnis mit ihr, welches diesen Haß verstärkte. Ich saß lesend unter einem großen Weihnachtsbaum im Wohnzimmer. Mein Vater kam, schalt, daß ich bei so schlechtem Licht las, und machte dem Fräulein Vorwürfe darüber. Pikiert sagte sie: „Ich habe es Else ja gesagt, aber sie gehorcht ja nicht!" Ich wäre bestraft worden, wenn nicht mein Vetter Albert, ein Richter in Ostpreußen, der für Weihnachten mit seiner Frau auf Logiebesuch in der Nebenwohnung bei Großmutter war, zu meinem Vater gesprochen hätte. Er hatte halb verborgen auf der anderen Seite des großen Raumes gesessen. „Onkel Max, das ist nicht wahr, ich war die ganze Zeit hier. ‚Fräulein' hat nicht ein Wort davon zu Elschen gesagt." Damit war ich gerettet.

Wir wurden sehr streng erzogen. Die Jungen bekamen Prügel mit einem Rohrstock, wenn sie ungezogen waren. Der, auf dessen Rücken der Stock zerbrach, mußte für fünf Pfennig einen neuen kaufen, in einem kleinen Kellergeschäft, wo Rohrstühle repariert wurden. Ich wurde niemals geschlagen, war auch brav und fleißig. Manchmal strich mein strenger Vater über meinen Kopf oder ich fand an meinem Platz bei Tisch eine kleine Zelluloidpuppe. Ich liebte ihn sehr und bin heute noch traurig, daß ich es so wenig zeigte. Ich war viel zu schüchtern!

Es wurde großes Gewicht auf gute Manieren gelegt. Ich sehe hier heutzutage oft mit Entsetzen, wie Kinder sich benehmen; sich hinsetzen, wenn Erwachsene stehen, und womöglich keine Stühle haben. Wir Kinder und das „Fräulein" standen vor den Mahlzeiten hinter unseren Stühlen, bis zuerst meine Mutter und dann Vater sich setzten.

Wir blieben Kinder länger als die heutige Generation. Es gab keinen Fernsehapparat mit Liebesszenen, kein Radio. Ich war noch ein Kind, als das erste Telefon ins Haus kam. Es war ein großer brauner Kasten an der Wand des Frühstückszimmers. Wenn wir einen Anruf machen wollten, mußten wir eine Kurbel eine Weile drehen, bis ein Beamter antwortete, und dann um die gewünschte Nummer bitten. Oft war die Verbindung recht schwach. Das Telefon klingelte nicht oft, weil nicht viele Familien eins hatten. Natürlich hatte der Arzt eins. Unser Hausarzt war Geheimrat Pollnow. Er bekam dreihundert Mark im Jahr. Diese Summe deckte alle Krankheiten in der Familie; Hausbesuch und Sprechstundenbesuche. Wenn eine lange Krankheit in der Familie war, schickte mein Vater eine Extrasumme, aber es wäre nicht nötig gewesen.

Sonntags fuhren wir im Sommer in der großen Kutsche – es gab noch einen Einspänner – in den Grunewald, manchmal in ein Kaffeehaus mit dem Motto: „Hier können Familien Kaffee kochen." In diesen Häusern gab es Tische und Stühle, Kaffeekannen, Tassen und kochendes Wasser für eine kleine Gebühr. Die Kunden brachten selbst Kaffee, Milch, Zucker und Kuchen. Wie diese Häuser bestehen konnten, ist mir bis heute ein Rätsel.

Die Stadt Berlin endete etwa dort, was später Halensee genannt wurde. Da stand ein großes hölzernes Tor, welches ein Invalide, vom deutsch-französischen Krieg mit einem hölzernen Bein, für jeden Wagen gegen eine schmale Gebühr öffnete. Man kann sich vorstellen, daß damals der Verkehr nicht so stark war. Dann kamen Felder, viele Spargelfelder. Auf dem Heimweg kauften wir dort oft Spargel, immer den weißen.

Ich war fast neun Jahre alt, als das neue Jahrhundert begann. Dieses spezielle Neujahr wurde in meinem Elternhaus mit einer großen Gesellschaft gefeiert. Zum ersten Male durfte ich „aufbleiben". Deutschland hatte Frieden seit dem Ende des Krieges mit Frankreich in Versailles. Nur England, wo Königin Viktoria noch regierte, kämpfte im Burenkrieg, aber davon wußte man nicht viel bei uns. Deshalb begrüßte mein Vater das neue Jahrhundert als das Jahrhundert des „ewigen Friedens". Die Glocken läuteten es ein. Wie irrte sich mein Vater! Als er 1917 starb, war er in tiefer Sorge um zwei seiner Söhne, die in den Schützengräben in Frankreich lagen. Zum Glück wurde er gerettet vom Erleben all der Greuel, die das Jahrhundert des „ewigen Friedens" brachte. Hitler blieb ihm erspart.

Mein Vater war sehr tolerant und liberal in Politik und

Religion. Wir Kinder nahmen teil am Religionsunterricht in der Schule und gingen zur Schule an den jüdischen Feiertagen, die in unserem Haus nicht gehalten wurden. Mein Vater erzählte meinem Mann, Alfred, später einmal, daß er die Absicht gehabt hatte, sich taufen zu lassen, aber da gerade die „Stoeckerperiode"[1] begann, hielt er dies nicht für die richtige Zeit. Stoecker, ein Hofgeistlicher und Politiker, hatte vor 1900 eine Welle von Antisemitismus ausgelöst. Mein Vater war inbrünstiger Patriot. Er bewunderte Bismarck und hatte eine sehr geringe Meinung vom Kaiser Wilhelm II. Otto von Bismarck, der eiserne Kanzler, wie er genannt wurde, war der Begründer des Kaiserreichs unter Wilhelm I. gewesen. Aber unter Wilhelm II. lebte er murrend und zurückgezogen auf seinem Besitz in Friedrichsruh. Vater erzählte uns Kindern oft von ihm und bedauerte tief seinen Tod im Jahre 1898.

Vater hatte Neigungen zum Gelehrtentum. Er hatte sein Abitur am Grauen Kloster gemacht. Die Schule hatte nichts mit einer Kirche zu tun trotz des Namens, aber sie war berühmt wegen ihrer humanistischen Erziehung. Er lernte Latein und Griechisch. Vater wollte Anwalt werden, aber er hatte die alte Familienfirma zu übernehmen. Er war ein guter Sportsmann, Reiter und Bergsteiger. Während seines Militärjahres, das Vater als ausgezeichneter Reiter bei der Kavallerie abdiente, wurde er zum Wachtmeister befördert; das war so nahe zum Offiziersstand, wie ein Jude kommen konnte. In Preußen – es war anders in Bayern – konnte kein Jude Offizier werden. Keiner, auch Christen nicht, konnte Offizier werden, solange der Vater einen offenen Laden führte.

Mein Vater sowie mein Bruder Fritz waren beide ausgezeichnete Schwimmer. Sie hatten Rettungsmedaillen bekommen, weil sie unter Gefährdung ihres eigenen Lebens einen Ertrinkenden gerettet hatten. Jedes Jahr wurde mein Vater deswegen zu einem Diner eingeladen, das der Kaiser für alle Träger eines Ordens gab. Vater ging nur einmal und erzählte, die Teller wurden so schnell gewechselt, daß man kaum einen Bissen essen konnte, weil der Kaiser so schnell aß.

Ich entschloß mich 1909 zum Universitätsstudium, etwas noch ganz Ungewöhnliches für ein weibliches Wesen in Deutschland im ersten Jahrzehnt dieses Jahrhunderts. Amerika und die Schweiz waren fortschrittlicher. Teilweise mag es das Beispiel von meiner Mutter Verwandten, Dr. Else Liefmann, gewesen sein, die neun Jahre älter war als ich. Sie war in Zürich Ärztin geworden, Dr. med. Später wurde sie auch Doktor der Philosophie in Zürich und Psychiater. Die Liefmanns waren eine sehr feine Familie in Freiburg. Meine Großmutter Salomon, die Mutter meiner Mutter, war eine geborene Liefmann. Ich erinnere mich an Mutters Tante Gustchen Liefmann, drei ihrer Kinder waren nie verheiratet. Sie lebten alle mit der Mutter und blieben auch später zusammen. Robert, Professor der Sozialwissenschaften an der Universität in Freiburg – sein Steckenpferd war Ballonfliegen – seine Schwester Marta, die Gedichte schrieb, und Else. [...] In der Familie, als ich studierte, wurden wir die beiden Elsen, die beiden „Blaustrümpfe" genannt.

Die Voglersche Privatschule, die ich besuchte, war eine sehr gute Mädchenschule. Natürlich gab es noch keine gemeinsamen Jungen- und Mädchenschulen in meiner Jugend. Als wir Deutschland 1939 verließen, hatte ich noch einige von meinen alten Schulbüchern. Die dicken Bücher über Botanik und Zoologie und ein dünnes betitelt „Der Mensch". Dabei entdeckte ich, daß dieses völlig nackt abgebildete Wesen völlig geschlechtslos war. Verdauung wurde diskret besprochen, aber kein Unterschied zwischen dem weiblichen und männlichen Körper erwähnt. Geschichte wurde in den oberen Klassen vom Herrn Direktor gelehrt. Es bestand hauptsächlich aus preußischer Geschichte – die Namen aller Markgrafen und Könige, Regierungszeiten usw. Er liebte Tabellen mit Ereignissen und historischen Daten: 1111, 1212, 1313, 1414, 1515 usw. Glücklicherweise erlebte er nicht mehr 1919! (Revolution und Bürgerkrieg)

Die Hausarbeiten meiner Brüder wurden mit Hilfe des

„Fräuleins" gemacht. Für Latein und Griechisch hatten sie eine Menge Vokabeln zu lernen, aber beide Jungen waren recht faul. Ich saß oft im Nebenzimmer, lauschte und lernte, machte mich auch über ihre Bücher her, wenn sich Gelegenheit bot. Wenn mein Vater aus seinem Büro nach Hause kam, wurde er von dem klagenden Fräulein empfangen. Das geschah dem armen Manne oft. Er sollte sehen, wie schlecht die Jungen ihr Latein gelernt hatten. So fragte er: „Was heißt ‚Krieg', ‚Frieden' usw." Keine Antwort, aber ich plärrte durch die Tür: „bellum", „pax" usw. Es war immer ein großer Erfolg und half mir sicher später für das Abitur zu studieren – dieses Examen, das die Tür zum Universitätsstudium öffnete. Man brauchte kein Eingangsexamen. Meine Schullehrer und der Direktor wollten mich ins Lehrerseminar locken, um mein Lehrerinnen-Examen zu machen, aber ich hatte kein Interesse dafür.

Damals, 1905 und 1906, gab es in Berlin und wohl in ganz Deutschland keine Schule, wo sich Mädchen aufs Abitur vorbereiten konnten. Es war ein großes Glück, daß ich nach einer Prüfung in die Privatkurse von Dr. Siegmund Auerbach aufgenommen wurde. Er hatte natürlich kleine Klassen. In meiner waren vier Mädchen. Für jedes Mädchen kostete es hundert Mark monatlich. Das war damals viel Geld, aber wir hatten hervorragende Lehrer mit hervorragenden Methoden. Ich erinnere mich, daß wir unsere erste lateinische Stunde mit der Lektüre von Caesars „Bellum Gallicum" begannen, während die Jungen – da sie noch klein waren – Vokabeln und Grammatik lernen mußten.

1906 begann die glücklichste Zeit meines Lebens bis zu meiner Heirat im Jahr 1913. Ich kann das menschliche Geschöpf, das Dr. Auerbach war, nicht beschreiben. Er war ein weiser Mann, ein großer Pädagoge, die verkörperte Güte. Er war voller Ehrfurcht für die Jugend; das junge Mädchen war etwas Heiliges für ihn. Er war ein vorzüglicher Lehrer. Wir warteten auf jede Mathematikstunde wie auf die Fortsetzung eines spannenden Romans. Wir wurden nicht Mathematik gelehrt, sondern wir wurden nur geleitet, alles selbst zu finden. Dr. Auerbach veröffentlichte einmal in einer Lehrerzeitschrift einen Aufsatz von mir, in dem ich eine Logarithmentheorie entwickelte. Ich muß gestehen, daß ich heute nicht mehr viel davon weiß. Man vergißt soviel von dem, was man einmal gelernt hat. Was ist dann der Nutzen einer Erziehung? Der deutsche Philosoph Paulsen sagte einmal: „Bildung ist das, was übrigbleibt, wenn man alles vergißt, was man einmal gelernt hat." Wichtig sind geistiger Hunger, Neugierde und der Wille zu werden, was man ist. Dr. Auerbach war ein Schöpfer. Ich habe niemals wieder einen so weisen und reinen Menschen kennengelernt. Er blieb mir und meinem wunderbaren Mann ein Freund bis er starb.

Für das Ablegen des Abiturs hatten wir das Kultusministerium um Erlaubnis zu bitten, es an einem Knabengymnasium zu machen. Wir wurden zugelassen. Die meisten Lehrer waren feindlich eingestellt und gegen die „Emanzipation" der Frauen. Der Physiklehrer gab uns für die schriftliche Arbeit das Thema: „Die Schwingungen der ‚a'-Saite." Ich saß fünf Stunden verzweifelt da, um dann ein leeres Blatt abzugeben. Unmusikalisch, wie ich bin, wußte ich nicht, was die „a"-Saite ist. Der Physiklehrer behauptete später, er wäre wohlwollend gewesen und hätte gedacht: „Die jungen Damen spielen doch wahrscheinlich alle Klavier." Obwohl ich im mündlichen Physikexamen sehr gut abschnitt, bekam ich doch in Physik ein „Ungenügend". Wir hatten fünf Tage lang 5stündige schriftliche Arbeiten. Auch die mündlichen Prüfungen waren sehr hart. Aber wir hatten schwer gearbeitet und waren gut vorbereitet. Zum Beispiel wußten wir nicht, welche Oden von Horaz der Lateinlehrer mit seiner Klasse studiert hatte. Wir wußten aber, daß er diese von uns verlangen würde, und nicht nett genug war, uns zu fragen, welche wir konnten. So lernten wir dreißig Oden auswendig. Es war der 18. März 1910, als ich mein Abiturium bestand. Wie stolz mein Vater war!

Im selben Jahr wurde ich eine der ersten Studentinnen an der Berliner Universität. Es waren wunderbar anregende Jahre. Die Universität hatte eine große Anzahl hervorragender, weltberühmter Professoren. Ich war Studentin von Georg Simmel. Zu meinem Entzücken entdeckte ich unlängst, daß es heute Studenten gibt, die den Wert dieses großen Philosophen und Soziologen noch kennen. Ich studierte unter Adolf Wagner und Gustav von Schmoller, den alten „Kathedersozialisten"[2]. Ich sprach bereits mit Professor Sering etwas verfrüht über meine Dissertation, welche ich eines Tages schreiben wollte. Es war eine Studie über die sogenannten Assignaten, das französische Inflationspapier am Ende des 18. Jahrhunderts. Damals träumte mir nicht, welche Inflation ich in Deutschland später erleben würde.

Ich belegte einige Vorlesungen über Jurisprudenz. Unter dem großen Forscher und Lehrer Professor Joseph Kohler belegte ich einen Kurs über Handelsrecht. Aber Professor Kohler liebte augenscheinlich keine weiblichen Studenten. In der Klasse erzählte er solch unanständige Witze, daß die männlichen Studenten klatschten und Beifall trampelten, und es gelang, die wenigen Mädchen fortzutreiben.

Mein Lieblingslehrer war Professor Franz Oppenheimer. Ich war in seinem Seminar und eine große Bewunderin dieses großen Mannes. In seinem Seminar saßen zwei meiner Studienfreunde mit mir. Alfred Dresel und Frieda Wunderlich. Beide machten später glänzende wissenschaftliche und geschäftliche Karrieren.

Verlobung

Meine Heirat, dann die Schwangerschaft und der Ausbruch des Ersten Weltkriegs noch vor der Geburt meines Sohnes beendeten mein Universitätsstudium. Ich bedauerte später oft, nicht mein Doktorexamen gemacht zu haben. Vor kurzem packte ich mit schwerem Herzen ein Bündel Briefe aus, das ich seit etwa 40 Jahren nicht geöffnet hatte. Ich las sie, zuerst einige höfliche steife Karten und kurze Briefe aus der Zeit vor unserer Verlobung. Aus diesen Briefen war zu ersehen, daß ich am 23. Oktober 1910, während ich mit meinen Eltern eine Familie Misch besuchte, einen jungen Mann kennenlernte, den Gerichtsassessor Dr. Alfred Gerstel. Er brachte der Familie Misch, Verwandten seiner Eltern, gute Wünsche für eine Gelegenheit, die sie an dem Tage feierten. Ich fand den sehr gut aussehenden jungen Mann zu elegant, aber er beeindruckte mich. Es war ersichtlich, daß es ihn interessierte, zum ersten Mal in seinem Leben eine Universitätsstudentin kennenzulernen. Lange Zeit hielt ich es für unmöglich, daß ich auf ihn Eindruck machen könnte.

Ich hatte meine Fechtstunden einmal in der Woche am Kurfürstendamm. Nach diesen Stunden traf ich meist ganz zufällig Dr. Gerstel, der in der Nähe bei seinen Eltern wohnte, und erlaubte ihm gnädig, mich zur Untergrundbahn zu begleiten. In der Universität gab es Abendklassen von einigen berühmten Professoren, zum Beispiel von Heinrich Wölfflin, Erich Schmidt etc., die für das allgemeine Publikum offen waren, und Dr. Gerstel kam regelmäßig zu denen, die ich hörte, und brachte mich dann nach Hause. Wir wohnten in Gehweite von der Universität. Eines Tages fand er heraus, daß ich noch nie im Reichstagsgebäude gewesen war, und fragte mich, ob er es mir eines Sonntagmorgens zeigen könnte. Ich wußte natürlich, daß meine Eltern das nie erlauben würden. So antwortete ich, daß ich sehen würde, ob entweder Frieda oder Helene mit uns kommen könnte. Wenn ich zu Tanzgesellschaften ging und mein Bruder Walter nicht eingeladen war, brachte mich ein Dienstmädchen oder ein Hausdiener in einer Droschke nach Hause. Die Küchen in den Häusern, wo es Tanzgesellschaften gab, waren voll mit den Mägden, die dort warteten, um ihre jungen Damen nach Hause zu bringen. Es machte ihnen Spaß, schwatzend von den Leckerbissen zu kosten, und sie erhielten natürlich etwas Extrabezahlung für die späten Stunden. [...]

Zurück zu Dr. Gerstel. „Fräulein" hatte Verdacht geschöpft, und warnte meine Eltern, daß ich von den Abendkursen nach Hause begleitet würde. Daraufhin ließ meine Mutter eines Abends den kleinen Wagen anspannen, und, mit Kutscher Robert auf dem Bock, fuhr sie nach „Unter den Linden" zur Universität, wo sie uns auch traf. Ich wurde in den Wagen beordert und gehorchte. Obwohl es mir schrecklich peinlich war, ließ ich meinen Begleiter mit abgezogenem Zylinderhut – der üblichen Kopfbekleidung eines Herrn bei gutem Wetter – auf der Straße stehen. Ich war 20 Jahre alt, aber ich hatte zu gehorchen. Das war die Geschichte, die ich vor ein paar Jahren meiner Enkelin Naomi erzählte, und die sie entscheiden ließ, daß ich meine Lebenserinnerungen schreiben sollte.

Diese Abendspaziergänge waren sehr anregend für mich wegen des hohen geistigen Niveaus meines Begleiters. Ich lernte viel von ihm und bewunderte ihn sehr. Er war voller Verständnis, kritisierte, wenn nötig, und borgte mir Bücher. Im Jahr 1911 hatte er einen schweren Unfall, als er mit den Kindern von Freunden Fußball spielte. Er stürzte, fiel mit dem Kopf auf einen Stein, machte aber trotzdem in heißer Sonne einen Spaziergang mit den Freunden. Am nächsten Morgen beim Frühstück mit seinen Eltern fiel er rechtsseitig gelähmt vom Stuhl. Die zugezogenen Ärzte waren zuerst ratlos. Dann ersann er sich des Unfalls. Es war ein Bluterguß im Gehirn. Die Genesung nahm eine lange Zeit in Anspruch. Zu dieser Zeit kam seine Ernennung zum Amtsrichter. Da er mit der rechten Hand noch nicht schreiben konnte, fälschte sein Vater die Unterschrift unter sein Annahmeschreiben. Ich habe eine sehr höfliche, steife Gratulation von mir an den „Herrn Amtsrichter", die er aufgehoben hatte. Endlich, nach Monaten, kam er zurück nach Berlin von seinem letzten Kurort, begann seinen neuen Beruf und wir fingen wieder an, uns zu sehen.

Während seiner langen Krankheit war es mir klargeworden, daß und wie sehr ich ihn liebte. Aber es erschien mir ganz hoffnungslos. Ich versuchte, darüber hinwegzukommen. Ich wollte gern an einer anderen Universität studieren. In Freiburg wäre ich bei Liefmanns gut aufgehoben gewesen, und Robert war noch dazu ein Professor in meinem Fach. Aber mein Vater erlaubte es nicht. Nach einer Abendvorlesung fragte mich Alfred Gerstel eines Tages im Kastanienwäldchen gegenüber der Universität, ob ich seine Frau werden wollte. Ich habe mich später immer geschämt, daß ich so schnell und jauchzend „Ja" sagte. An meinem 22. Geburtstag kam ein großer Strauß roter Rosen, den das garstige Fräulein in der Badewanne versteckte. Am selben Tag fragte ich meinen Vater, ob Dr. Gerstel ihn zu irgendeinem Zeitpunkt sprechen könnte. Das wurde arrangiert. Mein Vater gab seine Erlaubnis erst, als die Ärzte ihn über die vergangene schwere Krankheit Alfreds beruhigt hatten, die keine Folgen hinterließ. Wir waren also verlobt. Meine Mutter warnte einmal meinen Verlobten: „Else hat keine Ahnung von Haushalten oder Kochen." Er lachte: „Das braucht sie nicht." Er konnte nichts ahnen von der Gästepension in Amerika mehr als dreißig Jahre später, wo ich mit Kochen und Haushalten uns alle ernährte.

Wir hatten eine lange Verlobung, da wir während dieser Zeit ein Häuschen in Dahlem für uns bauen ließen, in dem wir dann 25 Jahre lebten und in dem unsere beiden Kinder geboren wurden; unser Sohn am 23. Oktober 1914, genau auf den Tag vier Jahre, nachdem wir uns das erste Mal getroffen hatten, bei dem speziellen Festtage der Familie Misch.

1 *Stoeckerperiode.* Adolf Stoecker (1835–1909), evangelischer Theologe, Politiker und Begründer der Christlich-Sozialen Partei, war von 1874 bis 1890 Hof- und Domprediger in Berlin. Stoecker war einer der Führer der antisemitischen, völki-
2 *Kathedersozialisten.* Gemeint sind die drei Wirtschaftswissenschaftler L. Brentano, A. Wagner und G. Schmoller, die nach der deutschen Vereinigung 1870 auf die kulturellen und moralischen Schäden infolge des Wirtschaftsaufschwungs hinwiesen und eine staatlich gelenkte Sozialpolitik forderten.

Quelle: Else Gerstel, „Die Zeiten haben sich geändert". Manuskript, 1990. Abdruck mit freundlicher Genehmigung der Verfasserin.

Als Ärztin in München 1905–1910

Dr. Rahel Straus gehörte zu den ersten Frauen, die im deutschen Kaiserreich als Medizinerin promovierten. Ihre Erinnerungen einer deutschen Jüdin berichten über den Zeitraum von 1880 bis 1933, angefangen mit ihrer Kindheit in Karlsruhe, dem Studium an der Universität Heidelberg bis zur Niederlassung in München. Der folgende Auszug beschreibt die ersten Jahre ihrer Praxis als Ärztin, Ehefrau und Mutter von vier Kindern. Neben ihrer Arbeit als Gynäkologin nahm Straus großen Anteil am kultur-politischen Leben der Stadt, insbesondere an den Initiativen der Frauenbewegung und deren Kampf um wirtschaftliche und soziale Gleichberechtigung. Gegen die politische Bevormundung kämpften Straus und die von ihr gegründete „jüdisch-nationale Frauengruppe" vor 1918 um das allgemeine Stimmrecht als Grundlage der sozialen Emanzipation. Neben dem Frauenwahlrecht ging es Straus vor allem um die berufliche Gleichstellung der Frau, die Aufhebung des Verbots der Abtreibung (§ 218) und die Fürsorge für alleinstehende junge Mütter. Die Ziele des Zionismus erstellten dabei den äußeren Rahmen ihrer politischen Arbeit, die wie ein rotes Band die privaten und beruflichen Welten zusammenhielt.

Jetzt hatte ich das Recht, mich als Dr. Rahel Straus niederzulassen, was ich Anfang 1905 auch tat. Es gab bis dahin schon zwei Ärztinnen in München. Eine (davon war) Frau Dr. Lehmann, ich glaube sie war Amerikanerin, eine ganz prachtvolle Frau: gerade, unabhängig, Sozialistin. Sie hat bis in ihr hohes Alter nie die Erlaubnis gehabt, als Ärztin zu gelten, weil ihr ausländisches Examen nicht anerkannt wurde und ein inländisches Nachexamen in Bayern, wo bis dahin noch immer keine Frauen zum Studium zugelassen wurden, nicht erlaubt war. Da ihr Mann auch

Arzt war, er also ihre Rezepte unterzeichnen, Impf- und Todesscheine ausstellen konnte, so hat sie immer arbeiten können. Die Ehe war eine besonders gute, aber ihre beiden Kinder, Sohn und Tochter, gingen früh aus dem Haus mit der Erklärung: „Unsere Mutter ist sicher eine tüchtige Frau, aber eine Mutter für uns war sie nie." Das hat mir viel zu denken gegeben und mich stark bei der Gestaltung meines Lebens beeinflußt.

Frau Dr. Lehmann, die ich sehr schätzte, hat ein trauriges Ende genommen. Sie war eine tapfere Frau, die nur tat, was sie für recht hielt und was sie vor ihrem Gewissen verantworten konnte. Man munkelte schon lange, daß sie gegen das „Gesetz zum Schutze des keimenden Lebens" handelte, und Aborte nicht nur aus medizinischen, sondern auch aus sozialen Gründen einleitete. Seit vielen Jahren wurde in Deutschland ein heftiger Kampf darum geführt. Auf der einen Seite standen die bürgerlich-konservativen Kreise, vor allem die Kirchen aller Konfessionen, auf der anderen Seite die Sozialdemokratie und die ihr nahestehenden Parteien. Aber das Gesetz bestand und jeder, der sich aktiv oder passiv dagegen verging, machte sich strafbar. Natürlich war es ein offenes Geheimnis, daß trotzdem ständig bei reich und arm Abtreibungen vorgenommen wurden, ich glaube im Jahr schätzungsweise 500 000. Da aber Zuchthausstrafe darauf stand und der anständige Arzt meist nicht ungesetzlich handeln wollte, so waren besonders die Armen auf gewissenlose Hebammen und Kurpfuscher angewiesen, die oft mit verbrecherischem Leichtsinn handelten, und nur an den Erwerb, nicht an ihr armes Opfer dachten. So gingen viele Frauen und junge Mädchen zugrunde. Natürlich gab es auch gewissenlose Ärzte genug, die die Notlage armer, weiblicher Wesen ausbeuteten und genauso verbrecherisch mit dem Leben und der Gesundheit ihrer Opfer umgingen.

Da war eine Ärztin wie Frau Dr. Lehmann, die nie aus egoistischen, geldlichen Gründen half, sondern nur auf das Wohl ihrer Patientinnen bedacht war, eine ideale, mutige Helferin. Ich stand ganz auf ihrem Standpunkt. Daß ich anders handelte beruhte darauf, daß ich (meinem Mann) Eli[1] vor meiner Niederlassung versprochen hatte, keine ungesetzliche Handlung, wenn auch aus besten Motiven, in der Praxis zu begehen. Ich bin aber in Wort und Schrift, sowohl im Kreis der Akademikerinnen als auch beim jüdischen Frauenbund in seiner Sommerschule in Bad Dürkheim, für Abschaffung dieses Paragraphen[2] eingetreten. Doch davon später. Als Hitler zur Macht kam, war Frau Dr. Lehmann – sie war keine Jüdin – als Sozialistin gefährdet. Sie wurde geholt, und es sollte ihr wegen strafbarer Handlungen der Prozeß gemacht werden. Da hat sie sich das Leben genommen. Ich glaube, daß viele Patientinnen in Dankbarkeit dieser warmherzigen, tapferen Ärztin gedenken.

Die zweite Ärztin stammte wie ich aus Karlsruhe und war schon in meiner Gymnasialzeit Vorbild meiner Bewunderung gewesen. Sie hatte damals in der Schweiz studiert. Sie war als Kinderärztin tätig, sicher tüchtig und beliebt, lebte aber zurückgezogen in einem entfernten Stadtviertel, so daß wir uns beruflich nie, gesellschaftlich nur sehr selten sahen.

So war ich die dritte Ärztin, die sich in München niederließ. Ich kann nicht sagen, daß die Patienten bald herbeiströmten. Aber ich machte manche interessante Erfahrung: Patienten, die zu einer Ärztin kamen, waren in erster Linie berufstätige Frauen der gebildeten Klasse: Lehrerinnen, Sekretärinnen, gehobenere geschäftliche Angestellte. Sie, die zu sich selbst Vertrauen hatten, hatten auch Vertrauen zu der Frau, die sie beraten sollte. Dann kamen Frauen des kleinen Mittelstandes – sie sahen im Mann oft so etwas wie einen Gegner, der auf sie herabsah, der sie nicht ernst nahm. Dann kam die christliche, bürgerliche Frau aus dem Mittelstand, nicht die reiche Frau, und zu allerletzt kam die jüdische Frau; sie fand den Weg zur Ärztin am schwersten. Als ich auf ihren ausdrücklichen Wunsch die Behandlung von Tante Fritzi, Onkel Angelos Frau, übernahm, erzählte er mir immer wieder, wie viele Leute ihn davor warnten, mir die Behandlung anzuvertrauen.

Immerhin, die Praxis wuchs [...]

(Straus gewann schnell das Vertrauen ihrer Patienten.)

Ich habe, nachdem ich mich niedergelassen hatte, meine Praxis durch alle Jahre gehalten, bis ich München verließ, und habe hier[3] mit 54 Jahren noch einmal begonnen. Und doch kann ich die Frage, ob es möglich ist, als Frau und Mutter einen Vollberuf auszuüben, nur schwer beantworten. Ich denke dabei an die Frau im bürgerlichen Leben, an ein Leben, wie es unsere Generation geführt hat. Da muß ich sagen: es ist und bleibt eine schwere, fast unlösbare Aufgabe, die nicht allgemein gelöst werden kann, sondern die jede Frau für sich selbst lösen muß. Es sind dazu viele Vorbedingungen notwendig. In erster Linie ein Mann, der in der Frau die gleichberechtigte Gefährtin sieht, die nicht in erster Linie für ihn da zu sein hat, sondern das Recht auf Eigenleben und Eigenentwicklung hat. Zweitens gehört eine pekuniäre Grundlage dazu, die es der Frau ermöglicht, in Haus und Küche, bei den Kindern und für die gesamte Haushaltsführung bezahlte Kräfte einzustellen. Ohne diese finanzielle Grundlage kann eine verheiratete Frau gar nicht beginnen, ohne von der Fülle der doppelten Arbeitslast erdrückt zu werden. Vor allem aber gehört dazu eine eiserne Gesundheit und eine große Arbeitskraft, denn selbst die besten Hausangestellten bedürfen der Aufsicht der Hausfrau, und jeder Moment kann es verlangen, daß die Hausfrau plötzlich selbst die Arbeit zu leisten hat. Denn in einem Haushalt mit Kindern gibt es keine Möglichkeit, die Arbeit einzustellen. Die Kinder müssen betreut werden, der Hausbetrieb muß weiter gehen, trotz Beruf und Berufsanforderung. An wie viele Fälle erinnere ich mich, in denen ich plötzlich vor solch doppelten Aufgaben stand.

Einmal, es war der Tag vor Pessach[4], Gäste waren zum Seder geladen, die Köchin lag krank, das Kindermädchen war nicht da. Ich kochte, saß bei den Kindern. Plötzlich ein Anruf: Sofort kommen! Da gab es kein Zaudern. Ich stellte mein ältestes Töchterlein, sie war etwa zehn Jahre alt, an den Herd: „Wenn du siehst, daß es zu sehr kocht, schiebe einfach die Töpfe zur Seite, ich werde alles ordnen, wenn ich nach Hause komme." Ich habe es geschafft, aber es hat Kraft gekostet. Und da handelte es sich schließlich nur um ein Essen, das besser oder schlechter werden konnte, in jedem Fall kein großes Unglück. Es gab ganz andere Dinge, die schwerer durchzuhalten waren.

Noch ein Beispiel: Mein ältestes Töchterlein war damals vier Monate alt, sie war nur von mir genährt worden. Ich wurde wegen einer schweren Blutung ins Isartal gerufen. Sieben Abgänge hatte die arme Patientin in den sieben Jahren ihrer Ehe schon durchgemacht. Und nun wieder eine Blutung, wieder eine Hoffnung zerstört. Ich kannte sie, sie war meine Freundin, sie war restlos verzweifelt. Rein ärztlich gesehen gab es bei der Stärke der Blutung nur eines: operative Ausräumung, damit die Blutung aufhörte. Aber ich sah, daß ich alles tun mußte, um die Schwangerschaft zu erhalten. Das ging nur, wenn ich – nachdem ich eine Spritze und alles, was nötig war, gemacht hatte – dablieb und beobachtete. Ich blieb die Nacht draußen und telefonierte nach Hause, um dem Kind – es hatte noch zwei Mahlzeiten zu bekommen – Tee zu geben. Es mußte halt einmal hungern. Es gelang, das Kind zu retten, und nach fünf Monaten kam ein prachtvoller Junge zur Welt. Isalein hat es auch nichts geschadet, aber der Konflikt der Pflichten war hart genug.

Oder ein dritter Fall, der schwerste von allen. Ich stillte mein jüngstes Töchterlein im vierten Monat. Sie erkrankte als einziges der vier Kinder an Diphtherie, die ich wohl mit nach Hause gebracht hatte. Ich hatte gerade einen kleinen Patienten mit leichter Angina behandelt, aber es muß doch eine Diphtherie gewesen sein. Die falsche Diagnose hätte meiner Kleinen fast das Leben gekostet. Wenn ich wirklich das Kind durch meine Schuld verloren hätte – ich glaube, ich hätte nie wieder gewagt, ärztlich zu behandeln, ich hätte den Beruf aufgegeben!

Und doch berühren diese Dinge nicht die eigentlichen Probleme; die liegen viel tiefer. Dem Manne ist der Beruf der Hauptinhalt seines Lebens, ihm wird alles andere untergeordnet. Das ganze Haus ist darauf eingestellt, dem Hausherrn die Ruhe und Bequemlichkeit zu geben, damit er ganz ungestört seinem Beruf leben kann.

Ganz anders ist es bei der Frau, die im Augenblick, da sie heiratet, sich nicht mehr ganz und ausschließlich dem Beruf widmen kann. Sie übernimmt mit der Ehe sofort die zweite Aufgabe, ein Haus, ein Heim zu gestalten, und es ist falsch zu glauben, daß eine solche Aufgabe ohne Kräfteeinsatz gelöst werden könne. Die berufstätige Frau muß die große Gabe haben oder sich dazu erziehen, ihr Berufsleben und ihren Alltag so voneinander zu trennen, daß niemand spürt, daß sie vielleicht körperlich müde oder seelisch bedrückt ist, daß ihre Gedanken noch bei dem schweren Fall weilen, den sie eben behandelt hat. Dabei spreche ich hier von der Frau, die keine Mutterpflichten und einen verständnisvollen Mann hat, der gerne bereit ist, mitzutragen und mitzuarbeiten. Sind aber Kinder da, dann wird der Aufgabenkreis weit größer und schwerer. Aber ein Kind braucht trotz bester Kinderpflegerin seine Mutter und hat auch ein Recht auf sie, und die Mutter will auch das Kind führen und leiten, es beeinflussen, ihm eine Mutter sein. Es braucht unendlich viel Kraft und viel Liebe zum Beruf, immer wieder den Versuch zu machen, allem gerecht zu werden.

Und wenn man ehrlich gegen sich selbst ist, weiß man, daß man nie so viel im Beruf leisten kann, wie man könnte, wenn man alles andere ausschalten würde. Wie oft habe ich halb im Scherz, halb im Ernst zu meinem Mann gesagt: „Hätte ich dich nicht geheiratet, wäre ich eine berühmte Frau geworden!" Und Eli sagte dann wohl scherzend, „dann danke Gott, daß ich dich geheiratet habe. Vielleicht habe ich dich vor der großen Enttäuschung bewahrt, wenn die Berühmtheit ausgeblieben wäre". Das war ein Scherz, aber er enthielt den wahren Kern, daß es mir bewußt war, daß ich hinter dem zurückblieb, was ich mir selbst als Ideal gestellt hatte. Wie gern hätte ich mich operativ ausgebildet, mich ausgebildet für die „schmerzlose" Geburt, die Dr. König damals in Freiburg eingeführt hatte, und für geburtshilfliche Operationen. Ach, es gab tausend Dinge, die ich gerne noch dazugelernt hätte und für die das Lesen der wissenschaftlichen Zeitschriften nur ein schwacher Behelf war. „Berühmt" hätte ich deswegen nicht werden müssen, das war damit nicht gemeint. Trotzdem hatte auch Eli mit seiner Antwort recht: wäre ich glücklicher gewesen, wenn ich einzig und allein dem Beruf gelebt hätte; verzichtet hätte auf ein volles Frauenleben mit Mann und Kindern? Ganz gewiß nicht! Und das ist und bleibt die große, schwere Frage, die vor jeder Frau steht. Viele habe ich gekannt, die von vornherein auf den Beruf verzichtet haben, und viele, die jahrelang auf die Ehe verzichteten, um dann als reife Frau doch noch Ehe und häusliches Glück zu verlangen – oft zu spät und darum meist ein verfehlter Versuch. Ich hätte nie auf den Beruf und auf mein Glück als Frau und Mutter verzichtet. Aber ich war mir immer bewußt, daß es eine schwere, immer neu zu lernende Kunst ist, beides zu vereinen.

(Straus berichtet über die ersten Kontakte zur Frauenbewegung.)

Selbstverständlich fanden sich alle fortschrittlichen Frauenvereine ein und verlangten meine Mitgliedschaft und Mitarbeit. Da war der „Fraueninteressenverein", der in München die Stelle des Vereins „Frauenbildung – Frauenstudium" meiner Heimat vertrat. Er beschäftigte sich mit allen Frauenfragen mit Ausnahme der politischen. An der Spitze stand eine prachtvolle Frau, Ika Freudenberg, die den Verein hervorragend leitete und es verstand, alle Frauenkreise mit ihm zu verbinden. So gliederte sie ihm eine Akademikerinnengruppe an, die sich im Laufe der Jahre aus kleinen Anfängen immer mehr entwickelte und sowohl wissenschaftliche als auch praktische Fragen behandelte. Es war selbstverständlich, daß ich dort Mitglied war, daß ich zum Akademikerinnenkreis gehörte und im besonderen Kreis der Ärztinnen war. Wenn ich auch im Jahre 1905 erst die dritte Ärztin war, so wuchs ihre Zahl von Jahr zu Jahr und verzehnfachte sich wieder während und nach dem Weltkrieg.
Die Veranstaltung über Beruf und Mutterschaft, die ich erwähnte, fand im Rahmen des „Fraueninteressenvereins" statt. Hier hörte ich auch auf einer großen Tagung über weibliche Erziehungsfragen zum erstenmal Ger-

trud Bäumer[5] reden. Sie sprach so außerordentlich gut und klar, daß selbst so gute und sachverständige Redner wie Herr Kerschensteiner – der Referent über das Münchner Volksschulwesen – neben ihr verblaßten. Ich war voller Bewunderung für sie, und das, was ich von ihr hörte und von ihr las, hat mir immer wieder bestätigt, daß sie wohl die bedeutendste Frau war, die die deutsche Frauenbewegung in meiner Zeit hervorgebracht hat.

Die politisch orientierte Frauenbewegung war der „Verein für Stimmrecht", dem ich natürlich sofort beitrat, wenn es auch damals, 1905, so aussah, als sollte unsere Arbeit noch jahrzehntelang vergeblich sein. Die Forderung nach politischer Gleichberechtigung mußten wir aber stellen. Natürlich war diese Vereinigung noch sehr unpopulär, zählte nur wenige Mitglieder und hatte viele und heftige Gegner. Dem entsprach aber auch die Art und das Auftreten der Frauen, die an ihrer Spitze standen: Dr. Anita Augspurg und Lydia Heymann, trotz ihrer jüdisch klingenden Namen keine Jüdinnen. Sie kleideten sich, besonders Anita Augspurg, wie der Witzblattyp der emanzipierten Frau. Als ich aber mit ihnen bekannt wurde, habe ich beide sehr schätzengelernt. Sie waren, das ist zuzugeben, fanatisch in ihrem Auftreten wie in ihren Forderungen. Aber wie konnten Frauen jener Tage, die eine Forderung vertraten, die die Männer unter keinen Umständen bewilligen wollten und die die Mehrzahl der Frauen noch nicht imstande war zu verstehen, auch anders sein? Sie hatten nach zwei Seiten zu kämpfen, das ging nur mit fanatischer Leidenschaft. Sie gingen den Weg, den ihre Überzeugung ihnen vorschrieb. Dabei, ich lernte sie auch als Ärztin kennen, waren sie warmherzig, hilfsbereit, voll wahrer Menschenliebe.

(Nach der Mitarbeit bei mehreren Frauenvereinen gründete Rahel Straus ihre eigene „jüdisch-nationale Frauengruppe".)

Ich glaube, ich habe mit zwei jungen zionistischen[6] Studentinnen begonnen. Ich schickte zur Gründungsver-

56

sammlung Einladungen an Verwandte und Bekannte, bei denen ich für meine Person Interesse erwarten konnte, hielt natürlich eine Rede, in der ich die Gründe für die Schaffung einer solchen Frauengruppe darlegte und ihre Ziele auseinandersetzte. Die Eröffnungsversammlung war über Erwarten gut besucht, aber Mitglieder wurden nur wenige. Über dreißig bis vierzig Mitglieder haben wir es nie gebracht! Es waren einige mir befreundete Frauen, einige zionistisch interessierte junge Mädchen und einige wirkliche Zionistinnen. Alle anderen hielten sich fern. „Ja, wenn Sie sich nur entschließen könnten, das ‚national' wegzulassen", sagte mir Frau Rabbiner Werner, „dann könnten Sie weiteste Kreise bekommen, denn so etwas fehlt hier." Das wollte ich nun gerade nicht. Später sah ich ein, daß ich unter einem weniger verfänglichen Namen viel mehr und besser hätte zionistisch wirken können.

Unsere Abende, die monatlich zweimal stattfanden, brachten gewöhnlich ein Pressereferat, einen Vortrag über jüdische Geschichte, und den Schluß bildete eine jüdische Novelle, ein Gedicht oder eine kleine Erzählung, oft vom gleichen Autor. Dann wurde von einem der Mitglieder über diesen Dichter oder Schriftsteller gesprochen. Es war recht anregend, und unsere kleine Gruppe hielt tapfer zusammen. Aber eigentlich ruhte die Arbeit der „jüdisch-nationalen Frauengruppe" einzig und allein auf meinen Schultern. Ich hielt die Zeitungsreferate, verteilte die Geschichtsthemen, wählte die schöne Literatur aus und suchte das Material für die Vorträge zusammen. Der Kreis vergrößerte sich nie wesentlich, und als wir im Frühjahr 1907 unsere Palästinafahrt antraten, war niemand da, der meinen Platz hätte ausfüllen können. Die Gruppe „entschlief" sanft, und ich hatte nach meiner Rückkehr keine Lust mehr, sie wiederzuerwecken.

Nicht viel besser erging es dem sogenannten „Kulturverband" in München. Sein voller Titel hieß: „Verein jüdischer Frauen zur Förderung der Kulturarbeit in Palästina". Frau Dr. Leszinski leitete diesen Verein innerhalb Deutschlands. Seine Aufgabe bestand besonders darin,

Geld zu sammeln, um in Palästina Schulwerkstätten zu errichten, um Frauen und Mädchen in Heimarbeit auszubilden. [...] Immerhin war der „Kulturverband" der einzige Verein in München, der damals schon dem „Jüdischen Frauenbund" angehörte, als er sich im Jahr 1910 rüstete, auch in Süddeutschland Fuß zu fassen. Zu diesem Zweck veranstaltete er im Frühjahr 1910 seine große Tagung in München.

Der „Jüdische Frauenbund" war im Jahr 1904 nach einer allgemeinen Frauentagung in Wien von Bertha Pappenheim gegründet worden. Sie hatte dort gesehen, daß alle Fragen, die die jüdische Frau betreffen, nur von den jüdischen Frauen selbst behandelt werden können. Es waren vor allem die Fragen des Mädchenhandels, die auf dieser Tagung diskutiert worden waren. Es hatte sich gezeigt, daß unter den Händlern viele Juden waren, und auch unter den verhandelten Mädchen war ein verhältnismäßig großer Teil jüdischer Mädchen. Bertha Pappenheim sah klar, daß das niedrige Niveau besonders der Mädchen aus Polen und Galizien sie zur Beute für den Mädchenhandel werden ließ. In Galizien wuchsen viele jüdische Mädchen ohne jegliche Schulbildung auf, sie erlernten keinerlei Berufe, die ihnen ein Fortkommen im Leben ermöglichen konnten. Es war eine der ersten Aufgaben des neugegründeten „Jüdischen Frauenbundes", auch für allein reisende jüdische Mädchen einen Bahnhofsdienst einzurichten, wie er längst in allen größeren Städten für evangelische und katholische Mädchen bestand. Jüdische Frauen mit gelben Abzeichen sorgten für Unterkunft und Rat, und wo es not tat, für Hilfe. Natürlich geschah dies im engen Konnex mit der christlichen Bahnhofshilfe. Die Frauen halfen und vertraten sich gegenseitig.

Aber bald wuchs dieser „Jüdische Frauenbund" weit über seine anfänglichen Aufgaben hinaus. Bertha Pappenheim kam durch die erste Arbeit sehr bald in Berührung nicht nur mit „gefährdeten" Mädchen, sondern auch mit sogenannten „gefallenen" Mädchen. Sie war die erste, die den Mut aufbrachte, öffentlich darüber zu sprechen, daß es auch im jüdischen Kreis uneheliche

Kinder gab, für die niemand sorgte, die man samt den armen Müttern verkommen ließ. Es ist heute völlig unbegreiflich, daß sich solch ein Sturm der Entrüstung gegen Bertha Pappenheim erheben konnte, die es wagte, von unehelichen jüdischen Kindern, von gefallenen Mädchen und jüdischen Dirnen im Bordell zu schreiben. Man bestritt alles, man nannte alles Übertreibung, man hätte sie am liebsten mundtot gemacht! Aber Bertha Pappenheim war eine unermüdliche Kämpferin für die Sache, die sie als recht und notwendig erkannt hatte. Sie schwieg nicht! Sie scharte die jüdischen Frauen um sich und gründete Ysenburg, ein Heim für gefährdete Mädchen.

Ich habe das Heim in den zwanziger Jahren besucht, als es schon groß und ausgebaut war. Bertha Pappenheim selbst zeigte mir Haus, Heim und Garten. [...] Ich war im Säuglingsheim, wo die jungen unverheirateten Mütter ihre eigenen Kinder betreuen und lieben lernten! Ich war bei den „Krabbelkindern", und es war rührend zu sehen, wie sie alle voll Glück auf Bertha Pappenheim zukrabbelten, sich an ihren Rock hängten und gar nicht von ihr lassen wollten. Ich war mit ihr bei den Kindern, die im Heim lebten, und bei den großen Mädchen, die vom Heim aus nach Frankfurt hineinfuhren, um die verschiedensten Berufe zu lernen.

1 *Eli Straus.* Münchner Arzt und Ehemann der Verfasserin.
2 *Paragraph 218* des bürgerlichen Gesetzbuches betraf das Verbot der Abtreibung in Deutschland.
3 Gemeint ist hier die Stadt New York, wo Straus nach der Vertreibung aus Nazi-Deutschland Zuflucht fand.
4 *Pessach.* Das beim ersten Frühlingsvollmond gefeierte Fest zur Erinnerung an den Auszug der Juden aus Ägypten. Das Pessachfest beginnt mit dem Sedermahl.
5 *Gertrud Bäumer* (1873–1954), sozialkritische Schriftstellerin und Vorkämpferin der Frauenbewegung. Bäumer war Vorsitzende des „Bundes deutscher Frauenvereine".
6 *Zionisten.* Mitglieder der 1897 gegründeten „Zionistischen Vereinigung für Deutschland", die Teil der zionistischen Weltorganisation war. Der Zionismus propagierte die jüdische Nationalidee und die Umsiedlung nach Palästina.

Quelle: Rahel Straus, „Memoiren." Manuskript MF 83 (1), Leo-Baeck-Institut, New York. Vgl. dazu Rahel Straus, *Wir lebten in Deutschland. Erinnerungen einer deutschen Jüdin 1880–1933*. Stuttgart 1962.
Abdruck mit freundlicher Genehmigung des Leo-Baeck-Instituts, New York.

Einige Erinnerungen aus meinem Leben

Prive Friedjung wurde 1902 in der kleinen Stadt Jadowa im heutigen Rumänien geboren, wo ihr Vater Schächter der jüdischen Gemeinde war. Die Erinnerungen Prive Friedjungs beginnen mit der Schilderung ihrer Kindheit im frommen Haushalt der Eltern, die mit ihren acht Kindern ein zwar bescheidenes aber zufriedenes Leben führten. Als 18jähriges Mädchen verließ Prive gegen die Wünsche ihrer Eltern die Heimatgemeinde, um in der Bezirkshauptstadt Czernowitz eine deutschsprachige Mittelschule zu besuchen. Wie viele andere ihrer Generation fand sie neben dem Studium lebhaftes Interesse an den politischen Umwälzungen ihrer Zeit, insbesondere der Revolution in Rußland. Auf dem Gymnasium knüpfte sie zuerst Kontakte zum Poale-zionistischen Jugendverband und wurde später Mitglied der kommunistischen Partei, in der sie sich stark politisch engagierte. Um polizeilichen Schikanen zu entkommen, übersiedelte Prive 1924 nach Wien, wo sie bei ihrer älteren Schwester unterkam. Der weitere Lebensweg Prive Friedjungs war geprägt vom revolutionären Geist der Verfasserin, die zeitlebens der kommunistischen Bewegung nahestand. 1934 wanderte sie in die Sowjetunion aus, arbeitete als Sprachlehrerin an verschiedenen Schulen und begann ein Fernstudium an der pädagogischen Hochschule in Moskau, das sie 1947 abschloß. Nach ihrer Heirat und der Geburt eines Sohnes wurde sie, wie alle nicht wehrfähigen Bürger Moskaus, 1941 in die sibirische Industriestadt Tomsk evakuiert, wo sie unter schwierigsten Bedingungen den Zweiten Weltkrieg überlebte. 1947 kehrte sie nach Wien zurück und fand mit Hilfe der kommunistischen Partei wieder eine Anstellung als Sprachlehrerin. Die Verfasserin lebt seither in Österreich (siehe Abbildung 6). Der folgende Auszug aus Friedjungs Autobiographie beschreibt ihre Jugend im strenggläubigen Elternhaus in der Bukowina bis zu ihrem Eintritt in die kommunistische Bewegung im Jahr 1924.

Ich wurde im Frühjahr 1902 als zwölftes Kind einer sehr religiösen, unbemittelten jüdischen Familie in der Bukowina[1] im heutigen Rumänien geboren. Mein Vater war ritueller Schächter.[2] In jüdischen Familien durfte nur das Fleisch gegessen werden, das von einem Mann vorbereitet wurde, der nach sehr strengen Vorschriften die Schlachtung vorgenommen hatte. Die Schächter standen unter Kontrolle des zuständigen Ortsrabbiners, der strengstens auf alles achtete. Beide, sowohl der Rabbiner als auch der Schächter, gehörten zum Klerus, waren Angestellte der Kultusgemeinde und damit dem Blickpunkt und der Kritik aller Angehörigen der jüdischen Gemeinde ausgesetzt. Das war für den Vater, aber auch für alle Familienmitglieder schwierig und sehr anstrengend. Ein kleines Beispiel möge dies charakterisieren: Frauen dürfen nach dem Ritus nicht singen, wenn sie von Männern gehört werden können. Wir waren drei Schwestern. Alle drei hatten, wie auch mein Vater, gute Singstimmen, wir sangen eben gern wie die Vögel im Walde. Obwohl der Vater uns gern singen hörte, befand er sich ständig im Kampf dagegen. Erstens, weil er doch selbst sehr fromm war und das gegen die Riten verstieß, aber vor allem deshalb, weil uns jemand hören könnte.

Das Einkommen der Eltern war sehr klein. Um den Lebensunterhalt bestreiten zu können, mußten die Eltern allerlei daneben tun. Die Mutter betreute neben dem kinderreichen Haushalt eine kleine Landwirtschaft: Gemüsegarten, Kartoffel- und Maisfeld und ein bis zwei Stück Vieh, was wieder den Verkauf von Milch ermöglichte. Der Vater sang zu den großen Feiertagen im Tempel. Das und noch einige andere Nebenverdienste reichten gerade aus, um die einfache Nahrung zu beschaffen, wobei fast alles auf Kredit eingekauft wurde und dadurch viel teurer war. Schuhe und Kleider waren ein ganz besonderes Problem. Im Sommer liefen wir bloßfüßig, die jüngeren trugen immer die Kleider der älteren Kinder. Ich, als die Jüngste, bekam erst, als ich schon fast erwachsen war, etwas Neues zum Anziehen.

Die Provinz Bukowina, in der ich geboren wurde, gehörte bis zum Ende des Ersten Weltkriegs zur österreichisch-ungarischen Monarchie. Von 1918 bis 1940 gehörte sie zu Rumänien. Im Zuge des sogenannten „Freundschaftsvertrags" zwischen Hitlerdeutschland und der Sowjetunion wurde der ukrainisch bewohnte Teil der Sowjetukraine angeschlossen, der rumänisch besiedelte verblieb bei Rumänien.

Neben den zwei Hauptbevölkerungsgruppen der Rumänen und Ukrainer lebten dort auch einige andere Völker, wie Deutsche, Polen und Juden. Den rumänisch besiedelten Teil kannte ich nicht, obwohl dort eine meiner Schwestern nach ihrer Verheiratung lebte. In unserem Teil gab es im wesentlichen folgende soziale Schichtung: Die Ukrainer waren hauptsächlich Landwirte, mit mehr oder weniger Besitz, die Landlosen arbeiteten als Tagelöhner, waren also der ärmste Teil der Bevölkerung. Selten gab es unter ihnen einen Handwerker oder Geschäftsmann. Letztere Gruppe wurde vorwiegend von der jüdischen Bevölkerung gestellt. Unter den Juden gab es auch vereinzelt Handwerker. Diese sowie die Facharbeiter für den einzigen Sägebetrieb – unser Ländchen ist sehr holzreich, Bukowina bedeutet Buchenland – wurde hauptsächlich von den Deutschen gestellt. Die öffentlichen Schulen wurden in ukrainischer und deutscher Sprache geführt. Die Kinder der jüdischen Bevölkerung besuchten die deutschsprachige Schule. Die Muttersprache Jiddisch wurde in Privatkursen gelehrt und gelernt. Die öffentliche Schule war eine sechsklassige.

Wir lebten in einem Häuschen, das aus einem Zimmer und einer Küche bestand. Dort wurden wir alle groß. Im Winter wurde nur der eine Raum bewohnt. Er war Koch-, Schlaf- und Wohnraum für alle. Gab es ein neugeborenes Kälbchen, kam es im Winter auch für ein oder zwei Tage in den gleichen Raum. Trotz der Enge und Armut war, soweit ich mich erinnern kann, das Zusammenleben meiner Eltern sehr gut.

Die Brüder mußten unter diesen Umständen sehr früh, d. h. sobald sie aus der Schule waren, aus dem Haus. Wir waren fünf Mädchen und drei Knaben, die anderen vier Kinder starben kurz nach der Geburt. Die Mädchen wurden über Heiratsvermittler sehr früh verheiratet. Die älteste Schwester mußte 19jährig einen 45jährigen Mann heiraten. Dabei mußte bei den zwei älteren Schwestern jedesmal das Häuschen mit einer Hypothek belastet werden, um die Mitgift und die Kosten für die Hochzeit bestreiten zu können. Die Jungen mußten irgendeine Lehre antreten. Im Ort verblieb von den drei Brüdern nur der älteste. Er begann als Lehrling im Sägewerk, wo er bis zur Vertreibung und Vernichtung durch die Nazis arbeitete. Die anderen zwei wanderten sehr bald aus. Der eine nach Wien – auch er endete mit Frau und Kindern in Hitlers Gaskammern. Der dritte ging nach Amerika, wo sich schon die Familie meiner zweitältesten Schwester befand. Er ist von den dreien der einzige, der noch lebt.

Ich habe versucht, einen kleinen Überblick über die Verhältnisse zu geben, unter denen ich heranwuchs. Obwohl wir auch viel Mangel litten, gab es in unserem Haus doch viel Wärme und Herzlichkeit. Die Feiertage hinterließen, besonders wegen des schönen Gesanges von Vater, einen tiefgehenden Eindruck. Jeder Sabbat, jeder Feiertag hatte seine besonderen Eigenheiten und Riten, die die Armut erträglicher machten. Jede Kleinigkeit, jeder Gast, besonders die Großeltern, waren ein freudiges Erlebnis. Außerdem waren wir selbst unter der jüdischen Bevölkerung lange nicht die Ärmsten, von den anderen, den Tagelöhnern gar nicht zu reden. Im Sommer war es natürlich besonders gut; da konnte man im Freien spielen, im Fluß baden, Obst und grüne Erbsen „stehlen". All das war aufregend und verband die Kinder zu engen Freundschaften, die, obwohl wir in verschiedenen Teilen der Welt leben, zum Teil noch immer nicht ganz erkaltet sind.

So verlief das Kinderleben bis zum Ausbruch des Ersten Weltkriegs. Als mein Vater von der Ermordung des österreichischen Thronfolgers hörte,[3] sagte er: „Das kann ein teures Leben werden." Wie sehr er recht hatte, wissen nur die, die den Krieg erlebt haben. Wir Kinder wurden natürlich in der Schule auf höchste patriotische Touren gesetzt. Wir sangen und gröhlten patriotische Lieder bei der allgemeinen Mobilmachung, beim Durchmarsch von Truppen, denen wir zur Labung Milch, Wasser und andere Getränke brachten. Rund um mich weinten beim Abschied die fortziehenden Männer und die zurückbleibenden Frauen, Kinder und Eltern. Mein Vater mußte nicht mehr fort, aber meine drei Brüder waren alle an der Front. Die zwei älteren auf der österreichischen Seite, der jüngste Bruder, von Amerika aus, auf der Gegenseite. Von diesem Krieg kamen sie alle lebend und unverwundet zurück. Ständig beteten, fasteten und kasteiten wir uns, um die göttliche Allmacht zum Schutz für ihr Leben zu gewinnen. Doch als Ungeheuerlichkeit empfanden wir all das nicht. Es wurde, zumindest soweit ich es verstanden hatte, als gottgewolltes Unheil aufgefaßt. [...]

Die Versorgung[4] mit den notwendigen Bedarfsgütern, besonders mit Lebensmitteln, wurde, je länger der Krieg dauerte, immer schwerer, insbesondere bei uns, denn wir durften aus religiösen Gründen auch die kleinen zugewiesenen Fettrationen nicht verwenden. Zu jener Zeit empfanden wir Kinder, die in dieser Atmosphäre heranwuchsen, auch das als gottgegeben. Und sündigen durfte man doch nicht, weil alle drei Geschwister an der Front waren, für die wir unseren Gott wohlgeneigt machen wollten. Bis jetzt kann ich meinen Eltern dafür nicht zürnen. Das war ihre tiefste ehrliche Überzeugung, der sie alles unterordneten. Das ging so weit, daß mein Vater, der eine außerordentlich gute Stimme hatte, ein Angebot in der Jugend abgelehnt hatte, seine Stimme kostenlos ausbilden zu lassen, wobei für Frau und Kinder auch gesorgt werden sollte. Begründung: Die Kinder könnten in der Stadt gottlos werden. Wer zu solchen Opfern selbst für sich bereit ist, dem muß man glauben, daß es ihr innerstes Erleben ist. Unter solchen Umständen bleibt einem jede Kritik und Verurteilung fern.

Vielleicht war das Leben unter solchen Bedingungen eine Erklärung dafür, daß ich so lange brauchte, bis mir die Zusammenhänge des praktischen Lebens bewußt wurden. Erst lange nach dem Kriege, als wir wieder heimgekehrt waren, galt das Erlebte nicht mehr als gottgewollt und selbstverständlich. Langsam und im steten Ringen mit sich selbst, mit den Eltern, vor allem mit dem Vater, gegen die konservativ-reaktionäre Umwelt, begann sich ein neues Weltbild in mir zu bilden. Als besonders ungerecht empfand ich das Prinzip der „Auserwähltheit" der Juden. Gab es in unseren Kreisen für ärmere Juden zumindest etwas Mitleid, hin und wieder Hilfe, so galt solche Verpflichtung Nichtjuden gegenüber einfach nicht. Das löste in mir und einigen anderen jungen Menschen Widerspruch aus. Meine älteren Schwestern, die nicht in unserem Ort lebten, kamen schon früher mit sozialistischem Gedankengut in Berührung. Solche Ideen fielen bei mir bereits auf vorgedüngten Boden.

Da ich keinen Beruf hatte, im Krieg keine Schule beenden konnte, versuchte ich mich im Privatunterricht für die Aufnahmeprüfung in die Mittelschule vorzubereiten. Um die Kosten dafür bestreiten zu können, gab ich gegen kleines Entgelt Nachhilfestunden an jüngere Schüler, lehrte auch jiddisch, das ja, wie gesagt, außerhalb der öffentlichen Schulen erlernt werden mußte. Als ich glaubte, vorbereitet zu sein, fuhr ich in die Hauptstadt unserer Provinz, nach Czernowitz. In die öffentliche Mittelschule konnte ich nicht, weil bereits rumänisch als Unterrichtssprache galt, die ich nicht beherrschte; da trat ich in eine Privatschule ein.

In der Stadt kam ich bald mit der sozialistischen Jugendbewegung in Berührung. Erst mit der zionistisch orientierten.[5] Aber der Poale-Zionismus hatte schon zu jener Zeit wenig Anziehungskraft auf mich. Die kommunistisch orientierte Bewegung sprach mich viel mehr an. Ich beteiligte mich an Versammlungen, Kursen, lernte, las marxistische Literatur und beteiligte mich an allerlei kulturellen Veranstaltungen. Aber es blieb natürlich nicht dabei. In der Schule wurde ich zum Sprecher gegen allerlei Ungerechtigkeiten. Ergebnis war, daß ich bald auch diese Schule verlassen mußte.

Inzwischen war die kommunistische Bewegung illegal geworden, und ich wurde zu bestimmten Arbeiten herangezogen. Unerfahren und zu konspirativer Arbeit wenig geschult, fiel ich bald in die Hände der „Siguranza", der politischen Polizei. Die erste Haftzeit dauerte nur einige Wochen. Durch Bestechung gelang es meinen Eltern, mich aus dem Polizeigefängnis herauszuholen. Danach mußte ich zu meinen Eltern nach Hause fahren. Aber allzulange hielt es mich hier nicht. Ich fuhr wieder in die Stadt, lernte Stenographie und Maschineschreiben und nahm eine Stelle bei einem Rechtsanwalt an. Daß ich daneben meine politische Arbeit weiterführte, war selbstverständlich. Die Arbeiterbewegung, insbesondere die kommunistische, war immer größeren Repressionen ausgesetzt. Ein Jahr nach der ersten Verhaftung erfolgte die zweite. Diesmal – das habe ich später erfahren –, weil einige Wochen früher mehrere Funktionäre verhaftet worden waren. Bei einem Verhör hat einer von ihnen meinen Namen und meine Adresse preisgegeben. Wir waren nachher im gleichen Gefängnis und im gleichen Prozeß verurteilt worden. Er erzählte es mir selbst. Er glaubte nämlich, daß ich inzwischen verschwunden und in Sicherheit war. Wohl wußte ich von verschiedenen Verhaftungen, aber da bei konspirativer Arbeit Decknamen verwendet werden, glaubte ich nicht, daß ich in diese Sache verwickelt wäre; und gewarnt wurde ich auch von keiner Seite. So bin ich wieder hineingeflogen. Diesmal konnte nichts mehr gemacht werden. Nach monatelanger Untersuchungshaft kam es zum Prozeß, bei dem ich verurteilt wurde. Die Haft dauerte ein volles Jahr. Mit 22 Jahren hatte ich also schon zweimal Gefängnis hinter mir. In Czernowitz bleiben konnte ich nicht, zumal die Eltern darauf bestanden hatten, daß ich nach Hause kam.

Nach Beendigung der Haft blieb ich noch bis Ende 1924 bei meinen Eltern. Dann übersiedelte ich nach Wien, wo meine Schwestern lebten.

1 *Bukowina.* (Buchenland) Region mit etwa 800000 Einwohnern am Nordrand der Karpaten, Grenzland zwischen Rumänien, der Ukraine und der Tschechoslowakei. Der Nordteil der Provinz mit der früheren Hauptstadt Czernowitz kam 1940 an die Ukrainische SSR.

2 *Schächten.* Schlachten nach jüdischen Vorschriften. Der Schächter (Schochet) tötet das Tier schnell durch einen tiefen Halsschnitt und läßt das Blut ablaufen, das nicht verwendet werden darf.

3 *Österreichischer Thronfolger.* Der Habsburger Franz Ferdinand (1863–1914), Erzherzog von Österreich und österreichisch-ungarischer Thronfolger, wurde am 28. Juni 1914 in Sarajevo mit seiner Gemahlin von serbischen Patrioten ermordet, was kurz darauf zum Ausbruch des Ersten Weltkriegs führte.

4 *Versorgung...* Das betraf die Zeit nach der Flucht aus der Bukowina nach Oberösterreich im Hinterland der Monarchie.

5 *Zionismus.* Nationalpolitische und kulturelle Bewegung im Judentum. Die von Theodor Herzl 1897 am 1. Zionistenkongreß in Basel neu belebte politische Bewegung erstrebte die Wiedererrichtung eines jüdischen Staates in Palästina durch die Schaffung jüdischer Ackerbaukolonien (Kibbuzim). Herzls Bestreben fand 1917 in der Balfour-Deklaration britische Unterstützung und erreichte 1948 mit der Gründung des Staates Israel sein Ziel. Der von Achad Ha-Am und Martin Buber vertretene kulturelle Zionismus erstrebte eine Wiederbelebung der hebräischen Kultur.

Quelle: Prive Friedjung, „Einige Angaben und Erinnerungen aus meinem Leben." Wien: Manuskript, 1985, S. 1–7. Aus der Dokumentation lebensgeschichtlicher Aufzeichnungen am Institut für Wirtschafts- und Sozialgeschichte der Universität Wien, Dr. Albert Lichtblau. Abdruck mit freundlicher Genehmigung von Prive Friedjung, Wien.

Jugend in Dresden 1900–1914

Julie Kaden (1894–1970) entstammte einer assimilierten und wohlhabenden Familie. Ihr Vater, Dr. Felix Bondi, arbeitete als Justizrat in Dresden und gehörte so wie sein Bruder, der Verleger Georg Bondi, zu den prominenten Persönlichkeiten der Stadt. Inmitten einer Atmosphäre bürgerlicher Moral und Disziplin wuchs Julie als typische „höhere Tochter" auf. Ihre Ausbildung erhielt sie zunächst auf einer Mädchenschule und später auf der Dresdner Kunstgewerbeschule. Im folgenden Kurzkapitel aus ihrer Autobiographie wirft Kaden interessante Streiflichter auf ihr Leben im Elternhaus und setzt sich zugleich kritisch mit den Regeln und Rollenmodellen ihrer Erziehung auseinander.

Im Eßzimmer

Wir Kinder hatten während des Essens mitsamt der Erzieherin stumm wie die Ölgötzen dazusitzen, aufrecht, die Hände an der Tischkante, die Ellbogen an den Körper gedrückt, und leise zu essen, ohne mit den Bestecken zu klappern. Verstieß einer gegen diese Regeln, so traf ihn der strafende Blick des Fräuleins oder – was schlimmer war – meiner Mutter. Wurde eine Frage an uns gerichtet, so hatten wir selbstverständlich zu antworten, was bei meiner damaligen Schüchternheit weit schlimmer war als das Schweigen. Das Blut schoß mir in den Kopf, ich fühlte das Herz im Hals schlagen, und ehe ich mich zu meiner Antwort gesammelt hatte, war meist das Gespräch auf etwas anderes übergegangen. Kein Wunder, daß viele mich bis weit in die Backfischzeit hinein für dumm hielten in der Annahme, ich wisse nichts zu sagen, während ich doch tatsächlich nur die Antwort vor Schüchternheit nicht herausbringen konnte. Noch heute kann es mir gelegentlich in einem Kreise, in dem ich mich aus irgendeinem Grunde gehemmt fühle, genauso gehen. Ich glaube mich dann in die Kindheit zurückversetzt und empfinde die gleiche Qual wie damals.

Ob ich wohl weniger schüchtern gewesen wäre, wenn ich mehr in Freiheit und weniger gut dressiert aufgewachsen wäre? Ich glaube es wohl. Schon in der Schule, wo kein Auge ständig darüber wachte, ob in meinem Benehmen kein Verstoß gegen die Sitte läge, konnte ich mich weit freier bewegen als zu Hause. Aber jede Zeit sündigt ja in irgendeiner Weise gegen die in ihr aufwachsende Jugend, und jedes Elternhaus hat neben seinen Vorzügen seine Nachteile. Die Absicht meiner Mutter, uns durch die schon so früh erworbenen gesellschaftlichen Formen eine größere Sicherheit zu geben, schlug bei mir ins Gegenteil um, so daß ich jahrelang jeden Fremden als Feind und jede an mich gerichtete Frage als feindliche Handlung empfand.

Ebenso hatte das immer gleich gepflegte und reichliche Essen in meinem Elternhaus eine negative Wirkung auf mich. Waren wir „en famille", so waren zwar die Menüs etwas kürzer [...], aber immer waren sie mit der gleichen Wichtigkeit und Sorgfalt ausgewählt und wurden mit dem gleichen steifen Zeremoniell eingenommen. Es waren täglich wiederholte Festessen, die für mich, da der Reiz des Seltenen fehlte, überhaupt keinen Reiz hatten. So litt ich als Kind und junges Mädchen schwer unter Appetitlosigkeit. Erst viel, viel später, als ich nicht mehr in all dieser Üppigkeit und Pracht lebte, fing ich an, mit Erstaunen zu merken, daß man doch auch am Essen Freude haben konnte. [...]

Erziehung

(Julie ist inzwischen 15 Jahre alt.) Ich will mich sicher nicht besser machen, als ich war; aber oberflächlicher, als ich es in Wirklichkeit war, will ich vor den späteren Generationen der Familie auch nicht erscheinen! So kann ich der Wahrheit gemäß konstatieren, daß außer den äußeren Dingen doch auch eine ganze Menge ernsterer Fragen anfingen, für mich Bedeutung zu gewinnen. Warum

mußten denn zum Beispiel die vielen orthodoxen Juden, die wir in Franzensbad in Kaftan und Peies hatten umherschleichen sehen, in besonderen koscheren Gasthäusern essen? Gefielen sie wirklich ihrem Gotte besser, wenn sie kein Schweinefleisch aßen, wenn das Vieh für sie in besonderer Weise geschlachtet, das Essen in getrennten Schüsseln zubereitet wurde? Warum gefielen denn wir, wie mir schien, diesem selben Gotte ebensogut, wo wir doch zwischen „Milchern" und „Fleischern" keinen Unterschied machten und uns jedesmal nach dem Bad unsere mit Prager Schinken belegte Semmel ausgezeichnet hatten schmecken lassen? Und warum wiederum suchten die Katholiken durch die Feierlichkeit einer Prozession, wie ich sie im katholischen Böhmen am Himmelfahrtstag zum erstenmal gesehen hatte, ihrem Gott näherzukommen? Warum hatte er Freude daran, wenn Heiligenbilder und schaukelnde Banner um die Kirche herumgetragen wurden?

War vorher alles so einfach und selbstverständlich für mich gewesen, so tauchte jetzt ein ganzes Meer von Fragen vor der erstaunten Seele auf. Wäre der gute Dr. Katz nicht inzwischen gestorben, jetzt wäre er mit der wissensdurstigen Schülerin zufrieden gewesen. Aber unser jetziger Religionsunterricht bei Rabbiner Winter – „Annie, mein Gold!", höre ich ihn noch seine Tochter in den Stunden anreden – war mehr Geschichts- als Religionsunterricht und bot zu persönlichen Fragen wenig Gelegenheit. [...]

Fast ist es mir peinlich, den Mädchen späterer und sicher praktischerer Generationen zu erzählen, was ich damals alles noch *nicht* wußte. Ich denke jetzt besonders an Haushaltführen, Kochen, Nähen und jede Art praktischer Betätigung, wovon ich auch nicht die blasseste Ahnung hatte. Woher hätte ich sie allerdings auch haben sollen? In den letzten Schuljahren wegen Bleichsucht vom Handarbeitsunterricht dispensiert, zog ich meine von Frau Baumgarten angemessenen und aufs beste genähten Kleider an, ohne mir irgendeine Vorstellung zu machen, aus was für Teilen so ein Ding zusammengesetzt wird. Und mit meiner feinen, handgestickten Unterwäsche erging es mir genauso. Gewaschen wurden meine Sachen vom Hausmädchen, gebügelt von der Jungfer, durchgesehen und ausgebessert von Sissi; ich hatte nichts zu tun, als sie zu tragen. Im Hause gab es erst recht keine Tätigkeit, bei der meine Hilfe gebraucht wurde. Eine Köchin, ein Diener, eine Jungfer, ein Stubenmädchen und ein Hausmädchen – dieser Troß genügte natürlich, um das Haus in peinlichster Ordnung zu halten. Es wäre auch weder erwünscht noch schicklich gewesen, daß die kleine Tochter des Hauses selbst zum Besen oder gar zum Scheuerlappen griff. Und noch weniger schicklich war es, daß sie, solange sie noch in die Schule ging, sich in der Küche herumtrieb, in deren Nebenräumen doch der Diener tätig war. So wäre ich, die ich täglich das gepflegteste Essen vorgesetzt bekam, rettungslos verloren gewesen, wenn einer von mir verlangt hätte, einen Haferflockenbrei zu kochen oder ein Spiegelei zu machen. Ich hätte ja zuerst gar nicht gewußt, wie ich in dem großen Herd Feuer machen sollte – und einen Gasherd daneben hatten wir, soviel ich mich erinnere, noch nicht.

Geht ein Mädchen bei den täglichen Arbeiten in der Wirtschaft der Mutter zur Hand, so wird sie das Abc der Kochkunst schnell beherrschen, ohne es je gelernt zu haben. Wird man aber mit 17 Jahren in einer großen Küche, in der allerhand dienstbare Geister tätig sind, als „Haustochter" neben eine perfekte Köchin gestellt – nicht, um dieser zu helfen, denn das ist ja nicht nötig, sondern um bei ihr das Kochen zu lernen –, so steht man einigermaßen hilflos und unglücklich da. Mit Unbehagen sieht man die Gesichter ringsherum sich zu einem unangenehmen Lachen verziehen, wenn man seine Unwissenheit durch eine Frage erkennen läßt. Selber mit anfassen darf man nicht, da die Köchin ja nicht riskieren kann, daß der Braten anbrennt oder die Nachspeise mit den vielen guten Zutaten verdirbt. Die „Mamsell" ist ja auch nicht als Lehrerin, sondern als Köchin engagiert und hat gar keine Lust, ihre Geheimnisse preiszugeben. So steht man, ohne viel zu lernen, mit baumelnden Armen in einer feindlichen Atmosphäre, verwünscht die Stunden und schielt auf die Uhr. Mir jedenfalls ging es so, und ich habe von den zwei Vormittagen, die ich jetzt eine Zeitlang jede Woche in der Küche zuzubringen hatte, nichts behalten als einen unangenehmen Nachgeschmack.

Die Entscheidung, was ich als Beruf ergreifen könne, war wegen meiner restlosen Unentschlossenheit vertagt worden. So hatten wir im Familienrate entschieden, daß ich fürs erste meine Zeit zwischen Haushalt, Allgemeinbildung und Vergnügen aufteilen sollte. [...]

In politischer Ruhe und bürgerlicher Behaglichkeit aufwachsend, blieben wir jungen Menschen von damals länger jung und unerfahren, als das bei der heutigen, schon zeitig wachgerüttelten Jugend möglich wäre. Unser Erwachsenwerden lag mehr im Beherrschen der gesellschaftlichen Umgangsformen und im Nachdenken und Diskutieren über theoretische Fragen, als es sich in praktischem Tun zu zeigen hatte. Vom Leben weich und schonsam angefaßt, wiegten wir uns – wie wir das bei der älteren Generation vor uns sahen – in dem Gefühl einer geträumten Sicherheit.

Es ging aufwärts mit der Menschheit – man wußte das ganz sicher – und wir Begünstigten, die wir gerade damals leben durften, standen auf einem Gipfel, wie er noch nie erreicht worden war. Die vielen in rasendem Tempo fortschreitenden technischen Erfindungen der letzten fünfzehn Jahre waren ja hierfür der beste Beweis. Das elektrische Licht, die elektrischen Straßenbahnen und das Telefon – die ersten „Automobile" – die beginnende Eroberung der Luft mit Luftschiff und „Flugmaschine" – der Phonograph, das ganz neu aufkommende Grammophon und die frühesten Versuche mit dem „Kinematographen", dies alles schien uns täglich neu einen Beweis liefern zu wollen für das Glück, das wir hatten, gerade in diese aufstrebendste aller Zeiten hineingeboren zu sein.

Quelle: Julie Kaden, „Der erste Akt meines Lebens". Manuskript, Cambridge (England) 1943. Abdruck mit freundlicher Genehmigung des Leo-Baeck-Instituts, New York.

Geschichte meiner Familie
im Ersten Weltkrieg

*Käthe Mendels wurde 1895 als Tochter der Westfälischen
Geschäftsfamilie Herzberg geboren und wuchs zusammen
mit sechs Geschwistern in Gütersloh auf. Bis zu ihrem
14. Lebensjahr besuchte sie eine private jüdische Volksschule in der Heimatstadt, begann 1909 eine Lehre als
Modistin und absolvierte einen Lehrgang an der öffentlichen Handelsschule im benachbarten Bielefeld (siehe Abbildung 1). 1912 trat sie eine Stelle als Buchhalterin bei
der Maschinenfabrik Miele an, wo sie bis 1917 im Kontor arbeitete. Acht Jahre nach Ende des Krieges heiratete
die Verfasserin Karl Mendels, einen Viehzüchter und Besitzer eines Manufakturwarengeschäfts in der Stadt Har-
sewinkel. Käthe brachte zwei Kinder zur Welt und arbeitete mit im eigenen Textilgeschäft, das der Familie zu
einem bescheidenen Wohlstand verhalf. Sechs Jahre nach
dem Beginn der faschistischen Herrschaft floh Käthe Mendels mit ihrem Mann und ihren Kindern Erica und Paul
aus Nazi-Deutschland. Die Familie emigrierte 1939 nach
Australien, wo alle den Krieg überlebten und sich erfolgreich niederließen. Käthe Mendels starb 1980, zehn Jahre
nach der Niederschreibung ihrer Autobiographie, in Sydney. Im folgenden Kapitel beschreibt Mendels die turbu-
lente Geschichte ihrer Familie während des Ersten Weltkriegs bis zum Revolutionsjahr 1918 und der Ausrufung
der Weimarer Republik.*

Sonntags nachmittags gingen wir, die ganze Familie, bei
schönem Wetter immer etwas spazieren. Unser Weg
führte durch die Kökerstraße beim Postamt vorbei über
die Bahngleise in die Lindenalle unter „Meiers Bäumen“.
Als wir eines Sonntags in der Nähe des Postamts waren,

rief ein Postbeamter meinen Bruder Salomon zu sich und sagte ihm: „Es ist eben durchgegeben worden, daß der österreichische Thronfolger und seine Gemahlin in Sarajevo (Jugoslawien) erschossen worden sind. Ich glaube, das bringt nichts Gutes!" Salomon kam mit recht ernstem Gesicht zurück und erzählte uns den Bericht und meinte: „Ich hoffe, das führt nicht zum Krieg!" Bald sah man überall Extrablätter mit der Nachricht. *Ich konnte nicht begreifen, was der Tod dieser Leute mit einem Krieg zu tun haben konnte, wenn auch Deutschland Österreichs Bundesgenosse war. Im Augenblick fand ich das Leben so überaus schön, so etwas Grausames wie ein Krieg konnte und sollte das nicht alles zerstören.*

Es folgten einige Tage voller Aufregung und Spannung, dann beruhigten sich die Gemüter, die Kriegsgefahr schien vorüber zu sein. So entschlossen sich meine Eltern, mit dem nun dreijährigen Enkelchen Kurt ihre Töchter in Rüdighausen und Lünen zu besuchen. Die Eltern fuhren zuerst zu Rosa und Louis, die alles aufboten, den Eltern den Aufenthalt angenehm zu gestalten. Da sie ja kinderlos waren, erfreute sie der kleine Kurt mit seinen drolligen Reden ganz besonders.

In diese harmonischen Tage kamen Berichte vom moglichen Krieg. Die Situation spitzte sich von Tag zu Tag zu. Es sollte ein Konzert mit einer großen Marine-Kapelle im Garten des Hotels „Kaiserhof" in Gütersloh stattfinden. Viele Angestellte vom Miele-Kontor, viele meiner Freunde, auch meine Familie hatten dafür Eintrittskarten gekauft, es sollte ein wunderbarer Abend werden. – Nie hat das Konzert stattgefunden!

Da kamen plötzlich Extrablätter: „Der Kaiser hat die Mobilmachung befohlen." Wir waren im Krieg mit Rußland und Frankreich und hofften, daß unsere Verbündeten Österreich-Ungarn und Italien helfen würden. Die deutsch-national gesinnten Bürger sagten: „England wird niemals mit uns Krieg führen. Das sind ja unsere Vettern überm Meer!"

Im Miele-Kontor ging alles drunter und drüber. Viele junge Männer verabschiedeten sich, weil sie zum Heeresdienst einberufen wurden. Herr Bischoff, unser Personalchef, sagte mir, ich könnte den Monat August zu Hause bleiben, denn man wüßte nicht, ob sie die Fabrik offenhalten könnten, leider ohne Gehalt. Doch niemand wußte, was geschah, jeder war in Aufregung.

Als ich nach Hause kam, war mein Vater gerade mit dem kleinen Kurt von Rüdighausen zurückgekommen. Mutter war nach Lünen gefahren, um meiner Schwester Helene zur Seite zu stehen, die zwei Kinder von zweieinhalb und eineinhalb Jahren hatte und ein drittes Kind erwartete. Mein Schwager Emil mußte sich am dritten Mobilmachungstag zum Dienst stellen. Emils Vater war noch rüstig und konnte die große Metzgerei versorgen. Unser Bruder Hermann mußte sich am dritten Mobilmachungstag um sechs Uhr früh in Bielefeld stellen. Bruder Paul war Unteroffizier der Reserve, Bruder Leopold war noch ungedient, er hatte als Einjährig-Freiwilliger Zeit, bis er 25 Jahre alt war, sich zu melden, außerdem war er sehr klein, doch im Krieg war alles anders. Bruder Salomon hatte einen schweren Herzfehler und war nicht „kriegsverwendungsfähig", auch Schwager Louis brauchte sich nicht zu melden.

Wir hörten nichts von Paul und waren in größter Sorge. Jeder einzelne Bürger war aufgeregt, denn wohl aus jeder einzelnen Familie mußte jemand fort in den Krieg. Auf dem Rathausplatz in der Nähe unseres Hauses waren Kundgebungen. Ich ging mit Hermann hin. Da stand neben uns ein junger Mann namens Jacke, sein Vater kam seit Jahrzehnten jeden Dienstag und Freitag in unser Haus, um meinen Vater zu rasieren. Dieser Jacke war das einzige Kind, er sagte: „Ja, die haben gut reden, aber wir müssen unser Blut hergeben!" Er ist auch draußen geblieben.

Es war inzwischen dunkel geworden, ich ging mit Hermann nach Hause, von weitem leuchtete uns das elektrische Licht entgegen, das er gerade hatte anlegen lassen. Da hörte ich Hermann sagen: „Was nützt mir mein schöner Laden? ..." Er spielte auf ein bekanntes Lied an, in dem es hieß: „Was nützt mir mein schöner Garten, wenn andere darin spazierengehen?" „Ach Hermann", sagte ich, „sie sagen alle, daß mit den großen Kanonen und Maschinengewehren der Krieg nicht länger als bis Weihnachten dauern wird, die Eltern und ich werden alles für dich verwalten."

In aller Frühe brachten wir Hermann an den Zug nach Bielefeld. Dann wurde bekannt, daß auch England in den Krieg eingetreten war. Der Kaiser befahl einen allgemeinen Bettag. Wir hatten seit kurzem einen neuen jüdischen, jungen Lehrer, Herrn Wesel, der sich am nächsten Tag melden mußte. Er hielt einen kurzen, ergreifenden Gottesdienst. Was aus ihm geworden ist, weiß ich nicht. Ich führte meinen Vater dann am Arm aus der Synagoge nach Hause. Wir mußten manchmal stehenbleiben, denn Vater fühlte sich so schlecht. Mit Mühe brachte ich ihn unten ins Geschäftshaus, wo ich ihn bei Bruder Salomon und Clara im Wohnzimmer auf das Sofa setzte. Er mußte mehrere Male erbrechen und wir riefen den Arzt. Die Aufregung der letzten Stunden war zu groß gewesen. Als wir Hermann in aller Frühe zum Bahnhof gebracht hatten, kamen dauernd Eisenbahnzüge durch, vollgestopft mit Militär. Die Eisenbahn war für Zivilisten gesperrt. Es war wohl viel Schnaps an die Soldaten ausgegeben worden und sie sangen und johlten: *Die Vöglein im Walde, sie sangen so wunder- wunderschön, In der Heimat, in der Heimat, da gibt's ein Wiedersehn."* Uns lief ein Schauer über den Rücken, wie viele würden die Heimat nicht wiedersehen, und wofür?

Als Vater sich ein wenig erholt hatte, brachten wir ihn in unsere Wohnung in der ersten Etage des Nachbarhauses. Der Arzt stellte einen leichten Schlaganfall fest. Darauf telefonierten wir nach Lünen, denn Vater verlangte immerzu nach Mutter. Mutter war tief erschrocken, als sie von Vaters Krankheit erfuhr, zumal die Eisenbahnen gesperrt waren. Vater Jakob Levy beruhigte sie und sagte: „Unser Nachbar Bennemann ist ein Hauderer (Kutschenvermieter), dort bestellen wir einen Wagen und Pferde mit Kutscher und ich begleite dich bis Gütersloh."

Vater war froh, als er hörte, daß Mutter nach Hause kommen würde. Er war so aufgeregt, ob ich auch ein warmes Essen für sie fertig haben könnte, und ich mußte mich ja auch um Vater bemühen. Es wurde spät und später und Mutter kam nicht. Es war eine heiße Augustnacht, die Fenster standen weit offen, unsere Gedanken kreisten von Hermann zu Paul, von Paul zu Hermann und zu Emil, dazwischen hörten wir das unaufhörliche Rollen der Militärzüge und das Singen der Soldaten. *„In der Heimat, in der Hei-i-mat, da gibt's ein Wiedersehn, Gloria, Viktoria, mit Herz und Hand fürs Vaterland – ein Wiedersehen!"* [...]

(Neben Erinnerungen an die oft freiwilligen Meldungen ihrer Brüder und Verwandten zum Wehrdienst im Herbst 1914 beschreibt Mendels den Kriegsalltag zu Hause in Gütersloh.)

Es war gut, daß Vater sich schnell erholte, doch er war sehr zusammengefallen. Die Sorge um das Leben seiner Lieben nagte an ihm. Wir fanden ihn oft im Gebet vertieft. Das Gebet „Bei drohender Kriegsgefahr" aus dem Gebetbuch von Dr. Ludwig Phillipsohn lasen er und wir alle immer wieder mit tiefer Inbrunst.

Wir bekamen Feldpostbriefe von Hermann, der in vorderster Frontlinie im Osten kämpfte. Er schrieb, daß sie große Märsche zu machen hätten, und die Wege im damaligen Russisch-Polen schwer passierbar wären; daher könne die Bagage (Versorgungstruppe) nicht mitkommen und die Verpflegung sei unregelmäßig, doch schrieb er: „Ich will alles dies willig ertragen, weiß ich doch Euch, meine Lieben, in Sicherheit. Es sind so viele Gehöfte und auch Privathäuser niedergebrannt, und es schneidet mir ins Herz, wenn ich die flüchtende Bevölkerung sehe." Es wurde dann bekanntgegeben, daß man 500-Gramm-Päckchen per Feldpost an die Soldaten senden konnte. So viele meiner Vettern von Vaters und Mutters Seite waren im Felde, und die vielen Freunde! So packten wir manchmal 20 Päckchen mit Wurst, Fleischwaren, Zigarren, Zigarretten und Kuchen. Wir hatten eine extra kleine Form, die einen passenden 1-Pfund-Kuchen enthielt. Es kamen Nachrichten von den großen Siegen im Osten, daraufhin schrieb Hermann: „Wenn Ihr von den großen Siegen hört, dann glaubt nur, daß diese nicht nur Hindenburgs Strategie zu verdanken sind, sondern auch *unsere Beine* haben den Sieg errungen." Ja, die armen Kerle hatten kolossale Eilmärsche von langer Dauer machen müssen, dazu quälender Hunger, da die Verpflegung zu langsam nachkam. Auch dauerte es lange, bis unsere Pakete ankamen.

Inzwischen waren im Westen riesengroße Erfolge errungen. Trotz eines Nichtangriffspakts hatte man Belgien einfach überrannt. Die Truppen kämpften in Nordfrankreich, eine zweite Armee war auf dem Wege nach Paris, wurde aber von den Franzosen zurückgehalten in schweren Kämpfen.

Nun kamen die hohen Feiertage. Unser Lehrer und Vorbeter war beim Militär, so hatte man einen Rabbinats-Kandidaten angestellt, der ein guter Prediger war, aber leider nicht gut singen konnte, was bei unserer musikliebenden Gemeinde ein großes Manko war. Selbstverständlich betete Vater einen großen Teil vor. Seit einigen Jahren war eine Familie Eigenstein nach Gütersloh gezogen, die sehr orthodox war. Herr Eigenstein war ziemlich bewandert im Hebräischen und so leitete ihn Vater an, auch eine kleinere Tefille vorzubeten, was er erst mit Widerstreben tat. Später wagte er sich dann an mehr heran.

September und Oktober waren vergangen, wir bekamen regelmäßig Nachricht von meinen Brüdern Paul, ebenso von Leopold, der noch nicht eingezogen war. Da, in den ersten Novembertagen, schrieb Paul, daß er nun doch ins Feld rücken würde, und gab seine Feldadresse an. Er hätte bestimmt noch vorher Urlaub bekommen, um uns nochmals zu sehen, doch unser ernster Paul wollte die beiderseitige Aufregung vermeiden. Er sagte zu Leopold: „Ich habe so viel Pech im Leben gehabt, ich weiß, daß ich nicht wiederkomme", so erzählte uns Leopold später einmal.

Ich arbeitete seit dem 1. September wieder im Kontor der Firma Miele. Wenn ich in der Mittagspause nach Hause kam, ging ich stets ins Geschäftshaus, um nach Feldpost zu sehen, die dorthin geliefert wurde. Viele meiner früheren Kollegen schrieben mir. Ich antwortete mit einem Päckchen. Hermann Walkenhorst schrieb regelmäßig, jeden Sonntag. Natürlich antwortete ich und sandte ihm auch Zigarren oder Kuchen etc., denn er war auch an der Ostfront. Schwester Helenes Mann, Emil Levy, war auch im Osten. Als gelernter Metzger war er bei der Küche. Die meisten meiner Vettern waren im Westen. Paul war in Nordfrankreich, wo sich die Truppen nach erbitterten Kämpfen auf beiden Seiten in Schützengräben und Unterständen eingenistet hatten.

Von Paul kamen zufriedene Berichte, während Hermann über großen Hunger und eine entsetzliche Läuseplage klagte. „Die Biester lassen uns einfach nicht schlafen. Gibt es gar kein Mittel dagegen?" schrieb er. Zu Weihnachten konnte man 10-Pfund-Pakete ins Feld schicken. Wir kauften warme Unterwäsche, Kopfschützer, Mutter strickte Pulswärmer. Natürlich wurde geräuchertes Fleisch, Wurst, Kuchen und Süßigkeiten beigepackt. Es dauerte lange, bis Hermann das erste solcher Pakete erhielt, doch er hatte schon viele kleine Päckchen bekommen, denn alle Verwandten und Freunde hatten ihm was geschickt. Er bedankte sich überall und meinte: „Wer viel schreibt, kriegt viel geschickt!" [...]

Es kam Weihnachten, viele Todesnachrichten waren schon gekommen und das blutige Ringen nahm seinen Fortgang. Bruder Leopold hatte auch seinen Stellungsbefehl bekommen, und nun kam er auf einige Tage nach Hause. „Ja", sagte er, „ich werde wohl zum Train (Versorgungstruppe) kommen." – „Da bist du nicht so in der Frontlinie, aber wirst du die schweren Pferde reiten können?" meinte Onkel Salomon, der ja gedienter Soldat war, doch wegen seines schweren Herzleidens nicht kriegsverwendungsfähig war. Wir alle waren froh, daß wir Leopold noch ein wenig verwöhnen konnten, doch wir hofften, daß wir ihn, bevor er ins Feld rücken mußte, nochmals sehen konnten. Er wurde beim „Train" ausgebildet. Wie er schrieb, war es nicht leicht für ihn, mit den schweren Pferden, die dafür gebraucht wurden, umzugehen. Er wurde dann doch zur Infanterie versetzt und sehr bald nach Frankreich geschickt (siehe Abbildung 2). Die Verluste im Westen waren sehr groß und man brauchte Nachschub.

Es kamen viele in Gefangenschaft, und vor den Toren Güterslohs, wo kürzlich große Gebäude für eine Landes-Irrenanstalt errichtet worden waren, hatte man gefangene ausländische Offiziere mit ihren Burschen untergebracht. Außerdem waren noch viele Soldaten da, es waren Ersatz-Reservisten, die ausgebildet wurden und dann nach wenigen Wochen ins Feld rücken mußten.

Die Eltern hatten Hermanns Geschäft versorgt und, wenn Kundschaft während der Mittagszeit kam, so versorgte sie seine Frau Clara. Falls sie etwas nicht wußte, konnte sie sich per Haustelefon mit den Eltern verständigen. Die schriftlichen Sachen hatte ich übernommen. Ich war auch bei Miele sehr beschäftigt. Ich hatte dafür gesorgt, daß alle Außenstände in Belgien und Nordfrankreich, soweit diese von Deutschen besetzt waren, hereingekommen waren. Dafür bekam ich natürlich eine Gehaltserhöhung.

Am 9. Februar 1915 erhielten wir die Nachricht, daß meine Schwester Helene ihr drittes Kind, ein Mädchen, das den Namen Paula erhielt, geboren hatte. Mutter fuhr nach Lünen, um Helene zu pflegen und nach den älteren Kindern zu sehen, obwohl sie eine extra Wochenpflegerin hatte, doch in dem großen Geschäftshaushalt war genug Arbeit. Von Schwager Emil kamen regelmäßig Briefe, doch war auch er in großen Kämpfen in Galizien gewesen. Am 9. November war die große Masurenschlacht in Ostpreußen, wo durch Hindenburgs Strategie die Russen in die Sümpfe getrieben wurden. Es war ein großer Sieg, alle Glocken läuteten, doch mir klangen sie wie Totenglocken. Wieviel unschuldiges, junges Blut war doch wieder vergossen! Wir dachten an Bruder Hermann, der sicher dabei war.

Ich eilte mittags immer schnell vom Kontor nach Hause. Solange Mutter fort war, nahmen Vater und ich die Mahlzeiten bei Clara ein, dort lag auch meistens die Post. Gott sei Dank, es dauerte dieses Mal nicht so lange, bis die Post von Hermann ankam. Er schrieb: „Ich habe die große Masurenschlacht überlebt, doch wir haben wieder so lange Eilmärsche machen müssen, die mich sehr angestrengt haben. Wie gut, daß ich Eure Päckchen bekomme. Mit der letzten Post kamen gleich 15 an, darunter einige aus Barsinghausen, auch von Familie Meinberg und Daltrops. Ich werde auch allen schreiben, denn wer viel schreibt, kriegt auch viel geschickt!" [...]

Der Frühling verging, ich hatte mich entschlossen, meine Ferien Anfang Juni zu nehmen, um mit meinen Eltern zusammen meine Schwestern in Rüdinghausen und Lünen zu besuchen. Ich war sehr stolz auf meine Garderobe, ein dunkelblaues Jackenkleid, wozu ich stets weiße Battist-Blusen trug, Lack-Halbschuhe (letzte Mode, man trug vorher nur hohe Schnürstiefel) und einige duftige Sommerkleider. Dazu trug ich einen entzückenden Hut, den die Tanten aus Barsinghausen geschickt hatten. Er war ganz in dunkelrotlila gehalten, hatte einen flachen geraden Rand, der sowohl wie auch das Kopfteil mit Tüll in der gleichen Farbe belegt war. Seitlich vorn und seitlich dahinter war ein Gesteck mit Kornähren und einer Blume, alles in derselben Farbe, angebracht. Ich muß wohl sehr gut in dem Hut ausgesehen haben, denn es folgten mir viele Blicke.
Wir verbrachten eine angenehme Zeit in Rüdinghausen, zumal wir Glück mit dem Wetter hatten. Wir machten Ausflüge in die Umgebung, auch fuhren wir mal nach Dortmund. Nach einer Woche fuhren wir dann nach Lünen. Wir waren beruhigt, da wir von der Front von allen Lieben gute, beruhigende Berichte erhalten hatten. Wir waren freitags in Lünen angekommen. Samstags wurde Vater Levy zu seinem Sohn Paul gerufen, der eines schweren Herzleidens wegen noch vom Militärdienst zurückgestellt war, und in der Mitte der Stadt auch eine Metzgerei betrieb. Er kam zurück und sagte zu Helene: „Ich habe sehr starke Kopfschmerzen, daß ich nicht denken kann. Du mußt mir sehr im Geschäft helfen." Der Tag verging und es wurde Sonntag. Da kam ein Telefonanruf aus Gütersloh, die Eltern möchten doch wiederkommen, das Dienstmädchen habe sich den Fuß ver-

brannt, auch sei Nachricht gekommen, daß Paul verwundet sei. Wir dachten, „wir werden ihn schon gesund pflegen, nun bekommt er doch Ruhe". Wir telefonierten nochmals mit Gütersloh, um Näheres zu erfahren, was mit Paul los sei, doch Salomon sagte, es müsse eine schwere Verwundung sein, sie wüßten nichts Näheres.

Wir entschlossen uns, nun sofort abzureisen und Vater Levy sagte: „Ich begleite euch bis Hamm." Daraufhin sagte Helene, dann führe sie auch mit bis nach Hamm. Die zwei begleiteten uns bis Hamm, wo wir eine andere Bahnstrecke nehmen mußten. Wir verabschiedeten uns, dann sahen wir plötzlich Frau Josef Meinberg auf dem Bahnsteig. „Wo kommen Sie denn nur her, Frau Meinberg?" sagte Mutter. „Ja, ich komme von Hagen", antwortet sie. „Es ist solch' schwüle Hitze", sagte Mutter. „Ja", sagte Frau Meinberg, „in Gütersloh auch, ich habe auf der Veranda gesessen." – „Ich meine, Sie waren in Hagen, Frau Meinberg?" – „Oh, ich habe mich geirrt, es war am Freitag, als ich zu Hause im Garten war." Die Luft war schwer, und unsere Gedanken waren schwer. Je näher wir Gütersloh kamen, desto mehr fühlten wir den Druck am Herzen. Der Zug rollte in die Station Gütersloh ein. Salomon und Clara standen auf dem Bahnsteig. Salomons sonst rosige Backen waren kalkweiß und von vielen kleinen Blutäderchen durchzogen, die deutlich hervortraten. Clara trug eine grüne Bluse und ihr Gesicht hatte dieselbe grüne Farbe. Wir brauchten nichts zu fragen – diese Gesichter sagten uns genug. Frau Meinberg war vorausgeeilt, um allen Leuten, die uns kannten, zu sagen, daß sie uns nicht kondolieren sollten. Frau Meinberg war ja auch extra von Gütersloh aus nach Hamm gefahren, damit uns niemand kondolieren sollte, ehe wir zu Hause die traurige Nachricht erfahren würden.

Wir schleppten uns nach Hause, doch kaum angekommen, brach Mutter in ein verzweifeltes Schreien und Schluchzen aus. Vater weinte vor sich hin. Ich konnte, wollte, konnte nicht begreifen, daß wir unseren geliebten Bruder Paul, diesen jungen, starken, kraftstrotzenden, lebensfrohen Menschen niemals wiedersehen sollten. Wenn ich daran zurückdenke, so höre ich noch immer die verzweifelten Schreie meiner lieben Mutter.

Als wir uns ein wenig gefaßt hatten, sagte Salomon: „Geht jetzt nach oben in eure Wohnung. Ich habe alles vorbereitet, daß ihr Schiwoh sitzen könnt. Ich habe nachgesehen, die Schiwoh beginnt, sobald man die Trauernachricht erhält." Wir gingen in unsere Wohnung. Ich konnte mich nicht entschließen, Schiwoh zu sitzen, und dachte immer: „Dies ist ein böser Traum, es kann doch gar nicht wahr sein."

Dann kamen Salomon und Clara und erzählten: Wir hatten Samstag morgen sehr viel im Laden zu tun und wir hatten noch nicht gefrühstückt. Gegen 9 Uhr kam der Briefträger. Wir wollten beim Essen die Briefe lesen. „Oh, von Paul", sagte Clara, „er schreibt, daß sie einige ruhige Tage hatten." Salomon las den anderen Feldpostbrief. Da hörte ich Salomon aufschreien, er wurde kalkweiß. „Was ist dir nur?" sagte ich. Stumm reichte mir Salomon den Brief. Er war vom 15. Juni datiert, und der Kompanie-Feldwebel teilte zu seinem Bedauern mit, daß der Unteroffizier der Reserve Paul Herzberg durch den Luftdruck einer Granate getötet wurde. Es hieß in dem Brief: „Er hat mit mehreren Kameraden im Unterstand gelegen und geschlafen. Er war sofort tot, das Blut rann ihm aus Nase und Mund. Wir haben ihn an der ‚Louviere Farm' begraben, an der Straße von Pusieux au Mont nach Hebuterne." Pauls Brief war vom 13. Juni datiert, der vom Feldwebel vom 15. Juni. Beide Briefe kamen zur selben Zeit an.

Es war alles zu schrecklich, um wahr zu sein, und doch mußte man sich mit den Tatsachen abfinden. [...]

Abends wurde Minjan gemacht, es war herzzerreißend zu hören, wie diese Worte des Kaddisch, die meinem Vater stets so leicht von der Zunge kamen, schluchzend und stockend gesagt wurden. Salomon hatte es übernommen, den auswärtigen Verwandten die Trauernachricht zu schreiben. Die Briefe, die wir daraufhin erhielten, hatten alle denselben Anfang. „Wir ahnten alle nichts Gutes, als wir Salomons Handschrift sahen." Salomon schrieb sehr selten Familienbriefe. Am Montagmorgen kamen meine Schwestern Rosa und Helene. Beide hatten sehr verweinte Gesichter, doch sie nahmen sich so sehr zusammen, vor den Eltern gefaßt zu erscheinen.

Es war Sitte, daß man schwarze Trauerkleidung trug; so sandten wir das Dienstmädchen zu Müllers, um eine Auswahl schwarzer Blusen zu holen. Mutter trug ja stets schwarze Kleider, Rosa und Helene nahmen je eine schwarze Bluse, Clara eine schwarz-weiß karierte. Für mich wurde auch eine schwarze Bluse ausgesucht, doch ich konnte mich nicht entschließen, diese zu tragen. Es dauerte einige Tage, bis ich mich dazu überwand. Für eine volle Woche wurde Minjan gehalten und meine Schwestern blieben so lange bei uns. Dann kamen die vielen Briefe, auch von anderen Soldaten. Hermann war tiefst erschüttert. Auch Leopold hatte inzwischen schon viele, erbitterte Kämpfe mitgemacht. Wir zitterten davor, ihm die Trauernachricht mitzuteilen. Die Brüder waren sich im Alter so nahe und stets so innige Freunde gewesen. Da kam ein Brief von Leopold. Er schrieb, daß sein Brief an Paul mit dem Vermerk „Gefallen" zurückgekommen sei, dies sei ein großer Schock für ihn gewesen, er habe, wie wir wohl alle, sehr sehr viel verloren.

Am Samstag während der Schiwoh gingen wir zur Synagoge. Unser Seelsorger sprach sehr schön. Sein Text war „Ma Tauwoh oho lecho Jaakauf" – „Wie schön sind Deine Wohnungen, o Israel!" Der Prediger verglich mit diesem Text unser so schönes Familienleben, und er sprach dann auch sehr schöne Trostesworte.

Nach wenigen Tagen schrieb Schwester Rosa, daß ihr Mann Louis nach Detmold zur militärischen Ausbildung einberufen wurde. Hermann schrieb, daß bei ihm heftig gekämpft würde. Leopolds Regiment lag in der Champagne. Die Zeitungen berichteten von großen Schlachten und leider, leider vielen Verlusten. Louis' Ausbildung bei der Infanterie war nur kurz, dann wurde auch er an die Front geschickt, und zwar nach Rußland; so war man in steter Sorge. Wenn man einen Brief erhielt, so dachte man: „Was kann schon passiert sein, seit dieser Brief abgeschickt wurde?"

Nun war es September und die hohen Feiertage kamen. Unser lieber Vater konnte nicht vorbeten. Das Stehen hätte er nicht ausgehalten, denn wir mußten ihn im Rollstuhl zur Synagoge fahren. Auf diesem kurzen Wege wurde er von vielen Leuten begrüßt; ein Zeichen wie beliebt er war. [...]

Dann folgten die Zukkaus-Tage. Die Feiertage waren vorüber und der September auch. Wir hatten einen warmen Sommer gehabt, doch nun war es schon kühl. Wir hatten alle unsere Beschäftigung. Wenn ich in der Mittagspause nach Hause kam, ging ich stets erst ins Geschäftshaus, um die Post zu sehen. So war es auch am 9. Oktober 1915. Ich kam ins Haus. Es war so still. Meistens sprangen mir die Kinder jubelnd entgegen. Ich ging in das große Wohnzimmer. Clara lag auf dem Sofa, die Augen geschlossen. Salomon saß auf einem Stuhl und kehrte mir den Rücken. Ich sagte zu Clara: „Fühlst du dich nicht wohl, was fehlt dir?" „Mir fehlt viel", sagte sie. „Ist keine Post gekommen?" fragte ich. „Es ist alles oben bei den Eltern," sagte Salomon. Ich ging zu meinen Eltern, die ja im nächsten Haus in der ersten Etage wohnten. Dort empfing mich dieselbe eigenartige Stille. Die Eltern hatten sich auch hingelegt. Kein Mittagstisch war gedeckt. „Was ist nur, wo ist die Post?" fragte ich. „Hermann ... er ist ... auch nicht mehr ..." sagte Mutter unter Schluchzen. Ich konnte nicht antworten. Keine Träne kam. Ich hatte das Gefühl, als sei mir der Hals zugeschnürt, und in der Brust fühlte ich heftige Stiche.

Wir drei saßen schweigend lange Zeit zusammen. Mutter sagte zu mir: „Du mußt was essen, du bist jung und brauchst das; leider änderst du ja nichts damit." Es war mir nicht möglich, auch nur einen Bissen zu essen. Dann schellte unsere Haustür. Es war Mieze Goett, meine Kollegin, die mich oft abholte, um den langen Weg zum Kontor gemeinsam zu machen. Ich sagte ihr, was passiert war, und bat sie, mich zu entschuldigen. Es kamen Besucher und dann las ich, daß unser guter, selbstloser Hermann beim Verbinden eines verwundeten Kameraden in den Rücken getroffen worden war. Die Verwundung war tödlich, und seine letzten Worte waren: „Grüßt mir meine Eltern." Es geschah am 18. September 1915, am Jaum-Kippur-Tag, im Schützengraben bei Schaulen in der Nähe von Makarowka in Polen. Abends kamen Rosa und Helene. Letztere konnte nicht lange bleiben, sie hatte das Geschäft und die kleinen Kinder zu versorgen. Rosa blieb mehrere Tage bis über die Schiwoh, sie hatte ja keine Kinder. Ihr Mann war an der russischen Front. Das Geschäft hatte sie für einige Tage geschlossen. Es war oft schwer, Waren zu bekommen, so wurde das Warenlager ja nicht weniger wert. Natürlich wurde eine Woche lang Minjon im Hause gehalten. Ich litt entsetzlich, weil ich mich nicht ausweinen konnte. Endlich kamen eines Abends die erlösenden Tränen mit einem Weinkrampf, der stundenlang anhielt.

Wir alle konnten nicht fassen und nicht glauben, was geschehen war, und ich dachte immer: „Hermann kommt doch einmal wieder, und dann wird er sich freuen, daß wir sein Geschäft so gut verwaltet haben." Ich ging wieder ins Kontor und man brachte mir viel Teilnahme entgegen. [...]

Mit den hohen Feiertagen kam auch der Herbst. In Hermanns Geschäft war sehr viel zu tun. Leider wurde unser lieber Vater immer schwächer, so hatte Mutter genügend Arbeit. Großvater Levy aus Lünen war zu Besuch da und sagte zu mir: „Du solltest Deinen Beruf aufgeben. Du hast ohnedies genug Arbeit hier. Deine Mutter kann es nicht schaffen." Ich wollte nichts davon hören. Meine regelmäßige Arbeit gefiel mir gut und besonders das Gehalt, das jeden Monat kam.

Es war im Dezember, als ich eines mittags nach Hause kam und mir Mutter zuflüsterte: „Vater liegt im Bett, es geht ihm nicht gut. Dr. Kranefuß war hier und hat ihm Kampfer verordnet. Das Herz muß wohl sehr schwach sein, ich weiß, daß meine Mutter, deine Großmutter, dies auch bekommen hat als sie sehr schwach war." Ich ging ins Schlafzimmer, da leuchteten Vaters Augen auf, als er mich sah. Er wartete stets mit Ungeduld auf mein Kommen. Häufig fand ich ihn mit der Uhr in der Hand und er sagte: „Heute kommst du aber spät, wie kommt das nur?" Ich dachte dank meiner Jugend, diese Krankheit wird schon schnell vorübergehen. Leider war es nicht der Fall. Vater litt unter entsetzlicher Atemnot. Er konnte gar nicht im Bett liegen. So saßen wir abwechselnd auch nachts mit ihm auf, es war eine anstrengende Pflege.

Ich erbat Urlaub bei Miele, denn durch das Weihnachtsgeschäft war auch im Laden viel zu tun. Es war eine große Nachfrage nach allen Artikeln. Man konnte alles verkaufen, was man nur hatte. Mutters Schwester, Elise Traube kam, um Mutter bei der Pflege zu helfen, auch Schwester Rosa und Helene besuchten den Vater. Dann schlug Salomon vor, ein beglaubigtes Telegramm an Leopolds Kompanie zu schicken, damit er Urlaub bekam. Ich wollte nicht, daß sich Vater erschrecken sollte, wenn Leopold so kurz nach dem Sommerurlaub wieder kam. So bat ich Herrn Jordan, einen der Dolmetscher, der bei Clara zum Mittagsessen kam, doch einige Zeilen auf eine Feldpostkarte zu schreiben in Leopolds Namen, damit wir diese Vater vorlesen konnten. Natürlich vergingen doch mehrere Tage bis Leopold gerade zu Weihnachten bei uns ankam. Es war, als ob mit Leopolds Ankunft eine Besserung in Vaters Befinden eingetreten war. Seine Beine, die stark geschwollen waren, wurden plötzlich dünner. Die Anfälle kamen seltener und er aß auch wieder etwas von den leichten Gerichten, die Mutter mit viel Liebe für ihn zubereitet hatte. Wir hatten einige ruhige Tage und waren voller Zuversicht, daß eine Besserung eingetreten war. Sogar Dr. Kranefuß meinte: „Er kann wieder unter Meiers Bäumen spazierengehen."

Leider hielt die Besserung nicht an, es war wohl nur ein letztes Aufflackern gewesen! Am Morgen des 31. Dezember gegen 7 Uhr hörte ich Vater rufen: „Mutter,

Mutter!" Ich ging zu ihm hin und sagte: „Laß Mutter jetzt ein bißchen schlafen, ich will bei dir bleiben." Ich bereute es in der nächsten Minute, denn er wurde ohnmächtig und schlug mit Händen und Füßen um sich. Ich weckte Mutter und Tante Elise Traube, lief ins Nebenhaus zu Clara und Salomon ans Telefon, um den Arzt zu rufen, und weckte Salomon und Clara und auch Leopold. Der Arzt kam sehr schnell und stellte fest, daß Vater in einem Nierenkrampf liege, der unendlich schmerzhaft sei, so gab er ihm Spritzen zur Beruhigung. Vater lag noch auf dem Sofa, er muß leider entsetzliche Qualen gehabt haben. Dann riefen wir eine reizende, jüdische Krankenschwester, die bei unserer todkranken Freundin Amalie Meinberg zur Pflege war. Mit Hilfe der Schwester brachte man Vater, der ja sehr schwer war, ins Nebenzimmer ins Bett. Wir konnten leider mit nichts helfen, waren aber so aufgeregt, daß wir den ganzen Tag keinen Bissen essen konnten, obwohl Mutter die Tage vorher solch schönes Essen vorbereitet hatte. Alles stand unberührt. Rosa und Helene waren gekommen und die Herren aus der Gemeinde. Herr Eisenstein saß bei Vater und betete. Es war nun der 1. Januar 1917 geworden und kurz vor 12 Uhr mittags. Mutter sagte: „Kinder, ihr müßt etwas essen! Wir können nicht helfen, geht und eßt etwas, alles ist doch fertig, die Natur verlangt ihr Recht!" Wir wollten uns dann auch an den Tisch setzen, indem hörten wir Eisenstein laut rufen: „Schema Jisroel, Adaunoj Hu Elauhim!" – „Es ist zu Ende", sagte Mutter und fiel mir schluchzend in die Arme. Ja, wir hatten unseren lieben, guten Vater verloren, doch wir konnten ihn bis zum Ende pflegen. Aber dies war der dritte Todesfall in 15 Monaten. Kein Wunder, daß unsere Nerven überreizt waren, besonders bei der lieben Mutter. [...]

Es war üblich eine Woche Minjan zu halten, und obwohl Leopold und Salomon Urlaub hatten, war es doch oft schwer, 10 Männer zusammen zu haben, da ja so viele zum Militär eingezogen waren. Natürlich kamen die zwei Dolmetscher, die Herrn Jordan und van Geldern. Es waren aber auch unter den Burschen der gefangenen

Offiziere zwei Juden aus Rußland, ein Schuster und ein Uhrmacher. Es war den Gefangenen erlaubt, zu uns zu kommen zum Minjan-Gottesdienst und ebenfalls zur Synagoge. Der eine dieser Gefangenen, Uhrmacher Skolnikov, äußerte sich, daß er nach dem Krieg nicht nach Rußland zurückkehren, sondern sich in Gütersloh ansiedeln möchte. [...]

Ich hatte meinen Posten bei Miele nun doch aufgegeben. Mutter war mit den Nerven herunter, sie konnte das Haushaltswaren-Geschäft nicht versorgen. Auch im Haushalt war durch Vaters Krankheit viel zurückgeblieben. Es war eine Unmenge Wäsche, besonders Bettwäsche, zu waschen und zu bügeln, was damals, wo man keine automatische Hilfe hatte, kein elektrisches Bügeleisen, eine große Arbeit war. Waschanstalten kannte man in Gütersloh nicht.

Der Winter 1917 war außerordentlich kalt. Die Kohlen wurden knapp und die Leute verheizten alles, was nur zu heizen war. Dadurch brannten viele Roste durch in den Öfen und Kochherden. Hermann hatte ein sehr großes Lager an Rosten in allen Größen unterhalten. Diese waren auf dem Hausboden aufgestapelt. Es zog da sehr, und der Wind trieb die Schneeflocken durch das Dachfenster. Ich suchte dort die passenden Roste. Das Eisen war sehr kalt. Ich trug sie hinunter in den Laden, denn sie wurden nach Gewicht verkauft. Ebenfalls waren Ofenrohre und Ofenknies auf diesem Dachboden. Sie hatten verschiedene Weiten und ich mußte sie zu dem Maß fertig schneiden, das die Leute brachten. Alles war so kalt, und ich fühlte die schneidende Kälte trotz der Handschuhe, die ich trug.

Wir hatten im Herbst von bekannten Bauern eine gute Portion Kartoffeln bekommen, doch nach Vaters Tode kamen Beamte, die die Kartoffeln abmaßen und uns aufforderten, eine große Menge abzuliefern. Milch bekamen wir gar nicht. Wir konnten uns manchmal etwas Magermilch holen, die schon sauer roch, ehe wir sie hatten. Brot hatten wir als zwei Personen sehr wenig, denn Mutter hielt stets einige Marken für Mehl zurück, um etwas backen zu können. Wir bekamen sehr viel Besuch von auswärts, dem man wenigstens eine Tasse Kaffee (Kornkaffee), ein Plätzchen oder Honigkuchen, der mit Kunsthonig oder Marmelade hergestellt war, anbieten wollte.

Seit kurzer Zeit war auch Amerika in den Krieg eingetreten. Deutschland war vollständig blockiert und konnte nichts einführen. Kaffee gab es natürlich nicht. Man besorgte sich von bekannten Bauern Roggenkörner, kochte sie auf, und röstete sie im Kaffeeröster. Es war ein unangenehmer Geruch, doch der Kaffee schmeckte besser, als dieser Kunstkaffee, den man in den Geschäften kaufen konnte. Natürlich verkauften wir nun eine Menge Kaffeebrenner im Geschäft, auch fettlose Pfannen. Diese waren aus schwerem Gußeisen hergestellt und man konnte darauf mit ganz wenig Fett backen. Fleisch war schon lange rationiert. Fett war sehr schwer zu haben, doch die liebe Clara versorgte uns damit gut. Am sparsamsten war bei uns das Brot. So brachte mir Mutter zum 10 Uhr Frühstück stets etwas Gemüse vom Tag vorher mit einigen Stückchen Fleisch dazu, welches ich für mich in Claras Küche auf dem Herd aufwärmte. Eines Tages, als ich mein aufgewärmtes Steckrübengemüse mit ein paar Schnipseln Fleisch aß, war Salomon auf Urlaub. Er sagte zu mir: „Was ißt du denn da?" – „Steckrübengemüse." – „Ja, habt ihr denn kein Brot?" – „Nein", sagte ich, „Brot ist bei uns sehr knapp." – „Das ist ja unglaublich! Meine Kameraden werfen das Brot weg, sobald es nicht mehr frisch ist. Sobald ich zurückkomme, schicke ich euch ein Paket mit Stücken Kommißbrot", was uns vorzüglich schmeckte.

Natürlich blühte der Schwarzhandel. Für Lebensmittel aller Art wurden hohe Preise gezahlt, auch blühte der Tauschhandel. Manufakturwaren gab es kaum noch in guter Ware, selbst Nähgarn war knapp und wurde bald als „Ersatzware" hergestellt. In viele Textilwaren wurde Papier eingewebt. In das Brot wurden Steckrüben eingemischt. Es war kein Wunder, daß in dieser Zeit viele Leute krank wurden. Plötzlich wurde auch Clara krank. Sie hustete stark. Sie konnte den Bronchialkatarrh nicht loswerden. Zum Glück hatten wir mehr Kohlen bekommen, so daß wir das Schlafzimmer heizen konnten. Die Verordnungen des Arztes halfen nichts. Daraufhin ließen wir wieder mal Herrn Güthenke kommen, der dieses Mal heiße Kompressen um die Brust machte, die Linderung brachten. Wir waren in sehr großer Sorge um Clara gewesen.

Endlich wurde es Frühling. Die ersten schönen Tage benutzten Mutter und ich dazu, einige Blumen auf Vaters Grab zu pflanzen. Wir gingen dann den ganzen Sommer durch abends nach Geschäftsschluß zum Friedhof, um die Blumen zu gießen. [...]

Alle unsere lieben Soldaten waren zu ihren Regimentern zurückgekehrt, wir anderen zu unseren Beschäftigungen. Nach einigen Wochen erhielten wir einen Brief von der lieben Rosa, daß sie ein Kind erwarte. Wir freuten uns für die Lieben, doch Mutter zweifelte. Sie sagte: „Ich glaube es nicht, bis ich es sehe!" Es stimmte aber doch, und Rosa fühlte sich sehr gut.

Durch die große Lebensmittelknappheit gab es immer mehr Aufstände in den Großstädten, besonders schlimm war es in Berlin und Hamburg. Der Kaiser mußte abdanken und entfloh nach Holland. Dann kam es zu Waffenstillstandsverhandlungen und endlich zum Frieden.

Kurt kam aus der Schule und schrie: „Der Kaiser kriegt 'nen Tröten von Zylinder und muß abhauen!" Alle Leute waren in Aufregung, da nun endlich die Soldaten zurückkommen würden. Es fuhren bald Lastwagen mit Truppen durch Gütersloh, und wir bekamen zwei Soldaten zur Einquartierung. Natürlich waren die Kraftfahrertruppen die ersten, die zurückkamen. Die Kraftwagentruppe war aber nur klein, und die meisten Truppen mußten zu Fuß zurückmarschieren bis zur Grenze. Dann bekamen wir nochmals einen jüngeren Soldaten zur Einquartierung. Es gefiel ihm so gut bei uns, daß wir ihn nur mit Mühe loswerden konnten, da wir doch Leopold erwarteten. Der junge Mann wollte mich zu den diversen Kriegsheimkehrerbällen mitnehmen, worauf ich natürlich verzichtete.

Es waren auch Arbeiter- und Soldatenräte gewählt worden. Die Soldaten beachteten die Vorgesetzten nicht mehr und rissen ihnen die Abzeichen von den Uniformen. Leopold war in den Soldatenrat gewählt worden, und er sah danach, daß es nicht zum Aufruhr kam. Es mag sich wohl seine Rückkehr dadurch etwas verzögert haben. Wir waren schon mehrere Male zum Bahnhof gegangen, doch Leopold kam nicht; so warteten wir auf weitere Nachricht.

Schließlich, an einem Nachmittag Ende November, kam Liese Ruthenburg zu uns ins Haus und sagte: „Da habt ihr euren Soldaten. Ihr holt ihn ja nicht einmal ab!" Wir waren froh, ihn in die Arme schließen zu können.

Quelle: Käthe Mendels, „Die Geschichte einer jüdischen Familie in einer kleinen Stadt in Westfalen". Manuskript, 1971. Abdruck mit freundlicher Genehmigung von Paul Mendels und Erica Schwarz, Sydney.

1.   Käthe Mendels (zweite von rechts unten), Verfasserin von Ka
pitel 5, mit ihren Klassenkameradinnen in der Handelsschule i
Bielefeld. Fotografie aus dem Jahr 1912.

Käthe Mendels (Kapitel 5) mit ihrem Bruder Leopold Herzberg, der als deutscher Infantrist im Ersten Weltkrieg diente. Gütersloh 1916.

3. Jugendbild von Else Gerstel, Verfasserin von Kapitel 1, a◄
    einem Kostümball in Berlin. Fotografie aus dem Jahr 1919.

96

Klassenkameradinnen aus der Augusta-Viktoria-Schule in Düsseldorf 1932. Unten links: Ruth Glaser, Verfasserin von Kapitel 9.

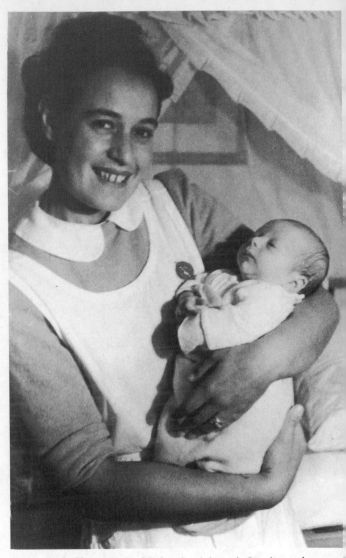

5. Ruth Glaser (Kapitel 9) bei der Arbeit als Säuglingsschwester i
    Tel Aviv 1944.

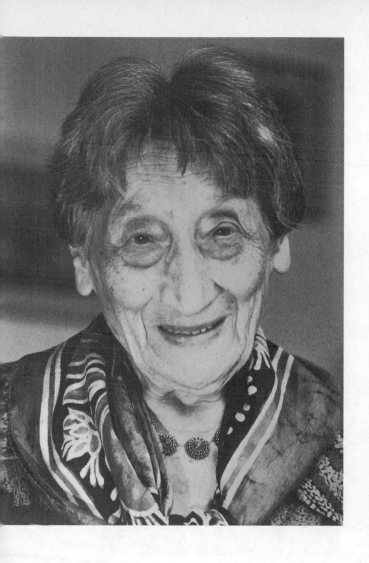

6. Prive Friedjung, Verfasserin von Kapitel 3, 1989 in Wien.

7.   Nellie H. Friedrichs, geborene Bruell, Verfasserin von Kapitel 10, in Braunschweig kurz vor ihrer Emigration im Jahr 1937.

8.   Nellie H. Friedrichs (Kapitel 10) mit dem jüngsten ihrer 12 Enkelkinder 1990 in New York.

II
Leben in der Weimarer Republik
1918–1933

Erinnerungen an Rosa Luxemburg

Die Berlinerin Mathilde Jacob (1873–1943) arbeitete während des Ersten Weltkriegs als Sekretärin für Rosa Luxemburg, die führende Theoretikerin des deutschen Kommunismus. Ihr widmete Mathilde die autobiographische Schrift „Von Rosa Luxemburg und ihren Freunden in Krieg und Revolution 1914–1919", deren erste Fassung 1929 zum 10. Todestag der Revolutionärin in der „Leipziger Volkszeitung" erschien. Mathildes Erinnerungen gehören zu den interessantesten Augenzeugenberichten der Novemberrevolution in Deutschland, da die Schrift nicht nur das Schicksal der Beteiligten beschreibt, sondern auch Einblick gewährt in die ideologischen Spannungen innerhalb des Spartakusbundes und der Kommunistischen Partei. Die Verfasserin spielte eine wichtige politische Vermittlerrolle zwischen Rosa Luxemburg und ihren Mitstreitern Leo Jogiches und Karl Liebknecht. Mathilde Jacob überlebte die Wirren der Nachkriegsjahre, wurde aber 1933 als Kommunistin und Jüdin von den Nazis verhaftet und kam zehn Jahre später im Konzentrationslager Theresienstadt tragisch ums Leben. Der hier folgende Auszug aus Mathildes Autobiographie verschafft Einblick in die politische und journalistische Arbeit Rosa Luxemburgs während der deutschen Revolution im Winter 1918–1919. Aus der Sicht der treuen Helferin, Mitarbeiterin und Genossin ergibt sich ein Bild historischer Brisanz, das die Intelligenz, Menschlichkeit und mutige Persönlichkeit ihrer Freundin Rosa Luxemburg anschaulich vermittelt.

Am Morgen des 9. November (1918), am Tag der deutschen Staatsumwälzung, meldete sich Rosa Luxemburg telefonisch von Breslau aus. Ihr war am 8. November um

10 Uhr abends von der Breslauer Gefängnisdirektion mitgeteilt worden, daß sie frei sei. Da sie aber ihre Sachen nicht vollends gepackt hatte und auch so spät am Abend die Familie Schlisch[1] nicht aufsuchen wollte, war sie während der Nacht vom 8. zum 9. November noch im Gefängnis geblieben. Der Zugverkehr zwischen Breslau und Berlin war wegen der Truppentransporte in den ersten Revolutionstagen für Zivilreisende eingestellt, so daß die ungeduldig erwartete und selbst recht ungeduldige Rosa Luxemburg die Heimreise nicht antreten konnte. Sie beteiligte sich an den Breslauer Kundgebungen, die die junge Republik[2] begrüßten.

Leo Jogiches[3] bestimmte, daß ich am 10. November, falls die Bahn dann immer noch nicht zu benutzen sei, Rosa Luxemburg im Auto holen sollte. Da ließ sie mich telefonisch wissen, daß die Züge nunmehr bis Frankfurt an der Oder führen, und daß wir sie von dort holen möchten. Leo Jogiches wollte der Freundin mit mir gemeinsam entgegenfahren. Sie sollte sofort mit ihm in die Versammlung der Arbeiter- und Soldatenräte zum Zirkus Busch kommen. Am 10. November holte mich ein Auto ab, doch statt Leo Jogiches kam der Kunsthistoriker Eduard Fuchs[4], der mir erklärte, unser Freund sei unabkömmlich. Fuchs wünschte sehr, Rosa Luxemburg sogleich zu sprechen; sie sei über Rußland falsch informiert, meinte er. Rosa Luxemburg hat ihre kritische Einstellung zur Taktik der Bolschewiki[5], trotz vieler Bemühungen auch anderer Genossen, nicht aufgegeben. Eduard Fuchs aber kam an jenem Tage nicht zu der ersehnten Unterredung. Denn das Auto, ein offener Wagen, in dem neben der Begleitmannschaft nur zwei Personen Platz hatten, erlitt gleich zu Beginn der Fahrt eine Panne. Fuchs requirierte zweimal andere Autos in Militärdepots, die sich aber als noch unbrauchbarer erwiesen, so daß wir gar nicht bis Frankfurt kamen.

Während der Fahrt beobachtete ich das Publikum in Berlin und in den Vorstädten. Es war stumpf und ohne Begeisterung, kaum daß hin und wieder Passanten unserem mit roten Fahnen geschmückten Wagen zuwinkten. Keiner von den Soldaten der etwa 15köpfigen Begleitmannschaft kannte Rosa Luxemburg. Als wir durch die gemeinsame Fahrt Fühlung miteinander bekommen hatten, fragte man mich, ein wenig verlegen, wer eigentlich Rosa Luxemburg sei, die man holen wolle. Fünf Stunden waren wir bereits mit unzulänglichen Autos unterwegs und hatten jetzt endlich einen Berliner Vorortbahnhof erreicht. Hier überließen wir Auto und Begleitmannschaft ihrem Schicksal und fuhren mit der Bahn in die Stadt zurück.

Inzwischen war Rosa Luxemburg in Berlin eingetroffen. In einem überfüllten Zuge, eingeengt zwischen Gepäckstücken und Reisenden, hatte sie, auf einem Koffer im Gang sitzend, die Heimreise angetreten. Als unterwegs bekanntgemacht wurde, daß die Fahrt bis Berlin ginge und Rosa Luxemburg in Frankfurt keinen der Freunde sah, blieb sie auf ihrem Koffer sitzen. Der Zug lief in den Schlesischen Bahnhof ein, und Rosa Luxemburg stand ein Weilchen verwirrt neben ihrem Gepäck, bis sie auf den Gedanken kam, mit meiner Mutter zu telefonieren. Die gab ihr den Rat, zu ihr zu kommen, da ich mich sicher melden würde. Das tat ich auch bald darauf. Ich fuhr dann sogleich mit Rosa Luxemburg in die Redaktion des „Berliner Lokal-Anzeiger", die am 9. November von einigen Revolutionsromantikern mit Beschlag belegt worden war. Man hatte mit dem Scherlschen technischen Personal sofort eine Abendausgabe unter dem Titel „Die Rote Fahne" herausgebracht. Hinterher wurde noch die Morgenausgabe für den nächsten Tag fertiggestellt, und dann war der „Lokal-Anzeiger" wieder unter der alten Regie. Vom Scherl-Verlag führten Leo Jogiches, Paul Levi, Karl Liebknecht[6] und Ernst Meyer Rosa Luxemburg ins Hotel Excelsior gegenüber dem Anhalter Bahnhof. Es war vereinbart worden, daß man vorläufig nicht nach Hause gehen, sondern im Hotel bleiben solle, um stets schnell miteinander beraten zu können. Die Herausgabe der „Roten Fahne" im Scherl-Verlag und das schnelle Ende dieser Episode hat Paul Levi treffend und voraussehend in der erwähnten Plauderei des Zwickauer Volksblatt-Almanachs beschrieben.[7]

Rosa Luxemburgs Gepäck stand auf dem Schlesischen Bahnhof. Es sei zwecklos, meinte man, daß ich dorthin wolle, da ich keinen Passierschein hätte. Den aber mußte man in jenen Tagen besitzen, wenn man abends auf die Straße wollte. Ich war fest entschlossen, auch ohne Passierschein mein Glück zu versuchen, und wirklich ließ man mich überall durch, sobald ich sagte, ich müsse Rosa Luxemburgs Koffer holen. Als ich das Gepäck spätabends ins Hotel brachte, saßen die Freunde in politischen Beratungen noch beieinander. Wenn alle einig waren, pflegte Karl Liebknecht in irgendeinem Punkte eine abweichende Meinung zu haben. Er konnte stundenlang wegen einer Geringfügigkeit diskutieren, um diese durchzusetzen. An diesem Abend war er ruhig und ein wenig gedrückt! Hatte ihn doch Leo Jogiches nur mit Mühe zurückhalten können, mit Haase und Ledebour in die Koalitionsregierung einzutreten.[8]

Die Spartakus-Führung lehnte, da es sich jetzt um Sein oder Nichtsein handelte, ein Paktieren mit der Bourgeoisie ab. Rosa Luxemburg begründete diesen Standpunkt im Spartakus-Programm.[9]

In den ersten Revolutionstagen lebte Rosa Luxemburg in einer ständigen Hetzjagd. Es kamen Besucher von nah und fern und aus allen Gesellschaftskreisen, viele, die bei den Spartakisten die Macht wähnten und Vorteile für sich witterten. Es fanden Beratungen über die politischen Tagesfragen statt. Versammlungen wurden abgehalten, und nicht zuletzt tobte der Kampf um den Besitz des Scherl-Verlages, den man käuflich erwerben wollte. Aber alle Versuche, die „Rote Fahne" dort weiterzudrucken, scheiterten. „Ach", sagte Rosa Luxemburg nach den letzten ergebnislosen Bemühungen, „die ‚Rote Fahne' wird auf meinem Grabe wehen!" Man verhandelte schließlich erfolgreich mit dem „Kleinen Journal" in der Königgrätzer Straße. Dort wurde am 18. November die „Rote Fahne" unter der Schriftleitung von Karl Liebknecht und Rosa Luxemburg begründet. Damit begann Rosa Luxemburgs Tätigkeit als Chefredakteur, während Karl Liebknecht sich hauptsächlich der Agitation unter den Massen widmete. Er gönnte sich kaum einige Stunden Schlaf, sprach täglich in drei bis vier Versammlungen, in Betrieben, auf öffentlichen Plätzen, und war überall, wo immer er nötig war. Die meisten Leitartikel der „Roten Fahne" aus dieser Zeit stammen aus Rosa Luxemburgs Feder. Zwar schrieb Paul Levi wertvolle Beiträge zu den Tagesfragen, und nach Möglichkeit entlastete er Rosa Luxemburg, denn er gehörte zu ihren engsten Mitarbeitern. Aber weder er noch die anderen Redaktionskräfte waren genügend mit dem Zeitungswesen vertraut, so daß Rosa Luxemburg fast niemals vor 11 Uhr abends, häufig erst nach Mitternacht, die nötigen Arbeiten beendet hatte. Sie bestimmte die Reihenfolge der Artikel, Notizen und Nachrichten, sie nahm eine letzte Prüfung des Satzes vor, ehe die Zeitung in die Druckerei ging. Kümmerte sie sich um diese Dinge nicht, dann kam irgend etwas verkehrt heraus, und sie ärgerte sich am nächsten Tage, daß eine Zeitung, die unter ihrem Namen erschien, Fehler aufwies.

Eine allgemeine Hetze gegen die „Rote Fahne" und die Spartakisten setzte ein. Das Excelsior-Hotel entledigte sich seiner spartakistischen Gäste, um zu zeigen, daß es nichts mit ihnen zu schaffen habe. Jetzt zog man von einem Hotel ins andere und wohnte getrennt voneinander. Sehr bald mußten diese führenden Revolutionäre unter falschem Namen leben, um sich und die Sache nicht zu gefährden. Die Hotels um den Anhalter Bahnhof kannten bereits die aufnahmesuchenden Spartakisten und verweigerten ihnen die Unterkunft. Des Herumziehens müde, begab sich Rosa Luxemburg etwa Mitte Dezember in ihre Wohnung. Ich ging mit ihr. Nachts zwischen 12 und 1 Uhr holte ich sie nach vorheriger telefonischer Verständigung von der Bahn ab. Wie ein Kind streckte sie sich nach dem Zurruhelegen zufrieden im Bett aus und sagte: „Ich werde sehr gut schlafen, ich habe alles geschafft, was ich mir vorgenommen hatte. Ich bin so zufrieden."

In den letzten Dezembertagen wurde aus dem „Spartakusbund" die „Kommunistische Partei Deutschlands". Auf ihrem Gründungsparteitag trat die putschistische Strömung in der neuen Partei erschreckend in die Erscheinung. Vergeblich versuchten Karl Liebknecht, Paul Levi und nicht zuletzt Rosa Luxemburg dagegen anzukämpfen.[10]

Die warnende Stimme Rosa Luxemburgs erhob sich vergeblich. Bei der ersten Besprechung über die zu verteilenden Posten in der neuen Partei hatte Rosa Luxemburg mich zu ihrer Sekretärin erbeten. Leider brachte ich ihr jetzt nicht immer das nötige Verständnis entgegen. Tausend Kleinigkeiten zerrten an mir herum. Rosa Luxemburg war weit über ihre Kräfte in Anspruch genommen. Sie war gewohnt, alles mit der Hand zu schreiben, so daß ich kaum zum Arbeiten mit ihr kam. Für eine gegenseitige Verständigung blieb keine Zeit übrig. Anstatt geduldig abzuwarten, wie sich die Dinge entwickeln würden, arbeitete ich mit Leo Jogiches. „Ich freue mich über deinen guten Geschmack", sagte Rosa Luxemburg, „aber daß Leo verträglicher als ich sein soll, ist mir unverständlich. Er ist der schwierigste Charakter, den ich kenne, mit mir kann man doch auskommen."

Eines Abends wartete ich in Südende lange auf Rosa Luxemburgs Anruf, bis Paul Levi mir mitteilte, ich möchte in die Redaktion kommen, es sei nicht gut, wenn Rosa Luxemburg nach Hause führe. Man wisse bei der herrschenden Pogromstimmung nicht, ob sie in ihrer Wohnung sicher sei. Mit großer Verspätung kam ich zum Potsdamer Platz und lief zur Redaktion, vor der Rosa Luxemburg bereits mit Paul Levi wartete. „Aber", sagte Rosa Luxemburg, „wie kannst du nur so laufen!" Paul Levi begleitete uns zu einer Droschke, und wir fuhren in meine Wohnung. Rosa Luxemburg lehnte sich an mich, noch einmal sagte sie, daß ich langsamer hätte gehen sollen. „Ich habe solchen Hunger", fügte sie hinzu, „gib mir etwas von dem Mitgebrachten. Leo würde zwar sagen, man müsse sich beherrschen, aber ich muß etwas essen."

Am 29. Dezember telefonierte Rosa Luxemburg mit mir, sie habe ein paar freie Stunden, ich möchte sie besuchen. Ich erwiderte, daß ich nicht kommen könnte. Dann käme sie zu mir. Es gab aber keine freien Stunden für sie und später erzählte sie mir, was alles auf sie eingestürmt sei. An einem der nächsten Tage ging ich auf die Redaktion der „Roten Fahne". „Kommst du endlich mal wieder auf ein Plauderstündchen! Wie konntest du so lange fortbleiben? Siehst du nicht, wie ich lebe?" Aber da rief schon Karl Liebknecht aus dem Nebenraum: „Bitte, Rosa, kommen Sie sofort in die Sitzung. Wir warten doch auf Sie."

Die von der Konterrevolution in der Berliner Bevölkerung erzeugte Pogromstimmung wurde von Tag zu Tag bedrohlicher. Rosa Luxemburg und Karl Liebknecht waren von dem Arzt Dr. Bernstein, dem bekannten Anarchisten und Gebärstreikpropagandisten, aufgenommen worden. Als ich sie dort aufsuchen wollte, waren beide bereits wieder zu einer Arbeiterfamilie nach Neukölln übergesiedelt. Die Angehörigen des Arztes hatten befürchtet, daß durch das Geschwätz ihres Dienstmädchens die Sicherheit ihrer verfolgten und gehetzten Gäste gefährdet wäre. Im Begriff, mich auf den Weg nach Neukölln zu machen, läutete das Telefon. Aufgeregt meldete eine befreundete Genossin, daß Wolfgang Fernbach erschossen worden sei. Ich ließ mir die Nachricht wiederholen, sie war mir unfaßbar. Am vorhergehenden Tage hatte ich unsern Freund auf der Redaktion der „Roten Fahne" gesprochen. Er war voller Zuversicht und hatte Leo Jogiches gebeten, irgend etwas im Dienste der Revolution tun zu dürfen. „Wollen Sie Eugen Leviné[11] in der Redaktion des ‚Vorwärts' vertreten?" fragte Leo Jogiches, etwas zögernd, wegen der damit verbundenen Gefahr. „Es ist kein Redakteur dort." Der „Vorwärts" war zum Entsetzen Rosa Luxemburgs von Spartakisten besetzt worden. „Natürlich", lautete die Antwort. Wolfgang Fernbach ging dem Tod nicht ahnungslos entgegen. Mit fester Hand hatte er auf einen Briefumschlag, nach Angabe seiner Wohnadresse, geschrieben: „[...] Die einliegende Postkarte bitte ich den Finder, falls mir irgend etwas zustößt und ich hilflos schwer verwundet oder tot aufgefunden werde, sofort abzusenden und möglichst einen kurzen Vermerk über die näheren Umstände beizufügen. Jedenfalls muß der Absender noch den Ort, wo ich aufgefunden werde, vermerken ..." Er wurde das Opfer der Vorwärtsbesetzung. Seine Frau selber fand diese Zeilen bei der Leiche ihres Mannes.

Auf dem Wege nach Neukölln hörte ich aufgeregte Unterhaltungen: „Man müßte sie in Stücke schneiden und den Raubtieren zum Fraß geben." In solchen bestialischen Drohungen äußerte sich die maßlose Hetze gegen Rosa Luxemburg und Karl Liebknecht. Als ich mein Ziel auf Umwegen erreicht hatte und sicher war, keine Spitzel hinter mir zu haben, stieg ich von einem kleinen Hof aus 4 Treppen zu dem Versteck der beiden hinauf. Ich hatte das Gefühl, nachdem ich mit Rosa Luxemburg und ihrer neuen Wirtin gesprochen, daß ich dort bleiben müßte, um rechtzeitig warnen und helfen zu können. „Aber wo willst du schlafen?" fragte mich Rosa Luxemburg, als ich diesen Wunsch äußerte. „In dem Bett hier schläft die Genossin mit ihrem Kind, ich selbst liege auf dem Sofa." Es war eine schmale, harte Lagerstätte. „Ach", warf die Genossin ein, „Sie könnten schon bleiben, wenn nur nicht gar so viele Menschen herkämen. Ich habe Angst, daß Karl und Rosa bei uns entdeckt werden." Ich überlegte. In dem zweiten Zimmer debattierte Karl Liebknecht mit einer wirklich recht beträchtlichen Zahl von Genossen. Es war ein wirres Durcheinander in dem kleinen Raum. „Karl", bat ich, „lassen Sie Rosa allein wohnen, Sie dürfen nicht beide zusammenbleiben, es genügt, wenn einer entdeckt wird." – „Das ist ganz ausgeschlossen", war die bestimmte Antwort. „Wir müssen zusammenbleiben, um stets sofort beraten zu können." Alle Einwendungen hiergegen nützten nichts. „Bitte", sagte ich, „kommen Sie einen Augenblick zu Rosa hinüber." Hier wiederholte ich meine Bitte auf Trennung und fügte die Nachricht vom Tode Wolfgang Fernbachs hinzu. „Das ist nicht möglich", rief Karl Liebknecht aus, „Sie müssen sich irren." – „Nein Karl, ich irre mich nicht. Ich habe die Angehörigen gesprochen, es ist so." Rosa Luxemburg weinte leise. „Ich gebe dir einen Brief, Mathilde, du wirst ihn morgen Frau Fernbach bringen." – „Auch ich schreibe", sagte Karl Liebknecht und gab in einigen Zeilen seinem Mitgefühl Ausdruck. Rosa Luxemburgs Brief lautete etwa: Liebe Genossin Fernbach, ich drücke Ihnen in Ihrem Schmerz die Hand. Ich habe schon so viele meiner Freunde rechts und links an meiner Seite fallen sehen. Das ist das Schicksal des revolutionären Kämpfers. Ich selbst habe nur den einen Wunsch, auch meinen Tod im Kampf um unsere Sache zu finden. Ich bin überzeugt, daß Sie tapfer sein werden.

Nachdem Karl Liebknecht zu den Genossen zurückgegangen war, sagte mir Rosa Luxemburg, daß ich sie am nächsten Abend wohl nicht mehr in dieser Wohnung antreffen würde; die Wirtin hätte Angst, sie bei sich zu behalten. Fast jeder hatte Angst, und es war schwer, ein Unterkommen für Rosa Luxemburg und Karl Liebknecht zu finden. Ich sprach mit der Wirtin. Sie sagte, sie könne die Verantwortung nicht länger übernehmen. Es kämen unausgesetzt Leute; ich solle selbst sagen, ob das nicht auffiele in einem Hinterhaus. Sonst besuche sie selten jemand. Man konnte der Frau nur recht geben, und ich versicherte ihr, daß man sich um eine andere Unterkunft bemühe. Während dieses Gesprächs war wieder ein Genosse gekommen. Er überbrachte die Nachricht, daß Leo Jogiches verhaftet worden sei. Rosa Luxemburg erschrak und ich versprach, nach ihm Umschau zu halten. Beim Abschied umarmte sie mich und küßte mich herzlich.

Am andern Morgen ging ich, bevor ich mich um Leo Jogiches kümmerte und noch ehe ich die Briefe zu Frau Fernbach trug, vor die Redaktion der „Roten Fahne". Dort wurde ich auf Geheiß des Hausverwalters von Regierungssoldaten, die das Gebäude besetzt hielten, zur Garde-Kavallerie- (Schützen-)Division geführt. Es genügte, daß der Verwalter den Befehl gegeben hatte: „Verhaften Sie, die hat auch in der Redaktion gearbeitet". Es dauerte geraume Zeit, bis man mich verhörte. Viele Genossen, auch Unbeteiligte, füllten den Raum. Ich konnte die Briefe Rosa Luxemburgs und Karl Liebknechts unbemerkt in ein Butterbrot schieben, das ich verzehren wollte; aber man gestattete mir, die Toilette aufzusuchen, und während die mich begleitenden Soldaten mit aufgepflanztem Gewehr vor der Tür warteten, zerriß ich die Briefe und ließ sie durch Wasser in die Tiefe spülen. Wären die Briefe bei mir gefunden worden, dann hätte man gewußt, daß ich mit Rosa Luxemburg und Karl Liebknecht, auf deren Ergreifung hohe Prämien ausgesetzt waren, Verbindung hatte.

Bei dem vorgenommenen Verhör wurde ich körperlich untersucht. Man fand einige Ausgabezettel, hauptsächlich Beträge für Autofahrten, und man kombinierte, ich müßte diese Fahrten für die Kommunistische Partei gemacht haben. Obgleich dies eine Verhaftung nicht rechtfertigte, wurde ich ins Reichstagsgebäude befördert, wo das Regiment „Reichstag" hauste. Hier sah es wüst aus. Fast alle Klubsessel und Teppiche waren mit dem Messer mutwillig zerschlitzt, Spiegel und Fensterscheiben demoliert.

Die Mannschaften umkreisten mich gleich wilden Tieren. Sie waren in einer erschreckenden Pogromstimmung. In das kleine Zimmer, in das ich schließlich gebracht worden war, kamen fortwährend Soldaten. Sie starrten mich neugierig an. Denn bei meinem Eintreffen hatte sich die Nachricht verbreitet, ich sei Rosa Luxemburg, die man verhaftet hätte. Wenn ich hier herauskomme, dachte ich, werde ich Rosa Luxemburg vor der ihr drohenden Gefahr zu schützen wissen. Ich kam zwar heraus, aber in Begleitung einiger verwilderter Soldaten, die mit mir in meine Wohnung fuhren. Auf mich wartend, saß in meinem Arbeitszimmer Paul Levi. Er wollte Briefe von mir schreiben lassen und wurde nun gemeinsam mit mir ins Moabiter Gefängnis gebracht. Wahrscheinlich hat ihm diese Verhaftung damals das Leben gerettet; er hat es später öfters behauptet. Denn hätte man ihn bei Rosa Luxemburg und Karl Liebknecht angetroffen, so wäre er gleich jenen bestialisch ermordet worden.

Da ich keine „strafbare Handlung" begangen hatte, war mein Rechtsbeistand sicher, daß man mich bald wieder entlassen würde. Mir war es gar nicht unlieb, das Gefängnis an mir selber zu erproben, weil ich jetzt beurteilen konnte, ob ich meine Gefangenen stets richtig versorgt hatte.[12] Einige Kleinigkeiten fand ich an meiner Fürsorge auszusetzen, und da ich mit Rosa Luxemburgs Verhaftung rechnen zu müssen glaubte, wollte ich in Zukunft manches besser machen. Nach einigen Tagen besuchte mich ein junger Anwalt in Vertretung Hugo Haases. Auf meine Frage, was draußen los sei, antwortete er: „Nichts Neues. Rosa Luxemburg und Karl Liebknecht sind ermordet. Nun ist wieder Ruhe eingetreten." Ich starrte den Überbringer dieser Nachricht an, konnte die Tränen nicht zurückhalten und schluchzte unaufhörlich.

„Wenn man verhaftet wird, so sind daran fast stets Unvorsichtigkeiten schuld. Hüten Sie sich vor solchen, sonst werden Sie gleich einigen anderen Genossen ständig im Loch sitzen, was kein Ruhm ist." Diesen guten Rat hatte mir Rosa Luxemburg zu Anfang des Krieges gegeben. Und nun war ich doch nicht vorsichtig genug gewesen. Ich hielt es für sicher, daß ich Rosa Luxemburg von Karl Liebknecht schließlich getrennt hätte, wenn ich nicht ins Gefängnis gekommen wäre, und ich litt sehr unter meiner Schuld. Nach Verlauf einer Woche wurde ich und auch Paul Levi aus der Haft entlassen. Leo Jogiches, der ebenfalls wieder auf freiem Fuß war, sagte kein Wort, als wir uns wiedersahen.

Einen Tag nach meiner Haftentlassung, am 25. Januar (1919), fand auf dem Friedhof in Friedrichsfelde die Beisetzung Karl Liebknechts und anderer 29 Opfer aus den Januar-Kämpfen statt. „Karl und Rosa sollen nun auch im Tode beieinander sein", sagte Leo Jogiches. „Wir werden heute einen leeren Sarg versenken, um symbolisch den Platz anzuzeigen, wo Rosas sterbliche Reste der Erde übergeben werden. Ich hoffe, daß man ihren kleinen Leichnam finden wird." [...]

Der Beerdigungstag kam. Arbeiter trugen den Sarg auf einem offenen, mit Kränzen bedeckten Wagen. Ich folgte ihm noch eine kurze Strecke Wegs und ging dann zu Clara Zetkin.[13] Sie war gekommen, um zu der Freundin letzte Abschiedsworte an der Gruft zu sprechen. Der gewaltige Trauerzug, der sich vom Friedrichshain aus in

Bewegung setzte, wurde zu einer machtvollen Kundgebung der revolutionären Arbeiter. Voran gingen Matrosen und feldgraue Soldaten, dann folgten die engsten Freunde und Kampfgenossen, denen sich die Berliner Kreise und Betriebe anschlossen. Vor dem Friedhof in Friedrichsfelde löste der Trauerzug sich auf. Für die Beisetzung selbst war nur eine bestimmte Anzahl von Karten ausgegeben worden. Als erster sprach Paul Levi am offenen Grabe der toten Kämpferin und Freundin. Ihm folgte Clara Zetkin. Eine ehemalige Schülerin der Parteischule gedachte der geliebten und verehrten Lehrerin. Die Vertreterin der Jugend flocht in ihre Rede die Hymne Heinrich Heines:[14]

„Ich bin das Schwert, ich bin die Flamme,
Ich habe euch erleuchtet in der Dunkelheit, und als die
Schlacht begann, focht ich voran, in der ersten Reihe.
Rund um mich her liegen die Leichen meiner Freunde, [...]
Wir haben aber weder Zeit zur Freude noch zur Trauer.
Aufs neue erklingen die Drommeten, es gilt neuen
Kampf [...]“

Denn senkten sich unter den Klängen der „Internationale" rote Fahnen auf die Gruft der toten Heldin.

1 *Familie Schlisch.* Hinweis auf Freunde Rosa Luxemburgs in Breslau (ehemalige Hauptstadt Schlesiens), dem heutigen Wrocław in Polen. Nähere Auskünfte über die Zeit der Inhaftierung Luxemburgs finden sich bei Charlotte Beradt (Hrsg.), *Rosa Luxemburg im Gefängnis. Briefe und Dokumente aus den Jahren 1915–1918,* Frankfurt 1973. Vgl. auch die Darstellung von Kristine von Soden, *Rosa Luxemburg. Zeitmontage.* Berlin: Elefanten Press, 1988.

2 *die junge Republik.* Gemeint ist die Entstehung der Weimarer Republik (1918–1933) nach dem militärischen Zusammenbruch der Monarchie und der darauffolgenden Revolution. Am 9. November 1918 rief Philipp Scheidemann (SPD) in Berlin die Republik aus. Doch war damit noch nicht endgültig über die Staatsform Deutschlands entschieden, denn die Spartakisten unter der Führung Rosa Luxemburgs und Karl

116

Liebknechts kämpften für eine Räterepublik nach dem Vorbild des russischen Rätestaates. Die Leitung der jungen Republik übernahmen zunächst Arbeiter- und Soldatenräte, die sowohl der USPD, der SPD, dem Spartakusbund (ab 31. Dezember KPD) und anderen linksorientierten Gruppierungen angehörten. Nach Gründung der Republik kam es zum Beschluß einer neuen Verfassung und neuer Gesetze, darunter das Gesetz über das Frauenstimmrecht, den Achtstundentag, die Anerkennung der Gewerkschaften und die Herabsetzung des Wahlalters von 25 auf 20 Jahre. Vgl. dazu Arthur Rosenberg, *Entstehung und Geschichte der Weimarer Republik*, Frankfurt, 1961.

3 *Leo Jogiches* (1867–1919), enger Freund und politischer Mitarbeiter Rosa Luxemburgs. Jogiches gehörte 1894 zu den Mitbegründern der Sozialdemokratischen Partei des Königreiches Polen, emigrierte später in die Schweiz und übersiedelte 1900 nach Deutschland, wo er im Ersten Weltkrieg die Herausgabe der „Spartakusbriefe" organisierte. Jogiches wurde im März 1919 von einem Berliner Polizeibeamten im Gefängnis ermordet. Zum Freundschaftsverhältnis zwischen Luxemburg und Jogiches siehe Rosa Luxemburg, *Briefe an Leo Jogiches*. Frankfurt: Europäische Verlagsanstalt, 1971.

4 *Eduard Fuchs* (1870–1940), Berliner Anarchist, Journalist, Sammler und Kunsthistoriker. Fuchs wurde 1919 Mitglied der KPD, 1928 KPO-Mitglied. Er starb im Pariser Exil.

5 *Bolschewiki* (Mehrheit). Der Begriff leitet sich ab vom Mehrheitserfolg in der Wahl der Bolschewisten auf dem Parteitag der russischen Sozialdemokratie 1903 in London. Unter der Führung Lenins kam es 1917 zum Sieg der bolschewistischen Revolution in der Sowjetunion und zur internationalen Verbreitung der kommunistischen Grundsätze des Bolschewismus.

6 *Karl Liebknecht* (1871–1919), Berliner Rechtsanwalt, sozialdemokratischer Politiker, Mitglied des Reichstages (1912–1916), Mitbegründer der proletarischen Jugendbewegung und neben Luxemburg Leiter des Spartakusbundes. Liebknecht wurde am 15. Januar 1919 in Berlin von Regierungssoldaten ermordet.

7 Paul Levi, „Wie es anfing". In: *Almanach nebst Kalendarium für die Leser des Sächsischen Volksblattes 1929.* Zwickau, 1928, S. 33. Biographische Daten: Paul Levi (1883–1930), Rechtsanwalt, Verteidiger Rosa Luxemburgs, Mitglied der SPD, des Spartakusbundes und später Vorsitzender der KPD.

1921 kam es zu Levis Bruch mit der KPD und zu seiner Rückkehr zur SPD. Vgl. Sibylle Quack, *Geistig frei und niemandes Knecht. Paul Levi, Rosa Luxemburg, politische Arbeit und persönliche Beziehung.* Köln, Kiepenheuer & Witsch, 1983.

8 Im ursprünglichen Manuskript heißt es an dieser Stelle weiter: „Er schämte sich jetzt dieser Absicht, und so war man verhältnismäßig früh zu Entschlüssen gekommen. Gegen Mitternacht trennte man sich voneinander und suchte die Zimmer auf. Ich ging noch einen Augenblick zu Leo Jogiches, um ihm eine Bestellung auszurichten. Als ich in Rosa Luxemburgs Zimmer zurückkehrte, stand Karl Liebknecht mit ihr am Fenster. Beide bewunderten den Sternenhimmel. Der Stern ihres Unheils war an jenem Abend noch nicht sichtbar." Vgl. dazu Sibylle Quack und Rüdiger Zimmermann (Hrsg.), Mathilde Jacob, „Von Rosa Luxemburg". In: *Internationale wissenschaftliche Korrespondenz zur Geschichte der deutschen Arbeiterbewegung*, XXIV (Dezember 1988), Heft 4, S. 493–494.

9 Rosa Luxemburg, „Was will der Spartakusbund?". Verlag „Rote Fahne". Berlin, Dezember, 1918. Vgl. dazu Rosa Luxemburg, *Ich war, Ich bin, Ich werde sein! Artikel und Reden zur Novemberrevolution.* Hrsg. vom ZK der SED. Berlin, Dietz, 1958. Eine biographische Darstellung findet sich bei Helmut Hirsch, *Rosa Luxemburg.* Reinbek, Rowohlt, 1986.

10 Rosa Luxemburg, „Rede zum Programm" des Gründungsparteitages der KPD (Spartakusbund) am 29.–31. Dezember 1918 in Berlin. Verlag „Rote Fahne", Berlin 1919. Vgl. dazu Sibylle Quack und Rüdiger Zimmermann (Hrsg.), Mathilde Jacob, „Von Rosa Luxemburg". In: *IWK*, XXIV (Dezember 1988), Heft 4, S. 493–494.

11 *Eugen Leviné* (1883–1919), russischer Revolutionär, der 1909 nach Deutschland emigrierte und später am Gründungskongreß der KPD teilnahm. Leviné wurde 1919 als leitender Politiker der Münchner Räterepublik verhaftet und hingerichtet. Vgl. dazu Rosa Leviné-Meyers Biographie, *Leviné. Leben und Tod eines Revolutionärs*, Frankfurt 1974.

12 *meine Gefangenen.* Hinweis auf die Rolle Mathilde Jacobs als treue Versorgerin ihrer Freunde im Gefängnis. Jacob besuchte Luxemburg fast täglich nach ihrer Verhaftung 1916 in Berlin. Eine ausführliche Darstellung über das Verhältnis zwischen Luxemburg und Jacob findet sich bei Heinz Knobloch, *Meine liebste Mathilde. Das unauffällige Leben der Mathilde Jacob*, Berlin 1986.

13 *Clara Zetkin*, geborene Eissner (1857–1933), Stuttgarter Leh-

rerin, Schriftstellerin, Politikerin und enge Freundin Rosa Luxemburgs. Von 1892 bis 1917 war sie leitende Redakteurin der sozialdemokratischen Frauenzeitschrift „Die Gleichheit", später Mitbegründerin des „Spartakusbundes" und der USPD, seit 1919 KPD-Mitglied.

14 Heinrich Heine, „Hymnus". In: Heinrich Heine, *Sämtliche Schriften in zwölf Bänden.* Hrsg. von Klaus Briegleb, Bd. 7, *Schriften 1837–1844*, München 1976, S. 489.

Quelle: Mathilde Jacob, Von Rosa Luxemburg und ihren Freunden in Krieg und Revolution 1914–1919. Hrsg. und eingeleitet von Sibylle Quack und Rüdiger Zimmermann. In: *Internationale wissenschaftliche Korrespondenz zur Geschichte der deutschen Arbeiterbewegung*, XXIV (Dezember 1988), Heft 4, S. 435–515 (Auszug S. 490–498, 505–506). Verschiedene Varianten des Manuskripts von Mathilde Jacob befinden sich im Hoover-Institut der Stanford-Universität. Abdruck mit freundlicher Genehmigung von Dr. Sibylle Quack.

Charakter ist Schicksal

Alice Salomon (1872–1948) war die Begründerin der „Deutschen Akademie für soziale und pädagogische Frauenarbeit" und der heutigen „Fachhochschule für Sozialarbeit und Sozialpädagogik Berlin". Mit ihrer Lehrtätigkeit untrennbar verbunden war Salomons Engagement in der deutschen und internationalen Frauenbewegung, die sie als Teil einer politischen Reformbewegung auffaßte. Nach mehr als dreißig Jahren Fürsorgearbeit wurde Alice Salomon 1937 auf Grund ihrer jüdischen Abstammung von den Nationalsozialisten zum Verlassen Deutschlands gezwungen. Wie viele Leidensgefährten ihrer Generation fand sie Zuflucht in den Vereinigten Staaten. Salomon verbrachte die Kriegsjahre in New York, wo sie ihre Lebenserinnerungen niederschrieb, um deren Veröffentlichung sie sich jedoch zeitlebens vergeblich bemühte. Salomon verfaßte ihre Memoiren in englischer Sprache unter dem Titel „Character is Destiny" (Charakter ist Schicksal), weil sie nicht damit rechnete, in Deutschland nochmals Gehör zu finden. 75 Jahre nach Gründung ihrer „Sozialen Frauenschule" in Berlin-Schöneberg erschien Salomons Autobiographie 1983 zum erstenmal in deutscher Übersetzung. Das folgende Kapitel daraus beschreibt ihre erfolgreiche Arbeit am Ausbau der Fachschulen nach den Wirren des Ersten Weltkriegs (1914–1918), der Revolution (1918–1919) und der Inflationszeit (1922–1924).

Sozialer Wiederaufbau 1924–1929

Als die Inflation vorüber war, keimte wieder Hoffnung auf und es begann eine zuversichtliche Zeit auf wirtschaftlichem und sozialem Gebiet. Jeder, der Hände oder Verstand hatte und den Willen dazu aufbrachte, konnte Arbeit finden und seinen Lebensunterhalt verdienen. Es gab natürlich viele Menschen, die den Weg zurück in ein geordnetes Leben nicht finden konnten; außerdem hatte der Krieg einige neue Reiche und viele neue Arme hervorgebracht. Einige der neuerdings reich Gewordenen stellten ihren Reichtum ostentativ zur Schau. Über die palastartige Residenz eines dieser Profiteure sagte der Volksmund: „Wie die Inschrift über den Eingängen von öffentlichen Gebäuden, ‚Dem Deutschen Volke‘, sollte dieses Haus die Inschrift tragen ‚Vom Deutschen Volke‘.“

Für die sozial Engagierten waren die neuen Armen interessanter. Wir hatten die Regierung dringend aufgefordert, Vorsorge für sie zu treffen, und für alle Arten von Kriegs- und Inflationsopfern wurden gesetzliche Regelungen getroffen. Jetzt, im Jahre 1924, als es wieder möglich war, den Bedarf abzuschätzen und einen Haushalt zu planen, wurden all die verschiedenen Zweige öffentlicher Unterstützung zu einem umfassenden System vereinigt, das die bisher üblichen Verfahrensweisen und Zielsetzungen der Armengesetzgebung über Bord warf. Parallel dazu wurde ein Gesetz verabschiedet, das alle Zweige der Fürsorge für Kinder und Jugendliche zusammenfaßte und das die Nation verpflichtete, jedem deutschen Kind die für eine normale Entwicklung erforderlichen Mittel zur Verfügung zu stellen.[1] Die Frauen im Reichstag hatten sich ohne Rücksicht auf Parteiinteressen zusammengefunden und in dieser Angelegenheit Druck ausgeübt. Sie bestätigten damit die uralte Wahrheit, daß Frauen eher an menschlichen als an politischen Aspekten der Dinge interessiert sind.

Dieser soziale Wiederaufbau spiegelte sich deutlich in meiner ersten Lebensaufgabe wieder: der Ausbildung zur sozialen Arbeit. Einige meiner ehemaligen Schülerinnen waren aufgrund ihrer Fähigkeiten in einflußreiche Positionen berufen worden. Vielleicht als Konsequenz davon waren in allen Teilen des Landes ähnliche Schulen gegründet worden, einige ohne ausreichende Mittel und Ausstattung und mit Lehrkräften, die auf dieses besondere Lehrgebiet unzureichend vorbereitet waren. Eine Anzahl dieser Schulen war konfessionell orientiert oder parteilich gebunden; andere waren städtische oder staatliche Schulen, wurden von sozialen Dienststellen geleitet oder, wie unsere, von einem unabhängigen Vorstand.[2]

All die neuerlich eingerichteten städtischen oder bezirklichen Wohlfahrtsbehörden brauchten Sozialarbeiter, und die große Nachfrage, die schon während des Krieges Notausbildungen erforderlich gemacht hatte, wuchs jetzt noch weiter an. Es schien nunmehr erforderlich, für die Schulen, deren Standards in großem Maße differierten, einheitliche Anforderungen zu haben und einen allgemein anerkannten Status für den jungen Beruf aufzubauen.

(Salomon berichtet über ihre Schwierigkeiten im Umgang mit den Behörden, die ihre Sozialarbeit oft mißtrauisch verfolgten.)

Ein Sozialarbeiter nach dem anderen kam mit der gleichen Klage zu mir. Sie sagten: „Seit die Sozialarbeit von öffentlichen Körperschaften übernommen worden ist, seit ich in einer staatlichen oder kommunalen Behörde beschäftigt bin, bin ich Männern unterstellt, die völlig andere Ansichten haben, nämlich die Ansichten von Verwaltungsbeamten. Für sie gibt es keinen Unterschied zwischen denjenigen, die in einem Finanzamt oder Wasserwerk arbeiten und denen, die mit Menschen und ihren Schwierigkeiten umgehen müssen. Sie tadeln mich, wenn ich nicht eine große Anzahl von Berichten und Formularen bewältige. Wie soll ich das schaffen? Jeder Bericht enthält die Bemühungen und Kämpfe einer Familie. Es nimmt manchmal Tage in Anspruch, die tatsächlichen Probleme einer einzigen Familie zu verstehen und zu entwirren."

Dies war ein sehr wunder Punkt. Ein Angehöriger des öffentlichen Dienstes in Deutschland war dazu ausgebildet, in Funktionsbegriffen zu denken, nicht dazu, das Leben als Ganzes zu sehen, menschliche Wesen in ihren realen Verhältnissen zu betrachten oder mit menschlichen Angelegenheiten umzugehen. Diese hochgebildeten und sozial gesinnten Frauen mit ihrem Verlangen nach menschlichen Lebensbedingungen mußten gemäß den Normen einer bürokratischen Maschinerie arbeiten. Sie mußten arbeiten wie Ermittlungsbeamte der Polizei und ihre eigenen Vorstellungen von persönlichem Dienst verleugnen. Ähnliche Klagen kamen auch von Krankenschwestern, die unter Verwaltern in städtischen Krankenhäusern arbeiteten.

Ich konnte nicht länger daran zweifeln, daß all die Reformen, die wir erreicht hatten, zunichte gemacht würden, wenn nicht Frauen als Leiterinnen in die verschiedenen Zweige des öffentlichen Dienstes berufen würden. Die Leiterinnen aller anderen Schulen teilten meine Ansicht und wir bereiteten uns gemeinsam darauf vor, als krönende zentrale Einrichtung eine Akademie für das Aufbaustudium all derjenigen Berufe einzurichten, in denen Frauen vorherrschend waren – nicht nur für die soziale Arbeit, sondern auch für die Krankenpflege, Hauswirtschaft und den Unterricht an Berufsschulen. Die „Deutsche Akademie für Soziale und Pädagogische Frauenarbeit" sollte die Höherentwicklung des Berufs besorgen und besonderes Gewicht auf solche Studiengebiete legen, welche die schöpferischen Fähigkeiten der Frauen freisetzten. Wir entschlossen uns, Studenten zuzulassen, die zusätzlich zum Staatsexamen in ihrem jeweiligen Beruf wenigstens drei Jahre Berufserfahrung vorweisen konnten.

Dies war wieder ein aufregendes Experiment. Es war neu für Deutschland, wo die Universitäten auf die traditionellen vier Fakultäten beschränkt geblieben waren und keine Vorkehrungen zur Aufnahme von Studiengängen für neue Berufe getroffen wurden. Es war anregend, reife Frauen zu unterrichten, die ihre Erfahrungen in unterschiedlichen Arbeitsfeldern zusammenfließen lassen und sich gegenseitig geistig bereichern konnten. Lehrer und Studenten unternahmen gemeinsame Forschungsprojekte. Unter den von mir herausgegebenen Veröffentlichungen befanden sich dreizehn Bände einer Untersuchung über „Bestand und Erschütterung der Familie in der Gegenwart"[3]. Es gab Vorlesungen von großen Wissenschaftlern unserer Zeit, von Albert Einstein,

Carl Jung, Ludwig Klages[4], Eugen Fischer[5], Ernst Cassirer[6], Romano Guardini[7] und vielen anderen.

Dieses neue Unternehmen wäre nicht möglich gewesen, wenn nicht die Jahre von 1924 bis 1929 für alle eine Blütezeit gewesen wären. Die deutsche Industrie lief auf vollen Touren und ich hatte Freunde, die jederzeit gern ihre Hilfe für eines meiner Institute anboten. Die wirtschaftlichen Bedingungen hatten sich verbessert und der Gerechtigkeit halber muß gesagt werden, daß die Arbeiter und unteren Mittelschichten besser lebten als vor dem Krieg. Vielleicht drückte sich das nicht deutlich in der Art ihrer Kleidung und ihrer Ernährung aus. Gleichwohl, wenn ich den Inhaber eines kleinen Kurzwarengeschäftes in meiner Nachbarschaft fragte, wie denn so viele kleine Geschäfte bestehen könnten – fast eins in jedem Häuserblock – sagte er: „Gnädige Frau, wissen Sie nicht, daß Seidenstrümpfe Artikel des normalen Gebrauchs geworden sind – ja sogar von allgemeiner Notwendigkeit sind?"

Viele Menschen aus der Arbeiterklasse wohnten in besseren Häusern und alle genossen eine bessere medizinische Versorgung. Sie konsumierten Gebrauchsgüter, von denen ich in meiner Kindheit nicht einmal träumte. Viele rauchten Zigaretten und fast alle Mädchen kauften Kosmetik. Grammophon, Kino und Radio wurden zur Massenunterhaltung wie die Spiele des Altertums.

Viele meiner Freunde haben sich inzwischen gefragt, „haben wir nie bemerkt, daß wir am Rande eines Vulkans lebten, der jederzeit auszubrechen drohte?" Nein, ich glaube nicht, daß viele Menschen daran dachten, ich selbst miteingeschlossen.

Wir hatten alle Schuld daran. Wir lebten so, als gäbe es viele Möglichkeiten, unserem Lande zu dienen. Das ist, denke ich, immer noch der Fall. Aber wir lebten in einer gefährlichen Zeit und hatten unsere Verantwortung für die Republik nicht genügend begriffen. Für diese kollektive Schuld haben wir teuer bezahlt.

1 Gemeint ist das „Reichsjugendwohlfahrtsgesetz" aus dem Jahr 1922.

2 Vgl. dazu Alice Salomons Buch *Die Ausbildung zum sozialen Beruf.* Berlin, Heymann, 1927.
3 Zwischen 1930 und 1933 gab Salomon eine 13bändige Reihe über *Bestand und Erschütterung der Familie in der Gegenwart,* heraus. Vgl. dazu besonders Band X von E. Frank, *Familienverhältnisse geschiedener und eheverlassener Frauen,* Band XI von E. Luedy, *Erwerbstätige Mütter in vaterlosen Familien,* und Band XIII von M. Meusel, *Lebensverhältnisse lediger Mütter auf dem Lande* (Eberswalde 1933).
4 *Ludwig Klages* (1872–1956), Schriftsteller und Philosoph, Vertreter der sogenannten „Metaphysik des Lebens".
5 *Eugen Fischer* (1874–1967), Direktor des Kaiser-Wilhelm-Instituts für Anthropologie und Eugenik in Berlin-Dahlem.
6 *Ernst Cassirer* (1874–1945), Philosoph, Neukantianer der Marburger Schule, lehrte später an der Oxford- und Columbia-Universität.
7 *Romano Guardini* (1885–1968), katholischer Theologe und Religionsphilosoph, erhielt 1962 den Friedenspreis des Deutschen Buchhandels.

Quelle: Alice Salomon, „Charakter ist Schicksal. Lebenserinnerungen". Aus dem Amerikanischen übersetzt von Rolf Landwehr. Hrsg. von Rüdiger Baron und Rolf Landwehr. Mit einem Nachwort von Joachim Wieler. Weinheim und Basel, Beltz Verlag, 1983. Abdruck mit freundlicher Genehmigung des Beltz Verlags.

Die Entscheidung meines Lebens

In ihrer Autobiographie „Aus dem Ghetto in die Welt" beschreibt die ostjüdische Rabbinertochter Mischket Liebermann den Prozeß der Abkehr vom orthodoxen Judentum. Mischkets Ausbruch begann in der Berliner Grenadierstraße im Haus ihres Vaters, des Rabbi Pinchus-Elieeser, der mit seiner zehnköpfigen Familie 1914 vor den Kriegswirren aus Galizien geflüchtet war. Unter dem Einfluß der kommunistischen Bewegung und ihres revolutionären Gedankenguts verließ Mischket 1921 das Elternhaus im „Scheunenviertel" und versuchte ihre ersten selbständigen Schritte als Schauspielerin an verschiedenen Berliner Bühnen. Der Wendepunkt ihres Lebens kam 1925 mit Mischkets Eintritt in die Kommunistische Partei Deutschlands, der sie zeitlebens die Treue hielt. Der folgende Auszug beleuchtet die Motive ihrer politischen Einkehr und beschreibt einige wichtige Stationen auf ihrem Weg zu einem neuen Bewußtsein. Mit Hilfe der KPD und deren Auslandskontakten führte Mischkets Karriere über einige Umwege in die Sowjetunion, wo sie es als Schauspielerin am Jüdischen Theater in Minsk zu Ansehen und Erfolg brachte. Nach dem Zweiten Weltkrieg und ihrer Arbeit als Betreuerin deutscher Kriegsgefangener kehrte Mischket nach Berlin zurück und beteiligte sich aktiv am Aufbau der DDR. Die Beweggründe für das Schreiben ihrer Autobiographie erklärte die Verfasserin 1977 wie folgt:
„Aber ich möchte um Himmels willen keine Memoiren schreiben. Nur einige Geschichten, die ich erlebt habe. Heitere, ernste, tragische, komische und tragikomische, von einfachen Menschen, die liebenswert waren. Und auch von solchen, die es nicht waren. Vor allem aber von guten Menschen. Mein Lebtag hatte ich eine Schwäche für sie. Ich bemühte mich, ihnen nah zu sein. Von anderen habe

ich mich getrennt. Manchmal zu spät. Menschliche Ent-
täuschungen konnte ich schwer überwinden. Eigentlich nie.
Zum Glück gab es ihrer wenige.

Zur Arbeiterbewegung kam ich rein gefühlsmäßig. Was
mich anzog, war die leidenschaftliche Hingabe der Kom-
munisten für die Interessen der einfachen Menschen. Doch
bald begriff ich, daß hier mit Gefühlen allein nichts getan
war. Ich mußte denken lernen und umdenken. Und ich
mußte kämpfen lernen.

Ich kam aus einem fanatisch religiösen Elternhaus. Kein
Wunder, daß ich diese irrsinnige Welt verließ. Der Bruch
fiel mir nicht schwer. Er vollzog sich, als ich sechzehn
Jahre alt war, radikal, schmerzlos. Dazu verhalfen mir
Genossen, Freunde und meine Liebe zum Theater. Es war
ein weiter Weg, den ich zurückzulegen hatte, bis ich Kom-
munistin wurde. Mit zwanzig trat ich ihn an. Das war
mein Glück. Sonst wäre mein Leben kein Leben.

Wenn ich meine Erlebnisse nun doch aufgeschrieben habe,
so sind meine Freunde daran schuld. Sie geben keine
Ruhe. Was tut man nicht alles für seine Freunde. Ich
mußte schreiben. Na denn! ‚Eine glückliche Stunde soll es
sein!' hätte mein Vater gesagt. Mein guter Vater, dem ich
soviel Kummer bereitet habe."

Zwei Erlebnisse aus jenen Jahren haben sich mir unaus-
löschlich eingeprägt. Das erste war die Nachricht von
Lenins[1] Tod. Sie schien unfaßbar! Ich besitze noch ein
Foto von Lenin, das ich auf der Gedächtnisfeier erwarb,
die am 24. Januar 1924 im Großen Schauspielhaus stattfand. Auf die Rückseite schrieb ich damals: „Selten war
ich so ergriffen. Ich hatte ein wehes und wundes Gefühl."

Das andere große Erlebnis war eine Veranstaltung anläßlich des X. Parteitages der Kommunistischen Partei
Deutschlands in demselben Hause ein Jahr später, am
12. Juni 1925. Erwin Piscator[2] hatte eine großartige Agitproprevue[3] inszeniert und auch die Filmmontage einbe-
zogen, wodurch ein sehr lebendiges Bild vom Kampf der

Arbeiterklasse, von der Beisetzung Karls und Rosas[4] entstand.

Bald danach kam der Tag für mich, den ich – solange ich lebe – nicht vergessen werde: Der 1. August 1925. Antikriegsdemonstration. Kundgebung im Lustgarten. Ich marschierte neben Artur Krymalowski, dem Politleiter des Bezirks Mitte der Kommunistischen Partei Deutschlands. Wir kannten uns gut von den Abenden bei meiner Freundin Rose. Artur war ein klassenbewußter, kämpferischer, sympathischer Genosse. Ein Kind armer Leute, das sich im Selbststudium beachtliche Kenntnisse des Marxismus erarbeitet hatte. Er gefiel mir sehr. Im stillen hoffte ich sogar, er würde von allen Mädchen aus diesem Kreis mich „auserwählen". Aber er hatte bereits gewählt. Nur wußte ich das nicht. Er führte seine Toni erst später bei uns ein. Immerhin freuten wir beide uns stets, wenn wir uns trafen. Erst recht freute sich Artur, als er mich bei der Demonstration plötzlich neben sich sah.

Mir fiel auf, daß eine Menge Frauen mitmarschierten. Kein Wunder. Wie viele Männer, Väter und Söhne waren aus dem Krieg nicht heimgekehrt oder mußten als Krüppel ihr Leben fristen! Und schon rüstete die Weimarer Republik wieder auf. Für die Linderung der sozialen Not aber war kein Geld da. Es herrschte Kampfstimmung auf dieser Antikriegskundgebung. Ich sagte zu Artur: „Hier ist mein Antrag, Artur. Ich wollte seit langem in die Partei eintreten." Er strahlte: „Gib her, Mädel, ich hab' schon darauf gewartet." Er umarmte mich. „Nächste Woche unterhalten wir uns darüber. Abgemacht?" Obwohl ich seit Jahren innerlich mit der Partei verbunden war: Von nun an war ich Mitglied der Kommunistischen Partei Deutschlands. Ich liebe keine großen Worte. Doch hier ... Es war für mich ein völlig neues, ein herrliches Lebensgefühl, so ganz dazuzugehören. Mit allen Konsequenzen. Und noch eines empfand ich: Wie schön es ist, zu geben, sich einer Sache restlos hinzugeben, die so gerecht, so menschlich ist. Auch wenn man nur ein Schräubchen im Getriebe ist.

Wie Tausende und aber Tausende Kommunisten verrichtete ich täglich Kleinarbeit. Glücklich fühlte ich mich, wenn meine Parteiarbeit mit der künstlerischen zusammenfiel. In großen Veranstaltungen trat ich selten auf. Ich war noch eine blutige Anfängerin. Es stellten sich gern bekannte Künstler der KPD zur Verfügung. Einmal rezitierte ich zu einer Maifeier vor einer Gruppe des „Roten Frauen und Mädchen Bundes". Ich spürte, daß es den Frauen Freude bereitete, und machte daraus einen ständigen Zirkel. Monatlich einmal. Es kamen etwa zwanzig Frauen, Arbeiterinnen, Hausfrauen, ältere, jüngere. Immer dieselben. Sie lasen gern, wie sie mir sagten. Nun hatten sie Spaß daran, mir zuzuhören. Das Interesse war gleich groß, ob ich aus Werken der Klassiker vorlas oder revolutionäre Dichtungen. Manche dieser Frauen wirkten in Arbeiterchören mit. Oft wollten sie Näheres über den einen oder anderen Dichter wissen. Doch keine traute sich, selber einmal vorzulesen.

Gar zu gern machte ich Agitationseinsätze auf dem Lande mit. An Sonntagen fanden sie statt. Meistens in einem Dorfkrug. Im Sommer auch davor. Der Zuhörerkreis war in der Regel nicht sehr groß, so daß wir unmittelbaren Kontakt mit den Menschen hatten. Es gab Fragen und Zurufe, auf die man spontan und überzeugend reagieren mußte. Es fehlte auch nicht an Auseinandersetzungen mit feindlichen Elementen, die eigens gekommen waren, um zu stören. Ich gewann den Eindruck, nicht wenige Bauern folgten schon damals der nazistischen Demagogie. Wir hatten so manche hitzige Debatte auszufechten. Wenn es nicht zu Tätlichkeiten kam, verdankten wir das der Besonnenheit unserer Genossen. Einige von uns zeigten sich gerade bei diesen Einsätzen als sattelfeste, scharfe Polemiker. Sie entlarvten die Störenfriede und gaben sie der Lächerlichkeit preis. Dennoch gerieten wir häufig in brenzlige Situationen.

„Mein schönes Fräulein ..."

Meine berufliche Ausbildung machte mir Sorgen. Ich kam nicht vorwärts. Alexander Granach[5] wieder mit meinen Problemen zu behelligen, war mir peinlich, obwohl ich ihn gerade um diese Zeit des öfteren sah. Er spielte an der Volksbühne, und ich konnte da ein und aus gehen. War er auf der Bühne, unterhielt ich mich mit anderen Schauspielern, in der Kantine, auf dem Flur. Ich suchte immer nach jemandem, den ich agitieren konnte.

Einmal kam ich mit einer etwas älteren Schauspielerin ins Gespräch, die mir sehr fortschrittlich erschien. Ich weiß nicht, wie das geschah, ich hatte sofort Vertrauen und erzählte ihr von meinen beruflichen Kümmernissen. Sie hörte sich meine Geschichte sehr aufmerksam an und sagte völlig unerwartet: „Ich spreche mal mit meinem Mann. Er ist ein guter Schauspiel-Lehrer. Das soll keine Reklame sein. Im Gegenteil, er unterrichtet nicht jeden. Bei ihm spielen die menschlichen Qualitäten des Schülers eine fast ebensogroße Rolle wie das Talent."

„Ja, aber ..."

Sie unterbrach mich: „Sie haben kein Geld. Nicht wichtig."

Und so kam ich zu Herbert Kuchenbuch. Er war *der* Lehrer für mich. Tatsächlich, mit den schauspielerischen Fähigkeiten entwickelte er auch die menschlich guten Anlagen. Er machte sie einem bewußt, baute Hemmungen und Verklemmungen ab. Eigenartig, dabei sah dieser Mann wie ein Mönch aus. Weltanschaulich gingen unsere Meinungen oft auseinander. Die kapitalistische Gesellschaftsordnung fand er unmoralisch. Am Kommunismus gefiel ihm vieles, aber nur soweit, wie er es mit seinen religiösen Anschauungen in Einklang bringen konnte. Er war Katholik. Wir stritten oft, aber sehr kameradschaftlich. Manchmal begleitete er mich auf Veranstaltungen, um Arbeiter zu erleben und um zu hören, wie ich beim Rezitieren ankam. Nie hat er auch nur einen Heller von mir genommen. Ich denke mit Dankbarkeit an ihn.

In seinen Unterrichtsstunden lernte ich die begabte Sibylle Schmitz kennen. Zuweilen hatte ich mit ihr gemeinsam Rollenstudium. Sie wurde später eine berühmte Schauspielerin. Zuletzt lebte sie in der Bundesrepublik Deutschland, wo sie Anfang der sechziger Jahre Selbstmord beging. Sie war arbeitslos und einsam geworden. Eines Tages sagte mein Lehrer scherzend zu mir: „Mein schönes Fräulein, Sie müssen jetzt ans Theater! Sie müssen spielen! Ich kann Ihnen nichts mehr geben." Goldrichtig. Aber wie, wo? In Berlin anzukommen war für eine Anfängerin ohne Beziehungen fast unmöglich. Also hieß es, in den sauren Apfel beißen und in irgendeinem Provinztheater ein Engagement suchen. Was auch nicht leicht war.

Zu der Zeit arbeitete ich als Stenotypistin bei einer holländischen Firma. Ranja AG hieß sie und handelte mit Orangensaft. En gros. Das Kontor stand voller Probierflaschen. Wir fanden den Saft ausgezeichnet. Kann ja auch mal eine Flasche kaputtgehen, nicht?

Meine Arbeitsstelle war in der Nähe des Romanischen Cafés, in dem meistens Künstler verkehrten. Oder Leute, die Künstler verehrten. Wie mein jüngerer Chef zum Beispiel. Er legte großen Wert darauf, daß ich ihn bemerkte, wenn er dort seinen Kaffee trank. Es schmeichelte ihm, eine angehende Schauspielerin als Schreibkraft zu haben. Unser Kontor lag in der sechsten Etage. Mir als einziger der Angestellten bot er einen Fahrstuhlschlüssel an. Die anderen sollten ruhig die sechs Treppen laufen. Ich machte keinen Gebrauch von diesem „liebenswürdigen" Angebot. Er war sehr enttäuscht, der Arme.

Ich hielt es nicht lange aus bei dieser „noblen" Firma. Am Vortag des 1. Mai 1926 erklärte ich dem älteren der beiden Chefs, einem Holländer, der sich brüstete, Sozialdemokrat zu sein: „Morgen komme ich nicht zur Arbeit."

„Wieso?"

„Morgen ist der Erste Mai. Das wissen Sie nicht? Was Sie als Sozialdemokrat machen, ist Ihre Sache. Ich demonstriere."

„Sie, Sie, Sie sind eine Kommunistin!" schrie er, als sei es ein Verbrechen.

„Sie haben es erraten", sagte ich seelenruhig.

„Werden Sie hier nicht frech! Sie sind entlassen!"

„Bitte sehr. Wann kann ich meine Abrechnung haben?"

„Wann Sie wollen. Machen Sie bloß, daß Sie rauskommen!"

Es schien, der Alte platzte vor Wut. Die Angestellten im Nebenzimmer feixten. Ich ging zum Schreibtisch, nahm meinen Lippenstift und meinen Spiegel heraus, wünschte meinen Kollegen alles Gute und verschwand. Schon einmal hatte ich dem Alten eins ausgewischt. Vor Weihnachten war das. Ohne anzuklopfen, betrat ich sein Zimmer – wahrscheinlich, um mir Mut zu machen – und verlangte für alle acht Beschäftigten eine Weihnachtszulage und vorzeitige Gehaltsauszahlung. Er sei ja schließlich Sozialdemokrat. Meine Ironie war nicht zu überhören. Eine Zulage hatte er strikt abgelehnt. Seine Firma sei klein und arm. Nebbich. Aber er kam nicht umhin, das Gehalt früher als sonst auszuzahlen. Jetzt war er sichtlich froh, mich losgeworden zu sein.

Ich bekam nun Arbeitslosenunterstützung. Ganze sieben Mark die Woche. Für Kaffee im Romanischen Café reichten sie. Dort pflegte ich des öfteren meinen Katzenjammer zu begießen, mit Kaffee. An einem Nachmittag setzte sich eine junge, attraktive Frau an meinen Tisch. Sie bestellte eine Bockwurst und Kaffee, rauchte eine Zigarette nach der anderen und starrte vor sich hin. Offenkundig hatte sie irgendwelchen Kummer. In diesem Café kam man schnell ins Gespräch. Ich fragte sie ganz unvermittelt: „Was haben Sie?"

„Danke. Gut, daß Sie fragen. Ich bin hier fremd. Komme aus Magdeburg. Spiele schon zehn Jahre am dortigen Theater. Ich möchte endlich nach Berlin. Morgen soll ich im Deutschen Theater vorsprechen. Heinz Hilpert inszeniert im Kleinen Haus ‚Bronx-Expreß' von Schalom Asch. Er sucht einen bestimmten Typ für eine Charakterrolle. Eine Episodenrolle, aber immerhin. Erst mal reinrutschen. Mein Gott, hab' ich Lampenfieber! Ich werd' noch verrückt, bis es soweit ist!"

„Soll ich Sie begleiten? Zeit hab' ich. Ich würde mir das ganz gern mal ansehen. Bin auch auf der Suche nach einem Engagement."

„Na, dann kommen Sie doch mit. Bestimmt werden viele vorsprechen. Auf eine mehr oder weniger kommt es auch nicht an. Ich glaube an meinen Glücksstern! Toi! Toi! Toi!" Sie klopfte mit dem Mittelfinger auf den Tisch. In mir, die ich noch nie auf einer Berufsbühne gestanden hatte, sah sie keine Rivalin. Ich war ganz ihrer Meinung.

Am nächsten Morgen fanden wir uns in den Kammerspielen ein. Außer uns erschienen noch zwei Schauspielerinnen. Heinz Hilpert drückte jedem den Text der Rolle in die Hand. Viel war es nicht. Es handelte sich um eine jüdische Frau mittleren Alters, die mit ihrem Säugling im Arm vor Pogromen aus Rumänien nach Amerika geflüchtet war. Nun sah sie in jedem Menschen, dem sie begegnete, einen Antisemiten. Sogar in ihren eigenen Glaubensgenossen. Eine tragikomische Figur.

Hilpert verlangte, wir sollten uns im Kostümfundus der Gestalt entsprechend selbst einkleiden, schminken und vor ihn treten. Als rumänisch-jüdische Flüchtlingsfrau ging ich nun über die Bühne in den Zuschauerraum, um mich Hilpert vorzustellen. Er rief mir von weitem zu: „Bleiben Sie stehen! Mein Gott, wer ist denn das? Sieht ja aus, als sei sie eben aus Rumänien geflohen." Alle vier machten wir die Proben mit. Sie waren im Endstadium. Der Regisseur wollte sichergehen. Die Wahl fiel auf mich. Hatte ich doch solche Gestalten zur Genüge gesehen, erlebt. Ich bekam einen Vertrag für ein Jahr. Und, o Wunder – auch lobende Worte in der Presse, wurde neben den Prominenten Albert Steinrück, Ilka Grüning, Curt Bois erwähnt. Ich konnte es selber noch nicht fassen: Ich war Schauspielerin der Reinhardt-Bühnen.

Offen gestanden, am besten spielte ich den Säugling. War ja schließlich auch ein Mensch. Und was für einer. Kaum hatte ich, seine Mutter, ein paar Worte gesprochen, unterbrach er mich und machte ein Heidenspektakel. Das heißt – ich schrie für ihn, mit dem Rücken zum Publikum, dann beruhigte ich ihn, lullte ihn ein. Kurzum, ich hatte viel zu tun mit dem Kleinen.

Nach der Premiere fragte mich mein Partner, ein bekannter Schauspieler: „Sagen Sie, Kindchen, wie machen Sie das?"

„Ganz einfach. Drücken Sie mal der Puppe auf den Bauch."

Er drückte, aber es kam nichts heraus. „Wissen Sie was, Kindchen, lieber drücke ich Ihnen auf den Bauch. Nachher, ja? Das kann ich besser."

Nachher fand nicht statt, ich rückte vor ihm aus. Zum Glück teilte ich die Garderobe mit zwei Tänzerinnen, die in dem Stück beschäftigt waren. [...]

Kinder des Ghettos brechen aus

Im September wurde die Theatersaison wieder eröffnet. Der „Bronx-Expreß" rollte weiter. Also keine Proben und viel Zeit. Die Arbeitslosigkeit griff immer weiter um sich. Unsere Partei startete wieder eine Flugblattaktion. Ich ließ mir einen Stoß der Blätter geben und verteilte sie vor den Warenhäusern Tietz am Alex und Wertheim in der Rosenthaler Straße. Beide lagen in der Nähe des Ghettos. Natürlich ging ich hin. Ich mußte sehen, was sich dort inzwischen zugetragen hatte.

Das Vaterhaus betrat ich nicht. Ich wollte keine Wunden aufreißen. Auseinandersetzungen waren zwecklos. Ich hielt aber ständig Kontakt zu meiner Schwester Sure. Sie hatte bereits begonnen, in meine Fußtapfen zu treten, war mit siebzehn Jahren Mitglied des Kommunistischen Jugendverbandes. Wir trafen uns bei mir oder in der Grenadierstraße, gingen auf und ab. Natürlich tat es meinem Vater weh, wenn er erfuhr, daß ich in der Straße war und um sein Haus einen Bogen machte. Aber ich konnte nicht anders.

Im Ghetto gab es schon viele Jugendliche, die heraus wollten, aber nicht wußten, wie und wohin. Ihnen mußte geholfen werden. Ich tat, was ich konnte. Mir war bekannt, daß die zwei blutjungen, intelligenten und hübschen Töchter meines früheren Friseurs danach lechzten, aus diesem Muff herauszukommen und einen Beruf zu erlernen. Der Vater hielt sie wie mit eiserner Zange zu Hause fest. Mir gegenüber hatte sich dieser Mann immer fortschrittlich und kommunistenfreundlich gezeigt. Beim Frisieren unterhielt er sich mit mir über

134

Politik. Er nahm es mit den rituellen Gesetzen nicht mehr genau, auch nicht mit den Frauen. Er war Witwer. Doch sobald es um seine Töchter ging, zeigte er sein wahres Gesicht: rückständig und scheinheilig.

Ich freundete mich mit den beiden Mädels an. Der Vater verbot mir das Haus. Wir trafen uns bei mir oder in Parkanlagen. Ich stand ihnen bei, half ihnen, bis sie so weit waren, daß sie das Ghetto verlassen konnten. Kaum waren sie aus dem Elternhaus fort, erschien der Vater bei mir und drohte mit der Polizei, falls seine Töchter nicht binnen einer Woche wieder zu Hause sein würden. Sie kehrten nicht zurück. Er ging nicht zur Polizei.

Die ältere der beiden Mädels, Mali, war schauspielerisch eine ausgesprochene Begabung. Ich brachte sie zu meinem Lehrer Herbert Kuchenbuch. Nach einer kurzen Prüfung nahm er sie in seine Schauspielschule auf. Er fragte nicht nach Honorar, bekam auch keins. Mali emigrierte 1933 in die Sowjetunion, spielte in Moskau in dem weltberühmten Jüdischen Theater, heiratete einen Regisseur, zog mit ihm in den Fernen Osten, als er dort ein Theater übernahm.

Die zweite, Fanny, ging in der politischen Arbeit völlig auf. Sie wurde Funktionär des Kommunistischen Jugendverbandes. Während Mali bei mir in Moskau oft zu Gast war, sah ich Fanny im Herbst 1932 in Berlin wieder. Wir saßen in ihrem Arbeitszimmer im Karl-Liebknecht-Haus, sie auf einer Schreibtischecke, ich in einem Sessel. Und sie erzählte von ihrem Leben, das Kampf war. Ihre grünen Augen leuchteten dabei. Sie war glücklich.

Ein anderes Ghettokind lief mir über den Weg, von dessen Existenz ich vordem nichts gewußt hatte. Die sechzehnjährige Elly Schließer lernte ich erst kennen, als sie mich aufsuchte. Sie wohnte etwas abseits vom Ghetto. Ihre Eltern waren nicht gar so fanatisch. Sie ließen Elly sogar die Realschule absolvieren, allerdings die jüdische, wo eine nationalistische Atmosphäre herrschte. Die Tochter einen Beruf ergreifen zu lassen, war schon zuviel verlangt. Elly sollte früh heiraten, damit sie nicht auf schlechte Gedanken komme. Die Eltern hielten schon Ausschau nach einem Bräutigam. Natürlich mit Hilfe eines Schadchens[6]. In ihrer Bedrängnis kam Elly eines Tages zu mir.

O ja, ich war „berühmt" im Ghetto: Kommunistin, Schauspielerin, Kindesverführerin. Fehlt nur noch, daß sie mich als „Kindesmörderin" bezeichneten. Mein Name wurde zum Schimpfwort. „Da hast du die zweite Mischket" hieß es, wenn die Töchter versuchten, sich gegen den orthodoxen Starrsinn aufzulehnen. Elly wollte so schnell wie möglich von zu Hause fort. Und – sie wollte Schauspielerin werden! Sie war geradezu besessen davon. Ob sie begabt sei oder nicht, wollte ich nicht allein beurteilen, da ich Zweifel hatte. Ich stellte sie Alexander Granach vor. Er ließ sie vorsprechen und fand, sie sei nicht für die Bühne geschaffen. Ihr fehlte die Verwandlungsfähigkeit, die Zündschnur, die über die Rampe geht. Zudem war sie unförmig gebaut, klein, rundlich, mit einer sehr starken Brust. Elly hat vielen Künstlern vorgesprochen, alle waren derselben Meinung. Aber eins erkannten alle: Dieses Mädel hat überdurchschnittliche geistige Gaben, hat das Zeug zu einer Persönlichkeit.

Kein Zweifel, Elly hätte sich eines Tages auch aus eigenen Kräften von diesem sinnlosen Leben befreit. Nur hätte es sie sehr viel Zeit und Nerven gekostet. So aber kam sie zu mir, die ich doch schon einige Erfahrungen hatte. In Berlin wollte sie nicht bleiben. Sie fürchtete – und dies zu Recht –, die Eltern würden sie mit Gewalt zurückholen. Ich half ihr, nach Hamburg zu entkommen. Genossen nahmen sie auf. Sie verrichtete Gelegenheitsarbeit, um sich den Lebensunterhalt zu verdienen. In der Freizeit beschäftigte sie sich mit dem Studium marxistischer Literatur. Sie verschlang diese Bücher geradezu, hatte ein phänomenales Gedächtnis. Und entwickelte sich mit Riesenschritten.

Alles wäre gut gelaufen, wenn Elly nicht ihr Tagebuch zu Hause liegengelassen hätte. Sie hatte alles fein säuberlich eingetragen: die Fluchtgedanken, die Begegnungen mit Alexander Granach, mit mir.

Ihre Eltern verschafften sich meine Adresse. Eines Tages standen sie vor meiner Tür. Ich ließ sie herein, war höflich, forderte sie auf, Platz zu nehmen. Sie lehnten es ab. Mit finsteren Mienen standen sie vor mir und wiederholten immer wieder dasselbe: „Wo ist unsere Tochter! Sagen Sie es, oder wir gehen zur Polizei!" Ich versuchte sie zu beruhigen, erzählte ihnen Märchen, um Zeit zu gewinnen und Elly verständigen zu können. Ihre geliebte Tochter sei auf dem Wege ins „gelobte" Land, bald würden sie Post von ihr erhalten.

Sie ließen sich keinen Bären aufbinden und gingen zur Polizei. Die fahndete nach Elly, fand sie und holte sie nach Berlin zurück. Im Polizeipräsidium befaßte sich eine Beamtin der Sittenpolizei mit ihr. Diese Dame sah, daß sie es mit einem unschuldigen Mädchen zu tun hatte. Soweit ging die Einsicht. Sie ging sogar noch weiter: Die Beamtin erkannte die hohe Intelligenz des Mädchens. Sie verschaffte ihr einen Studienplatz an der Uni und ein Stipendium. Und da Elly sich weigerte, ins Elternhaus zurückzukehren – auch freie Wohnung. Aber als diese Beamtin nach einigen Monaten – von Elly selbst übrigens – erfuhr, sie sei Kommunistin, hörte die Gemütlichkeit auf. Zugleich auch das Stipendium und die Wohnung. Die Dame war eine Sozialdemokratin.

Elly lebte fortan von Erwerbslosenunterstützung. Ihren Traum vom Schauspielerberuf hatte sie nicht aufgegeben. Jeden Abend stand sie vor den Fenstern der Kneipe, in der Maxim Vallentin mit seinem „Roten Sprachrohr" probte. Sie schaute mit flackernden Augen zu, bis er sie eines Abends einlud, hereinzukommen und mitzumachen. So kam Elly Schließer doch zum Theater. Sie wurde eines der rührigsten Mitglieder dieses Kollektivs, die rechte Hand des Leiters. Sie schrieb, sie sprach, sie sang, sie tanzte, sie organisierte, sie tat alles und stets dort, wo Not am Mann war. Das „Rote Sprachrohr" hielt sich noch Monate nach Hitlers Machtantritt, spielte bald da, bald dort. Dann mußten die meisten Mitglieder emigrieren.

Elly gelangte nach Frankreich. Sie schaltete sich sofort in die illegale Parteiarbeit ein. Kurz bevor die Nazis Frankreich besetzten, hatte sie die Möglichkeit, nach den USA auszuwandern. Visa und Schiffskarte waren bereits in ihren Händen. Sie blieb. Nur nicht feige sein. Lieber alles durchmachen, sagte sie sich immer wieder. Und zu ihren Genossen meinte sie mit bitterer Ironie: „Nächstes Mal sehen wir uns in Maidanek oder Auschwitz."

Sie geriet bald in die Hände der Gestapo und kam tatsächlich ins Konzentrationslager Auschwitz. Im Lager galt sie als Französin. Sie leistete dort eine hervorragende politische Arbeit, erzählten Leidensgenossen. Als die Rote Armee nahte und das „Tausendjährige Reich" seinem Ende zu ging, trieben die faschistischen Mörder die ausgemergelten Häftlinge auf die Straße nach Dresden. Die nicht mehr laufen konnten, die zu Boden fielen, wurden niedergeschossen. Elly sprach den Todeskandidaten Mut zu, stützte sie, zog sie mit. Sie hat vielen geholfen, die von der Roten Armee befreite Stadt Dresden zu erreichen.

Gleich nach der Befreiung hat sie gemeinsam mit Hermann Matern das erste antifaschistische Meeting organisiert. Im Präsidium sitzend, vor Glück überschäumend, erlitt sie einen Schlaganfall. Sie wurde ins Krankenhaus gebracht. Die Hölle von Auschwitz hatte sie überstanden. Jetzt, wo sie ein freier Mensch war, reichten ihre Kräfte nicht mehr. Verfolgungswahn überkam sie. Sie war nicht mehr lebensfähig und machte ihrem Leben ein Ende. Mit den Worten auf den Lippen: „Es ist vollbracht", starb Elly einen qualvollen Tod.

Die Geschichte unseres Widerstandskampfes gegen die faschistische Barbarei ist reich an Helden. Wahren Helden. Auch Ruben Rosenfeld, dieser stille, bescheidene Junge aus dem Berliner Ghetto, war einer von ihnen. Er lebte in ärmlichen Verhältnissen. Zerrissen und zerschlissen lief er umher, immer neugierig, immer wißbegierig. Schon als Vierzehnjähriger kam er atemlos heran, wenn er mich in einem Demonstrationszug entdeckte. Ich war immerhin schon siebzehn. Er marschierte neben mir in Reih und Glied, wollte nicht wie ein Kind nebenherlaufen, sondern dazugehören. Schon damals. Selten vergaß er mich zu fragen, wo es eine Veranstaltung gäbe. Ich sagte es ihm. Ruben war zur Stelle. Und wenn es noch so weit entfernt vom Ghetto war. Er ging zu Fuß, Fahrgeld hatte er nicht.

Ein Halbwüchsiger noch, verließ Ruben das Elternhaus.
Auch sein Vater war ein Fanatiker und wollte ihn zwingen, dasselbe Leben zu führen. Sein selbständiges Dasein begann Ruben mit fünfzehn Jahren als ungelernter Arbeiter in einer Blechfabrik. Dann versuchte er es in einem Baubetrieb. Überall wurde er rumgeschubst und ausgenutzt, bekam wenig Geld, und nichts wurde ihm beigebracht. Er aber wollte einen Beruf erlernen. Ihm bot sich eine Lehrstelle in einer jüdischen Schneiderlehrwerkstatt. Und so wurde er Schneider.
Es zog ihn unwiderstehlich zur Arbeiterbewegung. Mit siebzehn war er schon im Jugendverband und neunzehnjährig in der Kommunistischen Partei Deutschlands. Seine ganze Freizeit gehörte der Partei. Er war Zellenleiter und Betriebsinstrukteur. Freunde hatte er viele, aber keine Freundinnen. Mir schien, Ruben litt unter Minderwertigkeitskomplexen. Er war sehr zurückhaltend Mädchen gegenüber. Durch eine auffällige Augenkrankheit war sein Gesicht etwas verunstaltet. Aber Ruben war ein gescheiter, witziger, gutherziger Bursche.
1933 gehörte er zu den Illegalen, zu den Gehetzten, Gejagten, die mit doppelter Kraft für die Sache des Volkes arbeiteten. Doch schon im September dieses Jahres saß er im Gestapokeller und durchlebte die Hölle. Bei seiner Festnahme fand die SA einen Zettel im Hause, auf dem Zeit und Ort eines Treffs mit einem Genossen von der Bezirksleitung notiert waren. Die Nazis brachten ihn dorthin. Es war am Luther-Denkmal in der Kaiser-Wilhelm-Straße. Sie mußten die Fahrbahn überqueren. In dem Moment warf sich Ruben unter ein fahrendes Auto. Er wollte sein Leben hergeben, um das des Genossen zu retten. Das war Ruben Rosenfeld, ein einfacher Kommunist. Einer von Tausenden Helden. Der Klumpen Fleisch wurde ins Krankenhaus gebracht und zusammengeflickt. Doch die Gestapo konnte kein Wort aus ihm herauspressen. Da er polnischer Staatsangehöriger war, wurde er nach einem halben Jahr aus dem Krankenhaus entlassen.
Die Partei ermöglichte ihm, zu entkommen. Er wurde

auf die Krim gebracht. Sowjetische Ärzte taten alles, ihm zu helfen. Die Wunden heilten, die Verkrüppelung blieb. Aber Ruben fand in Moskau sein Glück. Eine prachtvolle Frau wurde seine Lebensgefährtin und schenkte ihm einen Sohn. Was für ein glücklicher Vater das war, kann man sich vorstellen. Ende der fünfziger Jahre sah ich ihn in seiner Berliner Wohnung im Prenzlauer Berg wieder. Ich war zutiefst erschüttert. Vor mir stand ein Krüppel. Der Rücken war so gekrümmt, daß der Kopf fast den Boden erreichte. Aber voller Leben, voller Tatendrang wie eh und je. Es war ein Kommen und Gehen in seiner Wohnung, während ich da war. Wir wurden andauernd unterbrochen. Genossen der Wohngruppe, der Nationalen Front kamen, holten sich Rat. Währenddessen unterhielt ich mich mit seiner Frau. Sie ist in der Ukraine, in Schepetowka, geboren, intelligent und sieht gut aus. Von Beruf Kindergärtnerin, doch jetzt eine unentbehrliche Stütze ihres Mannes. Aufopfernd betreute sie die beiden Männer, den großen und den kleinen. Und ist voll mütterlicher Wärme zu jedem, der kommt. Ein gastfreundliches Haus nach russischer Art. Eine glückliche Familie, Ruben hatte ein ausgefülltes Leben. Doch sein kranker Körper hielt den großen Anforderungen, die er selber an sich stellte, nicht lange stand. Er starb in den sechziger Jahren.

Ein Dialog vor dem Theater

Der „Bronx-Express" in den Kammerspielen rollte immer noch. Ein Jahr schon. Wir probten bereits an einem neuen Stück. Ein Krimi. „Der Prozeß der Mary Dugan". Wieder unter der Regie von Heinz Hilpert. Diesmal im Berliner Theater am Halleschen Tor. Mein Vertrag wurde um ein Jahr verlängert.

Es hieß, Hilpert inszeniere das Stück nach der Stanislawski-Methode. Davon merkte ich kaum etwas. Verstand auch damals nicht viel davon. Neu war jedenfalls, daß es keinen Vorhang gab und daß auch in den Pausen weitergespielt wurde. Zwischenszenen. Handlungsort des Stücks: ein Gerichtssaal. In den Zwischenszenen putzten zwei Frauen den Staub weg, den der Prozeß aufgewirbelt hatte. Sie unterhielten sich und machten sich lustig über die komischen Figuren, die sie hier zu sehen bekamen. Ohne Worte. Pantomimenspiel. Eine der Putzfrauen war ich. Mein Name stand auf dem Theaterzettel, aber keiner meiner Freunde und Bekannten, die die Vorstellung besuchten, bekam mich zu sehen. Hinterher ein großes Staunen und Fragen: „Wo warst du denn? Wir haben dich ja gar nicht auf der Bühne gesehen?"

„Ich hab' nach der Stanislawski-Methode gespielt", lachte ich, „in den Pausen."

„Ach so! Ja, da waren wir woanders." Ihre Enttäuschung war groß. Meine war schlimmer. [...]

Einmal, nach der Vorstellung, sah ich zwei düstere Gestalten um den Bühneneingang herumschleichen. Ich ging über den Hof, wollte hinaus. Sie kamen auf mich zu. Als sie vor mir standen, erkannte ich: Es waren zwei meiner Vettern, von denen ich bestimmt zwei Dutzend hatte. Ich konnte mir das Lachen über ihren Aufputz nicht verkneifen. Komische Gestalten aus einem urkomischen Stück, so wirkten die beiden auf mich. Einer von ihnen war Trödler. Ganz sicher hatten sie sich eigens für diesen „Auftritt" kostümiert: Sie trugen viel zu große Cutaways, die Melonen-Hüte saßen ihnen im Nacken, die Krawatten hingen schief, fast an der Schulter. Beide hielten Stöcke in den Händen und schlugen damit ab und zu aufs Pflaster. Aus Verlegenheit? Oder um mir einen Schrecken einzujagen? Wahrscheinlich trifft beides zu.

Gleich redeten sie ziemlich aggressiv auf mich ein. Der ältere, Mitte dreißig, mit einer Glatze – vom langen Talmudstudium im schlecht gelüfteten Raum –, war der Wortführer. Das Reden bereitete ihm offensichtlich Vergnügen. Oder war er vom Theatererlebnis so aufgekratzt? Das erstemal im Theater. Aber er durfte es nicht gestehen. Nicht einmal sich selbst. Denn auch das ist Sünde. Folgender Dialog entspann sich zwischen meinem Cousin und mir:

„Wie ich gesehen habe, willst du deinen Vater unbedingt hargenen (umbringen), leben soll er bis 120 Jahre! Vielleicht erklärst du mir, warum du das tust?!"

„Nein, ich erkläre dir das nicht. Gar nichts erkläre ich dir! Und ich will meinen Vater nicht hargenen. Er soll leben und gesund sein bis 150. Aber vielleicht erklärst du mir, was ich getan habe?"

„Du hast noch die Chuzpe (Frechheit) zu fragen, was du getan hast! Die Plakate, die, wo dein Name drauf ist, mußt du die unbedingt in der Grenadierstraße auf die Litfaßsäule kleben? Du meinst, die ganze Welt muß wissen, daß du, die Tochter des Rabbi Pinchus-Elieeser, Schauspielerin bist! Sehr wichtig! A Hitz in Parawos (eine Hitze in der Lokomotive)! Es tut sich was!"

„Ich klebe sie nicht. Ich habe darauf keinen Einfluß."

„Asoi! Du hast keinen Einfluß?! Und wer hat ihn, diesen Einfluß?"

„Ich weiß es nicht."

„Du weißt es nicht. Gut. Nu, und deinen Namen ändern kannst du auch nicht?"

„Kann ich, will aber nicht."

„Aha! Du willst nicht! Und warum nicht, wenn ich fragen darf?"

„Lassen wir das! Wart ihr im Theater?"

„Warum sollten wir nicht im Theater gewesen sein? Wo sollten wir sonst gewesen sein? Wir haben doch unser gutes Geld bezahlt."

„Hat euch doch sicher gefallen? Oder nicht?"

„Gefallen hat es uns schon. Ist ja auch a schöne Maiße, he, he, wie die Ische ihren Mann umbringt. Hahahaha! Wej mir, ich lache. Der liebe Gott wird mich dafür strafen."

Das ganze wurde mir zu dumm, ich unterbrach ihn: „Entschuldigt, ich bin müde nach der Arbeit, ich muß gehen. Gute Nacht. Und kommt öfters ins Theater. Vielleicht werdet ihr ein wenig klüger."

Sie riefen mir nach: „Kommen – kommen wir. Ganz bestimmt sogar kommen wir wieder. Aber mit faulen Eiern. Wenn die Plakate nicht verschwinden!"

Sie sind nicht wiedergekommen, haben nicht mit faulen

Eiern geworfen. Pure Angeberei. Die Plakate verschwanden von selbst. Nicht nur aus der Grenadierstraße. Sommerferien. Die Theater wurden geschlossen.

1 *Lenin*, Wladimir Iljitsch (1870–1924), russischer Politiker, übernahm 1903 bei der Spaltung der Sozialisten die Leitung der Bolschewisten, schuf nach der Revolution 1917 den Sowjetstaat und entwickelte die kommunistische Lehre von Marx und Engels zum sogenannten Leninismus weiter.

2 *Piscator*, Erwin (1893–1966), deutscher Regisseur, bekannt durch sein proletarisch-politisches Theater im Berlin der 20er Jahre. Nach der Emigration (1933–1945) kehrte Piscator wieder nach Deutschland zurück, wo er 1953 im Westen Berlins die Leitung der „Freien Volksbühne" übernahm.

3 *Agitproprevue*. Abkürzung für Agitations- und Propagandarevue im Sinne der kommunistischen Partei. Agitproprevuen erfreuten sich gegen Ende der 20er Jahre großer Beliebtheit bei Partei- und Gewerkschaftsveranstaltungen und sonstigen politischen Massentreffen der Arbeiterschaft.

4 *Karl und Rosa*. Gemeint sind Karl Liebknecht (1871–1919) und Rosa Luxemburg (1870–1919), sozialistische Theoretiker und Begründer des Spartakusbundes (1917) und der Kommunistischen Partei Deutschlands (1919). Beide wurden während der Berliner Revolution im Januar 1919 von konterrevolutionären Soldaten ermordet.

5 *Alexander Granach* gehörte zu den bekanntesten und beliebtesten Berliner Schauspielern der 20er Jahre.

6 *Schadchen*. Jüdischer Heiratsvermittler.

Quelle. Mischket Liebermann, „Aus dem Ghetto in die Welt. Autobiographie." © Verlag der Nation Berlin 1977, S. 59–64, 69–76.

Jugend in Düsseldorf

Ruth Glaser wurde im November 1919 in Düsseldorf geboren. Wie viele andere Töchter deutsch-jüdischer Eltern verbrachte sie Kindheit und Jugend im sozialen Umfeld von Familie, Synagoge und Schule (siehe Abbildung 4). Dank ihrer Geborgenheit spürte sie wenig von den revolutionären Anfangswirren der Weimarer Republik und den wirtschaftlichen Umwälzungen im Verlauf der zwanziger Jahre. Erst im letzten Schuljahr erinnert sich Ruth an die ersten Anzeichen der Nazi-Plage, die ihr jede weitere Ausbildung in Deutschland zunichte machte. Trotz ihrer politischen Unerfahrenheit begriff Ruth schnell den Grad der Gefährdung und machte sich an die Vorbereitung zur Emigration ins Ausland. Während ihre Eltern im Vertrauen auf ihre Mitbürger jedoch beschlossen, die Situation in Deutschland abzuwarten, ergriff Ruth 1937 die Gelegenheit, Düsseldorf zu verlassen und in der Schweiz zu studieren. Zwei Jahre später wanderte die 20jährige Kinderschwester mit ihrem zukünftigen Lebensgefährten nach Palästina aus (siehe Abbildung 5), wo sie gemeinsam das Ende des Zweiten Weltkriegs erlebten. 1947 übersiedelte Ruth Glaser nach New York, wo sie heute lebt und arbeitet. Ruth Glasers Jugenderinnerungen beleuchten die wichtigsten Stationen ihrer bis 1933 sorglos verlaufenen Kindheit aus der Perspektive einer jungen Schülerin und Studentin. Die frühen Bilder der Autobiographie zeigen eine geordnete und ungetrübte Welt voller Unternehmungslust, Zärtlichkeit und Zuversicht. Neben den vorliegenden „Erinnerungen" aus dem Jahr 1982 schrieb Glaser eine Reihe anderer autobiographischer Berichte, darunter auch eine englische Arbeit betitelt „Düsseldorf Revisited" (1984), die ihr Leben in der Schweiz und Israel behandelt.

Oft denke ich zurück an meine Kindheit und Jugendjahre in Düsseldorf. Ich denke zurück an eine Heimatstadt, die ich liebte und nie verlassen wollte. Ich bin am
17. November 1919 in Düsseldorf geboren, und bis zu
meiner Auswanderung 1937 hatte ich nur eine Adresse,
und das war *Harleß-Straße 8*.
Als ich geboren wurde, war mein Großvater Salli Gumpert der Besitzer dieses Hauses. Das Haus hatte vier Eta-
gen. Unsere Wohnung war im Erdgeschoß und mein
Großvater wohnte im zweiten Stock. Zwei Wohnungen
waren vermietet, und im vierten Stock wohnte der Haus-
meister, und dort waren auch die Mädchenzimmer.
Meine Mutter, Rosa Sass, geborene Gumpert, war auch
in Düsseldorf geboren, und mein Vater, Jakob Sass, war
in Mühlheim an der Ruhr geboren. Meine Großmutter,
Bertha Gumpert, geborene Tannenbaum, war in Fulda
geboren. Mein Großvater Salli Gumpert war in Westfalen geboren. Meine Mutter war die einzige Tochter meiner Großeltern. Meine Großmutter hatte Zwillinge. Der
andere Zwilling war ein Junge, der aber nicht überlebte.
Mein Vater hatte drei Brüder und drei Schwestern. Während meiner Kindheit und Jugendjahre lernte ich all
diese Familienmitglieder kennen. Es war eine große Familie, auf die man stolz sein konnte, verbunden durch
ein inniges Verhältnis. […]

Düsseldorf war zur Zeit meiner Kindheit eine Stadt
mittlerer Größe. Der Autoverkehr war gering. Wenn
man nicht zu Fuß gehen wollte, benutzte man die Straßenbahn. Obwohl die Stadt nicht sehr groß war, war es
immer eine elegante Stadt, gepflegt und mit Kultur. Die
Königsallee oder „Kö", wie die Düsseldorfer sie nennen,
war immer der Stolz der Stadt. Die eleganten Geschäfte
mit ihren geschmackvollen Schaufenstern, die Kondito-
reien waren eine Pracht. Oft trafen sich die Familienmitglieder in der Altstadt und aßen im „Schiffchen" am langen Holztisch. Die Speisekarte war vielseitig und das
Bier erstklassig.
Da war der Rhein. Man konnte Spaziergänge machen am
Rhein entlang und die Schiffe beobachten. Oder man

konnte ein Brötchen nehmen und nach Kaiserswerth oder Meerabusch fahren und dort Kaffee trinken und Kuchen essen. Meine Großmutter war immer dazu bereit, mich am Nachmittag auf so eine kleine Bootsfahrt zu nehmen. Da war die Kirmes auf den Rheinwiesen und meine Furcht vor den Zigeunern.

Düsseldorf hatte ein herrliches Opernhaus. Dort sah ich meine erste Oper, *Hänsel und Gretel* von Humperdinck, und später als junges Mädchen *La Traviata, Carmen* und viele andere Opern. Wie oft machte ich mit meiner Großmutter einen Spaziergang zum Grafenberger Wald. Dort angelangt, gingen wir zur Schnellenburg und bestellten Platz mit Rosinen, Pumpernickel und Honig, dazu heißen Kakao mit Schlagsahne. Im Winter ging man mit dem Schlitten zum Grafenberger Wald. Wie schön es war, auf dem Schlitten zu sitzen und durch den Schnee den Berg herunterzusausen. Wenn man in der Stadt war, um seine Einkäufe zu erledigen und man müde wurde, so konnte man in den Hofgarten gehen und sich dort auf einer Bank ausruhn.

Düsseldorf hatte schöne Hallenbäder. Ich besuchte zwei davon regelmäßig. Das eine Hallenbad war in der Grünstraße und das andere in der Kettwigerstraße. Als ich acht Jahre alt war, nahm ich in der Grünstraße Schwimmstunden, und mit neun Jahren schwamm ich mich dort frei und bekam ein Diplom, worauf ich sehr stolz war. Düsseldorf war eine Stadt, in der man sich wohl fühlen konnte, eine Stadt, die viel zu bieten hatte, vor allen Dingen ein Leben, das Ordnung und Frieden hatte. Niemals wollte ich diese Stadt verlassen, in der ich geboren war, aufwuchs, zur Schule ging und das erste Mal verliebt war.

Meine Erinnerungen gehen zurück zu meiner frühesten Kindheit. Da war mein geliebter Opa, Vater meiner Mutter, der mich auf seinen Schultern durch unseren Garten trug. Er war immer bereit, mir meine ersten Märchen vorzulesen. Und seine größte Freude war, wenn er mir Kleider, Mäntel, Schuhe oder sogar Unterwäsche kaufen konnte. Die Liebe zwischen uns beiden war groß. Da meine Großeltern im selben Haus wohnten, sah ich sie täglich. Als ich viereinhalb Jahre alt war, stellte meine Mutter ein Mädchen an mit dem Namen Helene. Ich nannte sie Leni. Sie kam vom Sauerland, war groß, mit gütigen Augen und blondem Haar, das sie in einem Knoten trug. Leni blieb elf Jahre bei uns, bis zu ihrer Heirat. Sie war meine zweite Mutter. Ich begleitete sie oft zur Kirche und wartete geduldig, bis sie mit der Beichte fertig war. Ich lernte von ihr einiges über die römisch-katholische Religion. Sie machte herrliche Handarbeiten und hielt mich auch dazu an. Sie war eine gute Lehrerin mit viel Geduld. Oft nähte sie hübsche Kleider für mich. Jeden Nachmittag verbrachten Leni und ich im Zoo. Zuerst machten wir einen Spaziergang und besuchten die Tiere und fütterten die Affen. Der Zoo hatte auch ein sehr hübsches Restaurant, und im Sommer konnte man draußen sitzen und einer Kapelle zuhören, die jeden Nachmittag Musik machte. Dort zog es mich hin, und wenn die Musik begann, nahm ich mein Kleid in die Hände und tanzte zur Musik. Es störte mich wenig, wenn Leute mich anstarrten, im Gegenteil, das war noch besser. Wenn ich müde war vom Tanzen, gingen wir auf den Spielplatz. Dort gab es eine Wippe und Schaukeln und viele Kinder, mit denen man spielen konnte. Leni hatte nicht gerne, wenn ich mich schmutzig machte, aber diesen Wunsch konnte ich ihr nicht häufig erfüllen. Oft nahm ich meinen Puppenwagen mit in den Zoo. Leni saß auf der Bank mit ihrer Handarbeit und ich spielte mit meinen Puppen. Einmal im Jahr gab es einen Wettbewerb im Zoo. Die Kinder schmückten ihre Puppenwagen mit Blumen, und wer den schönsten Puppenwagen hatte, bekam einen Preis. Jedes Jahr ging ich mit meinem blumenbeschmückten Puppenwagen zum Wettbewerb, aber zum Preis kam es nie. Im Herbst ging ich mit einer großen leeren Tüte in den Zoo, um Kastanien zu sammeln. Wenn St. Martin kam, ging Leni mit mir zum Martinszug, und voller Stolz trug ich meine Fackel mit der Kerze.

Als ich fünf Jahre alt war, kaufte mein Vater das erste Auto. Da er noch nicht selber fahren gelernt hatte, wurde ein Chauffeur angestellt. Ich fühlte mich nicht sehr wohl im Auto. Ich erinnere mich, daß öfters bei Sonntagsausflügen gehalten werden mußte, und es hieß: „Bitte Herr Bückmann, halten Sie, das Kind muß sich übergeben!" Mein Vater lernte nach einiger Zeit selber das Auto zu fahren. Von der Minute an, wo er das Steuer selber in die Hand nahm, fühlte ich mich wohl in dem Auto. Man brauchte nicht mehr zu halten, weil mir übel war.

Dann kam mein sechster Geburtstag und der Tag, an dem meine Mutter mich das erste Mal zur Brehmschule begleitete. Fräulein Holzammer nahm die neue Klasse in Empfang. Nach einer Stunde konnten wir nach Hause gehen mit einer Schultüte in der Hand. Die Schuljahre fingen süß an mit der Schultüte voll mit Leckerbissen. Leider endeten die letzten Jahre der Schulausbildung nicht so süß.

Es war während der ersten Volksschuljahre, daß ich meine erste richtige Freundin kennenlernte. Wir hatten uns vorher nie gesehen und wir wohnten in derselben Straße. Erna wohnte uns gegenüber. Wir wurden Spielgefährten und gingen in die gleiche Klasse und waren fast täglich zusammen.

Als ich sieben Jahre alt war, wurde mein geliebter Opa sehr krank und starb. Es war der erste große Verlust in meinem Leben. Obwohl ich noch sehr jung war, als er starb, so hatte er doch einen lebenslangen, unvergeßlichen Eindruck und schöne Erinnerungen hinterlassen, die ich nie vergessen kann.

Mein Vater, meine Mutter, meine Großmutter spielten alle drei eine große Rolle in meinem Leben. Jede Person versah mich mit etwas Wertvollem, das meine Entwicklung und meinen Ausblick und meine Lebensauffassung stark und günstig beeinflußte. Nie hätte ich im späteren Leben all das Herzleid und all die Schwierigkeiten überleben können, wäre es nicht für all die guten Gedanken, Ratschläge, Humor und Disziplin, die diese drei Menschen mir auf meinen Lebensweg mitgegeben haben.

Mein Vater war ein gutaussehender, stattlicher Mann mit dunkelbraunem Haar und blauen Augen. Er war ein lebensfroher Mann, der großes Vertrauen auf seine Mitmenschen hatte. Er war ein Familienmensch, der sehr besorgt war um das Wohlergehen seiner Brüder und Schwestern. Ich hörte ihn sagen, daß eine gute Mahlzeit ihm nicht schmecken würde, wüßte er nicht, daß alle seine Geschwister auch so eine gute Mahlzeit auf ihrem Tisch hätten. Da er ein freundlicher, zuvorkommender Mann war, so war er für seinen Beruf als Häusermakler wie geschaffen. Mein Großvater war der Gründer der Firma „S. Gumpert Hypotheken und Immobilien". Als meine Eltern heirateten, nahm mein Großvater seinen Schwiegersohn in sein Geschäft, und nach seinem Tod war mein Vater der Inhaber der Firma. Der Name S. Gumpert war zu der Zeit ein bekannter Name in der Stadt und mein Vater war stolz auf seine Firma und den guten Namen, der damit verbunden war. Ich hatte immer das Gefühl, daß mein Vater alles liebte, was das Leben ihm zu bieten hatte. Er genoß alles, was ihm Freude machte, gutes Essen, ein schönes Heim, seine Familie, seine Arbeit und seine Freunde. Er war hilfsbereit und immer da, auszuhelfen, besonders wenn es sich um seine Geschwister handelte. Er war bekannt für seinen Humor und spielte seinen Freunden oft kleine Streiche. Mein Vertrauen zu meinem Vater war endlos. Er hatte immer Zeit für mich, auch wenn er noch so beschäftigt war. Er war mein Vertrauter, dem ich alles erzählen konnte, und der für alles Verständnis hatte. Er vererbte mir seinen Humor und Umgang mit Menschen jeder Klasse oder Religion. Diese beiden Eigenschaften waren es, die mir das Leben leichter machten.

Meine Mutter war eine Frau mittlerer Größe, vollschlank, mit braunen Augen und braunem Haar. Sie hatte eine gute Ausbildung genossen, liebte Bücher, spielte Klavier, war eine erstklassige Köchin und ihr Haushalt lief wie am Schnürchen. Sie war eine gute Tochter und sorgende Mutter. Was meine Erziehung anbetraf, so waren verschiedene Dinge sehr wichtig für sie: Respekt für Erwachsene, Disziplin, Ordnung; und der Satz „das kann ich nicht" existierte nicht in ihrem Lexikon. Diese Eigenschaften wurden mir täglich eingeprägt und oft haßte ich diese Disziplin und Ordnung. Sie sah, wie sehr mein Vater es liebte, mich zu verwöhnen und war nicht immer damit einverstanden. „Kinder müssen nicht alles haben", war ein Satz, den ich oft hörte. Als Kind dachte ich oft, daß sie zu streng war mit mir, aber im späteren Leben war ich ihr sehr dankbar. Ich hatte Disziplin gelernt, und hatte gelernt zu verzichten auf Sachen, die ich nicht haben konnte. Für viele Jahre mußte ich auf Dinge verzichten, die zum täglichen Leben gehören und keine Luxusartikel waren. Oft dachte ich an meine Mutter und dankte ihr im stillen.

Fast jeden Tag verbrachte ich ein paar Stunden mit meiner Großmutter, und oft auch ein paar Tage oder eine Woche, wenn meine Eltern eine kleine Reise machten. Oma war eine kleine, energische Person. Als ich ein kleines Mädchen war, trug sie ihr Haar in einer hochaufgetürmten Frisur auf dem Kopf. Wenn ich bei ihr schlief, sah ich ihr morgens zu, wenn sie sich frisierte. Es nahm eine lange Zeit in Anspruch, bis diese Frisur fertig war, und es faszinierte mich, wie dieses Kunstwerk zustande kam. Da Oma aber eine sehr moderne Frau war, die ihrer Generation im Denken weit voraus war, so wurde das lange Haar später abgeschnitten und in einer kurzen Frisur getragen.

Alle Einkäufe in der Stadt wurden zu Fuß gemacht, viel laufen war gesund. Oft nahm sie mich mit zum Markt in der Altstadt und sie kaufte Kartoffel und Äpfel, und wir trugen den schweren Beutel zusammen nach Hause. Oma war eine sehr religiöse Frau, die einen koscheren Haushalt führte. Sie kaufte ihr Fleisch bei einem koscheren Metzger in der Stadt. Am Samstag wurde nicht gekocht. Die Hauptmahlzeit wurde am Freitag vorgekocht und in einer Kochkiste warm gehalten. Wie es sich für eine fromme Jüdin gehört, hatte sie sechs Bretter für ihren Sarg hinter dem Kleiderschrank stehen und ihr Totenhemd im Schrank liegen. Sie war eine sparsame Frau, die mir oft erzählte, daß meine Eltern zu viel Geld ausgäben. Sie machte sich Sorgen, was ich noch erben würde. Sie erklärte mir die jüdischen Feiertage und nahm mich das erste Mal mit in die Synagoge.

Ich war wohl fünf oder sechs Jahre alt, als ich das erste

Mal unsere herrliche Synagoge sah, die der Stolz der Gemeinde war. Es war ein großes rundes Gebäude. Männer und Frauen saßen getrennt – die Männer unten, die Frauen oben. Ich erinnere mich an einen wunderschönen runden Kronleuchter, der majestätisch von der Decke hing. Ich erinnere mich an weißen Marmor, wo die Torahrollen aufbewahrt waren. Wenn man das Gebäude betrat, fühlte man Andacht und Feierlichkeit. Wir hatten zwei Rabbiner und zwei Vorbeter. Die beiden Vorbeter gaben auch Religionsunterricht. Der Synagoge angeschlossen war auch ein kleines Verwaltungsgebäude, das einen Kindergarten hauste. Dann gab es noch einen Gebetssaal für sehr fromme Juden. Weil unsere Synagoge eine Orgel und einen Chor hatte und fromme Juden das nicht gebrauchten, benutzten sie den Gebetssaal. Wir nannten es die ‚kleine Synagoge‘. Für viele Jahre begleitete ich meine Großmutter zur Synagoge zum Samstaggottesdienst und zu allen Feiertagen. Sie hatte immer denselben Platz, und in dem Holzpult vor ihrem Sitz lagen ihre Gebetsbücher eingeschlossen. Wenn Oma in ihr Gebet vertieft war, vergaß sie die Welt um sich herum und ich wagte nicht, sie zu stören. Wenn der Gottesdienst beendet war, sprach sie mit den anderen Frauen und war stolz, ihre Enkelin bei sich zu haben.

Meine Großmutter war sehr interessiert an dem Kindergarten der Synagoge und gab oft Geldspenden. Von ihr lernte ich, daß Wohltätigkeit ein sehr wichtiger Faktor im Leben ist, und daß es ein wichtiger Teil unserer Religion ist. Von ihr lernte ich, daß der Tag und das Leben einen Rhythmus haben und damit eine gewisse Ordnung verbunden ist, die wohltuend ist. Sie gab mir viele gute Gedanken und Ratschläge mit auf meinen Lebensweg, die ich noch heute befolge und in meiner Erinnerung eingeprägt sind.

Einmal in der Woche kam mein Opa Sass zu uns zum Mittagessen. Er hatte genau die richtige Anzahl Kinder. Er verbrachte jeden Tag der Woche bei einem seiner Kinder. Opa Sass war eine große, stattliche Erscheinung mit breiten Schultern, grauem Haar und blauen Augen mit einem gutmütigen Lächeln. Er war ein freundlicher, gütiger Mann, der mich gern umarmte und küßte, wenn immer er mich sah. Ein Jahr brachte er mir zum Geburtstag ein herrliches Kasperltheater mit Puppen, an dem ich mich viele Jahre erfreute. Alle Kinder trugen zu seinem Lebensunterhalt bei. Ich hörte ihn nie klagen über etwas. Er war immer gutgelaunt, sprach wenig über sein Privatleben und hatte nur Gutes über seine Kinder zu sagen. Rückblickend wüßte ich gern mehr über sein Leben. Ich kann mich nur daran erinnern, daß er mit 72 Jahren noch einmal heiraten wollte und die Kinder alle dagegen waren. Heutzutage wäre dies kein Anlaß zur Entrüstung gewesen, im Gegenteil. Opa Sass war wohl auch seiner Zeit etwas voraus. [...]

Die Jahre bis zu meinem dreizehnten Geburtstag verliefen normal und sorgenlos. Zurückblickend waren dies die sorglosesten Jahre meines Lebens. Dies ist wohl der Grund, daß ich mich gern an diese Jahre erinnere. Liebende Eltern, Großeltern, Onkeln, Tanten, Vettern und Kusinen, Freunde und ein schönes Heim. Sommerferien im Schwarzwald und an der Nordsee. Die schöne, gepflegte Stadt, in der man sich so wohl fühlen konnte – das alles sind gute Erinnerungen.
Ich absolvierte meine vier Jahre in der Brehmschule. Nach einer kleinen Aufnahmeprüfung wurde ich im März 1930 in der Auguste-Viktoria-Schule aufgenommen. Ich schloß neue Freundschaften und fühlte mich schon mehr erwachsen. Die ersten zwei Jahre verliefen auch in dieser Schule noch normal. Im Jahre 1932 machten meine Eltern und ich eine herrliche Reise mit dem Auto. Wir fuhren am Rhein entlang nach Rothenburg ob der Tauber, wo wir einige Tage verbrachten. Von dort aus fuhren wir weiter nach München, wo wir die Operette „Im weißen Rößl" sahen. Dann ging es weiter nach Oberbayern, Bad Reichenhall, wo wir im Hotel Axelmannstein unterkamen. Mein Vater hatte in Bad Reichenhall einen alten Schulfreund. Er wohnte dort mit seiner Frau und drei Söhnen. Der Freund meines Vaters war jüdisch, seine Frau Christin. Wir waren fast täglich

zusammen, machten Ausflüge zusammen in der schönen Umgebung und gingen am Abend zum Volkstanzen. Wir genossen diese Reise. Wir wußten nicht, daß dies das letzte Mal war, daß wir unbesorgt reisen konnten und in jedem Hotel aufgenommen wurden. Ich war noch zu jung, um mich zu sorgen, wie die Wirtschaftslage in Deutschland aussah. Tatsache war, daß die Wirtschaftslage sehr schlecht und die Arbeitslosigkeit sehr groß war.

Die Sommerferien waren zu Ende. Ich ging zurück zur Schule und mein Vater ging wie immer seinem Geschäft nach. Zu dieser Zeit kamen oft arme Leute an die Tür und fragten nach einem Butterbrot oder einer warmen Mahlzeit. Oft saßen Männer in der Küche und aßen Mittagessen und bedankten sich sehr. Wir hatten keine Ahnung, daß dies die Vorläufer waren, die unser Leben so drastisch ändern würden. Das Jahr war 1933, Hitler wurde Reichskanzler.

Quelle: Ruth Glaser, „Erinnerungen an Düsseldorf. Meine Kindheit und Jugendjahre". Manuskript, 1984. Abdruck mit freundlicher Genehmigung von Ruth Glaser, © 1991.

Erinnerungen an Braunschweig

Das älteste Zeugnis deutsch-jüdischer Sozialgeschichte in Braunschweig geht zurück auf das ausgehende Mittelalter. Schon im späten 13. Jahrhundert kam es zu einer regen Beteiligung der verhältnismäßig kleinen jüdischen Gemeinde am kulturellen und wirtschaftlichen Leben der Stadt. Die folgenden autobiographischen Aufzeichnungen entstammen der Erinnerung einer Braunschweiger Jüdin, deren Familie mütterlicherseits in der Stadt beheimatet war. Nellie H. Friedrichs, geb. Bruell, kam in Frankreich zur Welt und zog 1912 als vierjähriges Mädchen nach Braunschweig, wo sie unter der Aufsicht ihrer Mutter und Großmutter eine sorglose Kindheit genoß. Nellies Autobiographie beschreibt die wichtigsten Wendepunkte ihres jungen Lebens, angefangen mit den letzten Jahren des Kaiserreichs, dem Sturz der Hohenzollern-Monarchie, dem Ausbruch der Revolution 1918 bis hin zum Ende der Weimarer Republik und den ersten Jahren der nationalsozialistischen Diktatur. 1937 floh Nellie zusammen mit ihrem Mann, dem Mathematiker Dr. Kurt Friedrichs, ins amerikanische Exil, wo beide den Zweiten Weltkrieg überlebten. Die Verfasserin wohnt heute in New Rochelle im Bundesstaat New York (siehe Abbildung 8). Im Jahr 1989 erhielt Nelli H. Friedrichs in Anerkennung ihrer Verdienste um die Versöhnung von Deutschen und Juden die „Bürgermedaille der Stadt Braunschweig".

Am 3. September 1908 wurde ich in Lyon geboren. Mit neun Monaten machte ich mit meiner Mutter meine erste Reise, um meine Großmutter in Braunschweig zu besuchen, die nach der Heirat ihrer Töchter von Dresden aus wieder dorthin zurückgezogen war. Sie hatte eine Wohnung auf der Wilhelm-Bode-Straße 11, dem Stadtpark gegenüber. Jeden Nachmittag holte mich ein Mädchen für einen Spaziergang im Park ab. Der zwei Jahre älteren Hilde Oelmann, die mit ihrer Familie in demselben Haus wohnte und viele Jahre eine Freundin blieb, muß es Spaß bereitet haben, neben der Sportkarre herlaufend, uns auf diesen Spaziergängen zu begleiten.

Es muß im Jahre 1912 gewesen sein, als meine Eltern sich scheiden ließen, und meine Mutter mit mir von Lyon nach Braunschweig kam, wo ich dann bis zu meiner Auswanderung in die USA im Jahre 1937 gelebt habe.

Durch einen Zufall war die Wohnung frei, die unter der meiner Großmutter auf der Wilhelm-Bode-Straße 11 lag, so daß meine Mutter sie für uns beide mieten konnte. Das Schönste war der Park gegenüber, in dem ich meistens spielte; denn der Hof hinterm Haus war klein und wurde hauptsächlich zum Wäscheaufhängen und zum Teppichklopfen gebraucht. Dies übrigens war eine typisch deutsche Sitte, die wohl nach der Erfindung des Staubsaugers aufhörte. Ich höre noch heute das Klopfgeräusch, das, glaube ich, nur in gewissen Morgenstunden erlaubt war.

Hilde Oelmann wurde meine Spielgefährtin, und sie war es, die mir Deutsch beibrachte; denn bis dahin hatte ich nur Französisch gesprochen. Wir saßen zusammen auf der Treppe, die zu den Wohnungen führte, und sie ließ mich Worte wie Tisch, Stuhl, Fenster, Tür, Puppe usw. wiederholen. Ob ich eine gelehrige Schülerin war, weiß ich nicht, aber eines Tages kam Frau Oelmann zu meiner Mutter und sagte ihr ärgerlich, daß sie Hilde nicht erlauben würde, weiterhin mit mir zu spielen; denn sie hätte solch ein hübsches Deutsch gesprochen, finge nun aber an, französische Brocken einzumischen. Diese Periode muß jedoch sehr kurz gewesen sein; denn bald sprach ich Deutsch genau so gut wie die anderen Kinder und weigerte mich, mein Französisch aufrechtzuerhalten.

Ein fast nebelhaftes Märchenbild vom 3. November 1913 gehört zu meinen ersten Braunschweiger Eindrücken. Es bezieht sich auf den Einzug in die Stadt von Herzog Ernst August mit seiner jungen Frau Viktoria Luise, der

Tochter des Kaisers. Haftengeblieben ist nur eine sich drängende Menschenmenge, in der ich irgendwo zwischengequetscht stand, krampfhaft die Hand meiner Mutter haltend, und dann, wie ein Traum, die von vielen weißen Pferden gezogene Kutsche mit dem strahlend schönen Herzogpaar.

Im Mai 1914 passierte etwas Schreckliches. Wir erhielten die Nachricht, daß das Schiff, auf dem Onkel Walter, der einzige Bruder meiner Mutter, von Kanada nach Europa unterwegs war, im St.-Lawrence-Strom gesunken war. Die „Empress of Ireland" war in der Nacht mit einem Kohlenfrachter zusammengestoßen. Es muß ein furchtbarer Schlag für meine Großmutter und meine Mutter gewesen sein, und sogar ich erinnere mich an meinen eigenen Kummer. Ich hatte ihn wohl nicht sehr oft gesehen, aber seine Besuche waren immer ein besonderes Vergnügen für mich gewesen.

Eine komische Geschichte über Onkel Walter habe ich zwar nicht selbst erlebt, aber von meiner Mutter gehört. Sie fuhr mit ihm mit der Straßenbahn in Braunschweig, als dem Schaffner sein gebrochenes Deutsch auffiel, und er ihm freundlich auf die Schulter klopfend sagte: „Ich kenne Sie, habe Sie gestern Abend im Zirkus gesehen. Sie waren doch der ‚Klohn'."

Im Juli 1914 fuhren meine Mutter und eine Freundin, die einen gleichaltrigen kleinen Jungen hatte, mit uns Kindern in das Ostseebad Grömitz. Wir haben sicher die Spiele am Strand genossen. Woran ich mich aber genau entsinne, ist die ungeheure Erregung gegen Ende des Monats. Die Leute sprachen aufgeregt über etwas, das sie „Krieg" nannten, ein Wort, das ich bis dahin nie gehört hatte. Sie fingen an zu packen und eilig abzureisen, und der Strand wurde leerer und leerer. Schließlich packte auch meine Mutter, und ich hörte sie sagen, daß wir das letzte Boot bekommen müßten, welches am Nachmittag abfuhr. Wir erreichten Braunschweig mit Mühe und Not an dem Tag, als der Erste Weltkrieg ausbrach (1. August 1914).

Soldaten waren überall, die Luft war geladen, Fremde

fielen sich in die Arme. Leute, die sich nicht kannten, küßten sich auf der Straße. Es war wie ein großes Volksfest. Man sang und schrie, und ich lief neben den Soldaten her, die durch die Straßen marschierten. Blumen wurden aus den Fenstern geworfen, und jeder erzählte jedem, daß Deutschland selbstverständlich gewinnen würde, und der Krieg zu Weihnachten beendet sei.

Meine Mutter war geborene Engländerin und durch ihre Heirat Französin geworden, somit „doppelte" Feindin. Jeden zweiten Tag mußte sie sich bei der Polizeiwache am Fallersleber-Tor-Wall melden. Meistens ging ich mit ihr und, so jung ich war, wußte ich sehr bald genau, welche Polizeibeamten freundlich und welche gemein waren. Manchmal hatte meine Mutter so schwere Migräneanfälle, daß sie sich nicht rühren konnte. Unwiderruflich erschien an solchen Tagen ein Polizist und steckte seinen Kopf durch die Tür, um zu prüfen, ob sie wirklich im Bett lag. Unmittelbar nach Kriegsende war wieder ein Meldetag, und meine Mutter fragte den am Pult sitzenden Beamten sehr zögernd, ob sie auch weiterhin regelmäßig kommen müßte. Ich höre noch heute die Antwort: „Von meinetwegen bleiben Sie weg!"

Eine Familie mit einem Sohn, der genauso alt war wie ich, lebte in unserem Haus. Wir fingen am selben Tag mit der Schule an, Ostern 1915, und es existiert ein Bild von uns beiden mit unseren riesigen Zuckertüten. Wir wurden zwar zusammen fotografiert, aber gingen zu verschiedenen Schulen; denn Jungen und Mädchen waren streng getrennt. Es war damals noch möglich, mich von Anfang an im Lyzeum an der Kleinen Burg einzuschulen, was bedeutete, daß ich von der 10. Klasse (der untersten Klasse) bis zum Abitur dieselbe Schule besucht habe. Meine erste Lehrerin, Fräulein Kuhlmann, war ein paar Jahre Klassenkameradin meiner Mutter gewesen, als sie von London kommend in Braunschweig auf die Schule gegangen war, die ich nun besuchte. Wir hatten sogar denselben Direktor Heinrich Krüger.

Ich erinnere mich sehr genau an diesen ersten Schultag. Ich war glücklich und aufgeregt und trug ein neues Kleid, das meine Mutter geschneidert hatte. Es war hellblau mit einem roten Lackgürtel und einem weißen Kragen. Auf dem Rücken trug ich einen Ranzen und über der Schulter eine Brottasche, die ich beide von meiner Großmutter bekommen hatte.

Es war ein strahlender Morgen, als ich Hand in Hand mit meiner Mutter zur Schule wanderte, ein langer Weg für ein kleines Mädchen. Erst die endlose Kaiser-Wilhelm-Straße (jetzt Jasperallee), über die Okerbrücke am Theater vorbei, den Steinweg entlang bis zum Rathaus und dann zwischen Löwen-Denkmal und Dom zu der kleinen Straße, die zu meiner Schule führte, zu der ich nun 13 Jahre gehen sollte.

Meine Mutter sagte mir „Lebewohl", und zum ersten Mal war ich allein, das heißt ohne ein Mitglied der Familie oder jemanden, den ich kannte.

(Friedrichs beschreibt weitere Einzelheiten aus der Schule und kommt dann auf den Krieg zu sprechen.)

Der Winter 1917/18 war grauenhaft. Die deutsche Armee verlor eine Schlacht nach der anderen. Es gab kaum eine Familie, die nicht den Verlust des Vaters, eines Bruders oder des Ehemannes zu betrauern hatte. Man sah immer mehr verwundete und verkrüppelte Soldaten auf den Straßen, und die Menschen sahen verhärmt und verhungert aus. In den Schulen wurden keine Siege mehr gefeiert, und außer Steckrüben gab es buchstäblich nichts mehr zu essen. Steckrüben aß man zum Frühstück, zum Mittagessen und zum Abendbrot. Sogar Marmelade wurde aus ihnen gemacht, und jahrzehntelang konnte meine Mutter das Wort „Steckrübe" nicht mehr hören. Der Winter wurde allgemein als der Steckrübenwinter bezeichnet.

Um das Maß vollzumachen, war es ein ungewöhnlich strenger Winter mit sehr viel Schnee und Eis, und weil es keine Kohlen gab, froren die Menschen fürchterlich. Sie hatten nicht einmal warme Garderobe. Ich besaß ein paar Gummischuhe, ein sehr wertvolles Gut in jenen Tagen. Auf dem Weg zur Schule mußte ich durch tiefen Schnee stapfen und entdeckte zu meinem größten

Schrecken, als ich in der Schule ankam, daß ich einen kostbaren Gummischuh verloren hatte. Ich weinte bitterlich, so bitterlich, daß meine Lehrerin großes Mitleid hatte und mir erlaubte, die gesamte Strecke zurückzugehen, um zu versuchen, ihn zu finden. Schritt für Schritt hielt ich Ausschau und schließlich, halb die Kaiser-Wilhelm-Straße hinunter, entdeckte ich ihn. Noch heute erinnere ich mich genau an die Stelle, wo ich etwas Schwarzes im Schnee stecken sah. Ich weinte vor übergroßer Freude. Nichts hätte mich diesen Augenblick glücklicher machen können!

Die allgemeine Lage verschlimmerte sich von Tag zu Tag. Jeder war entmutigt, und sogar uns Kindern wurde es bewußt, daß wir jetzt mit einer völligen Niederlage rechnen mußten. So war es kaum eine Überraschung, als am 9. November 1918 die Republik proklamiert wurde. Der Kaiser hatte abgedankt und das Land verlassen, um in Holland Zuflucht zu finden. Die deutschen Truppen befanden sich auf dem Rückmarsch.

Ein oder zwei Tage später, noch bevor wir Zeit hatten, uns über das Ausmaß klarzuwerden und uns von dem Schock zu erholen, wurde uns die ganze Tragweite dieser Entwicklung verdeutlicht. Kurz nachdem wir in der Schule angekommen waren, hörten wir plötzlich lautes Geschrei und großen Krach von der Straße her und bald sogar eine Schießerei. Nach ein paar Minuten kam der Herr Direktor in unser Klassenzimmer und sagte uns mit sehr ernstem Gesicht, daß die Revolution ausgebrochen sei und daß kein Kind ohne Begleitung eines Erwachsenen die Schule verlassen dürfe. Ich wartete, bis meine Mutter kam, um mich abzuholen. Bis dahin waren die Hauptstraßen schon abgesperrt; dort waren Barrikaden und Stacheldrähte aufgebaut, und wilde Kerle im Handgemenge rasten tobend herum. Wir sahen Soldaten, Matrosen, Polizisten und sogar Frauen, viele mit kleinen roten Fahnen, die wütend drohten und gestikulierten. Ich hatte schreckliche Angst. Auf stundenlangen Umwegen erreichten wir schließlich unser Haus. Wir hatten Glück gehabt, unverletzt heimzukommen; denn inzwischen wurde fast auf allen Straßen geschossen. Der

Herzog Ernst August von Braunschweig und seine ganze Familie hatten nach dem Thronverzicht am 8. November 1918 bereits einen Tag später die Stadt verlassen. Das jüngste ihrer Kinder, die einzige Tochter Friederike, war damals noch ein winziges Baby. Sie wurde später Königin von Griechenland. [...]

Das deutsche Volk gewöhnte sich allmählich an den Gedanken, daß die Monarchie abgeschafft und durch eine Republik ersetzt war. Nach und nach hätte sich das tägliche Leben wohl normalisiert, wäre die Inflation nicht über uns gekommen. In den fünf Jahren nach dem Krieg wuchs sie rapide zu ungeahnten Dimensionen, erreichte phantastische Proportionen, die für Millionen zur Tragödie wurden und groteske Ausmaße annahmen, die meisten schrecklich, einige wenige fast komisch.
Männer liefen in der Mittagspause mit ihrem Tageslohn nach Hause, damit die Frauen sofort einkaufen konnten, weil sich bis zum Abend die Preise verdoppelt hatten. Zu diesem Zeitpunkt betrug der Preis für ein Brötchen genauso viel wie unser Schulgeld für drei Monate! Unsere Freundin, Frau Solmitz, schickte mir aus Amerika, wo sie damals ihre Familie besuchte, einen Dollar zum Geburtstag; dieser Dollar, in Mark umgewechselt, ergab eine solche Menge Geld, daß meine Mutter mir erlaubte, im Garten von Freunden für meine ganze Klasse, 40 Mädchen, eine Gesellschaft zu geben, bei der es Berge von Kuchen und viele Überraschungen gab.[1] Und danach war noch so viel Geld übrig, daß ich neu ausgestattet werden konnte. Als wir im Sommer 1923 eine Reise an die See unternahmen, kostete das Taxi zum Bahnhof genausoviel wie drei Fahrkarten erster Klasse mit der Eisenbahn. Im November 1923 hatte die Mark eine astronomische Höhe erreicht. Über Nacht wurde eine völlig neue Währung eingeführt, die die Mark auf ihren ursprünglichen Wert reduzierte. [...]

Eine Lehrerin, die ich vergötterte, muß ich noch erwähnen. Es war Fräulein Else Voss, die unsere Klassenlehrerin im 7. Schuljahr war. Sie war klein und rundlich und nicht besonders hübsch, aber sie strahlte viel Wärme und Freundlichkeit aus und hatte ein Talent, uns zum Arbeiten zu bringen. Nur um sie zu erfreuen, taten wir unser Bestes. Wir freuten uns darauf, sie noch ein Jahr als Lehrerin zu haben, als uns beim neuen Schulanfang mitgeteilt wurde, daß sie während der Ferien gestorben war. Für mich war es die erste tiefgehende Begegnung, die plötzlich mit dem Tod und dem Verlust eines geliebten Menschen endete.

Im folgenden Jahr wurde etwas Neues eingeführt. Es wurden sogenannte Vertrauensschülerinnen eingesetzt. Sie wurden von der Klasse gewählt und mußten von den Lehrern bestätigt werden. Ihre Aufgabe war es, eine Art Verbindungsglied zwischen Klasse und Lehrkörper zu sein. Die Vertrauensschülerin sollte sich im Falle von Ungerechtigkeiten oder Mißverständnissen einsetzen und, wenn möglich, versuchen, Probleme verschiedenster Art zu lösen. Zu meiner völligen Überraschung wurde ich für diesen Posten gewählt, und von da ab wurde ich sechs Jahre lang bis zum Abitur immer wieder gewählt. Was für meine Mitschülerinnen und ihre Vorurteilslosigkeit spricht, ist, daß ich die einzige Jüdin in der Klasse war, und für die Lehrer, daß sie mich akzeptierten, obgleich ich außer in den Sprachen eine mittelmäßige und teilweise sogar schlechte Schülerin war.

Meine einzige jüdische Freundin lernte ich außerhalb der Schule kennen. Annette Meyersfeld ging auf die Lefflersche Privatschule[2], aber genau wie ich nahm sie jeden Mittwoch- und Sonnabendnachmittag an den Religionsstunden teil, die in dem jüdischen Gemeindehaus, Steinstraße 4, neben der Synagoge, stattfanden. Ich haßte diesen aufgezwungenen Unterricht, der zwei sonst freie Nachmittage verdarb, und dessen einziger Lichtblick es war, Annette dort zu treffen, mit der mich bald eine enge Freundschaft verband. Sie war ein lebhaftes, bildhübsches Geschöpf und kam aus einem eleganten, reichen Haus. Im Laufe der Jahre habe ich dort viele wunderbare Stunden verlebt. Es gab schöne Gesellschaften und herrliche Autofahrten, die damals noch etwas ganz Besonderes waren. Als wir älter wurden, arrangierte Annette einen Lesezirkel mit zweien ihrer Freunde, Ulrich Moser, einem jungen Anwalt, der nach New York auswanderte, und Curt Staff, den ich viele Jahre später als Oberlandesgerichtspräsident von Hessen in Frankfurt wiedertraf. Curt war schon damals der belesenste Mann, dem ich begegnet bin, und ihm verdanke ich meine erste Einführung in das Werk von Thomas Mann, da er uns die Gespräche aus dem „Zauberberg" vorlas. [...]

Im Herbst 1927 fingen wir an, uns aufs Abitur vorzubereiten, dieses gefürchtete letzte Examen. Ich arbeitete intensiver denn je und versuchte verzweifelt, zwölf Jahre relativer Faulheit aufzuholen und verschiedene Lücken zu füllen, die nicht hätten vorhanden sein sollen. Ich zitterte und hatte größte Angst durchzufallen; denn es sah sehr zweifelhaft aus. Es war kein großer Trost, daß Onkel Alfred Sternthal, der eine Großvaterrolle in meinem Leben spielte, mir erzählte, daß er, obgleich er ein vorzüglicher Schüler gewesen war, jetzt mit 70 Jahren noch immer Alpträume hätte, er müßte wieder das Abitur bestehen.
Gleich nach Weihnachten hatten wir die schriftlichen Arbeiten zu absolvieren: Deutsch hatte ich immer gern gehabt, Englisch war ein Kinderspiel, Mathematik auf Grund von Evas Hilfe nicht so schlimm, aber Latein war fürchterlich. Wir sollten einen Text von Cicero übersetzen. Ich verpatzte ihn völlig. Am 23. Februar 1928 kam dann das mündliche Examen. Dies war das Ende: „Leben oder Tod!", so war mir zumute. Eine Art Schleier verdeckt meine genauen Erinnerungen. Ich weiß nur, wie wir 17 Mädchen nach den Prüfungen in unserem Klassenzimmer saßen und endlos warteten, wie es uns schien; es war der Tag des Letzten Gerichts. Schließlich öffnete sich die Tür, und der jüngste unserer Lehrer, Herr Brackebusch, kam herein mit einem strahlenden Lachen; er brauchte nichts zu sagen. Wir wußten, daß wir alle bestanden hatten. Wir schrieen, tanzten und sangen und fielen uns in die Arme.
Das Gefühl der Erleichterung, Befreiung und des Glük-

kes war so ungeheuer, daß ich fast jedem wünschen möchte, mindestens einmal solch einen Moment zu erleben. Ich raste nach Hause, um es meiner Mutter und Großmutter zu erzählen – ja ich glaube, ich flog.

Die meisten meiner Mitschülerinnen begannen schon in diesem Frühjahr 1928 ihr Universitätsstudium. Ich aber verschob es um ein Semester; denn ich hatte eine sehr verlockende Einladung. Eine Freundin meiner Mutter, Elsie McKean-Kiel, hatte vorgeschlagen, daß ich ihre Schwester Kathie, die in einem Vorort von Dundee in Schottland wohnte, besuchen sollte. Für mich bedeutete es, von meiner frühesten Kindheit in Frankreich abgesehen, die erste Reise ins Ausland; sie wurde zum unvergeßlichen Erlebnis. Schottland und alles, was dazugehörte, gewann ich so lieb, daß ich mir immer wünschte, es noch einmal wiederzusehen. Zusammen mit meinem Mann erfüllte ich mir diesen Wunsch im Jahre 1969, und ich war wieder restlos begeistert.

Nach dieser großen eindrucksvollen Reise war ich jetzt mehr als bereit, mit dem Studium zu beginnen. Die damalige Technische Hochschule in Braunschweig, seit dem 1. April 1968 Technische Universität, hatte soeben ein neues Ausbildungsprogramm für Volksschullehrer eingeführt, das genau die Kurse bot, für die ich mich interessierte: Pädagogik, Psychologie, Philosophie und Soziologie. So immatrikulierte ich mich im Herbst 1928 an dieser Hochschule.

Die Gruppe der Studenten war merkwürdig gemischt, bestand aus hochintelligenten jungen Leuten, von denen man einige heute als Radikale bezeichnen würde, und andere waren relativ zahme Söhne und Töchter von Bauern aus den umliegenden Dörfern. [...] Ich genoß mein Studium und profitierte enorm. Im Frühjahr 1932 erwarb ich mein Abschlußdiplom. Wie schon so oft in meinem Leben hatte meine Mutter für den folgenden Sommer schöne Pläne für mich entworfen, nämlich, daß ich einige Monate in Paris verbringen sollte, um mein Französisch zu verbessern. Das war der Grund, weshalb ich die mir von Professor Geiger angebotene Assistentenstelle nicht sofort antrat.

Anfang Juli 1932 traf ich in Paris ein und belegte Kurse an der „Alliance Française", wo die Sekretärin, nachdem sie meinen Geburtsort gesehen hatte, ungläubig zu mir sagte: „Oh, vous êtes la Française qui ne parle pas français." (Oh, Sie sind die Französin, die kein Französisch spricht.)

Meine Mitstudenten kamen aus aller Welt, und nach kurzer Zeit hatten wir eine Gruppe von fünf oder sechs gebildet, die gemeinsam Paris mit all seinen Herrlichkeiten „eroberte". Wir alle studierten eifrig, aber es gab noch genügend Freizeit für Theater, Cafés, Museen und Spaziergänge durch die Straßen, die Boulevards, die Parks und entlang der Seine. Unsere gemeinsame Sprache war Französisch, und wir beherrschten sie bald so fließend, daß wir jegliche Themen diskutieren konnten. Nur einer unter uns, ein Deutscher, blond und blauäugig und sehr intelligent, blieb merkwürdig stumm, sprach nie über sich selbst und hielt den Grund seines Studiums ängstlich geheim. Es kam uns nie in den Sinn, vorsichtig mit den Dingen zu sein, die wir sagten, selbst nicht bei politischen Gesprächen. Aber Monate später fiel mir plötzlich ein, und ich bin sicher, daß ich recht hatte: Er war ein Nationalsozialist und von der Partei geschickt. Ich verlor ihn aus den Augen, blieb jedoch eine Weile in Kontakt mit einem englischen Jungen, der mich sogar in Braunschweig besuchte. Auch korrespondierte ich jahrelang mit einer Norwegerin, die ich 1977 in Oslo suchte und wiederfand.

Gleich nach meiner Rückkehr Ende Oktober 1932 meldete ich mich bei Theodor Geiger[3], um als seine Assistentin anzufangen. Er hatte einen kleinen Raum in der Hochschule für mich gefunden, wo ich nun jeden Tag viele Stunden bei der Arbeit saß. Das sehr interessante Projekt, das Geiger für ein Buch verwerten wollte, erforderte eine große Materialsammlung, die ich vorbereiten und zusammenstellen sollte. Auch war sein Vorschlag, daß ein Teil davon für mich das Thema für eine geeignete Dissertation ergeben würde.

Seine Idee war, die Verteilung von Begabungen in ganz Deutschland durch die Jahrhunderte zu untersuchen.

Die Basis für diese Untersuchungen lieferten die 26 dikken Bände der „Allgemeinen Deutschen Biographie". Für mich bedeutete es lesen, lesen und nochmals lesen und auf speziell dafür geeigneten Kartothekskarten die entsprechenden Notizen zu vermerken. Die Biographie enthielt Aufzeichnungen über alle Männer und Frauen, die in den Naturwissenschaften, der Kunst, Literatur, Geschichte oder Politik sich einen Namen gemacht hatten. Sie ging zurück bis zum Jahr 800, und in vielen Fällen genügte ein kurzer Satz, um das Wesentlichste festzuhalten, während über manche Personen viele Seiten geschrieben werden mußten. Meine Aufgabe war festzustellen, welchen Beruf der/die Betreffende gehabt hatte, was der Vater gewesen war, wo und wann er/sie geboren war und was immer der besondere Grund sein mochte, in dieser Enzyklopädie erwähnt zu sein. Allein dieser Teil meiner Arbeit dauerte über ein Jahr, und als ich fertig war, hatte ich 19 000 Kartothekskarten ausgefüllt.

Ich hatte, wie bereits erwähnt, Ende Oktober mit meiner Tätigkeit an der TH begonnen. Kurz vor Weihnachten äußerte ich Geiger gegenüber, daß ich in den Ferien meine Freundin in München besuchen würde. „Was für ein merkwürdiger Zufall", sagte er, „meine Eltern leben dort und ich plane hinzufahren. Könnten wir nicht zusammen reisen?" Das geschah, und es wurde eine seltsam aufregende Reise; denn erst bei dieser Gelegenheit merkte ich, daß Geiger mich nicht nur als Mitarbeiterin schätzte, sondern daß sein Interesse für mich weit darüber hinausging und daß er tatsächlich an Heirat dachte. Mich traf diese Erkenntnis wie ein furchtbarer Schock. Ich war gerade 24, er 40 Jahre alt. Ich bewunderte ihn grenzenlos als Wissenschaftler und als Lehrer. Seine Persönlichkeit faszinierte mich, ich hatte ihn sehr gern, aber ich liebte ihn nicht. Es stimmte mich sehr traurig, ihm weh zu tun, aber er respektierte meine Ehrlichkeit, und ich würdigte sein Verständnis. Wir reisten nicht gemeinsam zurück, aber ich arbeitete weiter für ihn.

Es waren nur wenige Wochen nach diesem denkwürdigen Ereignis vergangen, als am 31. Januar 1933 alle Schlagzeilen auf der ganzen Welt verkündeten, daß der

Führer der Nationalsozialisten, Adolf Hitler, den bisher die meisten Menschen nicht ernst genommen hatten, vom Reichspräsidenten Paul von Hindenburg zum Reichskanzler ernannt worden war. Ich glaube, daß weder das deutsche Volk noch der Rest der Welt in diesem Moment sich dessen bewußt waren, welche Konsequenzen diese Ernennung nach sich ziehen würde.

Das Leben ging weiter, unverändert, als sei nichts Besonderes geschehen, und ich persönlich dachte auch nicht weiter darüber nach. Ich befand mich in einer glücklichen Erregung, weil Familie Herms, befreundete Nachbarn, mich eingeladen hatten, mit ihnen zum Braunschweiger Bühnenball zu gehen. Der sogenannte „Bra-Bü-Ba" war der große Theaterball, die wichtigste gesellschaftliche Veranstaltung des Jahres, und fand immer im Februar statt. Ich hatte schon viel davon gehört, ohne jemals dabeigewesen zu sein. Ich freute mich wie ein Kind darauf und zählte die Tage. Um das Glück zu vervollständigen, hatte meine Großmutter mir dafür ein neues Kleid geschenkt, das meinem Wunsch gemäß schwarz, lang und sehr schön war.

Endlich kam der Tag, Sonnabend, der 4. Februar 1933, ein Datum, das ich nie vergessen werde. Es sollte das wichtigste Datum in meinem Leben werden. Abends stand ich bewundernd vor dem Spiegel und konnte kaum glauben, daß dieses elegante Wesen wirklich ich war! Die Türglocke klingelte, und da war schon Eva Herms eingetroffen, um mich abzuholen. Zusammen mit ihren Eltern fuhren wir zum „Hofjäger", wo der „Bra-Bü-Ba" stattfand. Alle Darbietungen, die den Abend einleiteten, waren fabelhaft, denn die Schauspieler, Sänger und Tänzerinnen boten ihr Bestes für diese Veranstaltung, deren Einnahmen für die Theater-Witwen- und Waisenkasse bestimmt war.

Dann, gegen Mitternacht, setzte die Musik ein, und von den etwa zweitausend Anwesenden fing einer nach dem andern an zu tanzen. Ich saß da mit Evchen, schaute zu und freute mich, von Zeit zu Zeit ein bekanntes Gesicht zu sehen. Plötzlich kam mit kurzen schnellen Schritten ein schlanker, junger Mann im Smoking auf uns zu. Ich hatte ihn noch nie gesehen und sah auf Eva, als er sich verbeugte, in der Annahme, daß es einer ihrer Freunde sein mußte, der sie zum Tanz aufforderte. Sie aber gab mir einen kleinen Schubs, und eine Sekunde später wurde mir klar, daß die Verbeugung mir gegolten hatte. Ich stand zögernd und irgendwie benommen auf, und wir tanzten, tanzten und tanzten. Wir schwatzten und lachten und tanzten weiter, unterbrachen nur kurz, um ein Glas Sekt zu trinken, das er mir anbot. Ich war in einem strahlend glücklichen Zustand.

(Die Verfasserin berichtet, daß der Tänzer der Mathematiker Professor Dr. Kurt Otto Friedrichs war, genannt „Frieder", der zukünftige Ehemann Nellies.)

Zwei Wochen waren seit dem „Bra-Bü-Ba" vergangen, als wir beschlossen, zum Skilaufen in den Harz zu fahren. Ich war eine sehr mittelmäßige Skiläuferin und bewunderte staunend, wie Frieder, dem ich statt Kurt diesen Namen gegeben hatte, vor mir die Abhänge herunterschoß. Ich versuchte, ihm zu folgen und landete in seinen offenen Armen. – Als wir 25 Jahre später aufgefordert wurden, ein Verlobungsdatum anzugeben, wählten wir diesen Tag, den 18. Februar 1933.
Noch einige glückselige Wochen, und dann, in den ersten Märztagen, reiste Frieder für eine schon vor Monaten verabredete Skireise nach Arosa, um sich dort mit Richard Courant[4] zu treffen, seinem Professor aus Göttingen, mit dem er sich inzwischen eng angefreundet hatte.
Mittlerweile war Hitler einen ganzen Monat Reichskanzler gewesen, doch kann ich mich nicht entsinnen, daß besonders viel darüber gesprochen wurde. Frieder, der einer der wenigen war, der für seine eigene Information „Mein Kampf" von der ersten bis zur letzten Seite gelesen hatte, mag sich klarer als die meisten darüber gewesen sein, was zu erwarten war. Aber selbst für ihn war es ein Schock, als er in der Schweiz erfuhr, was während seiner Abwesenheit im März in Deutschland vor sich ging. Daß der Reichstag abbrannte, gehört zur Ge-

schichte, ebenso, daß der bisher mehr oder weniger unterdrückte Antisemitismus vehement ausbrach. Jüdische Geschäfte wurden ausgeraubt und zerstört, Schaufenster eingeschlagen, Synagogen wurden verbrannt, Juden wurden auf den Straßen überfallen und verprügelt. Überall tauchten Plakate auf mit gemeinen Hetzworten gegen die Juden. Aber selbst nach all diesen furchtbaren Ereignissen gab es noch Juden, die den Ernst der Lage nicht wahrhaben wollten und sich vormachten, daß dies ein vorübergehender Ausbruch war und höchstens ein paar Wochen dauern würde. Richard Courant gehörte genau zu dieser Kategorie, während Frieder, der Nicht-Jude, außerordentlich schwarz für die Zukunft sah und empfand, daß sein engster jüdischer Freund, Hans Lewy, der einzige war, der die richtige Konsequenz zog, indem er Deutschland unmittelbar verließ.

Verzweifelt wartete ich auf Frieders Rückkehr und wurde fast krank vor Aufregung. Ich war unendlich dankbar und erleichtert, als er dann Ende des Monats ganz unverhofft in meinem Arbeitszimmer auftauchte. Wir hatten beide das dringende Bedürfnis, über die Geschehnisse der letzten Zeit zu sprechen.

Wir taten das auf langen Spaziergängen, wir besuchten Konzerte und Theater und reisten im Juli sogar für ein paar Wochen nach Sylt. Aber es wurde uns klarer und klarer, daß ein Leben zusammen in dem damaligen Deutschland für uns nicht möglich sein würde (siehe Abbildung 7). Doch waren wir noch nicht bereit, von einem Tag zum anderen alles abzubrechen und das Land zu verlassen. Mein Professor Geiger allerdings hatte es schon getan. Er war zwar kein Jude, hatte jedoch seine Opposition zum Regime der Nationalsozialisten so deutlich gezeigt und ausgesprochen, daß sein Leben bedroht wurde und er fliehen mußte. Er ging nach Dänemark, wo ihm schon einige Jahre zuvor eine Stellung an der Universität Århus angeboten worden war, die er damals abgelehnt hatte. Ich wäre ihm wahrscheinlich gefolgt, um dort weiterzuarbeiten für ihn und meine Dissertation zu schreiben, wenn inzwischen Frieder nicht in mein Leben getreten wäre. So aber beendete ich nur die Auszüge aus der Biographie und schickte Theodor Geiger das gesamte Material nach Dänemark. [...]

Um so mehr erstaunt mich rückblickend die Tatsache, daß wir trotzdem im Frühjahr 1934 zum Skilaufen in die Dolomiten fuhren, den folgenden Sommer eine Fußwanderung durch die Lüneburger Heide machten und im März 1935 nochmals in die Alpen reisten. Heute erscheint es mir als ein unverantwortlicher Leichtsinn, aber wie ein Wunder ist uns nichts passiert. Außer all diesen Reisen, die wir trotz der sich immer mehr zuspitzenden Situation genossen haben, nahm Frieder mich auch zu seinen Eltern nach Ilmenau, um mich ihnen vorzustellen. Ich werde nie vergessen, wie warm sie mich empfangen haben. Es muß ihnen völlig klar gewesen sein, wie ernstlich ihr Sohn sich für dieses jüdische Mädchen interessierte. Es wäre unter den gegebenen Umständen nur zu verständlich gewesen, wenn sie sich geweigert hätten, mich kennenzulernen und versucht hätten, ihren Sohn davon zu überzeugen, daß dies für sie eine Tragödie sei und für ihn, auf den sie mit Recht so stolz waren, eine sehr große Gefahr. Statt dessen nahmen sie mich liebevoll bei sich auf, und ich werde ewig dafür dankbar sein, daß ich sie treffen durfte. Ich habe ihre einzigartige, überlegene Haltung tief bewundert und weiß auch, daß dies einen bleibenden Eindruck auf mein eigenes Denken ausgeübt hat.

(Nellie und Kurt Friedrichs flohen drei Jahre später von Braunschweig nach New York, wo sie am 11. August 1937 heirateten. Die Familie hatte 5 Kinder.)

1 Im Oktober 1923 betrug der Umrechnungskurs für einen US-Dollar mehr als vier Billionen (4 200 000 000 000) Papiermark. Erst Ende des Jahres gelang der Regierung Gustav Stresemanns die Eindämmung dieser Hyper-Inflation durch die Einführung einer neuen Währung – der „Rentenmark". Wechselkurs: 1 Rentenmark = 1 Billion Papiermark.
2 Die „Lefflersche Höhere Mädchenschule" befand sich seit

August 1915 auf der Leonhardstraße. Das heutige Schulgebäude steht hinter dem Sterbehaus Wilhelm Raabes.

3 Theodor Geiger (1891–1952), Professor für Soziologie an der TH Braunschweig, wurde 1933 von den Nazis entlassen und emigrierte nach Dänemark und später Schweden.

4 Richard Courant gehörte zu den bekanntesten deutschen Mathematikern dieses Jahrhunderts. Er emigrierte 1934 in die USA, wo er mit J. J. Stoker und K. O. Friedrichs an der *New York University* das „Courant Institute of Mathematical Science" gründete.

Quelle: Nellie H. Friedrichs, „Erinnerungen aus meinem Leben in Braunschweig 1912–1937". Hrsg. von Manfred Garzmann. Stadtarchiv und Stadtbibliothek Braunschweig: Kleine Schriften, 1988. Abdruck mit freundlicher Genehmigung von Dr. Manfred Garzmann, Stadtarchiv Braunschweig, und Professor Dr. Christopher R. Friedrichs, Vancouver (Kanada).

III
Verfolgung und Vertreibung
1933–1941

Streiflichter aus dem einfachen Leben
einer deutsch-jüdischen Einwanderin

*Margot Bloch, eine 27jährige Jüdin aus Obersitzko bei
Posen (Poznań), verlor bereits im Frühjahr 1933 auf Anordnung der Faschisten ihren Posten als Sozialarbeiterin
beim städtischen Jugendamt in Berlin. Der schnellen Entlassung aller „nicht-arischen" Beamten zu Beginn des
Dritten Reiches folgte 1935 eine breit angelegte Verfol-
gungswelle, deren Höhepunkt die Nürnberger Gesetze bildeten, die Juden in Deutschland die Bürgerrechte abspra-
chen. Ziel der Gesetzgebung war, der jüdischen
Bevölkerung durch politische und wirtschaftliche Schikanen die Existenzgrundlage zu entziehen, und sie damit
aus Deutschland zu vertreiben. Alarmiert durch den Verlust ihrer Arbeitsstelle und zugleich entschlossen zum raschen Handeln, entschied sich Margot zum Beitritt in eine
zionistische Jugendbewegung, und, nach Abschluß eines
landwirtschaftlichen Praktikums (Hachscharah) in Litauen, zur Auswanderung (Alijah) nach Palästina.
Nach der Überfahrt im Januar 1934 fand Bloch mit Hilfe
eines Bekannten schnell Aufnahme im Kibbuz Givat-
Brenner, wo sie einige Jahre lang in der Landwirtschaft
tätig war (siehe Abbildungen 15, 16). Kurz nach dem
Tod ihres Mannes Alfred Bloch im israelischen Unabhängigkeitskrieg übersiedelte Margot 1948 nach Haifa und
verdiente sich dort ihren Unterhalt als Sozialarbeiterin.
Die Verfasserin starb 1982 in Israel. Der folgende autobiographische Bericht beleuchtet die einzelnen Stationen
ihrer Vorbereitungen zur Emigration, die Seereise übers
Mittelmeer sowie ihre ersten Eindrücke in Palästina.*

Lebendig und in allen Einzelheiten erinnere ich mich des ersten umstürzlerischen Tages in meinem eintönigen Leben. Es war im März, ein sanfter Vorfrühlingstag, die Luft so weich und milde, man atmete gern. Ab und zu rieselten leichte Regenschauer aus einer dunklen Wolke hernieder, als ob sie die kleinen grauen Knöspchen an den noch kahlen Ästen der Bäume zu beiden Seiten der Straße zu neuem Leben erwecken sollten. Ich ging mechanisch entlang an diesen eintönigen, rauchgeschwärzten, schmucklosen Häusern des proletarischen Viertels der großen Stadt. Im Grunde achtete ich kaum auf meinen Weg, denn im Inneren war ich beschäftigt mit den Eindrücken des Hausbesuches, den ich als junge Fürsorgerin noch schnell nach Schluß der Bürostunde bei einem meiner vielen Sorgenkinder gemacht hatte. Die Familie mit dem tuberkulösen Vater, der wiederum schwangeren Mutter, den vier kleinen Kindern in der kahlen, sonnenlosen Zweizimmerwohnung auf einem Hinterhof, dies nahm all mein Denken ein. Was werde ich vorschlagen? Wo mit meiner Hilfe ansetzen. Ich trug die Akte mit mir in der Tasche unter meinem Arm, um noch heute abend meine Eintragung zu machen. Seit vier Jahren arbeitete ich beim Städtischen Jugendamt und hatte so viele Sorgenkinder, daß sogar die politische Hochspannung dieser Tage, die so schwer auf allen lastete, an Gewicht verlor vor dem Übergewicht der großen Mängel, ja des Elends, unter denen so viele Kinder leiden mußten.

Ich ging zur Stadtbahn, die mich nach Hause führen sollte. Von allen Seiten strömten Arbeiter und Angestellte auf das gleiche Ziel zu, auf den tunnelartigen Eingang, innerhalb dessen die Treppen bergauf und bergab führten, in die Höhe zur Hochbahn, in die Tiefe zur Untergrundbahn, auf halber Höhe zur Stadtbahn, die ich selber anstrebte. Die Menschen eilten und drängten aneinander vorbei, und ich, in meinem grauen Regenmantel mit dem runden Filzhut auf dem Kopf, war bald eine von den vielen in diesem Ameisenhaufen, die so schnell wie möglich vorwärtskommen wollten und sich die Treppen zur Stadtbahn hinaufzwängten.

Ach, auf dem Bahnsteig war es fast noch voller, denn die Züge liefen zu beiden Seiten ein, und das Gedränge schien zum Erdrücken beängstigend. Wenn doch nur der nächste Zug in meine Richtung käme! Da, plötzlich, aus der Mitte der wartenden Menge, glaubte ich, meinen Namen zu hören. Ich wende meinen Kopf, ja, eine erhobene Hand winkt mir. Sie gehört der hochgewachsenen, etwas hageren Gestalt meines guten langjährigen Jugendgefährten Alfred Bloch. Sein Kopf mit der braunen Haartolle über der graden Stirn, seine großen guten grauen Augen haben mich in der Menge entdeckt. Er ist bemüht, sich zu mir hindurchzuzwängen. Es gelingt. Ohne viel Worte zieht er ein Papier aus der Manteltasche und reicht es mir. „Lies!" sagte er kurz und ohne Kommentar. Ich lese: „Entlassungs-Urkunde. Wir teilen Ihnen hierdurch mit, daß Sie vom heutigen Tage an, wegen nicht-arischer Abstammung aus Ihrer Stellung in unserem Betriebe entlassen sind. ..." Ich schaue ihn an. Er erwidert meinen Blick ernst, sehr ernst und betrübt, noch immer ohne ein weiteres Wort. Schließlich frage ich: „Was wirst du nun tun?" – „Ich", sagte er, „ich werde zum Palästina-Amt gehen und mich als Pionier zum Aufbau von Palästina melden." – „Zum Aufbau von Palästina?" wiederhole ich. „Was willst du denn dort machen?" Verständlicherweise bin nun auch ich zutiefst erregt und überrascht. „Ich werde mich vorerst zur landwirtschaftlichen Vorbereitung schicken lassen, um auf dem Lande arbeiten zu können", antwortet er einfach. „Nach Palästina", wiederhole ich noch einmal, und dann spontan „das steht doch unter englischer Herrschaft, soviel ich weiß, und dort leben Araber." – „Ja, du hast recht", sagt Alfred, „doch das Land ist Wüste und wird von den dort lebenden Beduinen und ihren Herden abgegrast. Wir werden versuchen, mit unserer Hände Arbeit ein fruchtbares Land daraus zu machen, und dann wird es auch der armen arabischen Bevölkerung besser gehen ..." In diesem Moment braust mein Zug heran. „Steig ein, Margot, wir sehen uns bald."

Ich steige ein in den überfüllten Zug, und im Stehen überstürzen sich meine Gedanken, entfernen sich von dem eben beendeten Hausbesuch und wandern weit, weit fort in das ferne Palästina. Ab und zu streift mein Blick durchs Fenster nach draußen. Drohend schauen mich die großen Bandstreifen an, die an den rußgeschwärzten kahlen Rückseiten der Mietskasernen neuerdings angebracht sind: „Führer befiehl, wir folgen Dir!" Ich frage mich, wird auch mich das gleiche Schicksal treffen, werde auch ich solch einen Brief bekommen? Und was dann?

Mai 1933

Von März bis heute: Eine Welt war über mir zusammengestürzt. Mein Brief von der Städtischen Behörde kam wenige Tage später. Eine gänzlich neue Welt ist im Entstehen. Mein Jugendgefährte und ich haben uns verbunden, den Bund fürs Leben geschlossen. Einer steht nun für den anderen auf diesem neuen Wege, von dem es kein „Zurück" mehr gibt. Kurze Zeit nach unserer Verbindung verließen wir die Heimatstadt. Es war dies das erste Mal in meinem Leben, daß ich mich mit einer Gemeinschaft mir unbekannter Erwachsener, unter denen sich allerdings nun mein Mann befand, auf eine Reise begab. In dieser Gruppe hatten alle das gleiche Ziel und beabsichtigten sogar miteinander zu leben und zu arbeiten. Ich hätte das nicht für möglich gehalten, daß ich das je tun würde, denn mein Glaube nährte sich vom Individualismus mehr als von Gemeinschaftsidealen.

Diese Reise, die uns um zwölf Uhr nachts zunächst von Berlin nach Königsberg in Ostpreußen führte, war die gemeinsame Fahrt zum landwirtschaftlichen Vorbereitungslager. Nach eintägigem Aufenthalt in Königsberg mit vielen Erledigungen wurde sie nach Memel fortgesetzt. Schon die Fahrt brachte viele neue Erfahrungen für mich mit sich: Das Verhalten der einzelnen, ihre verschiedenen Temperamente, die schöne, immer gleichmäßig verantwortliche Haltung meines Lebensgefährten bei allen Mühseligkeiten des Umsteigens und der Zollabfertigung; denn Memel gehörte zu Litauen. Seine Ruhe bei der Unterbringung, sein sich Bewähren, sie gaben mir Ruhe und Vertrauen. Und doch waren meine Gedanken von einem neugierig unsicheren Gefühl beherrscht: Wie würde es uns am Ziel ergehen? Wohin wird man uns führen? Wie mag es dort aussehen? Wie werden wir wohnen, schlafen und essen? Wie werde ich mich einleben mit ihnen allen? Werde ich die körperliche Arbeit bewältigen können? Und werde ich nach der Arbeit das laute und vielfältige Leben um mich ertragen? Mir war doch bange zumute. Endlich, in der Nacht, kamen wir in Memel an. Wir wurden von einem jungen schwarzhaarigen, etwas düster aussehenden Kameraden abgeholt und in den dortigen städtischen „Kibbuz" geführt, wo man Nachtquartiere für uns vorbereitet hatte.

Es gab damals täglich Augenblicke, innerliche und äußerliche, von denen ich dachte, ich möchte sie wenigstens auf dem Papier ein wenig festhalten, so daß ich mich später ihrer erinnere. Zuweilen tat ich dies. Es ist unendlich viel geworden im Laufe der Tage, Wochen, Monate, Jahre – eine solche Fülle, daß ich fast Angst habe, ich kann sie nicht mehr schön genug enthüllen, ohne sie zu zerpflücken. Ich will mich bemühen, denn es würde mir das große Gerüst fehlen, in das ich nachträglich etwas hineinbauen möchte: Mal ein kleines Zimmer, mal ein kleines Fenster, bis das Haus aufgerichtet steht, in dem ich gelebt hatte und seither lebe. [...]

Doch kehren wir nach Memel zurück. So müde und abgespannt ich den Weg vom Memeler Bahnhof zum Gemeinschaftshaus zurücklegte, so war ich doch vom bisher Erlebten und der Erwartung zu angespannt, als daß ich nicht mit allen Fasern noch aufnahmefähig gewesen wäre. Es war – ich sehe es noch vor mir – ein schmaler grauer Gang, der auf dem Hof hinter einer Villa lag, durch den hindurch man uns führte. Der Eingang war schmal und noch enger durch Koffer, Fahrräder, auch Mäntel und Sonstigem, das auf beiden Seiten herumlag. Zudem wimmelte es bald voll junger Menschen.
Die dort Ansässigen waren trotz der nächtlichen Stunde

größtenteils wach geblieben, um uns zu begrüßen. Ich glaube, auch ich ließ nun das Wenige, das mir zum Tragen geblieben war, bei den Sachen am Eingang. Mit den anderen trat ich in den sogenannten Speiseraum ein, der zu ebener Erde lag. Man mußte sich zuerst durch eine kleine, düster aussehende Küche hindurchzwängen und kam dann in einen rechteckigen, langgestreckten ziemlich kahlen Raum mit kalten Wänden, in dem auf jeder der Längsseiten zwei lange Holztische und entsprechende Holzbänke standen. Auf den Tischen sah man Blechbecher und auch leicht beschädigte Porzellantassen, die bereits mit Tee gefüllt auf jedem Platz standen. Ein Becher in der Mitte enthielt Zucker, aus dem sich jeder die gewünschte Menge herausholte. Während wir uns daranmachten, einen Platz einzunehmen und von den warmen Getränken etwas zu trinken, standen die Memeler Kameraden zwischen den beiden Tischen und an den Wänden herum und unterhielten sich laut und ungezwungen hier und da mit einem der Unsrigen, aber auch miteinander. Daß man uns als Neuen besondere Aufmerksamkeit gewidmet oder sich fürsorglich um uns bemüht hätte, das fiel einfach weg. Ich beobachtete, wie ungezwungen dieses und jenes Mädchen an einer Zigarette paffend dastand, wie Mädchen und Jungen sich frei und unbekümmert unterhielten, auch umschlungen dastanden. Wie übernächtigt und abgespannt, auch ungepflegt die meisten aussahen. Es hatte den Anschein eines Bildes, auf dem sich freiheitliche junge Menschen im primitivsten Rahmen ungezwungen bewegten. [...]

Oben im Mädchenschlafzimmer sah es sauberer und freundlicher aus. Die rosa gestrichenen Wände und eine weiße Gardine, die am Fenster flatterte, waren ermutigender. Hier bleibt mir jedoch hauptsächlich der Anblick der übereinandergelagerten Betten in Erinnerung, die ringsherum das Zimmer füllten, vor allem die fest schlafenden Mädchen mit den noch im Schlaf erschöpft aussehenden Gesichtern. Unvergeßlicher Eindruck! Oh, wie schwer habt ihr wohl gearbeitet, wenn ihr so fest schlafen könnt, daß nicht einmal unser Einbruch euch erweckt! Ich schaute sie mir nacheinander an, die Köpfe, die hingeworfen auf den kleinen Kissen lagen. Da sagte irgendeine, die uns hineingeführt hatte: „Und um halb fünf morgens wird schon wieder geweckt." Welch ein Leben, so jung, und der Schlaf bedeutet ihnen die einzige Ruhepause! Einige schliefen zu zweit – unseretwegen! Eine, die hinzuklettern wollte und nicht hinein konnte, weil das andere Mädchen quer über dem Bett lag, sagte laut: „Ich werde sie schon wach kriegen, ich stecke ihr einen ,Pogrom'[1] in den Mund." Obgleich ich verstand, daß es sich um einen Ulk handelte, erschrak ich bei diesem schaurigen Wort und war zugleich neugierig, welchen Unfug sie im Sinne hatte. Eine Zigarette etwa? Aber nichts dergleichen, sondern ein Stückchen Schokolade, ein Bonbon, einen kleinen Kuchen, lauter muntere Überraschungen wurden scherzhaft mit diesem Wort gemeint. Daran gewöhnte ich mich später; ja so sehr, daß ich es unglaublicherweise selber benutzte.

Am folgenden Morgen erwarteten alle sehnsüchtig den Wagen nach Karlsberg, dem Gutshof, auf dem wir zur landwirtschaftlichen Arbeit angefordert waren. Freudig kletterten wir auf den mit Stroh belegten und mit zwei Pferden bespannten Leiterwagen, der endlich am Nachmittag erschien. Ich atmete auf, als Memel hinter uns lag und der freie Blick auf die bunten Wiesen und Felder, die sich wie Teppiche vor uns ausbreiteten, uns beglückte. Die frische Frühlingsluft war erholsam, befreite mich von der Last der Eindrücke und ließ mich wieder zu mir selber kommen. Alfred und ich saßen ganz vorn neben den zwei litauischen Kameraden, die den Wagen führten, und wir kamen schnell ins Gespräch mit den beiden. Es waren Nathan, der lange braune Bäcker, und Chaim, der kleine dunkelhaarige Kutscher, die mir später im Laufe der folgenden Wochen vertraute Gestalten wurden. Sie sprachen jiddisch, und ohne an diese Sprache gewöhnt zu sein, verstanden wir uns sofort. Sie beide freuten sich und staunten, als Alfred mit seiner schönen Stimme ein hebräisches Lied anstimmte.

Der Weg war länger als wir gedacht hatten, und wir ließen mehrere Gutshöfe hinter uns liegen. Doch dann

fuhren wir in einen besonders großen viereckigen Hof
ein, der, von wuchtigen Scheunen und Stallungen einge-
rahmt, einen stolzen und reichen Eindruck machte. Unser Gespann hielt vor einem mittleren Hause auf der
rechten Seite. Als ich im Vorraum des ersten Stockwer-
kes mit meinem Gepäckstück gelandet war und in das
Zimmer guckte, beruhigte mich irgendwie die Leere und
das Uneingerichtete der Räume, deren Fenster, wie ich
sogleich bemerkte, in einen Garten schauten. Ich sagte
mir: Hier können wir es uns selber einrichten, wie wir
wollen. Bald war man sich über die Einteilung in Jun-
gen- und Mädchenzimmer einig. Ein paar alte Betten
und ein Schrank waren vorhanden. Wir hoben die alten
Matrazen heraus und schafften sie fort. Die Jungen füllten unsere und ihre Strohsäcke, die wir an deren Stelle
legten, damit war die erste Arbeit getan … Dann saßen
wir alle zusammen im schmalen Höfchen an ungedeck-
ten Holztischen und aßen aus Blechnäpfen Hering, dazu
Brot und hinterher die warme Milchsuppe, die Chewda,
die Köchin, gerührt hatte. Mit dem überraschend Primitiven wurde ich schnell fertig. Ich sah Chewda mit ihrem
überhitzten Gesicht und all die anderen litauischen Kameraden, die sich bescheiden und höflich mit uns gesetzt hatten, mit uns Neuen, die wir ihren Kreis so stark
und laut erweitert hatten. Nach getaner schwerer Land-
arbeit nahmen sie das einfache Mahl ein und sahen
durchweg still und freundlich aus; ganz anders, als ich
sie mir vorgestellt hatte. […]

Auf dem Felde

Nachdem ich etwa sechs Wochen in der Küche gearbeitet hatte, war auch an mir die Reihe, aufs Feld zu gehen.
Mir graute im Inneren davor. Die weite, unbedachte Flä-
che, auf der ich den ganzen Tag nicht einmal ausruhen,
sondern ständig würde stehen müssen, flößte mir Furcht
ein, wenn ich es mir vorstellte. Aber eines Tages war es
soweit. Es tröstete mich der Gedanke, daß Alfred ja auch
irgendwo auf dem Felde war. […] Und nun befand ich
mich plötzlich im Freien auf einem weiten Felde, auf

dem vereinzelt Frauen und Mädchen in gebückter Haltung arbeiteten. Der Inspektor kam zu mir und gab mir ein kleines Blechdöschen in die Hand, welches zur Hälfte mit kleinen klebrigen, glänzenden Samenkörnern gefüllt war. Er zeigte mir, wie ich immer 2–4 davon in die vorgezogene Furche zu legen und mit Erde zu bedecken hatte. Der Inspektor tat dies sehr freundlich. Er kniete dabei nieder und stützte sich mit dem Arm auf die Erde, während er mir zuredete, daß ich das sicher gleich gut machen würde. Dabei deutete er mit freier Hand spielerisch an, was ich in den nächsten Stunden zu tun hatte. Sein Vorbild und sein gutes Zureden verfehlten nicht den Einfluß auf meinen gehorsamen Willen und wahrscheinlich auch auf meinen Ehrgeiz und verminderten auf diese Weise meinen ersten Schrecken über die langen Reihen und über die unendliche Weite, in der ich mich befand. Doch das Gefühl der panischen Furcht blieb nicht aus. […] Ich kam mir so unbeschützt vor und fühlte mich winzig klein und verloren. Gefühle einer Art furchtbarer Verlassenheit ergriffen mich, in welchen ich mich dem endlos Weiten, Kalten erbarmungslos preisgegeben sah. Verzweifelt suchte ich auf der anderen Seite des Feldes, am Horizont, dort, wo die Männer arbeiteten, die Gestalt meines Alfreds zu unterscheiden. Ich glaubte sie zu sehen.

Später sollte sich meine Furcht in ganz anderer Hinsicht als begründet herausstellen. Die langen Stunden der Arbeit ergaben eine körperliche Qual von einem Ausmaß, wie ich es bisher nicht gekannt hatte. Während ich mich zu Anfang beim Aussäen hingekniet hatte, merkte ich bald, woran es lag, daß die anderen es nicht so machten. Das Aufrichten und das erneute Hinknien wurden bald so beschwerlich, daß es leichter schien, in ständig gebeugter Haltung mit leicht gebeugten Knien an der Furche entlang zu gehen. Aber gerade diese Haltung war auf die Dauer sehr schwer zu ertragen, und es stellten sich starke Schmerzen in den Oberschenkeln und in der Beckengegend ein, die mich fast mutlos machten. Doch gerade in jenem Augenblick läutete es zur Mittagspause, und erlöst tappte ich mit ungelenken Schritten dem

Hause zu. Fast schienen mir die Nachmittagsstunden noch unerträglicher. All mein anfängliches Gefühl für den Sinn meiner Arbeit, die Samen in die Erde zu stekken, aus denen wir nach einiger Zeit richtige, dicke grüne Gurken ernten würden, half nicht, mich in meiner schmerzhaften Haltung mit deren Qualen zu versöhnen. Nur mit äußerstem Willen nicht nachzugeben, sondern durchzuhalten, ging es immer weiter. Die nächsten Tage belohnten mich dann auch mit dem Erfolg. Es ging besser! Als ich jedoch dies gerade verbuchen konnte, da war diese Arbeit beendet, und es hieß zu einer anderen Feldarbeit übergehen.

Beendete Hachscharah

Über Frühjahr und Sommer ist es nun Herbst geworden und die Zeit der großen Abreise rückt näher. Wie schön ist das malerische Bild da draußen, die herbstlich bunten Bäume, vom Fenster eines lauschig geheizten Zimmers aus! Ich denke an Karlsberg und daran, wie trübe es wohl jetzt auf dem großen grauen verlassenen Gutshof aussehen mag. Nun ist es für uns nur noch Erinnerung! Wir haben dort manches gelernt, unsere Zeit mit dem Gutsherrn programmgemäß abgedient, und sind alle zusammen wieder nach Hause zurückgekehrt, um für unsere *Alijah* (Einwanderung) nach Palästina zu rüsten. In nur drei Wochen soll der Abschied von der alten Heimat und von all unseren Lieben vor sich gehen und die Reise in unsere neue Welt ihren Anfang nehmen. Ich fühle mich froh und glücklich, wieder – und sozusagen ein letztes Mal – mit unseren Eltern und Geschwistern zu sein, ihr Mitfühlen, ihr Mitdenken, ihren Rat zu genießen, und den eigenen Wert aus ihren Augen abzulesen. Dazu hat mir das Glück noch zwei neue Herzen beschert: die gute, kluge Mutter von Alfred, und seine kleine, jüngste Schwester Wilma[2], die ich in den letzten Wochen des Aufenthalts in ihrem Haus liebgewann, und die zu wahren Freunden wurden.
Ein großer Teil unserer Zeit wurde natürlich mit den Vorbereitungen für die große endgültige Reise völlig

aufgebraucht. Und hatte ich mir unter den Reisevorbereitungen in der Hauptsache das Packen von Kisten und Koffern vorgestellt, so war das zumindest eine recht mangelhafte Vorstellung. Viel mehr Zeit als diese letzten Handgriffe brauchten die gedanklichen und förmlichen Erledigungen, die Wege auf die Ämter, zu ärztlichen Untersuchungen, Abmeldungen, Besorgungen von nötwendigen Ausrüstungsgegenständen und anderem. Es wäre viel zuviel, alles aufzuzählen. Doch unweigerlich kam allzu schnell der letzte Tag zu Hause an. Es war Freitag, der 14. Dezember 1934, an dem wir abends gegen 12 Uhr auf dem Bahnsteig des Berliner Bahnhofs vor dem D-Zug standen, umgeben von all unseren Lieben, die wir – es ist kaum zu fassen – in der Mehrzahl an diesem Abend zum letzten Mal vor uns sahen. Die Zeit, die unweigerlich schicksalsschwer fortschreitende, hatte einen wesentlichen Abschnitt in unser aller Dasein zu einem Ende geführt. Wir aber fühlten zunächst den Abschiedsschmerz, die Wehmut, die Trennung von unseren Lieben wie von der ganzen bisherigen vertrauten Welt. So waren die Empfindungen, die uns während der ganzen nächtlichen Bahnfahrt im Zug nach Italien bewegten.

Auf dem Schiff nach Palästina

Am Morgen des nächsten Tages trafen wir in Triest ein. Und seit heute, dem 19. Dezember 1934, befinden wir uns auf dem Schiff mit Namen *Pilsna*, das uns nach Haifa bringen wird, an unser nächstes Ziel. Wir junge Menschen sind imstande, uns dem Gefühl des Augenblicks zu überlassen und die Gedanken an Vergangenheit und Zukunft für eine Weile auszuschalten. Mit Behagen liegen wir auf den Liegestühlen im Zwischendeck, lassen uns von der südlichen Sonne bescheinen und schauen gelöst und friedlich auf Himmel und Meer. Diese Lage durchflutete mich zuweilen als ein unfaßlicher Genuß. Und glücklicherweise sind wir beide auch vom Übel der Seekrankheit verschont. Ab und an strolchen wir auf den schwankenden Brettern umher, machen uns mit den Offizieren und den Menschen im Maschinenraum bekannt und dürfen den gesamten großen beweglichen Betrieb, den wir bestaunen und bewundern, besichtigen. Merkwürdig und unwahrscheinlich schien es uns, als man eines Abends auf Deck einen Tonfilm abrollen ließ. *Don Quichote* sprach und sang, dargestellt von Schaljapin, unter dem weiten dunklen Himmelsgewölbe, während zu beiden Seiten des Schiffes schwere Wellen anschlugen, deren mächtigere Musik das Menschenwerk zuweilen übertönte. Es war der 24. Dezember, als wir Abschied nahmen von den Menschen unseres schwankenden Hauses, die uns in ihrer Freundlichkeit den Übergang von der alten zur neuen Heimat erleichtert hatten. Gekräftigt, frohgemut und von einer idealen Willenskraft beseelt, so stiegen wir am Abend im Haifaer Hafen an Land.

Ankunft in Haifa

Die ersten Eindrücke des arabisch-hebräischen Sprachgemisches, des Lärmes der Ausschiffung und der Zollabfertigung wurden unterbrochen vom Erscheinen eines Vetters von Alfred, dem einzigen Familienangehörigen, der schon im Lande weilte und der uns erwartete. Dieser war mit Frau und Kind vor kurzem eingewandert. Er hatte Deutschland unter schwierigen Umständen verlassen müssen, Hals über Kopf, und lag selbst noch im Kampf mit seiner Einordnung. Die Familie hatte ein kleines Häuschen auf einem der Carmel-Hänge gemietet und versuchte, fast ohne Geldmittel, aus eigenen Kräften sich durch Einrichtung eines Mittagstisches zu ernähren, was ihnen große Schwierigkeiten bereitete. Voller Anteilnahme hörten wir an diesem unserm ersten Abend den Bericht von ihren Sorgen an. Sie wiederum belächelten mit Skepsis unsern jugendlich-frohen Idealismus und unsere optimistische Einstellung. Unter diesen verwirrenden Eindrücken und den vielen vorangegangenen der Reise und Ankunft fielen wir beide todmüde auf den Feldbetten, die für uns auf dem Dachboden bereitet waren, in einen tiefen Schlaf, aus dem wir am anderen Morgen neugierig und voller Pläne im neuen Land erwachten. Ein grauer Himmel breitete sich über uns aus, als wir durch die Dachluken schauten, und harte Regentropfen klatschten hernieder. Es war ja Ende Dezember: Regenzeit! Dessenungeachtet nahmen wir, unter Zurücklassung unserer Gepäckstücke, von unseren Verwandten Abschied und, eingehüllt in dunkle Regenmäntel, mit festem Schuhwerk an den Füßen und nur wenig Geld in der Tasche, so machten wir uns auf den Weg. Wohin?

Unser Ziel war ein Kibbuz mit Namen *Kwuzat Kinneret*. Dort befand sich einer unserer litauischen *Chawerim* (Kameraden), ein Gruppenführer, mit dem wir befreundet waren, und der vor unserer Zeit zur *Alijah* gegangen war. Er, ein Medizinstudent, hatte uns beim Abschied das Versprechen abgenommen, keinen Schritt zu unternehmen, bevor wir uns nicht mit ihm beraten hätten. Und dieses Versprechen wollten wir nun halten. Unter Zuhilfenahme einer Karte machten wir uns zunächst auf den Weg in die untere Stadt und erreichten die Landstraße. Ein Bus kam an. Wir fragten „Nazareth-Tiberias?" „*Aiwa*" (ja), antwortete der Chauffeur. Wir stiegen ein und sahen durchweg Araber und aller Augen auf uns gerichtet, ebenso wie wir überrascht, erstaunt und beklommen die Gesichter unter den weißen Kopfbedeckungen betrachteten. Auch in Nazareth, wo wir den Bus wechseln mußten, waren wir von Arabern umgeben. Schließlich landeten wir mit dem nächsten arabischen Bus in der Stadt Tiberias. Da es weiterregnete, und auch anfing zu dunkeln, ließen wir uns nur Zeit, etwas aus der Hand zu essen, und schon standen wir wieder an der Landstraße. Es hielt auch wirklich ein Taxi, wiederum arabisch, in welches wir einstiegen, und das uns an einem Punkt absetzte, an welchem ein Schild mit hebräischen Buchstaben *Kwuzat Kinneret* rechts landeinwärts wies.

Fast im Dunkeln, vor Nässe triefend, mit von der nassen Erde schwer beschmutzten Schuhen, so erreichten wir einen Hof, in welchem in der Runde einige Holzbarakken standen. Die größte in der Mitte war erleuchtet, und so traten wir in diese ein. Es war ein Eßraum mit schmalen, langen Tischen und Bänken. Auf den Tischen standen Petroleumlampen. *Chawerim* und *Chaweroth* (Kameradinnen), meist hagere Gestalten mit müden Gesichtern, schweren Gummistiefeln an den Füßen und jede mit einer Laterne in der Hand, traten ein. Wir suchten nach unserem Bekannten Joddeck, sahen ihn aber nicht. Da wandten wir uns an einen *Chawer* und fragten nach ihm. „Joddek Chapiro?" – „Aber der ist ja in Haifa, arbeitet im Regierungsspital!" Unsere Herzen sanken.

Inzwischen füllte sich der Raum, und während wir an der Seite standen, wies der eine und der andere der *Chawerim* auf uns, die wir gekommen waren, um Joddek zu besuchen. Da trat eine der *Chaweroth* auf uns zu und sagte auf jiddisch mit Wärme und Freundlichkeit: „Kommt, setzt euch zu uns an den Tisch und eßt etwas, es wird sich alles finden." Wie ging mir das Herz auf! Als sie uns zum Tisch nahm und einem jeden von uns einen Teller mit Suppe zuschob, da bemerkte sie wohl meine Erregung, stieß mich von der Seite an und wiederholte liebevoll: „Eßt!" Mir stiegen die Tränen in die Augen und ein unglaubliches Gefühl der Wärme, der Rührung und der Dankbarkeit erfüllte mich. Wir waren unter Juden, unter Brüdern! Bis heute und nie werde ich jenen Moment vergessen.

Während wir Suppe und Brot aßen, beratschlagten andere, wie uns am besten zu helfen sei. Wo auf der Welt hatte man uns, ohne viel zu fragen, noch so aufgenommen? Die Mehrzahl der *Chawerim* stammte aus Rußland oder Litauen. Aber es gab einen einzigen aus Deutschland stammenden, einen echten „Jecken" aus Frankfurt. Dieser wurde herbeigeholt. Plötzlich stand er neben uns, begrüßte uns herzlich und sagte, daß er uns in jeder Weise zur Verfügung stünde. Reuben erfaßte unsere Situation sogleich, versprach, uns für die Nacht unterzubringen, und uns morgen früh nach Haifa zurückzuverfrachten. Alfred konnte bei ihm schlafen, während er mich in das Zimmer einer *Chawera* brachte, deren Mann außerhalb der *Kwuza* (Kollektiv) arbeitete. Diese empfing mich selbstverständlich, ohne jegliches Erstaunen, und sie legte sich auf das schmalere der beiden Betten, obgleich sie sich in schwangerem Zustand befand. Mir hatte sie das breite Bett gerichtet. Tausend erregende Gedanken und Gefühle jagten durch meinen Kopf und durch mein Herz, und lange konnte ich nicht einschlafen. Schließlich waren dies die ersten Eindrücke und Erlebnisse unseres ersten Tages und in gewissem Sinne auch unserer ersten Nacht in *Eretz Israel*.

Am anderen Morgen wurden wir fürsorglich von Reuben auf den Weg zurück nach Haifa verfrachtet. Und in Haifa gelang es uns dann auch, eine Verabredung mit unserem Freund Joddek zu machen, dessen liebevolle Beratung uns an Enzio Sereni[3] in *Givat-Brenner* verwies, einem Kibbuz nahe bei Rechowot, dessen Mitglieder sich hauptsächlich aus deutschen und litauischen *Chawerim* zusammensetzten.

Kibbuz Givat-Brenner

(Die Verfasserin beschreibt ihre Ankunft im Kibbuz, die erste Unterredung mit dessen dynamischen Leiter Enzio Sereni und den freudigen Eintritt der beiden Eheleute in die landwirtschaftliche Kollektivsiedlung.)

Nach kurzer Zeit waren wir mit Kisten und Koffern zur Stelle. Ein neues Zelt wurde von Alfred mit Hilfe von *Chawerim* fest in den Boden gerammt, gespannt, der rote, sogenannte Chamre-Boden mit einer Strohmatte belegt, zwei Betten hineingestellt, eine Petroleumlampe am Mittelpfahl aufgehängt, und fertig stand unsere Unterkunft da, ein etwas schwankendes Haus, das zwei junge Menschen vor dem Winterregen (es war Januar 1935) und den Stürmen beschützen sollte. Brauchten wir jedoch mehr? Wir fühlten uns kräftig, gesund und frei, getragen von dem einzigen Wunsch, am Aufbau unserer neuen Heimat mitzuarbeiten.

---

1 *Pogrom.* Planmäßige Judenverfolgung mit Brandlegung an Synagogen.

2 Die Schwägerin Margot Blochs, Wilma Reich, wohnt heute in Houston, Texas (USA).

3 *Enzio Sereni*, geboren 1905 in Rom, gehörte zu den aktivsten israelischen Widerstandskämpfern gegen die Nazis. Er starb während eines Fallschirmeinsatzes in Italien gegen Ende des Zweiten Weltkriegs.

Quelle: Margot (Miriam) Bloch-Wresinski. „Streiflichter aus dem einfachen Leben einer deutsch-jüdischen Einwanderin". Israel 1948. Manuskript, Leo-Baeck-Institut. Abdruck mit freundlicher Genehmigung von Wilma Reich.

An der holländischen Grenze

Kurz nach der Ernennung Hitlers zum Reichskanzler An-
fang 1933 kam es zur ersten Welle von Verhaftungen jü-
discher, kommunistischer, sozialistischer und pazifistischer
Systemkritiker des Dritten Reiches. Spektakuläre Massen-
kundgebungen, antijüdische Boykottveranstaltungen und
geschickt gelenkte Propagandaaktionen bereiteten den ideo-
logischen Boden für die schnelle politische Gleichschaltung
des Staatsapparates unter der Führung der Nationalsozia-
listen. In der zweiten Hälfte des Jahres 1938 begann eine
neue Phase antisemitischer Verfolgungen, dessen Höhe-
punkt die sogenannte „Kristallnacht" bildete, in der es in
ganz Deutschland zu Brandstiftungen, Plünderungen,
Mißhandlungen und über 25 000 Verhaftungen kam.
Ziel der nächtlichen Pogrome und Zerstörungsaktionen
war es, jüdischen Familien die Existenzgrundlagen zu
entziehen, und sie dadurch zur Flucht aus Deutschland zu
zwingen. Trotz der großangelegten und rücksichtslos ge-
planten Vertreibung kam es jedoch immer wieder zu büro-
kratischen Verzögerungen bei der Ausbürgerung, da laut
Nazi-Vorschrift jeder Exilant mehr als ein Dutzend
Stempel und Bewilligungen brauchte, die häufig wochen-
lange Wartezeiten mit sich brachten. Diese zermürbende
Sorge, Angst und Ungewißheit vor dem Schicksal be-
schreibt der folgende Beitrag aus der Feder einer jungen
Schülerin in Hamburg, deren Eltern nach dem Pogrom
verzweifelt ein Asylland suchten. Der Familie glückte
schließlich die Ausreise in die Niederlande und später die
Weiterfahrt nach New York.

„Und nun müssen Sie ein neues Vaterland suchen!" Das
sagte der Zollbeamte zu uns in Neuschanz an der holländischen Grenze. Er war so freundlich zu meinen Eltern

und mir und strich mir mit seiner großen Hand übers Haar.

Vorher hatten wir etwas Gräßliches erlebt. Jedenfalls fand ich es schrecklich, denn ich kann es überhaupt nicht vertragen, wenn fremde Menschen bei meinen Sachen wühlen. Unser ganzes Gepäck wurde durchsucht, weil wir auswandern wollten, und Mutti und ich mußten uns bis aufs Hemd ausziehen. Aber Mutti lachte dabei und sagte: „Nun wollen wir mal sehen, wer am schnellsten wieder ins Zeug kommt!" Und dann haben wir uns um die Wette wieder angezogen. Mutti trägt ihr Haar in einer Rolle im Nacken. Sogar Muttis Haar wurde durchsucht. Und wir mußten beide die Schuhe ausziehen.

Papi erzählte uns nachher, daß er dem Beamten auf seine Frage, ob er was im Strumpf habe, geantwortet hätte: „Ja, ich fürchte ein Loch." Das sieht ihm so recht ähnlich!

Die Durchsuchung dauerte ungefähr eine Stunde. Als wir fortgingen, waren die Beamten viel freundlicher zu uns als vorher. Sie hatten aber auch wirklich nichts gefunden.

Übrigens sagten meine Eltern, daß es besonders ordentliche und korrekte Beamte gewesen wären. Aber ich finde es doch gemein, wenn man einem nicht glaubt, wenn man sagt, man hat keine Devisen bei sich.

Mutti hat sich gar nicht gern von ihrem Schmuck und ihrem schönen Silber getrennt. Sie trug selbst nie Schmuck, aber so voller Freude sagte sie immer: „Das sollst du mal später haben." Und unsere schönen silbernen Leuchter! Mutti hatte sie sich anstatt Schmuck zur Verlobung gewünscht. Jeden Freitagabend hatte sie den Segensspruch darüber gesprochen. Aber Mutti hatte recht, wir mußten dem lieben G'tt dankbar sein, daß wir drei uns nicht zu trennen brauchten.

Als Papi damals im Konzentrationslager war, war es schlimm genug. Und Papi konnte doch wirklich nichts dafür, daß ein junger Mann in Paris einen anderen jungen Mann erschossen hat.[1]

Dieser 10. November[2] war überhaupt der schrecklichste Tag meines Lebens (siehe Abbildungen 11, 12). Mor-

190

gens fuhr ich zur Schule. Mutti brachte mich wie jeden Morgen zur Bahn. Es war das erste Mal, daß ich zu spät kam. Meine Klassenlehrerin war aber doch noch nicht in der Klasse. Die Kinder saßen so still auf ihren Plätzen und machten gar keinen Krach. Das fand ich schon merkwürdig. Dann kam unsere Lehrerin. Sie sah ganz verweint aus. „Kinder, ihr müßt gleich nach Hause gehen. Unsere Lehrer sind verhaftet worden. Geht sehr ruhig auf der Straße. Immer zwei und zwei. Und so schnell wie möglich!" Weil ich die Größte aus der Klasse war und eine übrigblieb, mußte ich alleine gehen. Wie war mir schrecklich zumute! Alle Leute guckten so schadenfroh, und ich hörte so gräßliche Geräusche – die Steine, mit denen sie die Fenster unserer Synagogen einschlugen. Ich rannte immer schneller. Und ich mußte immer denken, ob ich meine Eltern wohl noch wiedersehen würde.

Zu Hause schloß Mutti mich in die Arme. Ich mußte mich in einen Stuhl setzen, so klopfte mein Herz. Dann klingelte es. Es war ein Kollege von Papi. „Können wir noch fliehen? Sie verhaften vollkommen wahllos von der Straße!" Ich sah ihn an. Der Mann flog (zitterte) am ganzen Körper. Es sah beinahe zum Lachen aus. Und doch hätte ich am liebsten geweint.

Papi zog sich den Mantel an, um mit ihm zu gehen. Aber inzwischen klingelte es schon an der Haustür. Zwei Männer fragten nach Papi. Der Kollege verschwand durch die Hintertür. Er konnte vor Aufregung gar nicht in seinen Mantel kommen. Aber in der Nacht holten sie auch ihn. Diese schreckliche Nacht, ich werde sie nie vergessen.

Wir hatten uns nicht ausgezogen. Plündernd und johlend zogen die Horden durch die Straßen. Wir gingen ans Fenster, aber machten kein Licht. Autos flitzten vorüber. Gestapobeamte sprangen heraus: „Sind Sie Jude? Weisen Sie sich aus!" Wenn sie es nicht konnten, wurden sie an Ketten abgeführt. So viele Juden irrten durch die Straßen. Sie wagten sich nicht nach Hause, denn die Beamten hatten Listen. Sie gingen von Haus zu Haus und verhafteten jeden Juden. Kranke Leute wurden aus den Betten geholt. Alte aus dem Altenhaus. Wie Vieh wurden sie zusammengetrieben. Plötzlich klingelte es bei uns an der Haustür. Es war unser Nachbar. Wir wußten, daß er ein Nazi war. Aber er war doch immer sehr freundlich und nett zu uns gewesen. Jetzt fragte er, ob wir die Nacht zu ihm herüberkommen wollten. Er führe keinen Krieg gegen Frauen und Kinder. Er wolle uns beschützen. Der Mann war so voller Ärger und Abscheu für all das, was er in den Straßen an Plünderungen gesehen hatte. Er fragte übrigens später jeden Tag nach Papi. Aber auch er hatte Angst.

Unser Papi mußte mit den zwei Beamten fortgehen. Nur zwei Taschentücher durfte er mitnehmen. Mutti fragte „wohin?", „warum?" Aber auf alles kam nur die Antwort: „Das wissen wir nicht." – Nach drei Wochen bekamen wir die erste Nachricht von Papi. Er war mit vielen anderen in ein Konzentrationslager gekommen. Ich mag nicht mehr an diese Zeit denken. Meine Mutti, die sonst immer so fröhlich war, hatte ein ganz anderes Gesicht bekommen. Wenn sie nur hätte weinen können! Viele Frauen kamen zu ihr. Sie holten sich Rat. Sie waren alle wie Schwestern zueinander.

Morgens ging Mutti zur „Geheimen Staatspolizei". Ich wollte so gerne mit, denn ich mochte sie gar nicht allein lassen. „Das ist nichts für dich", sagte Mutti nur.

Aber ich hatte mir angewöhnt, an der Tür zu horchen, wenn die anderen Frauen kamen, denen es so ging wie Mutti. Da hörte ich gräßliche Sachen. Zuerst waren die Frauen in ihrer Verzweiflung zur „Geheimen Staatspolizei" gelaufen. Dort hatte man sie die Treppe hinuntergeworfen. Sie ließen sich nicht abweisen, sondern kamen immer wieder. Ich kann es mir vorstellen, wie sie da standen. Ein endloser Zug in einem engen Gang. Keiner wagte zu sprechen. Und wenn es irgendwie auch nur lauter wurde, kam irgendein dummer Lausejunge und donnerte: „Wenn es hier nicht gleich lautlos still ist, schmeiße ich die ganze Judenschule die Treppe hinunter." Dann krochen die Frauen wie verschüchterte Hühner aneinander. Sie sprachen nicht mehr, aber auf ihren Gesichtern lag das Gebet, daß es ihnen gelingen möchte, ihren Männern zu helfen. Manche bekamen auch Anfälle und weinten und schrien. Die anderen halfen, wo sie nur konnten. Sie waren alle wie Schwestern.

Manchmal bat ich Mutti, abends mit mir in ein paar Straßen zu gehen. Aber es tat mir so weh, wenn Mutti dann sagte: „Ich kann es gar nicht verstehen, daß alles so ruhig weitergeht. Alles geht seinen Gang. Dabei hat man Tausende von guten, unschuldigen Menschen einfach aus ihren Familien gerissen und quält sie zu Tode."

Damals kam die schreckliche Kälte. Täglich kamen Todesnachrichten. Wir versuchten es Mutti zu verheimlichen. Aber sie merkte es doch immer. Abends schlief ich neben Mutti in Papis Bett. In seinen Kissen war es mir, als läge ich in seinem guten warmen Vaterarm. Ich tat vor Mutti so, als wäre ich eingeschlafen, aber ich merkte doch, wie sie sich schlaflos herumwälzte und still vor sich hinweinte. Mutti nannte mich ihr kleines „G'ttvertrauen". G'ttvertrauen hatte ich auch. Aber manchmal hatte ich auch furchtbare Angst.

Wir hatten eine Karte von Papi. Sie war so tapfer. Aber die Schrift war zitterig. Ich kann sie noch auswendig hersagen. „Meine geliebte Frau! Mein geliebtes Kind! Seid nicht traurig! Wo so viele von uns sind, muß doch auch ich sein. Seid tapfer. Wie G'tt es fügt, möge es zum Guten sein. Euer Papi."

Ich sagte das immer Mutti auf, wenn sie so verzweifelt war.

Am 17. Dezember hatten wir Termin beim amerikanischen Konsulat, um unser Visum zu beantragen. Das war Muttis letzte Hoffnung. Sie hatte einen Antrag gestellt bei der Gestapo, daß Papi doch noch die notwendigsten Papiere beantragen müsse. Aber schon am 5. Dezember hörten wir, daß nur noch Männer freikämen, die das Visum bereits hätten. Und nun gingen die schrecklichsten Wege los. Bei der Gestapo sagten sie: „Bringen Sie nur das Visum, dann ist Ihr Mann sofort frei." – „Das ist doch unmöglich", sagte Mutti. „Mein Mann muß doch erst untersucht werden!" – „Dann beschaffen Sie ihm die beglaubigte Einladung für ein Zwischenland. Ihr Mann muß sofort die Möglichkeit haben, aus dem Land zu gehen." Wie hat Mutti gearbeitet, um diese Einladung zu erhalten. Die Einladungen trafen ein aus Belgien, aus Dänemark, aus Frankreich und aus England. Aber kein Konsulat wollte die Einladungen beglaubigen. Manche der Frauen sagten, der Gestapobeamte sei doch besonders nett und freundlich. Da lachte Mutti so bitter: „Ich nenne das Menschenfresserfreundlichkeit. Man sieht ihm doch direkt die Freude an. Wie appetitlich siehst du aus, wie gut wirst du mir schmecken." Und Mutti hatte recht. Einmal sagte der Kerl zu ihr: „Oh, wir kennen uns doch schon so gut. Heute haben Sie ja eine andere Bluse an. Die steht Ihnen ja reizend." Und als Mutti einmal weinte, tröstete er sie. „Ah, so'n bißchen Drill wird Ihrem Alten ganz guttun! Übrigens sehe ich eben aus der Akte, daß er schon 10 Jahre älter ist als sie. Der ist ja doch viel zu alt für Sie!" Das muß das Schlimmste für Mutti gewesen sein, daß sie all so etwas schweigend herunterschlucken mußte.

Dann kam der 15. Dezember. Mit Bitten und Flehen war es Mutti gelungen, zum amerikanischen Konsul vorzudringen. Meistens wurden die Frauen an der Barriere abgewiesen. Mutti bat ihn, einen Brief an die Gestapo zu schreiben, daß Vati zum Termin freikommen müsse, andernfalls die ganze Auswanderung der drei Personen gefährdet wäre.

Später, als wir uns wieder freuen konnten, hat Mutti das Gespräch mit dem Konsul niedergeschrieben. „Liebe Frau, Sie werden müssen stellen einen Antrag schriftlich." Darauf aber sagte Mutti: „Ich muß diesen Brief sofort haben. Wenn ich Ihnen schreibe, dauert es drei Tage, bis Sie diesen Antrag vorliegen haben. Mindestens drei Tage dauert die Antwort. Ich aber bange um jede Minute. Jede Minute kann der Tod meines Mannes sein. Ich kann nicht so von Ihnen gehen. Herr Konsul, Sie müssen mir helfen!" Der Konsul verstand ihre Verzweiflung: „Was soll ich schreiben?" Und dann diktierte Mutti den Brief an die Gestapo. Der Gestapobeamte sagte: „Zu Weihnachten haben Sie ihn wieder."

Aber Mutti konnte es nicht glauben. Sie konnte überhaupt nicht mehr glauben in dieser Zeit. Am 17. Dezember mußte ich mit Mutti alleine zum Termin. Der Konsul war so gut zu uns. Er erkannte Mutti sofort: „Hat unser Brief Erfolg gehabt? Ihr Mann kann jeden Tag zu mir kommen, sowie er frei ist. Sie brauchen keinen neuen Termin." Der Konsul wollte uns helfen. Ich hätte ihm einen Kuß geben mögen! Und ich hatte plötzlich das feste Gefühl, daß uns geholfen werden würde!

Und von nun an betete ich jeden Abend für das Land, das unsere neue Heimat werden sollte.

Wer nicht bis zum 23. Dezember freikam, der konnte vor dem 10. Januar (1939) nicht mit Entlassung rechnen. Das wußten wir. Die Kälte aber wurde von Tag zu Tag schlimmer. Wir sahen so viele Freunde. Sie kamen mit schwer verbundenen Händen zurück. Einigen waren die Finger abgenommen. Wir sprachen mit einem Zahnarzt. Er hatte nur noch zwei Handstummeln. Nie wieder würde er seiner Arbeit nachgehen können. Alles das wußte Mutti. Und sie wußte noch mehr. Keiner wagte es recht zu sagen. Aber hintenherum hatten wir doch erfahren, daß unser Vati seit 14 Tagen mit Grippe im Revier lag. Das war eine neue Sorge für Mutti. Freunde, die zurückkehrten, hatten gesagt: „Alles – nur nicht krank werden dort!"

Der 23. Dezember war ein Freitagabend, der siebente Freitagabend ohne Papi. Der Vorabend von Weihnachten. Im Hause übten sie Weihnachtslieder. Hell schallte es zu uns herein: „Oh du fröhliche, oh du selige, gnadenbringende Weihnachtszeit ..." Draußen schneite es. Langsam fielen die Flocken. Und langsam liefen Muttis Tränen. Es tat mir so weh, sie weinen zu sehen. Sie war sonst immer so tapfer. Und doch vielleicht war es gut für sie.

Es war der vorletzte Abend von Chanukka[3], unserem Lichterfest. Wie hatte ich mich sonst immer darauf gefreut. Keiner hatte dieses Jahr den Chanukkaleuchter für uns angezündet. Kein Licht brannte für uns. Und doch hatte ich Mutti etwas geschenkt. Vor ihr lag mein Brief. Vielleicht hatte der sie zum Weinen gebracht. Aber vorher hatte sie gelächelt. Ihr süßes altes Mutterlächeln. Und das war mein Geschenk gewesen. Ich hatte ihr einen Brief geschrieben:

„Liebe Mutti, ich habe solch G'ttvertrauen. Siehst du nicht, wie schön unsere Azaleen blühen? Sie haben sich zur Willkommensfeier geschmückt. Wie süß singen heute unsere kleinen Vögel. Sie schwiegen die ganze Zeit. Sie wissen, daß Papi bald wiederkommt. Die Vögel und die Blumen sind reiner und besser als wir Menschen. Sie sind dem lieben G'tt näher. Darum wissen sie auch schon, daß Papi bald wiederkommt! Ich habe solch G'ttvertrauen. Deine Freundin Eva"

Aber niemand kam. Wie horchte Mutti auf das Telefon. Manche Frau war endlich erlöst. Unsere Lieben waren in das Konzentrationslager Oranienburg-Sachsenhausen gekommen. Wenn sie entlassen wurden, nahm sich das Hilfskomitee ihrer in Berlin an. Sie kamen zurück mit geschorenen Haaren wie Sträflinge. Ihre Mäntel waren durch die Desinfektion gegangen. Die Stoffe, die doch meist aus Baumrinde gemacht waren, konnten das nicht vertragen und zerfielen in Fetzen. Die Hüte sahen aus wie Pfannkuchen. Meistens gab ihnen das Hilfskomitee in Berlin schon neue Hüte. Und dann riefen sie bei den Frauen an: „Hier Ferngespräch aus Berlin, mit Rückantwort. Wollen Sie die Kosten tragen?" Wie gern taten das die Frauen, wenn sie die Stimme ihres Mannes wieder hören konnten.

Bis 10 Uhr saßen wir neben dem Telefon, aber es kam kein Anruf. Und dann gingen wir zu Bett. Wir konnten beide nicht schlafen.

Gegen 11 Uhr schrillte die Telefonglocke. Aber es war nur aus Hamburg, das Fernamt klingelte viel lauter. So müde ging Mutti an den Apparat. Nie werde ich ihren Aufschrei vergessen! „Mein Mensch, mein guter Mensch." Dann fiel ihr der Hörer aus der Hand. „Mutti, was ist dir?" Aber ihr Gesicht, es leuchtete und strahlte. „Eva, mach dich fertig. Das war Papi am Telefon. Gleich ist er bei uns! Er ist schon in Hamburg."

Später hat mir Mutti erzählt, das waren die beiden schönsten Augenblicke ihres Lebens – als ich geboren wurde, und als unser guter Vati endlich wieder unversehrt vor uns stand. Sein Gesicht war so schmal und klein geworden. Die Finger waren voll Frost. Aber seinen alten und goldigen Humor hatte er behalten. „Sechs Wochen auf Staatskosten verpflegt", sagte er. „Und sogar den Haarschnitt hatten wir gratis."

An das alles mußte ich denken, als wir über die holländische Grenze fuhren. Die kleinen holländischen Städtchen lagen vor uns voller Frieden in der leuchtenden Abendsonne. Sie leuchtete auch über die stillen glücklichen Gesichter meiner Eltern, die Hand in Hand saßen ohne zu sprechen. Ich konnte sie so gut verstehen. Ich mußte ihnen schnell einen Kuß geben.

Von Vlissingen fuhren wir nach Harwich. Auf dem Schiff waren viele tschechische Flüchtlinge, die nach England wollten. Sie waren so elend. Sie hatten nur Bündelchen und Pappkartons bei sich mit dem Notwendigsten. Es waren viele Ärzte und Rechtsanwälte mit ihren Familien, die nur ihr nacktes Leben retten konnten.

Ein großes schönes Schiff brachte uns von Southhampton nach New York. Sechs Tage fuhren wir auf dem „heiligen Meer". Ich nenne den Ozean das „heilige Meer", weil wir auf ihm in die Freiheit fuhren. Ich kann das Gefühl nicht beschreiben, das ich hatte, als wir in New York einfuhren und die hohen Häuser von Manhattan vor uns auftauchten.

Mein ganzer Körper war wie ein Gebet. Ich mußte dem lieben G'tt danken für die neue Heimat und ihn bitten, mir und meinen Eltern beizustehen, noch recht vielen guten Menschen in der Heimat helfen zu können.

1 *Paris.* Nach der Zwangsdeportation seiner Eltern aus Deutschland an die polnische Grenze erschoß der junge Herschel Grynszpan zur Vergeltung einen jungen Nazi-Diplomaten namens Ernst vom Rath in der Pariser Botschaft.

2 *10. November.* Hinweis auf die von den Nationalsozialisten veranstalteten Pogrome gegen Juden und ihr Eigentum in der Nacht vom 9. und 10. November 1938.

3 *Chanukka*, hebräisch für Weihe. Lichterfest, achttägiges Tempelfest Mitte Dezember zur Erinnerung an die Makkabäerkämpfe und die Wiederweihung des Tempels in Jerusalem 165 v. Chr.

Quelle: Eva Wolfram, „Ein kleines Mädchen kam aus Nazi-Deutschland". Houghton Library, Harvard University. Manuskript 1940. Abdruck mit freundlicher Erlaubnis der Houghton Library.

Brief an die Eltern 1939

Die Verfasserin wurde 1911 als Tochter des Börsenmak-
lers Herwig Trauman in Hamburg geboren, wo sie mit
ihren Geschwistern eine glückliche Kindheit verbrachte.
Susi Lewinsky begann 1929 ein Studium an der Universi-
tät in Hamburg für das Lehramt an Volksschulen. In die-
sem Rahmen belegte sie Kurse für Kunstgeschichte, be-
suchte die Hamburger Kunstgewerbeschule und studierte
ein Semester lang an der Kunstakademie in Prag. Bis zu
ihrer Flucht aus Deutschland unterrichtete Susi an der Jü-
dischen Mädchenschule in Hamburg (siehe Abbil-
dung 17). Sie erhielt Anfang 1939 die Einreiseerlaubnis
nach Großbritannien zur Ausbildung als Krankenschwe-
ster am Militär-Hospital in Greenwich bei London. Im
selben Jahr lernte sie dort ihren Ehemann kennen, der
schon seit 1926 in El Salvador lebte, und mit dem sie spä-
ter von England nach Lateinamerika auswanderte. Beide
überlebten den Krieg im Exil in San Salvador, wo Susi
Lewinsky ihr Studium an der Akademie der Künste fort-
setzte und als Malerin zu Ansehen und Erfolg gelangte
(siehe Abbildung 18). Der folgende Brief entstand unmit-
telbar nach ihrer Ankunft 1939 im Londoner Exil. Die
Verfasserin schildert mit bewegten Worten die ersten Ein-
drücke aus der englischen Hauptstadt und berichtet den
Eltern in Palästina mit Zuversicht über ihre neugewon-
nene Freiheit nach der geglückten Flucht aus Deutschland.

Meine Lieben,   London, 11. April 1939

es ist sechs Uhr morgens, aber ich bin hellwach, weil ich
gestern sehr früh schlafen ging, anstatt Euch zu schreiben. Wenn ich's nur fassen könnte, daß ich's bin, die
hier ist! Niemals habe ich mir vorgestellt, so selig zu
sein, wenn man raus ist aus Deutschland, dauernd

könnte ich an die Decke springen! Allerdings hab ich auch alles sehr nett hier angetroffen, und überhaupt – wenn's nur kein Traum ist!

Meine Überfahrt war allein ein Erlebnis; das schönste Wetter und nette Menschen, und das nach all der Rennerei der letzten Hamburger Tage. Man weiß doch bis zum letzten Moment nicht, ob man wirklich alle Papiere bekommt. Außerdem hatte ich Angst vor einem Krieg und habe deshalb sehr gedrängt, die erste Gelegenheit zum Rauskommen zu nehmen, und dies war der bequemste Weg in bezug auf den Grenzübertritt. Ich war ja doch sehr erstaunt, daß die Gestapo[1], die die Paßkontrolle in Cuxhaven vornahm, jeden auswandernden Juden in einem dicken Judenverzeichnis abstreicht. Wenn man nur nicht so sehr viele (von uns) zurückließe! Aber daß Ihr nicht mehr am Hamburger Hauptbahnhof standet als ich abfuhr, hat es mir doch leichter gemacht. Für Schwabes[2] ist es bestimmt schwer jetzt, aber ich denke, daß Jonas', Fräulein Singer und eventuell Fräulein Wienholdt mal zu ihnen gehen werden. Es war ja unglaublich, wie viele Leute ich doch noch drüben (in Deutschland) hatte, die sich in den letzten Tagen alle irgendwie gemeldet haben.

Die Überfahrt und Ausschiffung in Southhampton war wundervoll. Ich merke jetzt, was für ein Druck auf einem gelastet hat, und ich habe immer gemeint, mich ficht es nicht so an wie die meisten anderen. Ich glaube, ich könnte Euch seitenlang schreiben, was die Novembertage[3] und auch die nachfolgende Zeit in einem angerichtet haben, – aber wozu? Wenn Ihr was wissen wollt, kann ich's Euch jetzt ja jederzeit erzählen; also fragt, vergessen wird's so schnell nicht. Im Moment bin ich aber voller neuer, schönster Eindrücke und werde lieber der Reihe nach erzählen.

Mutter, ich war nicht mehr auf dem Friedhof draußen. Ich hab's einfach nicht geschafft. Aber Fräulein Singer will sich die Gräber ansehen, ob sie in Ordnung sind.

Die Fahrt von Southhampton durch Sussex nach London war nur Sonne und Frühling und Wiesen voller Narzissen. Waterloo-Station ist ja wahnsinnig – so was von Betrieb – ich kommte mir ja auch auf den Straßen völlig durchgedreht vor. Dabei habe ich's doch bis jetzt nur am Ostersonntag und Montag erlebt und es hat mir genügt. Aber die Leute sind alle so nett, wenn man sie fragt, und es geht mit dem Englischen gut, worüber ich froh bin. Also ich fuhr mit dem Taxi in Dinas Pension. Daß ich noch in Hamburg einen ganz ausführlichen Bericht über alles bekam, was ich in ihrem Zimmer vorfinden würde und wie ich es benützen sollte, wißt Ihr doch? Diese Fahrt im Auto über die Westminsterbridge durch den Hydepark in strahlender Abendsonne und in rasender Geschwindigkeit tat es mir gleich an. Nur daß in meine 15 Shilling (das war der Austausch für 10 Mark, die man aus Deutschland rausnehmen konnte) solch ein Loch gerissen wurde, machte mir Angst. Aber was sollte ich tun? In „meinem" Zimmer – Dina ist ja bis zum 16. des Monats in Holland – fand ich einen Stapel Post. [...]

Dieser Betrieb ist toll, und was man an Menschen sieht, erst recht. Übrigens, Dina hat mir ein Kuvert mit 2 £ hingelegt – so was, wie sie alles vorbereitet hat! Sonntag früh ging dauernd das Telefon. Fräulein Minden[4] ihre Mutter und ich waren zusammen im Regent's Park. Ich kann Euch mein immer wiederkehrendes Staunen nicht beschreiben, aber ich bin einfach von allem überwältigt. Ich konnte bei Minden so gut telefonieren, denn ich sitze voller Aufträge, die ich nicht aufgeschrieben mitnehmen konnte und darum so schnell wie möglich erledigt wissen wollte. Bei Mindens bin ich wie zu Hause, wie nett! [...]

Das Dreadnought Hospital in Greenwich, an das ich komme, kennt keiner, auch nicht Dr. Wolf.[5] Es scheint staatlich zu sein, woran mir viel liegt: erstens gibt es da meist ein Anfangsgehalt, zweitens ein Staatsexamen und ich hoffe, daß das dann zur Staatsangehörigkeit berechtigt. Aber Genaues weiß ich noch nicht, hat ja im Moment keine Eile.
Gestern war ich den Tag über mit Clärchen[6] zusammen. Sie hat wohl Geld hier und gute Beziehungen, so daß

Walter bald kommen wird. Wir haben viel gelacht über den Rummel auf der Straße und in der U-Bahn. Kinder, es ist zum Wahnsinnigwerden. Abends wollte ich hier in Ruhe an Euch schreiben. Da kam ein sehr netter Herr Socher aus der Pension zu mir, den Dina gebeten hatte, mir zu helfen. Ich brauche ja keine Hilfe, aber wir haben uns so nett unterhalten und ich weiß ja nicht, wie gern ich doch mal Hilfe brauchen möchte. Darum halte ich mir auch alle Menschen warm. Ich habe überhaupt augenblicklich ein Gefühl der Sicherheit wie noch nie und dadurch finde ich zu allen Menschen viel leichter einen Kontakt.

Inzwischen kriegte ich das Frühstück ans Bett gebracht, trotzdem ich das nun *gar* nicht mag. Ich mußte aber früh aus dem Haus, weil ich mich bei der Einwanderungsstelle melden muß. Da sitze ich nun in diesem Haus, wo sich alle Emigranten melden – es kann einem schlecht werden, in jeder Weise. Ich warte nun schon über drei Stunden auf meine Registriernummer. Morgen mittag fahr ich zu meiner Freundin Berta Wagener raus, in der nächsten Woche fange ich dann im Dreadnought Hospital in Greenwich zu arbeiten an.

So, nun habe ich inzwischen „Lunch" gegessen und warte weiter. Es ist vier Uhr und es kann noch lange dauern. Ich bin nun gespannt auf Euren ersten Brief hierher. Ich denke, er wird voller Fragen stecken. Ich wundere mich auch hier, wie vieles man von mir wissen will, was noch nicht bis hierher rausgedrungen ist. Schreibt mir bloß! Ist es jetzt auch für Euch mit dem Porto billiger? ... Hoffentlich, hoffentlich seid Ihr gesund! Schreibt, schreibt! Ich vermisse Eure Post doch so wahnsinnig. ... Grüßt alle! Dieser Brief muß erst mal auch für alle gelten. Denn ich knickere etwas mit dem von Dina geliehenen Geld.

Susi

1 *Gestapo.* Die „Geheime Staatspolizei" unter der Leitung von H. Göring und H. Himmler diente den Nationalsozialisten zur rücksichtslosen Unterdrückung aller Verfolgten und Gegner des Dritten Reiches.

2 *Schwabes, Jonas, Singer, Wienholdt.* Bekannte und enge Freunde der Verfasserin.

3 *Novembertage.* Hinweis auf den Kristallnacht-Pogrom am 9. November 1938. Die Nazi-Aktion führte zur Brandlegung an jüdischen Geschäften, Wohnungen und fast allen Synagogen in Deutschland und Österreich.

4 *Fräulein Minden.* Kollegin aus Hamburg, die bereits vor der Verfasserin nach London emigriert war.

5 *Dr. Wolf.* Bekannter der Verfasserin, der in London als Arzt arbeitete.

6 *Clärchen.* Freundin aus Prag, die vor der Verfasserin nach England emigrierte.

Quelle: Susi Lewinsky, „Brief an die Eltern". Manuskript, London 1939. Abdruck mit freundlicher Erlaubnis von Susi Lewinsky, 1991.

Der Kladowo-Transport

Der Kladowo-Transport war ein illegaler jüdischer Flüchtlingstransport aus Deutschland nach Palästina. Wahrscheinlich enthielt er die Teilnehmer der von deutschen Zionisten organisierten fünften „Sonderhachscharah" (SH-V), die 1939–40 stattfand. Diese Transporte wurden mit Genehmigung der Gestapo durchgeführt und gingen von Kriegsausbruch an, zusammen mit Flüchtlingsgruppen aus Österreich, über den Donauweg in den Nahen Osten. Über den Verlauf der SH-V gibt es nur wenige historische Quellen, da der Transport in Kladowo an der Grenze zwischen Jugoslawien und Rumänien steckenblieb und die Mehrzahl der Mitglieder von den Deutschen nach ihrem Einmarsch dort ermordet wurden. Auf Grund von Jugendalijah-Zertifikaten (Erlaubnis zur Einwanderung) gelang es jedoch einigen Jugendlichen, eine Woche vor Einrücken der Deutschen Jugoslawien noch zu verlassen, und sich nach Palästina durchzuschlagen. Von den mehr als 800 Mitgliedern der Gruppe überlebten nur etwa 200 Jugendliche den Transport. Der Zeugenbericht von Miriam Breuer aus Leipzig, die zu den jungen Teilnehmern und zu den Geretteten zählte, gibt Aufschluß über die letzten Tage in Deutschland, die Fahrt nach Wien und die Einschiffung Anfang 1940.

Ich heiße Miriam Breuer und bin am 7. Juli 1921 in Leipzig geboren. Mein Vater hieß David Neufeld und war Vorbeter, meine Mutter hieß Sara, geborene Rum, geboren in Polen. Ich wohne in Tel Aviv und bin verheiratet mit Eduard Breuer.

Wir lebten in Leipzig. Einer meiner Brüder, Hermann Zwi, ging 1933 auf Hachscharah[1] nach Holland und im Jahre 1934 hierher ... Mein zweiter Bruder kam 1935 gleichfalls nach Palästina und wanderte vor 10 Jahren in die USA aus. Meine Eltern bekamen noch 1939 ein Elternzertifikat[2] und verließen Deutschland am 23. August 1939. Ihr Schiff kehrte vor der Küste von Palästina um, weil gerade der Krieg ausgebrochen war, und sie kamen nach Italien zurück, aber nach ein paar Tagen, als Italien neutral blieb, fuhr das Schiff wieder nach Palästina.

Ich selbst hätte schon früher ein Jugendalijah-Zertifikat haben können, wollte aber nur mit den Eltern zusammen kommen, und 1939 war für mich kein Jugendalijah-Zertifikat mehr zu erhalten. Als ich hörte, daß ich auch nicht mit den Eltern fahren konnte, versuchte ich, ein Permit nach England zu bekommen, und das ging sehr schnell. Aber an dem Tage, an dem ich das englische Visum erhalten sollte – einen Tag vor Kriegsausbruch – war das englische Konsulat gerade geschlossen worden. Da ich das Permit besaß, riet man mir von jüdischer Seite, per Retour-Billett mit dem Flugzeug nach England zu fahren und zu versuchen, dort ein Visum zu erhalten. In der Nacht davor erhielt ich eine Voranmeldung eines telefonischen Anrufs aus Italien und schloß daraus, daß meine Eltern in Italien und nicht in Palästina seien. Aber das Gespräch kam nicht zustande. Da ich bis zum Morgen darauf wartete, versäumte ich die Zeit, zum Flugzeug zu fahren.

Wir waren Staatenlose und sind von der Polenaktion[3] im Oktober 1938 und der Kristallnacht[4] im November 1938 nicht unmittelbar betroffen worden. Mein Vater verbarg sich beide Male im Jüdischen Krankenhaus in Leipzig, ebenso meine Mutter und ich.

Nach dem Kriegsausbruch (April 1939) gab es für die Juden in Deutschland zuerst eine Woche verhältnismäßiger Ruhe. Man war ganz benommen, aber man merkte nicht viel. Am 9. September wurden die polnischen Staatsangehörigen interniert, d. h. die Männer. Die Frauen mußten sich bei der Polizei melden, ich auch. Bald darauf mußte man in spezielle Judenhäuser ziehen.

Gleich anfangs kamen auch Juden aus Kölner Grenzgebieten nach Leipzig, die evakuiert worden waren, und die von der jüdischen Gemeinde in der Jüdischen Schule untergebracht wurden.

Ich hatte in Leipzig eine Haushaltsschule besucht, die ein Umschulungskurs der jüdischen Gemeinde war. Vom Misrachi[5] aus wurde ich außerdem zu einer Sonderhachscharah[6] vorgeschlagen. Zunächst hatte ich geglaubt, es würde mir noch glücken, legal mit meinen Eltern nach Palästina zu kommen, aber sofort nach Kriegsausbruch bemühte ich mich um die Sonderhachscharah. Dr. Joseph Burg, mein früherer Lehrer im Carlebach-Gymnasium in Leipzig, war 1939 in Berlin tätig. Durch seine Intervention wurde ich sofort zur Sonderhachscharah bestätigt.

Die Beschränkungen für Juden wurden stärker, es gab Ausgehbeschränkungen, Lebensmittelkarten mit „J" und ein Verbot, die Stadt zu verlassen. Ich habe damals noch in einem Büro gearbeitet. Dann fuhr ich Mitte Oktober zweimal illegal nach Berlin zum Palästinaamt. Bekannte von mir, zwei Jungen, hatten vergeblich einmal versucht, über die polnische Grenze zu kommen und sind dann illegal nach Frankreich gefahren. Ich brauchte einen Paß als Staatenlose, da ich auch früher staatenlos war. In Leipzig bekam ich vom Fremdenamt einen solchen Paß für das Inland, die Gültigkeit für das Ausland wurde in Berlin durch die Organisation beschafft.

Eines Tages erhielt ich die Code-Mitteilung: „Freitag von 4–6 Treffen Meinekestraße." Wir durften nur einen Rucksack mitnehmen, aber ich fürchtete mich, mit dem Rucksack aus dem Hause zu gehen, weil ich in Leipzig als frühere feindliche Staatsangehörige galt. Ich verpackte also den Rucksack in Papier, und ein Nachbar brachte ihn zum Bahnhof. Ich selbst ging allein mit nur einem Täschchen aus dem Hause.

Man durfte damals nicht mit den Christen zusammen in den Luftschutzkeller gehen.

In der Meinekestraße wurde noch eine Art Oneg Schabbath[7] veranstaltet. Man hat Lichter angezündet, Kurt Goldmann hat eine Rede gehalten, man sagte, der Transport sei so gut vorbereitet, daß man hoffe, wir würden bald in Palästina sein.

Die Zusammensetzung war: etwa 20 vom Misrachi, im ganzen 150–160 Menschen. Goldmann sagte, man habe das erste Mal auch eine Jugendalijah mitgenommen. Es war auch eine Anzahl älterer Ehepaare dabei.

Wir haben dann am selben Tage, am 21. November 1939 abends, das Palästinaamt in Gruppen zu ca. 20 Personen verlassen, kamen zu einem Außenbahnhof und fuhren etwa um 10 Uhr abends nach Wien ab. Wir waren in einem normalen Zug, mit Spezialwagen, ohne Begleitung vom Palästinaamt, auch ohne Gestapobegleitung, natürlich mit einem Reiseleiter, einem unserer Teilnehmer.

In Wien erwartete uns eine Delegation. Autobusse brachten uns in ein Makkabiheim für zwei Nächte. Wir durften nicht auf die Straße. Dann kamen wir zum Bahnhof, ca. 800 Leute, und es kam die Gruppe der Wiener hinzu. Ich war ganz ohne Geld, ich dachte, es lohne nicht, durch Gold oder Geld mich an der Grenze zu gefährden. Die 10 Reichsmark hatten wir der Reiseleitung abgegeben.

Vor Preßburg (Bratislava) kamen wir mit der Eisenbahn an einem kleinen Ort über die (tschechische) Grenze. Ich war sehr bedrückt, weil man sagte, man brauche von der Heimatgemeinde an der Grenze eine Ausreisebewilligung, und ich hatte keine, aber sie wurde nicht gefordert.

In Preßburg wurden wir in ein jüdisches Hotel gebracht, Hotel Slobadana, und von der Hlinka-Garde bewacht.

Von Wien fuhren wir nicht alle 800 gleichzeitig ab, sondern nur ein Teil, und wir warteten in Bratislava auf die anderen. Wir durften auch hier das Haus nicht verlassen und wurden von der jüdischen Gemeinde verpflegt. Dort waren wir ca. 10 Tage. Dann wurden wir mit Autobussen zum Hafen gebracht und kamen auf das deutsche Schiff „Uranus" mit Nazi-Fahnen, worüber wir sehr enttäuscht waren.

(Hier bricht der Bericht abrupt ab. Die Verfasserin gehörte zu den etwa 200 Überlebenden des Kladowo-Transports und erreichte 1940 ihr Ziel Palästina.)

1 *Hachscharah*. Schulung zur Vorbereitung auf das Arbeitsleben in Palästina.
2 *Elternzertifikat*. Einreiseerlaubnis für Palästina, ausgestellt von der britischen Verwaltung des Landes auf Antrag zionistischer Gruppen.
2 *Polenaktion*. Deportationen polnischer und „staatenloser" Juden aus Nazi-Deutschland vor Ausbruch des Krieges.
4 *Kristallnacht*. Nazi-Pogrome in Deutschland und Österreich am 9. November 1938, bei denen 25 000 bis 30 000 Juden verhaftet und etwa 1 200 Tempel zerstört wurden.
5 *Misrachi*. Zionistische Organisation.
6 *Sonderhachscharah*. Vorbereitung auf die illegale Einreise in Palästina ohne Geld, Paß und Visum.
7 *Oneg Schabbath*. Religiöse Abschiedsfeier.

Quelle. Miriam Breuer, „Der Kladowo-Transport. Zeugenbericht aufgenommen von Dr. Ball-Kaduri im Januar 1965 in Tel Aviv." Manuskript, 1965. Abdruck mit freundlicher Genehmigung des Yad-Vashem-Archivs, Jerusalem.

Illegale Alijah

Bis zur endgültigen Schließung aller Grenzen zu Beginn des Holocausts 1941 gelang es einigen zionistischen Verbänden durch geschickt geführte Verhandlungen mit der Gestapo, den Abgang jüdischer Gruppentransporte nach Palästina auszuhandeln. Diese Transporte boten für viele Verfolgte die letzte Möglichkeit, Deutschland ohne Geld, Paß und Visum zu verlassen und illegal in „Eretz Israel" einzuwandern, das damals unter britischer Verwaltung stand. Der folgende Bericht über die illegale Immigration (Alijah) stammt von einer Stettiner Zahnärztin, die 1940 ohne britische Landeerlaubnis die gefährliche Fahrt auf der Donau und dem Mittelmeer nach Haifa wagte. Die tragischen Umstände ihrer Flucht veranlaßten die Verfasserin, den Bericht ohne nähere Personalangaben unter einem Pseudonym abzugeben.

Ich arbeitete in der Zionistischen Bewegung[1] zusammen mit Recha Freier[2]. Zu Beginn des Krieges konzentrierte sich unsere Arbeit vor allen Dingen auf die Schaffung von Auswanderungsmöglichkeiten durch noch neutrale Länder. Die größte Schwierigkeit bestand in der Beschaffung der notwendigen Einwanderungszertifikate für Palästina.

Als im Jahre 1940 die Möglichkeit eines sogenannten „illegalen" Transportes nach Palästina bestand, meldeten sich Tausende von Menschen. Ausgewählt wurden in erster Linie Jugendliche, die auf Hachscharah[3] gewesen waren. Die Altersgrenze lag bei 45 Jahren. In Ausnahmefällen wurden auch Personen ausgewählt, die sich besonders um die zionistische Arbeit verdient gemacht hatten. Die Zahl der Auswanderer wurde von der Gestapo festgelegt: 500. Es wurden oft große Geldsummen geboten, um in diesen Transport hineinzukommen, obwohl es sich dabei um ein illegales Unternehmen handelte, das nicht ungefährlich war, da weder Einwanderungsvisen noch Durchreisevisen vorhanden waren. Die Fahrt sollte die Donau hinunter durch das Schwarze Meer zum Mittelmeer gehen. Für die Seereise war von Rumänien bis Palästina ein ehemaliges Viehtransportschiff von der Jüdischen Gemeinde Berlin gemietet worden. Der Mietpreis soll ca. 50 000 Dollar betragen haben. Wie sich später herausstellte, besaß das Schiff weder navigatorische Einrichtungen noch eine ständige Mannschaft.

Ich hatte bereits 1938 ein Zertifikat besessen, es aber zugunsten eines polnischen Glaubensgenossen zurückgegeben, der auf diese Weise aus dem Konzentrationslager entlassen wurde. Am 15. August 1940 hatten wir uns um halb 4 Uhr früh in der Meinekestraße einzufinden. Die Pässe hatten wir vorher bei der Gestapo in der Kurfürstenstraße in Empfang genommen. Ich hatte mich an diesem Transport beteiligt, obwohl mir von prominenter jüdischer Seite wiederholt abgeraten worden war (Hoffnung auf Ehrenzertifikate; „unwürdige Reise"). Sicherheit für die Reise gab es nur bis Tulcia in Rumänien. Mir war das alles gleichgültig, da es mir nur darauf ankam, endlich aus Deutschland wegzukommen. Mitnehmen durften wir 10 Pfund Privatgepäck. Ich hatte zusätzlich noch ein kleines zahnärztliches Instrumentarium bei mir.

Wir fuhren vom Stettiner Bahnhof ab nach Wien, wo wir zunächst von der Israelitischen Kultusgemeinde betreut wurden und in guten Hotels unterkamen. Nach dreitägigem Aufenthalt mußten wir jedoch diese Quartiere räumen, da zur gleichen Zeit in Wien ein Kongreß tagte und dafür die Hotels benötigt wurden. Man brachte uns in einem ehemaligen jüdischen Lehrlingsheim unter, 60 Menschen in einem Zimmer. Es war eine Szenerie, die an das „Nachtasyl" von Gorki[4] erinnerte. Wir brachten als erstes die völlig verdreckten Räume in Ordnung und säuberten sie von dem vorhandenen Ungeziefer. Wir richteten uns so gut ein, wie es die Umstände erlaubten.

Nach einigen Tagen fuhr unser „nicht-arischer" Transport weiter nach Preßburg. Unterwegs wurden wir einer eingehenden Leibesvisitation unterzogen und nur dadurch, daß ich meinen Instrumentenkoffer anderen Mitreisenden zuschob, gelang es mir, ihn durch die Kontrolle hindurchzubringen. In Preßburg stießen zu unserem Transport ca. 600 Wiener Juden, die auf uns warteten und sich unserem Zug anschlossen. Die „Uranus", das Schiff, das uns die Donau hinunter zum Schwarzen Meer bringen sollte, war an sich ganz ordentlich, litt allerdings unter der Überfüllung durch 1 100 Personen. Fünf oder sechs Menschen mußten in einer Kabine schlafen und wohnen.

Auf unserer Fahrt hatten wir ein erschütterndes Erlebnis, als uns ein anderer Transport von Illegalen begegnete, der von keinem Land aufgenommen wurde und auf der Donau von Grenze zu Grenze fuhr. Bei dem anderen Schiff handelte es sich um die „Pencio". Die Menschen auf diesem Schiff waren halb verhungert, und wir sammelten Lebensmittel von unseren eigenen kargen Vorräten. Ihr Ziel hat diese Sammlung nie erreicht, da die Spenden gestohlen wurden. Die 10tägige Reise auf dem überfüllten Donauschiff sollte eine Luxusreise gegenüber dem werden, was uns noch bevorstand.

Wir waren auf alles gefaßt. Als ich die „Pacifik", ein früheres Viehtransportschiff, vor der Einschiffung besichtigte, war ich so entsetzt, daß ich in Ohnmacht fiel. Das „Hochseeschiff" besaß weder einen Kompaß noch war eine Mannschaft vorhanden. Der Kapitän war zunächst auch noch nicht vorhanden. Es gab kein Licht, und zur Unterbringung der Menschen fanden wir kleine Viehställe. Nur eine einzige Lampe erhellte die Szenerie. Unser Transportleiter, ein ehemaliger Berliner, erklärte: „Das Bürgerliche hört auf, jetzt beginnt die eigentliche Alijah[5]. Wie lange die Reise dauert, ist ungewiß. Es kann Wochen und Monate dauern." Als Lebensmittel dienten uns in erster Linie verschimmelter Zwieback, als Notreserve besaßen wir noch eigene Konserven. Das Schiff faßte höchstens 200 bis 300 Personen, wir aber waren fast 1 200 Menschen. Unterwegs hatten sich in Jugoslawien, wo man uns die Pässe entzogen hatte, noch Auswanderer eingeschlichen.

Nach einigen Tagen kam die Mannschaft und ein türkischer Kapitän, der sich prachtvoll benahm. Das Schiff fuhr unter der Flagge Panamas. Nach 10 Tagen stachen wir in See. Die größte Qual auf dieser Reise war der Mangel an Süßwasser. Zur Behandlung der Kranken bekam ich als Zahnärztin pro Tag einen Viertel Liter Süßwasser, einen weiteren Viertel Liter zum privaten Gebrauch. Als besonderen Vorzug erhielt ich manchmal eine Zitrone, an der dann bald ein Dutzend Menschen lutschten, um ihren Durst löschen zu können. Der ganze Tag war ein Kampf um das Süßwasser. Alles, was mit Salzwasser gemacht werden konnte, auch Kocherei, wurde ohne Süßwasser gemacht. In Bulgarien, wo wir anlegten, unterstützte uns der dortige Rabbiner. Aber auch hier kamen noch ca. 50 illegale Auswanderer zusätzlich an Bord. Arg war die Lebensmittelknappheit: Zum Frühstück gab es Zwieback und ein Glas bitteren Tee, mittags Suppe und abends ebenfalls wieder Zwieback und Tee. Die Konserven wollten wir als Notreserve aufsparen.

Unter welchen Schwierigkeiten diese Reise stattfand, zeigt folgendes Beispiel: Wir veranstalteten verschiedene Zusammenkünfte und kamen zu diesem Zweck auf Deck zusammen. Bei einer dieser Gelegenheiten, als die Bunker völlig leer waren, verlor das Schiff nahezu das Gleichgewicht und kam in größte Havariegefahr. Der Kapitän dirigierte uns von einer Seite des Schiffes auf die andere, und nur mit knapper Not entgingen wir dem Kentern.

Im November 1940 wurde die Lage, als wir uns bereits auf dem Mittelmeer befanden, besonders kritisch, da uns die Feuerung ausging. Da, wie schon gesagt, das Schiff keinerlei navigatorische Einrichtungen besaß, war es völlig unerklärlich, wo wir landen würden, ob in Zypern oder in Haifa. Eine Orientierung war nur schwer möglich. Zudem begann es noch zu regnen und alle diejenigen, die einen Platz auf Deck hatten, kamen nach unten, wo eine qualvolle Enge herrschte. Zur Linderung der Kohlennot wurde nahezu alles Holz, was irgendwie entbehrlich war, verfeuert: Pritschen, Türen, Fußböden,

Stühle. Von dieser Zeit an mußten wir auf dem Fußboden schlafen.

Als wir schließlich im November 1940 in Haifa ankamen, funkte der Kapitän SOS und ankerte im Hafen. Es war völlig offen, was aus uns werden sollte, da wir ja keinerlei Einwanderungsvisen besaßen und ganz auf die Gnade der englischen Verwaltung angewiesen waren. Irgendwie hatten wir kein beglückendes Gefühl über unsere Ankunft, denn die ungewisse Zukunft lag wie ein Damoklesschwert auf uns. Wir wurden von den Engländern praktisch interniert, zwar mit Lebensmitteln versorgt, aber nicht ausgebootet. Statt dessen begann die Umquartierung auf die *Patria*. Mit diesem Schiff sollten wir mit anderen illegalen Einwanderern zusammen – einem Transport von Danziger Juden – nach der Insel St. Mauritius gebracht werden. Auf der *Patria* wurde jeder einzelne unseres Transports von den Engländern eingehend über die Verhältnisse in Deutschland vernommen.

Ich erhielt auf der *Patria* eine Kabine 1. Klasse und die Möglichkeit zur zahnärztlichen Behandlung meiner Leidensgenossen. Was sollte nun werden? Mein Sohn lebte in Palästina, ich war hier auf dem Schiff und durfte nicht an Land. In Haifa wurde von jüdischer Seite alles versucht, um uns zu helfen. Da keinerlei Aussicht bestand, die Ausbootung zu erreichen, beschloß man, das Schiff seeuntüchtig zu machen. Es wurde Pulver an Bord geschmuggelt, um im geeigneten Moment etwas unternehmen zu können. Auch wir waren nicht ganz untätig, und ich verfaßte in jenen Tagen im Namen eines kleinen Kindes eine Petition an die englische Königin, in der ich unsere verzweifelte Lage schilderte und um Hilfe bat: „Verschmäht, verfolgt, rausgeworfen von allen … wir wollen eine Heimat wie alle anderen Menschen auch haben!" Es half alles nichts.

Drei Tage vor der Abreise des Schiffes ereignete sich dann jene Tragödie. Das Schiff begann urplötzlich zu sinken, ohne daß von einer Explosion groß etwas zu merken war. Es kam alles ganz plötzlich. Das Schiff bekam Schlagseite und sank unaufhaltsam. Natürlich setzte eine große Panik ein und grauenhafte Szenen spielten sich ab. Viele sprangen über Bord. Hunderte beteten und nahmen Abschied vom Leben. Ich wußte in der großen Verwirrung nicht mehr, was ich tun sollte und kam durch Zufall auf die oben liegende Seite des schräg liegenden Schiffes. So gelang es mir, mich zu retten. Zur Zeit der Explosion hatten sich ungefähr 1 200 Menschen von den vorgesehenen 2 000 an Bord befunden. Wie gesagt sollte es ein Sammeltransport werden, zu dem neben unserem und dem Danziger noch ein tschechoslowakischer Transport gehörte, der auf dem Schiff „Milos" nach Haifa gelangt war. Die Danziger wurden später tatsächlich noch nach St. Mauritius gebracht und kehrten erst 1944 nach Palästina zurück. Der Katastrophe auf der *Patria* waren, wie sich später herausstellte, 250 Menschenleben zum Opfer gefallen. Offensichtlich war die Pulverladung zu stark gewesen, denn dieses Ergebnis hatte niemand gewollt.

In Haifa wurden wir im Krankenhaus untergebracht, nachdem sich zuvor am Ufer unbeschreibliche Szenen abgespielt hatten. Auf dem Wege zum Krankenhaus hätte ich wohl die Möglichkeit gehabt, unterzutauchen und mir damit 10 Monate Internierung ersparen können. Ich tat es nicht. Da nach englischem Gesetz Gestrandete nicht abgewiesen werden dürfen, konnten wir an Land bleiben. Wir lebten jedoch immer noch in großer Enge in einem Barackenlager, bis man nach monatelanger Frist damit begann, zunächst die Kranken und Alten und dann die anderen zu entlassen.

Das Wrack der *Patria* war noch lange im Hafen von Haifa zu sehen.

1 *Zionistische Bewegung.* Sie propagierte die jüdische Nationalidee und die Besiedlung Palästinas durch sogenannte Kibbuzim, landwirtschaftliche Kollektivsiedlungen.
2 *Recha Freier* (1893–1984). Freier setzte sich nach Beginn der Judenverfolgungen und Vertreibungen aktiv für die Auswanderung jüdischer Jugendlicher nach Palästina ein. 1933 gründete sie die Jugend-Alijah. Dank des unermüdlichen Einsatzes Freiers kamen bis Kriegsende insgesamt etwa 7 800 Ju-

gendliche nach Palästina. Von Recha Freier erschienen bisher in deutscher Sprache zwei Gedichtbände: „Auf der Treppe" (1976) und „Fensterläden" (1979). Zitiert nach Renate Wall, „Verbrannt, Verboten, Vergessen. Kleines Lexikon deutschsprachiger Schriftstellerinnen 1933–1945".

3 *Hachscharah.* Die vom Hechaluz (Internationale Zionistische Organisation) organisierte Vorbereitung auf das Arbeitsleben in Palästina. Die Hachscharah fand meist auf landwirtschaftlichen Schulungslagern und Lehrfarmen statt.

4 *Maxim Gorki* (1868–1936), russischer Schriftsteller, beschrieb seine harte Jugend in der Autobiographie „Meine Kindheit" und gelangte durch sein naturalistisches Drama „Nachtasyl" zu literarischem Ruhm. Nach der Oktoberrevolution 1917 wurde er zum „Klassiker" der neuen Sowjetunion.

5 *Alijah.* Zionistischer Begriff für die jüdische Einwanderung (wörtlich „Aufstieg") nach Palästina, heute Israel.

Quelle: Frau Israel, „Bericht". Manuskript 02/1063. Yad-Vashem-Archiv, Jerusalem. Abdruck mit freundlicher Genehmigung des Yad-Vashem-Archivs.

Von Berlin nach Ekuador über Rußland und Japan

Elisabeth Bamberger, geboren 1889 in Saaz in Böhmen, dem heutigen Zatec in der Tschechoslowakei, übersiedelte 1912 nach Berlin und heiratete Heinrich Bamberger, einen erfolgreichen Kaufmann aus Frankfurt am Main. Während der zwanziger Jahre kam Elisabeth Bamberger in Kontakt mit der pazifistischen Bewegung, wurde Mitglied im „Weltfriedensbund der Mütter und Erzieherinnen" und beteiligte sich aktiv am politischen Leben der Weimarer Republik. Nach dem Tod ihres Mannes 1934 zog Bamberger nach Frankfurt, wo sie trotz allem Drängen ihrer beiden Söhne bis Herbst 1940 allein ausharrte. Erst nach dem Ausbruch des Krieges gelang der 51jährigen Witwe die Flucht aus Deutschland nach Südamerika (siehe Abbildung 10). Der folgende tagebuchartige Bericht stammt aus dem Exil und beschreibt die letzten Etappen von Bambergers Emigration über die Sowjetunion, Panama und Peru nach Quito, Hauptstadt der Republik Ekuador, wo sie ab 1941 bei ihrem Sohn Willi und dessen Familie Zuflucht fand. Nach Ende des Krieges übersiedelte Elisabeth zu ihrem Sohn Frank Bamberger nach Baltimore im US-Bundesstaat Maryland, wo die Verfasserin bis zu ihrem Tod im Jahr 1971 wohnte und arbeitete.

Japan, 1940

Heute ist die *Hye Maru* – mein Schiff – von hier abgefahren. Durch ein Versehen des Komitees[1] konnte ich nicht wie die meisten anderen mitfahren, sondern kann erst drei Tage später in Yokohama einsteigen. Das bedeutet einen weiteren Geldverbrauch von zwei Tagen. Ich war wütend auf Herrn L. vom Komitee, das sonst nur gelobt werden kann. Es wird unterhalten und finanziert von 12 russischen Juden. Geleitet wird es von einem sehr netten jüdisch-deutschen Ehepaar, das bei der Arbeit unterstützt wird von Emigranten, die gezwungen sind, länger hier zu bleiben. Doch sind auch regelrecht eingewanderte deutsche Juden dort beschäftigt oder beteiligen sich karitativ. So stiftet eine Dame zum Beispiel für alle vier Heime das Brot, das täglich verteilt wird. Die Leute sind mit Arbeit überlastet und haben manchmal erst um ein Uhr Schluß gemacht.

Heute nacht konnte ich erst um vier Uhr einschlafen, da stundenlange Rattenjagd in meinem Zimmer veranstaltet werden mußte. Es geschah schon zum zweiten Mal! Von diesen lieblichenTieren gibt es sehr viele hier. Die offenen Kanäle, der Schmutz und die Bauart der Häuser begünstigen sie. Die Holzhäuser haben, wie man mir sagte, zwischen den Wänden einen Hohlraum, und das ergibt die schönsten Schlupfwinkel. Eine Kanalisation gibt es auch nicht, sondern an bestimmten Tagen fahren Wagen durch die Stadt, die einen scheußlichen Geruch verbreiten. Die Leute, die ihn bedienen, gehen in die Häuser und holen die WC-Inhalte heraus. „Clean" (rein) ist ein sehr beliebtes Wort, aber dabei bleibt es. Im Kaffeehaus wird gekehrt, während man frühstückt, so daß der mit den primitiven Reisbesen aufgewirbelte Staub gratis zum Essen gereicht wird. Abgestaubt wird nur mit Wedeln, aber nicht über die Möbel gefahren, sondern nur darauf geklopft – der Erfolg ist dementsprechend. Und doch sind es nur andere Dinge, derentwegen ich nicht hier leben möchte … sonst ist es sehr angenehm, wenn man sich das Positive heraussucht und sich anpaßt. Und das ist überall nötig.

An Bord der Hye Maru

Ich hatte einen schlechten Platz zugewiesen bekommen, trotzdem das Schiff durchaus nicht ausverkauft war. Mit Hilfe meiner Kabinengenossinnen wurde Abhilfe geschaffen und die Folge war, eine der Damen zog aus. So blieb ich allein mit Fräulein Hop zurück. Wir vertrugen uns sehr gut und verbrachten eine nette Zeit in der wirklich wie ein behagliches Hotelzimmer eingerichteten Kabine. In Panama trennten wir uns, da Fräulein Hop von dort nach Kuba reiste, um später zu ihrem Bruder in die USA zu gehen. Sie hatte diesen Verwandten, der als junger Mensch auswanderte, seit 40 Jahren nicht mehr gesehen. Nichtsdestoweniger war er von rührender Aufmerksamkeit, und von dem Moment an, wo wir in amerikanischen Häfen landeten, wurde sie mit Geldsendungen, Obstkörben, Süßigkeiten usw. überschüttet und ich hatte das Mitgenießen.

Mildes Wetter, leicht bewegte See, gutes Essen, angenehme Gesellschaft. Die Uhr wird täglich um 50 Minuten vorgestellt. Heute haben wir sogar den zweiten Donnerstag hintereinander, da wir mit der Zeit nicht mehr „nachkommen". In einigen Tagen sollen wir in Hawaii sein, und dieses Ereignis wirft seine Schatten voraus. Es ist feuchtheiß, tropenartig, herrliche Sonnenuntergänge, leuchtend blaues Meer, bunte Vögel. Eine Art Möwen begleitet uns immer. Die Tiere umfliegen das Schiff und schaukeln auf dem Wasser. Vermutlich wohnen sie an Bord. [...]

(Bamberger berichtet hier kurz über die Ankunft ihres Schiffes in den Häfen von Honolulu, San Francisco und Los Angeles vor der Weiterreise nach Südamerika.)

Nun noch etwa 10 Tage bis Balboa, Panama. Zwei Häfen in Mexiko haben wir noch angelaufen, Manzanillo und Acapulco. Ein großer Teil der Mitreisenden, sowohl Japaner wie Europäer, haben das Schiff dort verlassen, und es ist leerer und gemütlicher geworden. Besonders viele deutsche Emigranten, die bis dahin in Schweden gelebt haben, sind nach Mexiko weitergewandert. [...]

Wenig Erfreuliches zu berichten. Von Mexiko ging es weiter. Immer tropischer wurden Meer, Himmel und Klima und, soweit man sehen konnte, die Küstenstriche. Balboa nahte und es hieß, in den Kabinen seine sieben Sachen zu packen, was nicht einfach war. Aber es wurde geschafft, und 97 Passagiere standen abmarschbereit vor

dem Immigrationsoffizier. Als erste kam meine Kabinen-
genossin an die Reihe. Weiterreise nach Kuba. Einge-
hende Prüfung. Schweren Herzens mußten die Herrn
zugeben, daß alles in Ordnung war. Denoch hieß es:
„Aber so schnell wie möglich weiterreisen. We don't
want you!"
„Frau Bamberger, wir nehmen Ihnen den Paß ab, um ihn
dem Konsul aus Ekuador zu zeigen." So ging es weiter.
„Brasilien?"
„Sie können nicht landen, von hier geht kein Schiff nach
Brasilien."
„Costa Rica?"
„Visum wird nicht anerkannt!"
„Panama Dauervisum wird gestrichen!"
So ging es weiter. Dann erschien der ekuadorianische
Konsul zur Prüfung der 20 Visen für sein Land. Zuerst
wurde, mit Ausnahme von zwei Damen, die Richtigkeit
sämtlicher Visen abgesprochen. Nachher erhielt ein
Teil – im ganzen 13 Personen – die Berechtigung zum
Landen. Sieben Auserwählten wurde sie verweigert, dar-
unter auch mir, da das „nicht limitierte" Visum nach
sechs Monaten angeblich abgelaufen sein soll. In
Deutschland wurde mir versichert, daß es ein Jahr Gültigkeit habe. Trotz Unterhandlungen mit dem (Flücht-
lings-) Komitee, das einen wenig geschickten Vertreter
entsandt hatte, und Proteste, Telegramme usw. wurde es
verweigert, von dem Visum Gebrauch zu machen.
Die Schiffahrtsgesellschaft zeigte sich unfähig, ihre eigenen Interessen zu vertreten. Sie ist jetzt gezwungen, uns
alle als blinde Passagiere mitzuschleppen, wenn's ganz
schlimm kommt, bis nach Japan zurück. Ich empfinde es
als bedrückend, glaube aber, wenn das Schiff gut besetzt
wäre, hätte man sich mehr Mühe gegeben, uns loszuwer-
den. So sind wir „Füllsel". Auch spricht niemand von
den Offizieren spanisch, und englisch nur ein paar Brok-
ken. Die Aufregung und Enttäuschung unter den Abge-
wiesenen war groß, und manche Träne wurde von den
Frauen vergossen. Ich gehörte nicht zu diesen, weil ich
mir sagte, einmal und irgendwo muß ich schon vom
Schiff kommen. […]

Am nächsten Vormittag ging es weiter, ohne die SOS-Rufe, das heißt die Antworten darauf abzuwarten. Trotz aller Vorsichtsmaßnahmen war es wieder zwei dänischen Seeleuten gelungen, das Weite zu suchen. Wir trafen Dänen, Polen, Griechen als beschäftigungslose Seefahrer unterwegs. Arme Teufel, die draußen vom Krieg in ihrem Land überrascht worden waren, und nun in der Welt herumfuhren.

Es wird heißer und heißer. Man lebt in einem ständigen Dampfbad und nachts ist es nur auszuhalten, wenn man im Adams- oder Evakostüm das Bett besteigt. Dabei hat man das Gefühl, dicker statt schlanker zu werden.

Die Abende an Deck bringen ein klein wenig Abkühlung. In Balboa saß ich mit meinen Bekannten auf dem Dritte-Klasse-Deck, und wir sahen den Japanern zu, die angelten. Sie zogen einen Schwertfisch nach dem anderen aus dem Wasser und warfen die Tiere dann auf das Deck. Da spielten sie wie die Kinder damit, ohne zu bedenken, welche Qualen sie den armen Tieren dadurch bereiteten. Im Meer zeigten sich dauernd ganze Rudel von springenden Fischen und öfters auch große dunkle, die wohl Haie waren.

Die Küste von Kolumbien taucht auf, ganz flach und von Urwald bedeckt. Darin hier und da eine Fischerhütte, Pfahlbauten mit dickem Strohdach. Auf dem Wasser erscheinen immer häufiger die charakteristischen Kähne, ganz schmal, flach, an beiden Enden sehr spitz, selten ein Segel gesetzt. Die Fischer stehen oder sitzen und staken ihr Gefährt weiter. Wieder formt sich das Ganze zu einem Bild vor meinen Augen, und immer wieder fallen mir Bilder ein, die all das festgehalten haben. Hier unsere Schiffsaquarelle von Emil Nolde[2]. Wie vieles hielte ich zeichnerisch und malerisch fest, wenn ich es könnte!

Buenaventura, Kolumbien

Für uns sieben gab es wieder keine Erlaubnis zu landen. Der Blick bei der Ausfahrt brachte mir plötzlich das Wort von der „unbarmherzigen Tropensonne" ins Gedächtnis. Die Stadt lag da unter gleißendem, hohem Himmel, der Urwald ringsherum, das Meer ruhig wie ein Teich. Einzig die Berge, die man in der Ferne sah, wohl Ausläufer der Anden, gaben die Illusion von etwas Kühlung. Heute fahren wir um Ekuador herum auf Peru zu. [...]

Am 26. Dezember überschritten wir den Äquator. Gegen fünf Uhr ertönte die Sirene, und heute mußte ich lachen, als ich daran dachte, wie wir alle an die Reeling stürzten, als sei wirklich der bekannte Strich im Wasser zu sehen. Natürlich wurden Witze gerissen, man habe den Ruck gespürt, usw. Heute morgen diesiges kühles Wetter, die südliche Halbkugel zeigt also ein ganz anderes Gesicht, als man erwartete. Die Küste sieht bis jetzt ganz anders aus als die kolumbianische. Dort alles von Urwald bedeckt, in Peru niedrige Hügel und Sand, Sand, Sand. Von weitem läßt sich nicht unterscheiden, ob es mehr Dünen- oder Wüstencharakter hat. Das Wetter ist anhaltend kühl, am Abend sehr feucht, und die Sonnenuntergänge sind lang nicht mehr so schön wie vor dem Äquator. Dafür sind die Tage um etwa eine Stunde länger geworden.

Peru, 1941

Callao. Um sieben Uhr abends kommt der ekuadorianische Konsul an Bord, ein hübscher, stattlich aussehender Herr im Gegensatz zu dem in Balboa. Prüfung der Papiere. „Solamente", bei mir war alles in bester Ordnung, und ich erhielt sowohl die Verlängerung des Visas als auch, dank Willis[3] Vorarbeit beim peruanischen Konsul in Quito, die Landungserlaubnis. Nach langen Unterhandlungen erhält das Ehepaar Neumann die gleichen Papiere, doch müssen wir pro Person 10 Dollar bezahlen, eine bittere Pille! Bei den anderen wieder Tränen, Unterhandlungen und Depeschen nach Ekuador.
Am nächsten Vormittag gingen Neumanns und ich vom Schiff. Erst kam die Zollerledigung, dann wurden wir vom Komitee betreut und ins Heim der HICEM[4] gefah-

ren. Das Komitee in Lima ist von einer Tüchtigkeit und Großzügigkeit, wie wohl nirgend mehr. Wir fuhren mit dem Auto durch Callao nach Lima und sahen dabei einen Teil der Schäden, die das große Erdbeben im Mai angerichtet hatte, und von dem nur mit Schaudern gesprochen wird. Callao war vollständig zerstört worden, und in Lima waren es meist bestimmte Stadtviertel, die zusammengestürzt waren. Über die Zahl der Toten wußte niemand Genaues anzugeben.

Das Heim des HICEM wird vorzüglich geleitet und bietet eine beinahe österreichische Verpflegung. Wir wurden, da das Heim vollkommen besetzt war, in einer Pension im Nebenhaus einquartiert, wo ich mit Neumanns ein großes, schönes Zimmer bewohnte. Das Bad nebst Toilette war in südländisch üblicher Weise nicht ganz auf der Höhe, aber modern eingerichtet. Man gewöhnt sich ja an alles, sogar an die Flöhe. Sich an spanisch zu gewöhnen, erscheint mir viel leichter als an japanisch.

Die beiden auf dem Schiff zurückgehaltenen Ehepaare durften am nächsten Tag doch noch aussteigen, und wir sieben verbrachten zwei wunderschöne Wochen in Lima. Jeder trieb Bekannte auf, man kam uns sehr liebenswürdig entgegen, und Wohnung wie Verpflegung stellte uns der HICEM zur Verfügung. So brauchten wir es nicht zu bereuen, nicht in Balboa gelandet zu sein. [...]

Die zwei Wochen in Lima gingen trotz Klimaschwierigkeiten in angenehmster Weise herum – das dicke Ende kam aber nach. Der HICEM, der uns in Lima so ausgezeichnet betreut hatte, sorgte weniger gut für unser Weiterkommen. Man übte, um der NYK (japanische Schiffslinie Nippon Yushen Kaisha) eine Entschädigung für die vielen blinden Passagiere zukommen zu lassen, eine Art moralischen Zwang auf uns aus, wieder diese Linie zu benutzen. Ein chilenischer Dampfer wäre angenehmer gewesen.

So gerieten wir auf die *Ginyu Maru*, einen kleinen Frachter, ins Zwischendeck. Wir kamen in einen früheren Laderaum, in dem man für deutsche Emigranten etwa 20 Betten aufgestellt, das heißt übereinandergeschichtet hatte. Eigentlich waren es mehr Pritschen, schmal und hart. Durch mangelnde Lüftung war es entsetzlich heiß und auch sonst ließ die Luft zu wünschen übrig. Nachts gab es Rattenbesuch und das Essen wurde im Nebenraum verabreicht, wo die Japaner schliefen. Deren Betten standen längs der Wände und in der Mitte hatte man primitive Tische und Bänke aufgeschlagen. Es wurden recht reichhaltige, aber wenig appetitliche Mahlzeiten serviert, und glücklicherweise waren wir vom HICEM mit einigem Vorrat versehen worden. In allen drei Klassen waren Emigranten, und da unsere Schlafgelegenheiten von den meisten dieser Leute benutzt wurden, war man wenigstens in angenehmer Gesellschaft.

Zweimal zog ich es vor, in einem Liegestuhl auf Deck die Nacht zu verbringen. Die bereits auf dem Schiff anwesenden Emigranten trieben sich schon seit drei Monaten auf dem Meere herum. Man hatte sie, so wie uns, in Panama nicht landen lassen, und sie waren bis Valparaiso mitgefahren. Sie hatten alles versucht, sogar an Roosevelt depeschiert, aber nirgends half man ihnen, ihr Ziel zu erreichen. Endlich ist es ihnen gelungen, in Ekuador auszusteigen, wo sie, da die meisten in die USA wollen, als Transitwanderer landen durften; desgleichen die nach unserem Aussteigen in Lima auf der *Ilye Maru* verbliebenen Passagiere. Sie kamen fünf Tage nach uns in Salinas (Ekuador) an. Die verhältnismäßig kurze Spanne Zeit erklärt sich daraus, daß unser Frachtkahn überall anlegte, wo, wie ein Mitreisender sagte, ein Haus an der Küste stand. An all diesen unbeschreiblich öden, kleinen Orten wurden Baumwollballen eingeladen mit der Adresse Yokohama, Japan. Wahrscheinlich gehen sie von dort weiter.

Manchmal wurden die Nächte zum Laden benutzt, denn alles dauerte infolge der Primitivität – es standen keine

223

großen Kräne zur Verfügung – sehr lange. Besonders unangenehm war das Laden während unserer Mahlzeiten. Dicht neben unserem Speiseraum war die Luke zum Bauch des Schiffes geöffnet, die Maschinen quietschten, so daß man sein eigenes Wort nicht verstand. Der Staub fiel fingerdick, und die schweren Ballen schwebten so dicht neben uns herunter, daß man öfters meinte, einer werde sich verirren und man bekäme ihn auf den Kopf. [...]

Normalerweise dauerte die Reise von Lima (Peru) nach Salinas (Ekuador) zwei bis zweieinhalb Tage. Wir brauchten dazu eine Woche. Doch auch diese ging zu Ende, und am Samstag, dem 18. Januar 1941, war der große Moment da.

Morgens kam wie immer zuerst das Motorboot mit dem Emigrationsoffizier, dem Vertreter der Linie und anderen Behörden an Bord des Schiffs, das draußen liegen blieb, weil Salinas ebenso wie die vorher angelaufenen Häfen außer Callao keinen ausgebauten Hafen hat. Ich sah Willi mit Bertita vorn am Bug stehen – sie kamen mit den Behörden an Bord. Willi sieht gut aus – doch Persönliches gehört hier nicht herein.

Es war morgens sieben Uhr, und die üblichen Formalitäten begannen. Trotzdem bei uns Ekuadorreisenden alle Vorbedingungen erfüllt waren, verlangte man von jedem einzelnen noch eine Nachzahlung von 100 Dollar. Glücklicherweise hatte ich noch 50 Dollar bei mir, die ich streng gehütet hatte, um Willi nicht gleich mit allem zur Last zu fallen, und so brachten wir alle, zum Teil mit Hilfe des HICEM, der auch zwei Vertreter von Quito geschickt hatte, das nötige Geld zusammen. Daraufhin erhielten wir die „Freiheit", und mit dem Motorboot ging es an Land. Salinas ist ein kleiner, aufblühender Badeort mit hübschem Strand und wunderbaren, tropischen Himmels- und Meeresfarben. Es war glühend heiß, aber trotzdem ein angenehmer Auftakt für das Land. Unser sehr nettes Hotel wird von zwei jungen Tschechen geleitet, die hier ein besonders großes Kontingent der Einwanderer bilden. Es gab aber typisch ekuadorianische Mahlzeiten, die mir gut schmeckten.

Die zwei jungen Leute erzählten etwas Erwähnenswertes. Sie hatten, wie sehr viele hier, es zuerst mit der Landwirtschaft versucht. Mit einem Freund zusammen kauften sie eine *Hazienda*, vielleicht war es auch nur unbearbeitetes Land, und plagten sich redlich, um auf einen grünen Zweig zu kommen. Als sie aber zu dritt an Malaria darniederlagen, gaben sie es auf, selbst zu arbeiten, und nahmen einen „Administrator". Die Fliegen hätten so dicht auf ihren entblößten Körpern gesessen, daß sie ganz schwarz ausgesehen hätten. Anfangs hielten sie sich eine Eingeborene, die den Haushalt besorgen und kochen sollte. Doch eines Tages kamen sie vom Felde heim und fanden die Frau – ohne Kopf – auf der Erde liegen! Man hatte ihn mit einer Machete abgeschnitten und die Frau beraubt. Allzuviel wird der Mörder wohl nicht gefunden haben [...]

Ekuador, 1941

Von Salinas fuhren wir am nächsten Tag mit dem Autocarill, einem klappernden Autobus auf Schienen, nach Guayaquil. Es geht erst durch Steppenland, in dem hie und da Tiere weiden, die sehr mager aussehen. Die Häuser der Eingeborenen sind Pfahlbauten aus Bambusrohr, wie man sie sich gewöhnlich nur im Urwald vorstellt. In der Nähe von Salinas tauchen die Gebäude einer englischen Petroleumgesellschaft auf, die dort Bohrtürme stehen hat.
In den Ortschaften, in denen das Autocarill hält, steigen Leute ein, wild wirkende Gestalten, die die merkwürdigsten Dinge mitschleppen. Zum Beispiel machte sich's mir zu Füßen eine lebende Henne bequem. An einer Station bot eine Indiofrau ein lebendes Antilopenzicklein feil, und ein Herr stieg aus und kaufte es. Der Handelsgeist der Indios scheint ein sehr reger zu sein; denn im ganzen Land, wo immer man reist, wimmelt es an den Stationen von Volk, das alles mögliche, vor allem Eßwaren anbietet. Diese sind erstaunlicherweise manchmal ganz appetitlich angerichtet – nicht immer. Wer kann sich gebratene Meerschweinchen vorstellen? Sie

werden mit dem Kopf, sogar mit den Augen, gebraten und sehen aus wie Ratten. Dann Maiskörner, auf verschiedene Arten gekochte Bohnen, Süßigkeiten und unzählige Abarten von Obst. Nicht nur die mir bekannten Ananas oder Bananen sieht man, sondern auch viele mir unbekannte Sorten, daß ich ganz erstaunt bin, daß es deren so viele auf der Welt gibt. Im großen und ganzen ist es ganz interessant, das einmal kennenzulernen. Aber besser schmeckt das allgemein bekannte Obst. Damit nehme ich bereits einen Teil der späteren Reiseeindrücke vorweg. [...]

Nach zwei Tagen ging die Reise weiter, von der *Costa* (Küste) in die *Sierra*, das Hochgebirge. Hinter Guayaquil, solange die Tropen herrschten, sah man schöne Haziendas mit allen möglichen Tropengewächsen, vor allem riesige Bananenhaine, Kakao- und Kaffeebäume. Die Kaffeeplantagen ziehen sich noch ziemlich weit ins Gebirge hinauf. Eine Ortschaft ist besonders bekannt für ihre Ananaskulturen. Wir kauften an der Station zwei riesengroße, die die Indios an Lederriemen zusammengebunden über die Schulter trugen. Sie kosteten zusammen umgerechnet noch nicht 10 Pfennig. Im Geschmack sind sie aber etwas wäßriger als die aus Hawaii. Die Herrn der großen Haziendas wohnen in hübschen Landhäusern, die Arbeiter – Eingeborene – mitten im Urwald in den schon beschriebenen Bambuspfahlbauten. [...]

Die *Costa* bleibt zurück und das Gebirge beginnt. Die Bahn steigt so allmählich, daß ich sehr überrascht bin, als ich höre, daß wir bereits 2 300 Meter hoch sind. Ich hätte auf 800 Meter getippt. Landschaftlich erinnert es etwas an die Südschweiz, nur fehlt der Schnee. Die Indios an den Stationen sehen malerisch, aber unglaublich schmutzig und vor allem unfrisiert aus. ... Meist haben sie rote Ponchos um, und viele reiten auf Pferden oder Eseln, ein hier sehr gebrauchtes Haustier. Lamas sieht man hauptsächlich in der Provinz Chimborazo, die unser Zug eben erreicht hat. Wir kommen nach Riobamba. Die Station vorher auf einem Paß des Chimborazo ist die höchste der Bahn, 3 600 m.

Der Chimborazo fällt leider wegen Nebel aus. Weite Strecken, Einsamkeit, nur Herden, von Indios betreut. Dann geht es wieder etwas abwärts bis Ambato, wo wir am Nachmittag aussteigen. Ein hübsches Städtchen, landschaftlich wunderhübsch gelegen. Wir steigen in der „Villa Hilda" ab, einer schönen Hotelpension, von Schweizern gegründet, jetzt tschechischer Besitz. Es gefällt mir ausgezeichnet da. Das Haus wird vorzüglich geführt, und man fühlt sich anscheinend allgemein sehr wohl. Soweit das in Ekuador möglich ist, trifft man internationales Publikum dort an. Die dünne Luft macht mir im Gegensatz zu einigen Mitreisenden nicht die geringsten Schwierigkeiten.

Am nächsten Tag weiter nach Quito. Die Landschaft nimmt mehr Hochgebirgscharakter an: Zwergkiefern, Wiesen, doch auch da kein Schnee. Je näher Quito kommt, desto mehr schöne Haziendas tauchen auf, doch beschränken sie sich hauptsächlich auf Viehzucht. Erst später gibt es wieder große Gemüsefelder, und es ist auffallend, daß diese von den verwahrlosten Indios betreuten Anpflanzungen einen so gepflegten und sauberen Eindruck machen.

Quito, Ekuador

Dasselbe Bild am Bahnhof wie in Guayaquil. Ich glaube, daß bei Ankunft der Züge das ganze Volk versammelt ist, außer Greisen und Kranken. Die Säuglinge werden auf dem Rücken mitgeschleppt. Wir fuhren in die Stadt zu Willis Heim. Ein Garten, in dessen Hintergrund ein Häuschen steht. Der Garten zeigt eine Unmenge von Blumen – alles, was bei uns *nach* einander blüht, blüht hier auf einmal, vom Veilchen bis zur Herbstblume! Die Erde ist ungemein fruchtbar, ich glaube, wenn man einen Stock in die Erde steckt, steht in kurzer Zeit ein Baum da. Merkwürdigerweise beobachte ich hier dasselbe wie in den südeuropäischen Ländern, daß nämlich die Pflanzen, außer den ausgesprochenen Tropenge-

wächsen, sehr wenig Wärme brauchen. Es ist außer in
den Mittagsstunden derart kalt, vor allem nachts, daß
man sich wundert, daß die Pflanzen das hinnehmen,
ohne zu erfrieren. Quito heißt „Stadt des ewigen Frühlings", leider aber hat sie sich den April dazu ausgesucht!

Sehr schön ist der Blick vom Garten aus auf die schnee-
bedeckten Berge Antisana und Cotopaxi, und nach der
andern Seite hin auf den fast 5 000 Meter hohen Picchin-
cha, der der Provinz den Namen gibt. Es ist ein Phänomen, daß dieser Berg keinen Schnee hat, aber für die
Stadt vorteilhaft, da die Kälte sonst wohl eine viel größere wäre.

Heute war ich zum ersten Mal in der Stadt, dem *Centro*,
wie man hier sagt. Sie liegt so bergig wie Stuttgart, und
ich spürte etwas Anstrengung und Müdigkeit. Manches
sieht verwahrlost aus, doch im allgemeinen gefällt mir
die Stadt gut. Sie erinnert an Mainz, hat ungefähr die
Größe und die gleiche Lebhaftigkeit des Verkehrs, auch
die vielen Kirchen. Doch ist der Charakter natürlich
nicht deutsch, sondern spanisch. Nur sehen von allen
Seiten hohe Berge herein – dafür fehlt der Rhein. Es
gibt auch ein sehr hübsches Villenviertel, nur wird leider schlecht gebaut, so daß die Häuser in verhältnismäßig kurzer Zeit abgenützt aussehen. Erstaunt bin ich
über die weit überwiegende Zahl der Indios gegenüber
der sogenannten besseren Bevölkerung. Sie sehen um
kein Haar schlechter aus als die Spanier. Im Gegenteil,
mir wurde gesagt, daß die eigentliche Landbevölkerung
weniger degeneriert und auch sauberer sei als die Qui-
teñer. Besonders im Norden des Landes gibt es gepflegte Leute, und man erkennt sie hier in der Stadt an
ihrer Tracht. Die Männer mit schwarzen Zöpfen, die mit
rotem Band durchflochten sind, die Frauen haben eine
ähnliche Tracht wie die Neapolitanerinnen: flache, vier-
eckige, rote Tücher auf dem Kopf, gestickte Blusen und
viel Schmuck um den Hals.

Das hauptsächlichste Beförderungsmittel sind die Omni-
busse, in all diesen Städten, auch im gepflegteren Lima,
ein Kapitel für sich. Man kann sie überall anhalten, aber

sie fahren mit der größten Rücksichtslosigkeit weiter und haben es immer sehr eilig. Warum, weiß ich nicht! Die Chauffeure und Schaffner sind wilde junge Kerle ohne Verantwortungsgefühl, und es wird ihnen nicht auf die Finger gesehen, weil es sich nicht um städtische Betriebe, sondern um Privatfirmen handelt. Einige geben ihren Wagen Namen, und man kann „Shirley Temple", „Hitler" oder „Stalin" zu sehen bekommen.

So gibt es mancherlei, an das man sich gewöhnen und auf das man sich umstellen muß, und es ist wichtig, sich das, wohin auch immer man verschlagen wird, vor der Auswanderung klarzumachen.

Am 2. Oktober 1940 bin ich von Frankfurt abgereist und am 25. Januar 1941 in Quito angekommen. Die dazwischenliegenden Monate brachten viele Anstrengungen, Aufregungen und Umstellungen – mehr, als in diesen Blättern verzeichnet ist. Aber auch viel Schönes und Interessantes, und ich möchte die Reise und die Erinnerung daran in meinem Leben nicht missen. Dankbar muß ich anerkennen, daß ich alles mit körperlicher Gesundheit und seelischer Kraft meistern konnte. Hoffentlich bleibt es so!

1 *Komittee.* Jüdischer Wohlfahrtsverein zur Unterstützung jüdischer Flüchtlinge aus Nazi-Deutschland.
2 Nolde, Emil (1867–1956), deutscher expressionistischer Maler und Graphiker im Umkreis der Dresdner Künstlergruppe „Die Brücke".
3 Willi Bamberger, Sohn der Verfasserin, lebte seit 1936 als Steuerberater mit seiner Frau Rosita und Tochter Bertita in Quito, Ekuador.
4 HICEM. Jüdischer Hilfsverein für jüdische Flüchtlinge.

Quelle: Elisabeth Bamberger, „Meine Auswanderungsreise Berlin–Ecuador über Rußland und Japan vom Oktober 1940 bis Januar 1941". Manuskript 1942. Abdruck mit freundlicher Erlaubnis von Frank J. Bamberger, 1990.

9. Uniformierte Nationalsozialisten beim Beschmieren eines Fir
menwagens des Bekleidungshauses Bamberger & Hertz (Kapi
tel 16) in München am 1. April 1933. Ziel der in ganz Deutsch
land durchgeführten Terroraktionen war der wirtschaftliche
Boykott und Bankrott jüdischer Firmen und Geschäfte.

40. Paßbild von Elisabeth Bamberger, Verfasserin von Kapitel 16, sechs Jahre vor ihrer Flucht aus Deutschland nach Ekuador. Frankfurt am Main 1934.

11. Brennende Synagoge in Siegen in der „Kristallnacht" am 9. No
vember 1938. Im Verlauf des Pogroms zerstörten die Nazis in
Deutschland und Österreich über 1 000 jüdische Tempel, wobei
mehr als 25 000 Juden verhaftet und in Konzentrationslager ver
schleppt wurden.

12.   Antisemitischer Terror in Österreich. Im November 1938 wurden Wiener Juden unter Aufsicht der Nazis zur Straßenreinigung gezwungen.

13.   Der antifaschistische Widerstandskämpfer Herbert Baum, Leiter der Berliner „Herbert Baum Gruppe" (Kapitel 24). Die meisten Mitglieder dieser Widerstandsgruppe kamen aus der jüdischen Jugendbewegung und traten später der kommunistischen Partei bei.

4. Jüdischer Flüchtlingszug nach der Ankunft in Palästina im Sommer 1944.

IV
Erinnerungen ans Exil
1933–1945

Erlebnisse in Luxemburg und Frankreich 1940–1944

Das folgende Kapitel beschreibt das Schicksal einer Berliner Musikerin im französischen Exil. Der autobiographische Bericht entstammt dem Holocaust-Archiv der Yad-Vashem-Bibliothek in Jerusalem und zeugt vom mutigen Überlebenskampf der Emigrantin auf ihrer Flucht vor der Gestapo. Trotz häufiger Razzien, Denunziationen und Deportationen, denen auch ihr Mann zum Opfer fiel, gelang es Drobatschewsky, sich mit Hilfe der französischen Widerstandsbewegung Maquis *falsche Papiere zu beschaffen, in der Nähe der Stadt Grenoble unterzutauchen und ihre Befreiung durch alliierte Truppen abzuwarten.*

Im Jahre 1933 wanderten wir, mein Mann, ich und meine Söhne Wladimir und Dimitrij, aus Berlin nach Luxemburg aus, wo wir Orchestermusiker im Sender Luxemburg waren, während unsere Kinder zur Schule gingen. Später besuchte Wladimir das Konservatorium Luxemburg. Mit Ausbruch des Krieges wurde der Sender geschlossen. Wir standen völlig mittellos da und wurden von der jüdischen Gemeinde notdürftig unterstützt.[1] Am 10. Mai 1940 brachen die Deutschen in Luxemburg ein. Man hatte es täglich erwartet und wochenlang davon geredet, dennoch waren wir davon sehr überrascht.

Meine Kinder flüchteten ohne Gepäck mit ihren Fahrrädern. Bereits 10 Minuten nach ihrer Abfahrt wurden sie zufällig getrennt. Dimitrij, damals 17 Jahre alt, radelte durch die französischen Linien nach Paris und wurde dabei von den französischen Truppen als Held gefeiert und durch Lebensmittel und etwas Geld unterstützt. Beim Vater eines Freundes, einem französischen General, holte er sich Rat. Dimitrij verpflichtete sich unter Fälschung seines Namens und Alters in die Fremdenlegion und wurde zwei Tage später nach Nordafrika geschafft. Er blieb bei der Truppe und flüchtete später zu de Gaulle[2]. Nachher beteiligte er sich am italienischen Feldzug und an der Befreiung Frankreichs. Wladimir wurde mit dem Fluchtstrom über die belgische Grenze gerissen und kam nach Verdun. Hier kam er mit vielen anderen geflüchteten Männern, Frauen und Kindern in ein Internierungslager. Eine französische Kommission suchte militärdienstfähige Männer aus und stellte ihnen frei, sich als reguläre Soldaten in die französische Armee zu melden. Er schloß sich an, wurde Frontkämpfer und baute noch an Barrikaden in Lyon. Er beteiligte sich mit dem Heer zu Fuß an der katastrophalen Flucht bis nach Aix-en-Provence in Südfrankreich. Er wurde Arbeitssoldat und hatte dabei als Frontkämpfer ein viel besseres Los. Später tauchte er im *Maquis*[3] unter, kurz bevor die Deutschen geschlagen wurden. Schließlich schloß er sich der regulären französischen Armee an und kam mit ihr nach Stuttgart und anderen Orten in Württemberg.

Wir blieben auf mein Anraten zunächst in Luxemburg, wodurch uns erspart blieb, mit den übrigen Flüchtlingen auf den gefährlichen Landstraßen zu bleiben und dann nach Gurs[4] gebracht zu werden. Man ließ uns bis September 1940 in Ruhe, die jüdische Gemeinde wurde genauso wie die Luxemburger von der Wehrmacht mit Lebensmitteln versorgt. Sie hatte scheinbar nur ein Interesse, ihre militärischen Operationen in Ruhe durchzuführen. Dann wurde aber das Land von einem Gauleiter übernommen, es wurde Großdeutschland einverleibt, und damit kehrten wir „heim ins Reich".

Das Oberhaupt der jüdischen Gemeinde, Rabbiner Dr. Robert Serebrenik, war mit den Verhandlungen mit den deutschen Behörden betraut, namentlich mit dem Gauleiter, und hatte sich vor allem um die legale Auswanderung der Juden zu kümmern. Wer ausreisen wollte, mußte entweder gültige Pässe haben oder sich entsprechende Papiere beschaffen; außerdem amerikanische Visen, doch hat Dr. Serebrenik auch selbst Visen, z. B. nach Santo Domingo,[5] besorgt. Man mußte viel Geld haben, aber Serebrenik sollte auch die nötigen Mittel durch jüdische Organisationen, vermutlich in Belgien, aufbringen. Man munkelte, daß er sich dabei bereichert habe. Jedenfalls war man über ihn sehr erbittert, und einmal verprügelten seine Wiener Landsleute ihn gründlich.

Wir gingen täglich zur Gemeinde, wo wir mittags verköstigt wurden. In der ersten Oktoberhälfte 1940 fanden wir unerwartet hier einen Anschlag vor, in dem Serebrenik allen Einheimischen und Flüchtlingen mitteilte, daß alle Juden auf Befehl des Gauleiters binnen drei Tagen das Land zu verlassen hätten. Die Juden waren in drei Kategorien eingeteilt, an deren besonderen Sinn ich mich nicht erinnere; ihnen zufolge waren wir für den ersten von drei Transporten registriert. Wir liefen nach Hause, verschleuderten alle Möbel und den meisten Besitz, kauften uns für das Geld, das wir nicht mitnehmen durften, kleinere Wertgegenstände, nur um etwas zu haben. Schnell wurde das Nötigste gepackt, weil ein Gestapomann für 10 Uhr abends des gleichen Tages angesagt war, um unser Gepäck zu kontrollieren und zu versiegeln. Er kam pünktlich und erwies sich als nett, verzichtete auf die Kontrolle, bat sogar um eine Tasse Tee und ließ sich zum Abendbrot einladen, wobei er sich freundlich mit uns unterhielt. Er fragte: „Wissen Sie, ich renne den ganzen Tag zu jüdischen Familien, und überall ist Heulen und Zähneklappern. Warum sind Sie nicht traurig?" – „Weil ich mich freue", sagte ich, „ins Ausland zu kommen, und meine Kinder wiederzusehen." Er meinte: „Musiker scheinen doch ein anderes Volk zu sein als Kaufleute."

Am nächsten Morgen Gegenbefehl: Kein Jude verläßt die Stadt. Wir gingen sofort zur Gemeinde und sagten, daß wir keinen Sessel und nicht einmal einen Herd zum Heizen und Kochen hätten. Man tröstete uns, es könne sich jede Stunde wieder ändern, und die Nachbarn gaben uns die Betten zurück. So lebten wir sechs Wochen wie die Zigeuner. Ich wagte die Siegel vom Gepäck zu entfernen, was bei größter Strafe verboten war, und brachte sie später wieder an – es wurde nicht entdeckt. Als endlich am 23. November die Transporte durchgeführt wurden, entschlossen wir uns von den drei zur Auswahl stehenden Ländern – Belgien, besetztes und unbesetztes Frankreich – das letzte zu wählen, weil wir inzwischen von einem heimgekehrten Luxemburger erfahren hatten, daß sich Wladimir in einem Arbeitslager bei Marseille aufhielt. Die Transporte gingen vom Luxemburger Kasernenhof aus und wurden von Luxemburger Offizieren geleitet, die unter deutschem Kommando standen. Wir nahmen einen großen Koffer und unsere drei wertvollen Instrumente Cello, Viola und Geige mit. Der Koffer wurde separat in einem Gepäckwagen untergebracht. Wir stiegen – etwa 25 Leute – in einen kleinen Autobus, und man brachte uns über Metz nach Dijon, wo wir in Rote-Kreuz-Baracken einquartiert und auch verpflegt wurden. Abends kam ein betrunkener Gestapomann, hielt uns eine Rede, daß wir drei Tage hier bleiben müßten, und händigte uns für die Grenzüberschreitung Passierscheine aus, die er selbst als gefälscht bezeichnete. Durch glückliche Zufälle kamen wir ungehindert bis Marseille und entgingen dadurch der Einlieferung nach Gurs oder in ein anderes Lager; denn an der Demarkationslinie wurden die Juden von Deutschen und Franzosen abgefangen und dorthin verschleppt.

Genauso glücklich waren wir zunächst in Marseille, ein Gepäckträger brachte uns direkt in ein Hotel. Drei Tage später mußten wir uns auf der *Surete* (Fremdenpolizei) melden. Es war nötig, der *Surete* einen bestimmten hohen Geldbetrag als persönliche Sicherheit nachzuweisen. Ein reicher Jude borgte ihn jedem, und so auch uns, der ihn nicht besaß, und nachher gab man den Betrag ihm wieder zurück. Wie alle Männer wurde auch mein Mann gleich verhaftet und in ein Sammellager auf dem *Boulevard d'Arras* gebracht. Nur dem Umstande, daß er Amerika-Papiere hatte und beide Söhne französische Soldaten waren, verdankte er noch am gleichen Tage die Freilassung. Wir waren mittellos und wandten uns an die jüdische Gemeinde, zumal es keine Arbeitsbewilligungen gab. Glückliche Zufälle fügten es, daß wir unterstützt wurden und sogar drei honorierte Konzerte für die jüdische Gemeinde geben konnten. Trotzdem lebten wir sehr schlecht, woran auch ein ungewöhnlich kalter Winter schuld war. Wir hatten kaum Geld, fast nichts zu essen und keine Heizmöglichkeiten, aber wir waren in Freiheit. Nur einmal wöchentlich bekamen wir ein warmes Essen. Das verdankten wir Wladimir, der für uns in der Küche des Arbeitslagers eine Mahlzeit stahl. Wir bemühten uns dauernd um amerikanische Einreisevisen, doch wurden die Emigranten vom Konsulat skandalös behandelt. Papiere wurden verloren, und schließlich gaben wir unsere aussichtslosen Bemühungen auf. Genauso schlecht waren unsere Erfahrungen mit der HIAS (jüdische Hilfsorganisation). Durch Strickarbeiten, die ich nur unter großer Gefahr mit illegal beschaffter Wolle machen konnte, verdiente ich aber schon bald nach unserer Ankunft gerade so viel, um die Rationen zu bestreiten, während die Unterstützung der jüdischen Gemeinde zur Bezahlung der Zimmermiete reichte.

Von Zeit zu Zeit erschienen bei Nacht *Surete*-Leute, kontrollierten die Papiere, fragten nach anderen Flüchtlingen und nahmen einen oft zur Polizei mit. Einmal mußten wir trotz gültiger Papiere einem Mann auf die *Surete* folgen. Dort fanden wir bereits – es war Ende Juni 1941 nach dem Beginn des Krieges mit der Sowjetunion – einige hundert Menschen vor. Männer und Frauen wurden sofort getrennt, wir wurden auf Camions verladen und befanden uns plötzlich im Hafen, wo wir über eine Strickleiter ein Schiff besteigen mußten. Nun war ich von meinem Mann getrennt. Auf dem Schiff hielt sich eine französische Kommission auf, die meine Frage, wo mein Mann sei, nicht beantwortete und mir sämtliche Papiere abnahm. Man händigte mir eine Decke, ein Essen und eine Schlafkarte aus. Wiederholte Fragen, wozu? wohin? wurden nur beantwortet mit „Vous verrez!" (Sie werden es sehen!) Die Aktion richtete sich gegen Russen – mein Mann stammte aus Odessa. Es handelte sich also keineswegs nur um Juden, sondern um Weißrussen usw. Ein paar Stunden später erfuhr ich durch eine Mitgefangene, daß sich die Männer, also auch meiner, auf dem gleichen Schiff befänden.

Es wurde uns tags und nachts das Zusammensein erlaubt. Auf dem Schiff waren etwa 2 000 Personen. Die Verpflegung war sehr knapp, aber gut. Krankheiten und Todesfälle kamen vor, doch gab es weder einen Arzt noch Hilfe. Am nächsten Tage begann eine sorgfältige Durchkämmung. Wir kamen erst am vierten Tage unter den letzten dran und wurden entlassen.

Wir bezogen wieder unser altes Zimmer, hungerten weiter, bis mein Mann mit den meisten jüdischen Männern im September 1941 in ein Arbeitslager kam. Befreiung war in dem korrupten Frankreich nur durch sehr viel Geld möglich. Ich konnte diesmal meinem Mann nicht helfen. Als einziges konnte ich durchsetzen, daß er ins gleiche Lager wie Wladimir gebracht wurde. Leider erwies sich das als ungünstig, weil es ein sehr hartes Lager war, und mein Sohn konnte den Vater nicht beschützen. Die Arbeit war schwer, die Männer, darunter viele Spanier, mußten Straßen bauen. Als ungewöhnliches Detail sei erwähnt, daß damals Dimitrij ganz unerwartet mit dem *Corps de Musique* der Fremdenlegion auf der Durchreise nach Vichy, wo das Orchester vor Petain[6] spielen sollte, auch nach Marseille kam, so daß ein Wiedersehen gefeiert werden konnte. Es war die letzte Zusammenkunft der ganzen Familie, da auch Wladimir auf Urlaub kam. Wir verbrachten alle eine Nacht in unserem Zimmer.

Ohne Mann konnte ich mich leichter durchbringen, ich hatte mehr Bewegungsfreiheit und weniger Pflichten. In der *Rue Tyrenne* im Hafenviertel war in einem großen aber ziemlich verfallenen Hause eine staatlich subventionierte philanthropische Gesellschaft, deren Direktor der Italiener Barucca war. Die Gesellschaft hatte künstlerische Aufgaben und eine Ausspeisung, wo ein elendes Essen für die ärmste Bevölkerung gegen Lebensmittelkarten ganz billig abgegeben wurde. Den Besuchern gesellten sich bald immer mehr Emigranten zu, so daß diese Stelle zu einem jüdischen Nachrichtenzentrum wurde. Ich meldete mich nach Internierung meines Mannes im Orchester an und wurde sofort als Cellistin engagiert. Dafür bekam ich etwas Bargeld und zweimal täglich Mahlzeiten. Jeden Sonnabend und Sonntag spielte ich einige Stunden. Außerdem setzte ich meine Strickarbeiten fort, stellte das aber bald ein, weil es immer gefährlicher wurde, und nahm nun in der Küche dieser Institution auch noch einen Posten an. So war ich als Saucenköchin, Gemüseputzerin und Tellerwäscherin dreimal täglich für 600 Personen tätig. Dafür bekam ich viel besseres Essen als die Gäste, sogenanntes Küchenpersonalessen, sehr wenig Geld, aber man hatte eine gewisse Sicherheit an der Leitung der Gesellschaft, die manchen Emigranten half, und der man sehr gute Beziehungen zur Präfektur nachsagte. Zu den Wochenenden durfte mein Mann, wenn er „artig" war, wie übrigens auch Wladimir, nach Hause kommen, und manchmal besuchte ich meine Leute.

In der *Société Philantropique* lernte ich einen Wiener Halbjuden – der Vater war österreichischer Offizier, die Mutter polnische Jüdin – kennen, der linksgerichtet war. Er war einer der Männer, die hier in einem Schlafraum lange versteckt gehalten worden waren. Dafür mußte er arbeiten; er war Kellner. Bald freundete er sich mit meinem Mann und mit mir herzlich an und stand mir hilfreich zur Seite. So ging es weiter bis ins Frühjahr 1942, als die großen Deportationen nach dem Osten einsetzten. Wladimir kam aus dem Lager Aubagne nach der Dordogne, während mein Mann, damals 53 Jahre alt und dementsprechend für Schwerarbeit ungeeignet, in immer schlechtere kleine Lager kam, wo er in Steinbrüchen arbeiten mußte und elend verpflegt wurde. Oft erhielt er tagelang kein Essen. Die letzten Eindrücke von meinem Mann waren für mich niederschmetternd. Er kam völlig herunter und war fast verhungert.

Als die Deportationen so zunahmen, daß unter den Emigranten eine Panik ausbrach, riet man mir, meinem Mann durch die HIAS einen Urlaub aus dem Arbeitslager zu verschaffen. Wir wollten ihn überreden, aus dem Lager zu fliehen und sich in der *Société Philantropique* zu verstecken. Es gelang mir auch, ihn so nach Marseille zu bekommen. Man stellte ihm dort eine Schlafstelle zur Verfügung, doch war er zu einem illegalen Leben nicht zu bewegen. Er hat steif und fest behauptet, daß er ein glänzender Steinbruch-Arbeiter wäre, die Tatsache, daß seine Söhne französische Soldaten seien, würde ihn schützen. Am 11. Mai 1942 erzielte ich für uns drei ein Visum nach Amerika, doch nur für meinen Mann und mich eine französische Ausreisebewilligung. Der amerikanische Konsul weigerte sich, Wladimir aus dem Dossier herauszunehmen und uns allein fahren zu lassen. Als ich ihm die Gefahr vorhielt, in der mein Mann schwebte, meinte der Konsul: „Das interessiert mich nicht!" Das letzte Schiff fuhr ab, und wir blieben zurück.

Niemand war seines Lebens sicher. Es hatte sich herumgesprochen, daß man die Juden nach dem Osten schaffe, dort vergase und aus den Leichnamen Seife herstelle. Mein Mann erklärte das für Ammenmärchen. Er glaubte, daß man ihn wahrscheinlich nach Deutschland bringen würde. „Wenn ich dort arbeite und meine Pflicht erfülle, wird mir nichts geschehen." Mein Mann wünschte, daß auch ich nicht in die Illegalität gehe. Da sagte ich ihm unter dem Einfluß meines Freundes, daß sich unsere Wege trennen würden. Er ging gegen meinen Willen ins Lager zurück mit den Worten: „Ich werde nicht deportiert."

Ich wohnte damals in einem Haus, wo an die 60 Emigranten in Einzelzimmern lebten. Eines Morgens kam die Wirtin aufgeregt und sagte, man habe in der Nacht ohne jede Vorbereitung eine Frau abgeholt. Einige Tage später geschah das einer anderen Frau. Außerdem erfuhren wir, daß deren Männer gleichzeitig aus den Arbeitslagern geschafft und nach Les Milles transportiert wurden, das damals als Durchgangslager diente. Von hier wurde über Drancy der Weg nach dem Osten fortgesetzt. Ich hatte mit meinem Mann verabredet, daß er mich mit einem vereinbarten Text sofort telegraphisch benachrichtigen würde, wenn die Deportation unmittelbar drohe. Mitte August 1942 bekam ich dieses Telegramm, einen Tag nachdem er mich nach seinem letzten Urlaub verlassen hatte. Ich warf sofort alle meine Papiere weg, verließ mein Quartier und mußte sehen, wie ich jede Nacht woanders schlafen konnte, denn in der

246

Société Philantropique wollte ich mich aus privaten Gründen nicht lange verstecken und brachte dort nur ein oder zwei Nächte zu, zumal man Frauen dort ablehnte.

Inzwischen erhielt ich regelmäßig Nachricht von meinem Mann, daß alles nicht so schlimm wäre, denn er wurde von einem Lager ins andere verschleppt und dabei im Glauben bestärkt, daß er nur in ein weiteres Arbeitslager komme, ihm aber keine Deportation drohe. Da er also nicht in Les Milles war, hielt man mich in der *Société Philantropique* – und das war auch die Ansicht meines Freundes – nicht für unmittelbar bedroht; weswegen sich auch niemand so recht um mich kümmerte, während ich selbst pessimistisch war und mich nicht beeinflussen ließ. Einige Tage später erfuhr ich dann auch, daß mein Mann bereits in Les Milles war. Etwa zwei Tage darauf schrieb er selbst von dort in beruhigender Weise. Er war dem Gerücht und der Selbsttäuschung erlegen, daß mit seinen Amerika-Papieren und wegen seiner Söhne nichts Ernstes zu befürchten sei. Mein letzter Rettungsversuch scheiterte. Er bestand darin, einen in Les Milles tätigen Pastor sowie eine Dame zu verständigen, die dort offiziell und gleichzeitig illegal arbeiteten und wirklich eine Anzahl von Leuten retteten. Ein spanischer Koch, der in Les Milles tätig war und zufällig meinen Mann kannte, war in Marseille auf Urlaub und übernahm meinen Brief an den Pastor und die Dame zur persönlichen Übergabe. Der Brief kam zu spät, mein Mann war nicht mehr in der Baracke, sondern unerwartet knapp zuvor mit einem Camion nach Drancy abgeschoben worden. Tags darauf erhielt ich seinen Abschiedsbrief. Ein weiterer, allerletzter Brief folgte, den er aus dem fahrenden Zuge geworfen hatte. Erst nach dem Kriege gewann ich durch eine amtliche Bestätigung die Sicherheit, daß er fünf Tage in Drancy war und am 7. September 1942 nach dem Osten verschleppt wurde.

Nach der letzten Nachricht meines Mannes nahm ich einige Stunden Urlaub in der Küche, ging zum jüdischen Komitee und bekam nochmals Geld für eine Woche. Nachher habe ich nie mehr das Gebäude betreten, weil es stets von Gestapo umstellt war, und vermied aus gleichem Grunde das amerikanische Konsulat. Doch arbeitete ich in der Küche weiter und wohnte nun mit meinem Freund zusammen bei einer 90jährigen italienischen blinden Verbrecherin, deren sämtliche Kinder im Zuchthaus waren. Das Quartier war im ärgsten, jetzt abgebrochenen, Hafenviertel und hatte drei Vorteile: Wir konnten unangemeldet bleiben, doch dafür hatte ich mich zur Ernährung der Blinden verpflichtet. Es gab eine Fluchtmöglichkeit über Dächer und ein sorgfältig angelegtes Versteck im Gebälk, das mein Freund wochenlang vorher ausgebaut hatte. Lebensmittel, Matratzen und alles Nötige für einen mehrtägigen Aufenthalt waren dort vorbereitet. Ich selbst hatte keinen Ausweis mehr, mein Freund hingegen eine echte eingetragene französische Identitätskarte, wegen seines schlechten Akzents als Elsässer und auf falschen Namen.

Wir hatten keine Lebensmittelkarten. Mein Freund vermied die Straßen, und ich hatte die schwere Aufgabe, täglich für ihn und die Greisin in der Küche Essen zu stehlen. Auch Lebensmittelkarten besorgte ich uns beiden unter höchster Lebensgefahr durch einen Trick: ich ging mit gänzlich falschen Lebensmittelstammkarten einmal monatlich zu den betreffenden Ausgabestellen in Schulen und erhielt die für den Zeitabschnitt gültigen Scheine. Das tat ich vom November 1942 bis Januar 1943. Einmal wurde ich beinahe geschnappt. Ich benützte stets die Identitätskarte der Blinden und zeigte nur die Rückseite der fingierten Stammkarte vor. Der Beamte drehte sie um, hinter mir stand ein Polizist, und während der Beamte den Schwindel durchschaute, folgte er einem guten Impuls, reichte mir die Karte zurück und wies seine Hilfskräfte an, mir die einzelnen Abschnitte auszufolgen. Ich war wie erschlagen, nochmals wollte und konnte ich diesen Gang nicht mehr wagen.

Beim Einkauf trat ich immer als *femme de menage* in Küchenschürze und mit einem Geschirr in der Hand auf. Sah ich dabei zufällig zwei oder drei Männer zusammen gehen, so flüchtete ich vorsichtshalber sofort in ein Haustor, um nicht Gefahr zu laufen, angehalten und nach Papieren gefragt zu werden. Mein Freund hatte mir beigebracht, beim Gehen auf der Straße, Ecken stets in einem weiten Bogen zu nehmen, um notfalls noch ausweichen zu können. Hatte ich einen weiten Weg und mußte die Straßenbahn benützen, so beredete ich die Alte, das Bett zu verlassen, und schleppte sie als unschuldige Begleiterin – *la nièce* – auf den Straßen und in die Trambahn; und überall machte man uns Platz, half uns, und selbst die Polizei war dann entgegenkommend. Oft versuchte die Greisin, mich zu dem einträglichen Beruf einer Taschendiebin zu bekehren: „Pourquoi travaillez-vous si dure?" (Warum arbeiten Sie so schwer?)

Am 20. Januar 1943 wurde, was ich nicht, mein Freund aber wohl vorausgesehen hatte, die Stadt plötzlich von 5 000 Mann *Garde mobile* aus Paris, untermischt mit Gestapo, besetzt. Alle öffentlichen Gebäude wurden als Quartiere beschlagnahmt, der Bahnhof besetzt. Kein Mensch konnte entweichen, der Autobusverkehr wurde eingestellt. Motorräder rasten durch die Stadt, die Bevölkerung lebte in einer ungeheuren Aufregung. Am nächsten Morgen bestätigten sich alle Gerüchte, die tags zuvor verbreitet worden waren: kein Haus, kein Zimmer, kein Dachgiebel, kein Kellerloch, kein Verschlag sollten bei dieser Aktion undurchsucht bleiben. Es sollte drei Tage dauern. Man erzählte, daß unter deutscher Anleitung und mit deren Ordnung und Systematik gearbeitet werden sollte. Und so geschah es. Wir suchten unser vorbereitetes Versteck im Gebälk auf. Mein Freund richtete im Zimmer vorher alles so, um den Eindruck zu erzielen, daß zwar außer der Alten hier Leute gelebt hätten, die aber verreist wären. Die Blinde zeigte sich verständnisvoll: „Sie werden mich nicht lehren, wie man mit der Polizei umzugehen hat, ich habe hier einen Schwerverbrecher 12 Jahre versteckt." Schweren Herzens stiegen wir hinauf und blieben in einem Zustand äußerster Nervenanspannung drei Tage und Nächte oben. Wunderbarerweise wurde unser Haus aber vergessen.

Nach der Aktion verließen wir unser Versteck, und ich erklärte meinem Freunde, daß ich keinen Tag länger in

Marseille bleiben würde. Ich überredete ihn, mit mir in ein Dorf in die Berge zu fliehen, wo man notfalls schnell die Flucht antreten könnte. Nach einigem Widerstand, der vor allem wegen unserer Existenzmöglichkeiten vorgebracht wurde, gab er nach. Mein Freund als Fotograf sollte fotografieren, ich wollte stricken, und damit würden wir uns durchschlagen. Die größte Schwierigkeit bestand in der Abreise, da der Bahnhof noch immer gesperrt war. Es blieb nur der Autobusverkehr übrig, und da war es fast unmöglich, einen Platz zu bekommen. Außerdem konnte man es nicht wagen, ohne Papiere zu fahren. Durch einen glücklichen Zufall erwarben wir für mich im Austauschwege gegen ein Paar Schuhe meines Mannes die Identitätskarte einer eben verstorbenen Emigrantin. Doch setzte mich die Karte allen Gefahren aus, weil sie nicht „registriert" war und mit einem mir höchst unähnlichen Bild versehen war. Es gelang mir, zwei Autobusplätze nach Gap, Richtung Grenoble, zu kaufen. Größeres Gepäck ließen wir bei der Blinden. Wir nahmen nur das nötigste Handgepäck, zwei große Kisten mit fotografischen Geräten und meine drei Instrumente mit. Von meinem Sohn in Afrika war ich schon wochenlang durch die amerikanische Besetzung abgeschnitten, hingegen benachrichtigte ich Wladimir in der Dordogne von meiner Flucht.

Während der Reise kannten wir, mein Freund und ich, einander nicht, um uns nicht gegenseitig zu gefährden. Wie durch ein Wunder hatten wir bis Gap keine Kontrolle. Hier angekommen, erkundigten wir uns bei dem inzwischen aus Marseille herübergesiedelten jüdischen Komitee, ob es klug wäre, sich im Orte niederzulassen. Man sagte, es wäre das Dümmste, was wir tun könnten, und riet uns, sofort nach Grenoble weiterzufahren. Der Rat war gut – einige Wochen später wurde das ganze Komitee nach dem Osten deportiert. Zwei Tage nach unserer Abreise aus Marseille erfuhren wir auch, daß man, wohl infolge einer Denunziation, uns aus unserem Zimmer bei der Blinden abholen wollte. Der Camion stand bereits vor dem Haustor.

Wir fuhren mit der Bahn nach Grenoble. Das *Départment*

Isère stand unter italienischer Oberhoheit. Trotzdem riet uns das dortige jüdische Komitee, das uns auch mit etwas Geld versah, möglichst nicht in Grenoble zu bleiben, sondern einen abgelegenen Ort in den Bergen aufzusuchen. Der Komiteeleiter, ein Dr. Bloede aus Hamburg, gab mir die doppelte Unterstützung, weil ich ihm sagte, daß ich sie zwar brauche, ihn gleichzeitig aber um Arbeit, Strickaufträge, bat. Das sei ihm noch nicht vorgekommen, meinte er, und darum kümmerte er sich besonders rührend um mich. Als die Deutschen Grenoble besetzten, wurde dieser vornehme alte Herr erschossen. Wir fuhren nach Uriarge-les-Bains bei Grenoble, wo sich in den leeren Logierhäusern viele Emigranten versteckt hielten. Wir kamen mittags an und gingen auf gut Glück zu einem Kaufmann und fragten, ob er uns ein Zimmer empfehlen könne. Er war mißtrauisch und versuchte uns abzuschrecken, indem er behauptete, nur unheizbare Zimmer zu haben. Wir erklärten, das störe uns nicht. Er sagte, er wolle es bedenken, wir sollten in zwei Stunden wiederkommen. Wir verließen ihn und gingen einen gepflegten Waldweg bergauf, und da beschloß ich weiterzulaufen und nicht mehr zurückzukehren.

Nach einer halben Stunde erreichten wir ein Dorf, das erste Haus war ein Hotel de Tourist. Wir gingen in die Bauernküche zur Inhaberin, die ich um zwei Zimmer bat. Sie wollte nicht, doch ließ ich mich nicht abweisen, legte Geld hin, worauf sie für zwei bis drei Nächte einwilligte. Als wir nach Monaten sehr befreundet waren, gestand sie mir, fest entschlossen gewesen zu sein, uns nicht aufzunehmen, aber die Art, wie ich das Geld hingelegt hätte, habe ihr jede Abwehr unmöglich gemacht. Schon wegen der Lebensmittelkarten mußten wir uns selbstverständlich anmelden, was ohne Abmeldung in einem anderen Ort unmöglich war. Der Bürgermeister und sein Sekretär, ein Dorfschullehrer, verzichteten großzügig auf den Nachweis einer Abmeldung und stellten uns den nötigen Ausweis ohne weitere Unterlagen als unsere Identitätskarten aus. Wir hatten erfahren, daß diese beiden Männer bereits anderen Juden geholfen hatten. Von Reichen nahmen sie Geld, von Armen nicht.

251

Wir hatten nur das wenige Geld vom Komitee, traten aber als sehr reich auf. Um nicht den Anschein zu erwecken, daß wir versteckte Juden waren, redeten wir den Leuten ein, ich sei meinem Mann davongelaufen, um mit meinem Geliebten zu leben, dessen Lungenkrankheit aber einen Aufenthalt in den Bergen erfordere. Zu essen hatten wir fast nichts, was die Frau, da wir ja nicht kochten, auch bald merkte, und wir erklärten, das sei unsere Diät. Da wir nicht dauernd hungern konnten, mußten wir uns irgendwie helfen. Die Schwarzhandelspreise konnten wir nicht bezahlen. Ich fing an, angeblich aus Langeweile, für die Bäuerin zu stricken, und mein Freund fotografierte die Leute. Dafür nahmen wir kein Geld, weil wir doch so „reich" waren. Die Bauern wollten sich nichts schenken lassen, und so erlaubten wir ihnen herablassend, uns gelegentlich ein paar Kartoffeln oder Nußöl, Milch und Käse zu geben. Keiner hielt uns für Juden, bald fing man an, uns sehr zu lieben, und wir gehörten mit zur Dorfbewohnerschaft. Mein Freund erwarb sich durch allerlei Maschinenreparaturen, ich weiterhin durch Stricken Zuneigung. Trotzdem wollte uns die Bäuerin nach einem Monat nicht länger behalten. Sie setzte uns aber nicht auf die Straße, sondern verschaffte uns ein Quartier in einem verfallenen Bauernhaus bei einem Neunzigjährigen. Auch das war unser Glück. Der Mann war so alt und außerdem fast taub, so daß er gar nicht wußte, was versteckte Juden seien. Er gab uns ein großes Zimmer oberhalb dem seinigen, es stand fast leer. Die Miete war ganz gering, hingegen verlangte er, wie vorher die Greisin, von mir versorgt zu werden.

Nun lebten wir ungestört bis zur deutschen Besetzung im Herbst 1943. Da wurden die Verhältnisse wieder schwierig, und wir konnten nur mit Vorsicht das Haus verlassen. Mein Freund blieb 8 Monate nur im Dorf oder in der Umgebung. Er hatte inzwischen Anschluß an die Résistance[7] gefunden, für die er fotografisch arbeitete. Ich nahm die Gefahr auf mich, die nötigsten Wege zu gehen. Ich fuhr nie bis Grenoble, wenn ich in die Stadt mußte, sondern stieg im letzten Dorfe aus, um Kontrollen auszuweichen, und lief in die Stadt. Einmal geriet ich aber trotzdem in eine furchtbare Razzia, die zum Glück nur von der Wehrmacht vorgenommen wurde. Achtmal mußte ich meine falsche Karte zeigen. Nun wollte ich sie nicht mehr benützen. Mein Freund fand das verständlich, stellte in der gleichen Nacht von mir Paßbilder her, und wir beschlossen, am nächsten Tag zum Bürgermeister zu gehen, um für mich einen richtigen Ausweis zu erbitten, den ich brauche, da ein Kind meine alte Karte zerrissen habe. Als ich dem Bürgermeister meine Geschichte erzählte, fragte er, warum ich so unvorsichtig gewesen sei, meine Karte herumliegen zu lassen. Er tat ziemlich erzürnt und verlangte einen Geburtsschein. Ich hatte sofort das Gefühl, daß sein Zorn nur fingiert war. Als ich sagte, ich habe keinen solchen Schein, nahm er mich bei der Hand und führte mich wortlos zu seinem Sekretär hinauf. Er trug ihm auf, mir eine Identitätskarte auszustellen, die endlich ordentlich registriert war und mein eigenes Bild aufwies. Ich war hocherfreut, aber meine Freude wurde sofort durch eine schreckliche Nachricht des Lehrers gedämpft, er müsse mir leider mitteilen, daß ich seit gestern von der Gendarmerie gesucht würde. Wir waren fassungslos und wußten vor allem nicht, weswegen man mich suchte. Ein Grund konnte sein, daß ich mehrmals in einem Hotel mit falschen Angaben übernachtet hatte; oder war man mir auf eine Geschichte mit Lebensmittelkarten gekommen, die ich mir illegal zu unseren übrigen Karten in Grenoble verschafft hatte. Schließlich kam auch eine Denunziation in Frage. Nur ich wurde gesucht, nicht mein Freund. Wir gingen heim und beschlossen, die Dinge an uns herankommen zu lassen. Die Gendarmerie kam nicht.

Zwei Tage später, am 4. Februar 1944, ging ich an einem eisigen Morgen nach Uriarge-les-Gains, wo wir immer Brot kauften. Knapp vor dem Dorfe standen bewaffnete deutsche Soldaten. Das wunderte mich wohl, doch dachte ich, so dumm war ich, das wird ein Manöver sein, ich will schnell ins Dorf gehen. Zehn Schritte weiter wieder bewaffnete Soldaten. Ich ging wieder an ihnen vorbei – in die Falle. Der Bäcker war am Anfang des Dorfes. Ich betrat den Laden. Der Bäcker sah mich entsetzt an: „Was machen Sie hier? Warum sind Sie nicht in Ihrem Dorf geblieben? Wissen Sie nicht, was los ist?" Ich sagte nein, und er berichtete mir, daß seit 5 Uhr früh die schwerste Gestapo-Razzia im Gange sei, die je hier stattgefunden habe. Nur einige Menschen am anderen Dorfende, durch Telefonanrufe gewarnt, konnten sich retten. Alle anderen seien gefangen. 2 000 Menschen, nicht nur Juden, wären im Hotel du Midi bereits eingesperrt. Sie hätten auch eine Kundin des Bäckers, eine Mutter von vier kleinen Kindern, erwischt und fürchterlich geschlagen und gequält, weil sie die versteckten Kinder und ihren Mann nicht preisgeben wollte. Ich gab jede Hoffnung auf, aus dem umstellten Dorfe zu entkommen, trat aber trotzdem mit meinem Brot in der Hand den Rückweg an und begegnete zwei Minuten später drei Männern in Lederjacken, die mich scharf fixierten. Ich war nicht gerade schmuck hergerichtet und tat so, als wollte ich sagen, na, mit mir verlohnt es sich doch nicht anzubandeln. Die Männer – es waren, wie ich nachher erfuhr, die drei für die Aktion verantwortlichen Gestapoleute – ließen mich laufen. Die Soldaten fragten mich dann: „Franzos?" Ich sagte: „Messieurs, je suis Française." Und so kam ich durch die Sperren durch.

Am 11. Februar besuchten wir eine befreundete jüdische Dame in einem weitabgelegenen Ort. Zwei Stunden, nachdem wir sie verließen, wurde sie mit ihrer Familie von der Gestapo gefangen. Nur ein 17jähriger Sohn und ein 30jähriger Neffe konnten sich durch einen Sprung von einem vereisten Dache auf ein anderes retten. In unserem Dorfe lebten nur noch zwei andere jüdische Familien, die sich mit viel Takt zurückhielten. Wenn uns ab und zu Alarmsignale erreichten, daß auch unser Dorf von Gestapo durchsucht werden solle, flüchteten wir in eine von uns vorgesehene Hütte, 1 000 Meter hoch in den Bergen, wo wir in einem Backtrog schliefen. Die Zustände wurden immer schwieriger, Brot gab es wochenlang nicht mehr. Weit vom Haus weg konnte man sich nicht wagen, und ich mußte ein kostbares Instrument verschleudern, um etwas Geld zu beschaffen. Zwar wartete man schon seit zwei Jahren mit größter Ungeduld auf die Befreiung durch die Westmächte, wurde aber immer wieder enttäuscht. Die Zeit, die dem 6. Juni 1944 voranging und folgte, brachte das letzte und ärgste Toben der Deutschen. Damals versteckten wir auch noch eine befreundete jüdische Schriftstellerin bei uns.

Die beiden Männer wollten für die letzten Gefahren einen Unterstand bauen und machten sich an die Arbeit. Sie mußten sehr vorsichtig sein, denn niemand durfte davon wissen, nicht einmal unsere Nachbarin. Es wurde nur nachts gearbeitet. Unter unserem Hause fing der Unterstand an und setzte sich ins freie Feld fort. Am schwierigsten war es, unbemerkt zu schaufeln und die Erdmassen wegzuschaffen. Deshalb mußte ich jeden Abend drei bis vier Stunden Klavier üben, ob ich wollte oder nicht – wir hatten uns einige Monate zuvor ein Klavier ausgeborgt. Der Bau des Unterstandes begann im April.

Ich muß nun ergänzen, daß der Fall mit der Gendarmerie doch nicht beendet war, wenn man mich auch nicht holte. Etwa um die Wende Februar März erhielt ich eine Zuschrift des *Bureau de Statistique* aus Lyon, worin man mitteilte, es sei entdeckt worden, daß ich einen falschen *Etat Civil* angegeben habe und melden müsse, wer ich wirklich sei, oder binnen acht Tagen zu erscheinen habe. Auf Anraten von Freunden ging ich zu einer französischen Anwältin in Grenoble, die in solchen Fällen hilfsbereit war. Nachdem sie meinen Fall sorgfältig ausgekundschaftet hatte, teilte sie mir nach zwei Tagen mit, sie sehe keinen anderen Ausweg für mich, als das Haus ohne meinen Freund sofort zu verlassen und mich zu verstecken. Mit dieser Nachricht kehrte ich heim und war auch schon bereit, das Opfer zu bringen. Mein Freund wollte nichts davon wissen und sagte, daß er wohl mitschuldig sei, weil er mich zu der Geschichte mit den Lebensmitteln angestiftet habe; entweder kämen wir beide um oder würden beide gerettet. Sofort ergriff er kluge Vorsichtsmaßnahmen. Unter einem Fenster, aus dem man leicht springen konnte, legte er ein Erdloch an, das gut kaschiert wurde. Dies war übrigens der Anfang des Unterstandes. Vier Wochen lang mußte ich an einem anderen Fenster mit gutem Ausblick beobachten, ob Ortsfremde sich näherten. Ferner ging er zum Bürgermeister und meldete mich dort ab, da ich vier Wochen lang auf einer Konzertreise sei. Dasselbe erzählte er im Dorfe. So war ich für vier Wochen ans Haus gefesselt. Kamen fotografische Kunden, so wurde ich in einen Schrank gesperrt. So verging die Zeit bis zur Invasion. Ich traute mich wieder hinaus und nahm sogar eine Stelle als Hilfskraft in einer Fremdenpension an. Die Résistance hatte mir inzwischen einen slowakischen Ausweis besorgt. Mit Wladimir hatte ich bis Mai 1944 Briefwechsel, dann nicht mehr, da er untergetaucht war. Im August erreichten die Amerikaner Grenoble, und bald darauf hatte ich die große Freude, beide Kinder wiederzusehen, da sie zu mir auf Urlaub fahren durften.

1 Die finanzielle Unterstützung kam vom Esra-Komitee der jüdischen Gemeinde.
2 *Charles de Gaulle* (1890–1970), französischer General und Politiker, organisierte von London und später von Afrika aus die Befreiung Frankreichs von den Deutschen im Zweiten Weltkrieg. 1946 und 1958 französischer Ministerpräsident, 1959–1969 Staatspräsident.
3 *Maquis*. Name der nach 1940 in Frankreich gegen die deutsche Besatzung kämpfenden Partisanen.
4 *Gurs*. Nationalsozialistisches Konzentrationslager im Süden Frankreichs.
5 *Santo Domingo*. Hauptstadt der Dominikanischen Republik, einer Insel im Karibischen Meer.
6 *Henri-Philippe Petain* (1856–1951). 1917–1919 Oberbefehlshaber des französischen Heeres, 1940–1942 Präsident der Vichy-Regierung, 1940–1944 Staatschef, 1945 wegen Kollaboration zum Tode verurteilt und zu lebenslänglicher Haft begnadigt.
7 *Résistance*. Französische Widerstandsbewegung im Zweiten Weltkrieg gegen die deutsche Besatzung.

Quelle: Ellen Drobatschewsky, „Erlebnisse in Luxemburg und Frankreich 1940–44". Manuskript aufgenommen von H. G. Adler, 1954. Yad-Vashem-Archiv, Israel.
Abdruck mit freundlicher Genehmigung des Yad-Vashem-Archivs, Israel.

Eine „Arisierung" in Holland

Charlotte Sachs zog mit ihrem Mann und ihren drei Kindern vor Ausbruch des Zweiten Weltkriegs ins niederländische Exil, wo die Familie dem langen Arm der nationalsozialistischen Verfolgungsmaschinerie zu entkommen suchte. Nach der deutschen Besetzung der Niederlande Anfang 1940 tauchte die 52jährige Mutter mit Hilfe der holländischen Widerstandsbewegung in den Untergrund und entging so der ersten Verhaftungswelle. Als sich die Lage jedoch ständig zuspitzte und zu befürchten stand, daß bald auch ihre Töchter erfaßt und deportiert würden, gelang Charlotte Sachs ein seltenes Bravourstück. Der folgende Bericht schildert den mutigen Rettungsversuch der Mutter und gibt Einblick in den Prozeß der „Arisierung" ihrer 21jährigen Tochter in Amsterdam.

Das Wort „Arisierung" begegnete mir zum ersten Mal im Beginn des Jahres 1942, als mir ein guter Freund erzählte, es sei vor einiger Zeit eine Zweigstelle der deutschen „Arisierungs-Kommission" in Den Haag eröffnet worden unter Leitung eines Dr. Kallmeyer. Man könne dort beantragen, Personen, die bisher für jüdisch galten, für halb- oder ganz-arisch erklären zu lassen, unter Berufung auf bisher nicht beachtete Abstammung, und wenn möglich unter Vorlegung irgendwelcher Beweise dafür. Und er fügte hinzu, daß er für einen seiner Söhne, der dem Alter nach für besonders gefährdet galt, diese halbarische Erklärung erreicht habe durch Behauptung einer illegalen arischen Vaterschaft, zu deren Beschwörung sich nach einiger Überlegung einer seiner arischen Freunde bereit gefunden habe. Damit war dieser Sohn aus allen Schwierigkeiten der Juden-Verfolgung heraus.

Als im Juli 1942 die ersten Aufrufe jüdischer Kinder zum „Arbeitsdienst" kamen, fiel mir diese Geschichte als mögliche Rettung ein. Zumal mir immer wieder von

Freunden gesagt wurde, wie un-jüdisch meine jüngste Tochter aussehe und wie unmöglich es sei, ihre Rasse zu erkennen. Daraus, fand ich, müsse man einen Vorteil zu finden versuchen. An dem Tage im Juli, an dem spätabends die ersten Transporte dieser halbwüchsigen Kinder weggingen, belauschte ich eine Unterhaltung zwischen meiner Tochter und einer Freundin, die bei uns erschienen war mit einem Päckchen mit Kleidern in der Hand, um sich zu verabschieden: sie ginge „untertauchen", sie habe arische Freunde, die sie nähmen, ehe sie sich den Deutschen ausliefere... „Wenn meine Mutter hier wäre", sagte sie noch, „dann müßte sie mir eine Erklärung geben, daß ich von einem arischen Vater stamme; aber da sie in Belgien und unerreichbar für mich ist..." Also, dachte ich, das ist es, was man jetzt seinem Kind leisten kann; und in der schlaflosen folgenden Nacht schrieb ich den Hauptteil des Romans, den ich in Abschrift beilege. Am Morgen galt es, die Familie einzuweihen. Mein Hauptkummer war meine älteste, auch gefährdete Tochter, die mit einem Juden verheiratet und daher durch ähnliche Lügen nicht zu schützen war; abgesehen von ihren dunklen Haaren und ihrer Ähnlichkeit mit meinem Mann. Meine Tochter sowie Mann, Schwiegersohn usw. waren entzückt von dem Plan – er kam dem Bedürfnis nach Aktivität in unserer furchtbaren Lage entgegen.

Als angeblichen Vater hatte ich mir einen gemischt-verheirateten Mann unserer Bekanntschaft erwählt, der im Alter ungefähr paßte und in Berlin gelebt hatte. Er fand meinen Vorschlag wenig nach seinem Geschmack, obgleich ich ihm deutlich zu machen versuchte, daß Christen sich meiner Ansicht nach dankbar zu zeigen hätten, wenn man ihnen einen, noch dazu gefahrlosen Weg zeigte, Juden zu helfen. Er war ängstlich, bat um Zeit bis zum nächsten Tage, wo er ablehnte, mir aber gleichzeitig seinen Bruder anbot, der in Amerika lebte, wenn er noch lebte, und dem die illegale Vaterschaft nichts schaden konnte. Der Fall wäre natürlich weit besser gewesen, wenn ich den Mann, den ich nannte, die Vaterschaft hier hätte beschwören lassen können; aber Herr P. versprach mir eine eidesstattliche Versicherung, daß er von der „Beziehung" zwischen seinem Bruder und mir gewußt habe. Auch war sein „Arierbeweis" für seinen Bruder mit beweiskräftig – also *faute de mieux* nahm ich sein Angebot an.

Unser Freund und Vorgänger auf diesem krummen Wege nannte mir den Anwalt, der das Verfahren für ihn bearbeitet hatte: ein Holländer mit guten Beziehungen bei allen Behörden, mit jüdischer Frau und bereit zu helfen, wenn auch die Fiktion von ihm stets gewahrt blieb. Er fand meinen Fall schwach wegen des Mangels an jedem Beweismaterial, unternahm aber doch ihn zu vertreten – im übrigen gegen geringe Kosten.

Meine Lügenerzählung mit Fotos von mir, meinem Manne und allen unseren Kindern wurden eingereicht bei dem Generalkommissar für Verwaltung und Justiz, zu Händen Herrn Dr. Kallmeyer. Meine anderen Kinder mußten natürlich der illegalen Tochter so unähnlich wie möglich sehen. Unsere Älteste bekam also von einem fotografierenden Freund eine größere Nase reinretouchiert. Irene, der „Bastard", wurde von einer Filmfotografin mit betonten arischen Merkmalen fotografiert, mit allem Licht auf den blonden Haaren und der kurzen Nase. „Und wer ist der Junge? Der sieht ja gar nicht jüdisch aus", sagte der Anwalt ablehnend, als ich ihm die Sammlung brachte. „Das ist mein Sohn." – „Wo ist der?" – „In London." – „Na also; dann bringen Sie mir ein Foto von einem beliebigen jüdisch aussehenden Jungen!" Und so geschah es.

Anfang August teilte mir der Anwalt hocherfreut mit, daß meine Tochter auf die sogenannte „Kallmeyer-Liste" aufgenommen sei, als Beweis für den eingereichten Antrag ihrer Arisierung; und daß, was ihm besonders gut gefiel, durch einen Irrtum auch ich auf der Liste der durch dieses Verfahren geschützten Personen gekommen sei.

Im September bekamen Irene und ich einen Aufruf, daß wir bei der „Zentralstelle" behufs Abstempelung unserer Personalausweise zu erscheinen hätten. Diese Stempel bedeuteten Zurückstellung vom „Arbeitsdienst" für verschiedene Kategorien von Juden. Bei uns betraf es das Vorhandensein auf der Kallmeyer-Liste, ein seltener und sehr begehrter Stempel. Ich war außer mir vor Sorgen, daß nun ich und nicht auch mein Mann diesen Schutz bekommen sollte. Am Abend vorher zog ich ganz unglücklich einen Freund ins Vertrauen. „Ja, ich weiß auch nichts", sagte er, „aber ich würde auf alle Fälle den Personenausweis Ihres Mannes morgen mitnehmen – man kann nie wissen." Am nächsten Morgen stempelten grüne Polizisten nach Kontrolle einer Liste die Personenausweise. Als ich nach Erledigung meines und meiner Tochter Stempel den Ausweis meines Mannes hinschob, sagte er, ja, er stände zwar nicht auf der Liste, aber „Familienverband wird nicht zerrissen", mit welchem Hitler-Schlagwort wir also bis auf weiteres für geschützt gelten konnten. Der Anwalt war entzückt mit diesem Erfolg. Noch nie habe er drei Personen mit einem Verfahren schützen können! Und nun war es also vor allem wichtig zu verstehen, daß das Verfahren nicht erledigt war, denn selbst bei Erfolg war nur Irene gerettet, während wir so zu dritt sicher waren.

So blieb es etwa ein Jahr. Dann meinte der Anwalt, man müsse doch wohl mal wieder was tun, um nicht aufzufallen. Im Laufe des Verfahrens werden die Deutschen eine rassisch-biologische Untersuchung anordnen, aber es mache einen guten Eindruck, wenn man das schon freiwillig einreichen, und das biologische Institut der Universität mache das und „arbeite mit". Am 11. Juli 1943 wurde meine Tochter also von zwei jungen Assistenten des biologischen Instituts auf arische Merkmale genau untersucht. Die jungen Leute waren offenkundig belustigt, taten aber sehr sachlich und fanden mit Wohlwollen aber gewissenhaft nichts als arische Merkmale. Nach der Untersuchung wurde der Rapport dem Professor zur Unterschrift vorgelegt. Er warf einen flüchtigen Blick auf uns, unterschrieb und sagte: „und was können wir für ‚Mevrouw' (meine Dame) tun?" – „Nichts", sagte man ihm, denn der Antrag sei nur für die Tochter gestellt. „Schade, schade", sagte er, „die Mevrouw sieht doch auch gar nicht jüdisch aus – schade, schade." Herr

Kallmeyer bekam diesen Rapport. Er bekam auch auf Wunsch meines Anwalts einen Nachtrag zu meinem Antrag, im Juli 1943, des Inhalts, daß ich das Fehlen aller Beweisstücke noch einmal erklärte durch die gebotene Geheimhaltung usw., mich aber nun doch noch von zwei kleinen Fotos trennte, die mir ein Freund sorgfältig aus alten Bildchen arischer Freunde ausgesucht hatte, unter Berücksichtigung etwaiger Ähnlichkeit im Typ mit meiner Tochter. „Es kann meinem Jugendfreund auch nicht mehr schaden", sagte er, „er ist im Jahre 1914 gefallen…"

Bei drei Razzien befreite uns und unsere Tochter der Kallmeyer-Stempel. Als wir beim dritten Mal, am 30. September 1943, vom Bahnhof wieder zurückgeschickt wurden, erklärte mein Mann, das Risiko nicht länger eingehen zu wollen. Unsere ältere Tochter war in Westerbork als Beamtin, unser Schwiegersohn war untergetaucht, woraus sich Schwierigkeiten ergaben, denn er wurde in unserer Wohnung, wo er gewohnt hatte, gesucht, und man wußte nie, wen sie dann mitnahmen. Unsere Untertauchplätze standen bereit. Am 1. Oktober ging ich als letzten Ausgang vor der freiwilligen Gefangenschaft zu unserm Anwalt und sagte ihm, daß wir untertauchen würden. Er war gar nicht einverstanden. Er sagte, der Kallmeyer-Stempel sei gut – was er auch war – und es sei unnötig, aber wenn wir es doch täten, sei er bereit, das Verfahren jetzt nicht mehr aufzuhalten, sondern zu beschleunigen. Im März bekamen wir die erfreuliche Nachricht, daß das Verfahren Erfolg hatte und Irene zum „Mischling ersten Grades" erklärt sei, d. h. wieder auftauchen konnte und keinen Stern zu tragen brauchte. Sie mußte sich jedoch zu einer „rassisch-biologischen Untersuchung" melden bei einem zweimal im Jahr zu diesem Zweck in Den Haag anwesenden Professor der Biologie aus Kiel. Der Anwalt ließ mir sagen, ich solle nicht ängstlich sein, der Vorbehalt bedeute nichts, der Professor lebe davon und dürfe nicht um seine Einnahme kommen.

Als Irene Wochen später wirklich nach Den Haag zitiert wurde, riet ihr der Anwalt, nicht mehr als 100 Gulden

261

mitzunehmen – der Professor verlange 600, aber sie solle nur sagen, daß sie das nicht habe. Irene erzählte dann sehr anschaulich, wie bei ihrem Anblick der Professor zu seiner Sekretärin gesagt habe: „Sehen Sie, bei der mach ich's genauso, wie die aussieht; aber die Schwarze, die wir da eben hatten..." Dementsprechend verlief die Untersuchung, dann sagte er: „Was sind Sie? Kinderpflegerin? Da können Sie wohl nicht viel bezahlen?" Das gab sie zu. „Na, was haben Sie denn bei sich? Können Sie wenigstens 100 Gulden bezahlen?", was sie dann tat. Der Anwalt kannte seine Leute.

Das letzte Kriegsjahr hindurch, von März 1944 bis Mai 1945, ging unsere rassenreine jüdische Tochter als „halbarisch" durch die Welt – eine ungeheure Erleichterung für uns in unserem Gefängnis, und eine Rettung aus größter Gefahr für unser Kind.

Quelle: Charlotte Sachs, „Eine Arisierung in Holland". Manuskript, 1955. Abdruck mit freundlicher Genehmigung des Yad-Vashem-Archivs, Israel.

Emigrantin in Portugal und Algier

Alix Preece, eine gebürtige Deutsche, lebte seit 1926 in Paris, wo sie sich ihren Unterhalt durch Sprachstunden und Büroarbeit verdiente. Nach der deutschen Invasion in Frankreich wurde sie in Paris interniert. 1941 gelang ihr jedoch über Vermittlung einer Freundin die Ausreise nach Portugal. Dank ihrer charismatischen Persönlichkeit und sprachlichen Gewandtheit fand Preece in Lissabon schnell Arbeit. Nach drei Jahren in der portugiesischen Hauptstadt gelang es Preece, sich über Marokko nach Algerien durchzuschlagen, wo sie in den Dienst des französischen Geheimdienstes trat. Trotz der Gefahren, die ein solches Unternehmen für eine deutsch-jüdische Emigrantin mit sich brachte, meisterte Alix alle Schwierigkeiten. Ihre Erinnerungen ans Exil enden 1957 mit dem lakonischen Hinweis: „So hat meine Geschichte ein ‚Happy-End‘, und nach all den aufregenden Jahren scheint mir mein ruhiges Vorstadtheim in der Nähe von London als ein Hafen der Ruhe."

Es war damals im Frühling 1941 sehr schwer, ein spanisches Durchreisevisum zu erhalten. Täglich verbrachten wir einige Stunden wartend vor dem spanischen Konsulat (in Paris), und wenn unsere „Freunde", dieselben Polizisten, die uns im „Bompard" (Internierungslager) bewacht hatten, uns dann endlich die Priorität gaben, hörten wir immer wieder: „Noch nichts!" Eine Freundin, die endlich abfahren konnte, lernte im Zug einen spanischen Diplomaten kennen, der sie fragte ob er ihr irgendwie behilflich sein könnte. Sie gab ihm meinen Namen, Adresse und Daten, und ich muß es wohl ihm und meiner schönen Freundin verdanken, daß ich dann auch endlich Frankreich verlassen konnte.

Die Reise durch Spanien schien endlos und wurde noch

getrübt durch ein tragikomisches Erlebnis: Da man kein Geld ausführen konnte, versuchten die Emigranten, etwas Geld auf illegale Weise mitzunehmen. Man hatte mir die Adresse eines Emigranten-Schneiders gegeben, der besonders geschickt sei, eine Banknote in das Futter eines Mantels einzunähen. Man war dabei und sah zu, wie er die Banknote in die wattierte Schulter festnähte. Die ganze Reise hindurch hütete ich den Mantel wie meinen Augapfel, um dann viel später in Portugal festzustellen, daß das Geld ebenso geschickt wie es eingenäht worden war, von dem Schneider rausgerissen worden war. Es war gerade noch eine kleine Ecke vorhanden. Und meiner Freundin war es ebenso gegangen, wie sie mir dann erzählte.

Spanien schien in einem noch viel trostloseren Zustand als Frankreich. Wir bekamen kaum etwas zu essen, und in den Restaurants konnte man die zerlumpten Kinder, die Bettler kaum loswerden. Es war nicht der Moment, viel von den Schönheiten Spaniens zu sehen, und wenn ich auch in den Prado ging, so war mein Herz zu schwer, um so viel Schönheit wirklich zu genießen.

Dann endlich kam die Grenze nach Portugal, wo alles heller, heiterer erschien. Die Sonne schien, das Land lächelte uns an, und neue Hoffnung kam in mein Herz. Sicher würde ich eine Woche später nach Brasilien zu meiner Familie fahren, die Zeit der Lager und Polizeiüberwachung sei vorbei – endlich Freiheit!

Schließlich erreichten wir Lissabon, wo ich bei einer Lagerfreundin absteigen wollte. Als ich endlich ihre Wohnung fand, hörte ich, sie sei am Abend vorher nach Santo Domingo abgefahren. Eine zweite schien unauffindbar. Es begann zu regnen, ich war so müde, aber da traf ich plötzlich den einzigen Portugiesen, den ich kannte: Antonio Augusto, der in Paris deutsche Stunden bei mir genommen hatte. Das erste, was wir taten – wir gingen in ein typisches portugiesisches Restaurant am Rossio, einem großen Platz, und ich bekam ein Steak vorgesetzt, das mir noch heute als das beste und größte und saftigste erscheint, das ich je gegessen habe. Und dann brachte man diese typischen, sehr süßen portugiesischen Kuchen, von denen ich mehrere aß. Später lachten wir noch oft, wenn wir an diesen Abend dachten. Die vielen bunten Lichtreklamen, elegante Frauen, Luxus und Heiterkeit. So etwas gab es! In Frankreich war alles abgedunkelt, trostlos, voller Angst.

Ich fand eine Familienpension, ich traf eine Pariser Freundin: Denise van Moppés, die nach London wollte, um bei der BBC zu den französischen Frauen zu sprechen. Ganz so einfach, wie es am Anfang ausgesehen hatte, war denn doch alles nicht. Die HICEM (jüdische Flüchtlingshilfe), die sich meiner annahm, versuchte, mir schnell eine Überfahrt nach Brasilien zu verschaffen, teilte mir dann aber sehr bald mit, daß Brasilien keine Juden mehr aufnähme. Trotzdem mein Visum verlängert worden war, trotzdem meine Überfahrt bezahlt war, blieb mir nichts anderes übrig, als mich mit dem Gedanken vertraut zu machen, daß ich den Rest des Krieges in Portugal bleiben müßte.

So versuchte ich, mit einem lachenden und einem weinenden Auge, mich an den Gedanken zu gewöhnen. Ich mußte mich regelmäßig bei der Polizei melden, durfte aber sonst tun, was ich wollte, solange ich kein Geld verdiente. Nur Stundengeben war erlaubt. Durch meinen kleinen Freund lernte ich viele Menschen kennen und fand dann eine Stelle an einer Schule in Parede außerhalb Lissabons, am Meer gelegen. Ich bekam ein Zimmer und gute Verpflegung, und dafür gab ich kleinen Jungen und Mädchen französischen Unterricht. Außerdem hatte ich die Möglichkeit, mit Privatstunden Taschengeld zu verdienen. Das war eine herrliche Zeit, und ich erholte mich nach all den schweren Monaten. Diese friedlichen, harmonischen Sommermonate in Parede nach den französischen Abenteuern gehören zu meinen schönsten Erinnerungen. Ich hatte an der Sorbonne, bevor ich Paris verließ, portugiesische Stunden genommen, das half mir nun, mich den Kindern verständlich zu machen. Welch ein Glück, daß man in Brasilien und in Portugal die gleiche Sprache spricht. Die Portugiesen behaupten zwar, „brasilianisch" sei portugiesisch „mit Zucker", aber es ist eben doch die gleiche Sprache mit anderer Aussprache.

Aber es wird immer dafür gesorgt, daß einem die Bäume nicht in den Himmel wachsen. Als ich eines Abends nach Lissabon ins Theater fuhr, brach ich meinen Fuß, konnte natürlich nicht in die Schule zurück und mußte monatelang herumliegen. Zum Glück nahmen mich Freunde auf, bis ich wieder herumhumpeln konnte. Sogar in diesem Zustand fand ich Arbeit. Ein bekannter portugiesischer Gastronom, mit einer Pariserin verheiratet, die kein Wort portugiesisch sprach, suchte Gesellschaft für seine Frau und jemanden, der mit dem Personal und den Lieferanten verhandeln konnte. Ich hatte nichts anderes zu tun, als zu dolmetschen und französisch zu reden, und lebte in einem absolut unwahrscheinlich schönen Rahmen. Sie hatten ein winziges Häuschen in Sintra gemietet, wo der alte Königspalast steht, und unsere Fenster sahen auf den alten „Palast Monserrate" und die herrlichen Gärten, die das ganze Jahr hindurch grünen und blühen.

Immer noch mußte ich mich regelmäßig auf der Polizeipräfektur melden, und ich verdankte es nur meinem gebrochenen Fuß, daß ich überhaupt noch in Lissabon frei herumlaufen durfte. ... „a quelque chose malheur est bon" (Glück im Unglück). [...]

Man sprach viel deutsch auf der Präfektur, und die Gesinnung dort schien bei aller Neutralität mehr auf der deutschen Seite zu sein. Viel später, als es ersichtlich wurde, wer den Krieg gewinnen würde, änderte sich dies. Es war 1942, und es kamen neue Visabestimmungen. Kein Fremder durfte länger als einige Monate in Lissabon bleiben. Diejenigen, die viel Geld hatten, schafften es irgendwie, und die Luxushotels in Estoril waren nur von Ausländern bewohnt, die auf ihre Ausreisevisen warteten. Die weniger Bemittelten wurden nach einiger Zeit in die Residence Rorcee geschickt, nach Ericeira oder nach Caldas da Rainha (Quellen der Könige). Konsulate und Komitees halfen den ihnen zuständigen Emigranten. Es gab deutsche und politische oder jüdische Deutsche. Es gab einen „Free French"-Konsul für die Naziopfer und einen „Vichy French"- (alias Nazi)

Konsul. Unitarians, Quäker, HICEM und „American Jewish Joint Distribution Committee" arbeiteten Hand in Hand, und mit amerikanischen Geldern wurde vielen Flüchtlingen geholfen. Nur wer gar keine Mittel hatte, kam ins Gefängnis, da machten die Portugiesen kurzen Prozeß.

Ich versuchte es so lange als möglich zu verschieben, bevor ich nach Caldas geschickt wurde, und fand eine sehr interessante Stelle an der HICEM, die mich meiner Sprachkenntnisse wegen gut gebrauchen konnte und daher reklamierte. Das gelang dann auch für einige Zeit, und es gab so viel zu tun, daß wir keine Zeit hatten, an unser persönliches Schicksal zu denken.

Viele der Flüchtlinge, denen es gelungen war, Europa zu verlassen, waren ohne Nachricht von ihrer Familie. Viele waren von den Lagern aus ausgewandert und konnten nicht ins besetzte Gebiet schreiben. Sie wandten sich an die Lissabon HICEM, und es gelang uns oft, Briefe zwischen Eltern und Kindern, zwischen Ehegatten und Freunden zu vermitteln. Wir schrieben an die Heimatadressen oder an die Lagerkommandantur. Oft gelang es sogar, Pakete zu vermitteln, und wir freuten uns ebenso wie die Sender, wenn wir Erfolg hatten.

Dann, eines Tages, mußte auch ich Lissabon verlassen und wurde nach Caldas da Rainha geschickt. Einige hundert Emigranten, denen es verboten war zu arbeiten und die meistens nicht die Sprache des Landes beherrschten, lebten in Caldas ein Ferienleben, das sicher manchem ungewohnt und angenehm erschien.

Da wir alle regelmäßig genug Geld vom zuständigen Konsulat oder Komitee erhielten, um anständig leben zu können, ging es allen Emigranten ganz gut. Ärzte wurden bezahlt, notwendige Kleidung wurde bewilligt und viele Pakete vom Roten Kreuz und von amerikanischen Juden wurden verteilt. Leider waren es oft die, die es am wenigsten brauchten, die profitierten. Die wirklich Bedürftigen, die Schwachen und Alten, schämten sich, es zuzugeben. Ich kannte Fälle von Leuten, die Schrankkoffer voller Kleidung aus Deutschland mitgebracht hatten und dann in Portugal auf Komiteekosten eingekleidet wurden. Einmal schickte mich die HICEM auf ein nach Amerika gehendes Boot, weil eine Emigrantin vergessen hatte, eine „Formalität" zu erledigen, nämlich ihre Unterschrift zu geben, daß sie nicht mehr als einige Pfund ausführte. Sie hatte mit ihrer Tochter monatelang auf HICEM-Kosten gelebt und schien eine der Ärmsten. Ich war entsetzt und deprimiert, als sie zitternd zugab, daß sie über fünfhundert Pfund in ihrer Tasche hatte!

Aber gottlob, das war eine Ausnahme, und meistens waren die „Caldanesen" dankbar und zufrieden. Man wohnte in möblierten Zimmern oder in Hotels. Familien mieteten kleine Häuschen, und die Frauen waren meistens im Haushalt beschäftigt. Die Männer saßen herum, spielten Karten, hörten Radio und für sie war die Untätigkeit viel schwerer und schädlicher. Man durfte sich nur einige Meter von Caldas entfernen, und wenn man nach Lissabon wollte, um einen Spezialarzt oder ein Konsulat aufzusuchen, mußte man eine spezielle Erlaubnis von der Polizei haben. Man bekam meistens drei Tage, und auch diese nur mit Schwierigkeiten.

Der größte Wunsch, die einzige Sehnsucht war ein Visum, das einem die Möglichkeit gab, Europa zu verlassen und ein neues Leben aufzubauen, zu arbeiten, frei zu sein. Aber viele hatten nicht einmal diese Hoffnung, denn man mußte Verwandte drüben haben, die eine Garantie, ein Affidavit, geben konnten. Eltern kleiner Kinder machten sich Sorgen um die Zukunft, denn es war damals noch keineswegs abzusehen, wer den Krieg gewinnen würde, und Hitler war in voller Macht.

Dann kam eines Tages ein Transportschiff vom amerikanischen Roten Kreuz geschickt, das zuerst von Spanien und dann von Portugal Kinder abholte, die in amerikanischen Familien aufgenommen werden sollten. Innerhalb weniger Stunden mußte die Entscheidung getroffen werden, und die Eltern junger Kinder verbrachten tragische Momente, denn es war schwer, die richtige Entscheidung zu treffen und sich für unabsehbare Zeit zu trennen. Später zeigte es sich, daß es ein großer Erfolg war. Die Kinder meiner besten Freunde wollten am liebsten bei den Wahleltern in New York bleiben, als ihre Eltern später nach Kanada auswandern konnten.

Eine Hamburgerin, Frau Dr. Wohlwill, nahm sich der Emigranten in rührender Weise an. Ihr verdanke ich es auch, daß ich in Caldas interessante Arbeit fand. Die Unitarians hatten dort ein Komitee, und ich half ihnen als Sekretärin. Wir hatten Stricknachmittage, wir schickten Pakete nach Miranda ins spanische Lager, wir sorgten dafür, daß die Kinder Gymnastikstunden und Beschäftigung hatten, wir kümmerten uns um Visen und Ausreisen, und wir organisierten Vorträge, Konzerte, Theateraufführungen, um die Menschen abzulenken und sie zu zerstreuen.

Das Komitee hatte eine „Quinta", eine Art Bauernhof, gemietet, etwas außerhalb Caldas gelegen, und dort versammelten sich diejenigen, die Freude an guten Büchern und schönen Dingen hatten. Wir hatten eine Bibliothek in vorwiegend deutscher Sprache, aber es gab auch viele französische und portugiesische Bücher.

Die meisten Emigranten sprachen deutsch, aber es gab viele Franzosen, Spanier, Ungarn, Polen und Engländer. Alle bemühten sich natürlich, Portugiesisch zu lernen mit mehr oder weniger Erfolg. Viele Portugiesen sprachen französisch, aber die Hausfrau, die auf dem Markt einkaufte, mußte portugiesisch sprechen, um die Preise „diskutieren" zu können, denn ohne Handeln wird kein Einkauf getätigt, das ist Ehrensache. Oh, der Markt in Caldas da Rainha! Diese Farbenpracht, das Gewimmel, alle Bauern kommen in Kostümen, mit bunten Zipfelmützen, sie reiten stundenlang auf Eseln, um ihre Waren auf den Markt zu bringen. Die vielen Blumen, die Früchte, Fische, die ich nie vorher kannte, Korbwaren, Keramik, die in Caldas gemacht werden. Man hatte seine Freunde unter den Bauern und ging an jedem Markttag zum gleichen Stand, wo man sich mit schrecklich viel Lärm begrüßte. Am Anfang dachte ich immer, die Leute zanken sich unaufhörlich, bis ich herausfand, daß dies ihre Art ist, miteinander zu verhandeln.

Die Portugiesen sind gutartige, sehr arme, bescheidene Menschen. Es gibt eigentlich keine Mittelklasse, sie sind entweder sehr reich, sehr elegant, oder sehr, sehr arm und unbeschreiblich bescheiden. Sie leben fast nur von Stockfisch, grünen Bohnen, alles mit Öl zubereitet, das roh darüber gegossen wird. Fleisch und Butter gehören zu Luxusdingen, die sich die wenigsten leisten. Die Bauern können selten lesen und schreiben, ein Kreuz genügt als Unterschrift.

Es muß den Eingeborenen komisch vorgekommen sein, all diese Emigranten herumspazieren zu sehen, aber die Geschäfte und Cafés waren gut besucht, und wenn diese Invasion die gutartigen Portugiesen gestört haben mag, so ließen sie es uns keineswegs merken. Ich hatte viele portugiesische Schüler, die Französischstunden bei mir nahmen, und ich war ehrlich traurig, als diese ungewohnten Ferien dann aufhörten.

Da ich nicht nach Brasilien fahren konnte, wollte ich gelegentlich zurück nach Paris, wo ich fünfzehn Jahre lang gelebt hatte, wo meine Freunde waren und wo ich mein Leben verdienen konnte. Ich machte ein Gesuch bei dem damaligen „Free French"-Konsul, Monsieur Gorlier, der im englischen Konsulat residierte. Es gab daneben noch einen „Vichy"-Konsul (für das von Nazi-Deutschland besetzte Frankreich).

Gorlier gab mir wenig Hoffnung, da ich ja noch meinen deutschen Paß hatte. Daher war ich sehr erstaunt, als einige Monate später ein Anruf aus Lissabon kam: mein Visum sei da. Man erwartete mich in Algier. Paris war besetzt und in Algier war General de Gaulle und die Regierung, wo ich für die französische Armee arbeiten sollte. War es ein guter Entschluß, war ich richtig beraten? Ich habe später oft gedacht, daß es Wahnsinn war, ein neutrales Land, ein sicheres Leben für ein solches Abenteuer einzutauschen. Und all das mit einem deutschen Paß, auf dem das Hakenkreuz prangte.

Im Mai 1944 fuhr ich also ganz allein, sicher die einzige Deutsche, die einen so irrsinnigen Schritt unternahm, mit einem RAF- (Royal Air Force) Flugzeug nach Afrika. Der Abschied von den portugiesischen Freunden fiel mir schwer. Auf meinen Papieren stand: „Secret Service" (Geheimdienst). Ich kam mir sehr bedeutend und dabei sehr klein und ängstlich vor. Es war auch das erste Mal, daß ich in einem Flugzeug flog, und dies war ein Militärflug. Nichts passierte, die Besatzung war sehr freundlich, nur durfte ich nicht aus dem Fenster sehen, weil alles abgedichtet werden mußte.

Dann kam Rabat, Marokko. In sehr kurzer Zeit landeten wir, und zum ersten Mal in meinem Leben sah ich Wiesen voller Störche, wohin das Auge sah, Störche. Wenn man in der Schule lernt, daß die Störche im Winter emigrieren, kann man sich kein Bild davon machen, wie man sich freut, sie in Afrika wiederzusehen. Und die Araber auf ihren Kamelen muteten mich an wie ein Märchen aus „Tausendundeiner Nacht". Aber es war nicht Zeit zum Träumen. Man hatte mich in einem RAF-Hotel untergebracht, mein militärischer Ausweis öffnete mir alle Türen. Am Abend besuchte ich das Ghetto in Rabat und sah mir die wunderschöne Stadt an. Am nächsten Tag flog ich weiter nach Casablanca, wo ich drei Tage bleiben mußte, da die Behörden mir Geld geben sollten und zuerst lange Recherchen anstellten, warum diese Deutsche nach Algier fahren wollte! ... Mir war es gar nicht klar gewesen, was diese Reise eigentlich bedeutete, nach und nach begann ich zu begreifen. Man brachte mich in einem Hotel unter, gab mir Bons (Gutscheine), damit ich in einer Kantine essen konnte. Ich kam mir einsam und unglücklich vor und war froh, als endlich die Situation geklärt war und ich nach Algier abreisen konnte.

Es ist schwer, die Stimmung und das Bild von Algier zu beschreiben, so wie ich es im Mai 1944 empfand. Ich war nie vorher in Nordafrika gewesen, und nach den ruhigen Caldas-Jahren kam mir dieses Farbengewimmel unwahrscheinlich vor. Ich hatte mich sofort an einer militärischen Stelle zu melden und wurde dann in einem Büro für die erste Nacht untergebracht. Später, viel später stellte sich heraus, daß ich es nur einem Irrtum verdankte, daß ich überhaupt nach Algier berufen worden war.

Ich bekam dann eine Stelle in einem Büro, das französische Frauen für das Debarquement in Frankreich engagierte. Die Frauen waren meistens zwischen zwanzig und dreißig, mußten ein Abitur und sehr gute Erziehung haben. Meine Aufgabe war es, sie zu befragen und Fragebogen ausfüllen zu lassen. Trotzdem ich mit einem deutlichen Akzent sprach, schien keine zu bemerken, daß eine „Boche" sie ausfragte. Bei dieser Gelegenheit machte ich die Bekanntschaft einer Frau, die heute zu meinen intimsten Freundinnen gehört. Sofort, als sie anfing zu sprechen, hörte ich den deutschen Akzent. Wo sind Sie geboren? Berlin, flüsterte sie. Wir verabredeten flüsternd, uns nach der Arbeit zu treffen. Sie war eine Berliner Jüdin, die mit einem französischen Offizier verheiratet war, der in England war. Sie hatte eine kleine Wohnung, und wir waren beide glücklich über dieses seltsame Zusammentreffen.

Dann, eines Tages, vermißte ich meine Handtasche. Der Araber, der das Büro reinigte, lachte nur. Er wisse nichts! In der Tasche war Geld, eine Puderdose und alles, was man so mit sich trägt, aber auch mein Paß und meine Lebensmittelkarten. Ich war unglücklich, berichtete den Diebstahl bei der Polizei und war dann sehr erstaunt, als ich einige Tage später eine Karte von einer Dame bekam, die mir sagte, sie habe meine Tasche in ihrem Treppenhaus, einige Straßen von meinem Arbeitsplatz entfernt, gefunden. Nur der Paß und die Lebensmittelkarten waren vorhanden, und da meine Adresse angegeben war, bitte sie mich, dieselben abzuholen. Ich war einige Tage verhindert hinzugehen, machte dann eine telefonische Verabredung und erfuhr, daß die Tasche bei der Polizei abgegeben sei. Ich beschloß, doch hinzugehen, um der Dame zu danken. Mein Entsetzen war groß, als ich dort einen Agenten der geheimen Staatspolizei vorfand, der mich sofort mit zu einem Gebäude nahm, das allen als ein Gefängnis für politische Verbrecher bekannt war. Natürlich glaubte keiner meine Geschichte. Eine Deutsche, die von Portugal freiwillig nach Algier fliegt? Die für die Franzosen arbeitet? Die ihre Tasche verliert und den deutschen Paß bei sich trägt? Seltsam, sehr seltsam. Ich verbrachte einen ganzen Tag dort, wurde kreuzverhört, wieder und wieder befragt, während Polizisten herumfuhren und meine Angaben zu bestätigen suchten. Sie gingen auch zu jenem Beamten, der mich telegraphisch nach dort hatte kommen lassen, und die Angaben müssen wohl sehr befriedigend gewesen sein, denn am Ende des Tages wurde ich endlich freigelassen mit dem Bemerken: „Wir beglückwünschen Sie, Mademoiselle, alle Angaben waren zufriedenstellend, und wenn Sie uns eines Tages nötig haben sollten, stehen wir zu Ihrer Verfügung."

Als genug Frauen engagiert waren, schloß das Büro, und ich fand eine sehr interessante Stelle als Dolmetscherin, zuerst für die englische Armee, später am amerikanischen Flugplatz, Maison Blanche. Die arabischen Angestellten konnten nur französisch und ich vermittelte ihre zahlreichen Beschwerden und Wünsche in englischer Sprache. Das war eine angenehme, heitere Zeit. Wir durften in der Kantine essen und wurden jeden Morgen und jeden Abend in riesigen Kraftwagen zum Flugplatz befördert. Inzwischen nahte sich der Krieg seinem Ende. „Victory Day" verbrachte ich am Strand. Wir lagen friedlich in der Sonne, als plötzlich alle Sirenen tönten. „Vive la Paix!" (es lebe der Friede), tönte es über das Wasser, „Vive la Paix!" Jeder umarmte und küßte jeden, der nahe stand, man lachte, man weinte … konnte es wahr sein, war Frieden nahe?

Manchmal traf ich den Detektiv, der mich damals so lange verhört hatte. Er muß mich wohl mit meinen Freunden, den englischen Aviatoren (Fliegern), gesehen haben, denn als ich ihn das nächste Mal traf, meinte er: „Ich verlasse Afrika sehr bald und gehe zurück nach Paris. Können Sie mir nicht Fett, Zigaretten und andere Lebensmittel verschaffen, sicher ist es leicht für Sie, da Sie so befreundet mit den Engländern sind?" Ich hatte Geistesgegenwart genug, um ihm zu versichern, daß ich nichts habe, bat ihn aber, mir zu helfen, daß ich meine Repatriation bald erhielte.

Endlich kam dann die Reihe an mich. Im September 1945 flog ich zusammen mit vielen französischen Zivilisten in einem alten, deutschen Militärflugzeug nach Lyon, von dort ging es per Bahn nach Paris. Freunde nahmen mich auf, denn meine Wohnung war lange vermietet worden. Meine Möbel und Wertsachen waren gerettet, meine Freunde hatten sie versteckt, und alle Silbersachen, Wäsche, Bücher waren in Kisten und Koffern verpackt. Wie schön war es, wieder mit all den Menschen zusammen zu sein, die man liebte und die sich so bewährt hatten.

Es war unmöglich eine Wohnung zu finden. Ich suchte mir ein möbliertes Zimmer und eine Stelle. Der „SER" (Service European pour Recherches) engagierte mich, und die sinnvolle, wenn auch traurige Arbeit, gab meinem Leben Inhalt und half mir über die ersten, schweren Monate hinwegzukommen. Wir versuchten ausfindig zu machen, wer von all den Internierten noch am Leben sei. Wir setzten uns mit den Behörden, Hauswirten etc. in Verbindung und benachrichtigten die Verwandten und Freunde, die an uns schrieben. Ich fand viele meiner Lagerfreundinnen auf den Deportierungslisten, und es wurde mir klar, daß ich trotz allem zu den Glücklichen gehörte…

Quelle: Alix Preece, „Emigrantin in Portugal und Algier". Manuskript, Yad-Vashem-Archiv, 1957. Abdruck mit freundlicher Genehmigung des Yad-Vashem-Archivs, Jerusalem.

Arbeit in New York

Senta Meyer-Gerstein wurde 1905 in Hamburg geboren. Der Vater Meyer, dessen Familie seit Anfang des 17. Jahrhunderts in der Hansestadt lebte, war Kaufmann und Inhaber eines Fahnengeschäfts. „Ich komme aus einem gutbürgerlichen, jüdisch-religiösen Elternhaus", berichtet die Verfasserin in ihren Erinnerungen So wie es war …, „wir lebten koscher, wir hielten alle Feiertage … Wir waren keine orthodoxen Juden; wir nannten uns konservativ." Senta besuchte die Jüdische Mädchenschule in Hamburg, studierte später Philosophie und Kunstgeschichte und arbeitete in der jüdischen Gemeinde als Journalistin und beliebte Vortragsrednerin. 1939 flüchtete sie mit dem Vater und der Schwester ins amerikanische Exil. Dank ihrer sprachlichen, organisatorischen und geschäftlichen Fähigkeiten gelang es der Verfasserin jedoch rasch, in New York Fuß zu fassen und sich als Emigrantin ein neues Leben aufzubauen. Nach dem Krieg übersiedelte Senta Meyer-Gerstein nach Denver, Colorado, wo sie sich besonders durch ihre Arbeit im sozialen Bereich und in der Altersfürsorge größte Verdienste erwarb. Die Verfasserin lebte und arbeitete seit 1971 im US-Bundesstaat Florida. Senta Meyer-Gerstein berichtet im folgenden Kapitel über den Anfang ihrer erfolgreichen Laufbahn als Geschäftsfrau in der Hafenstadt New York, wo sie 1940 mit viel Geschick und Durchsetzungsvermögen eine eigene Firma gründete.

Es ist mein Vater, der mir die Anregung gibt, nach Neuem zu suchen, das uns vorwärtsbringen soll. Papa muß sich wirklich wieder vollkommen wohl fühlen, wenn er sich wieder neuer Unruhe in unserem Leben aussetzen soll. Ich hatte von meiner Freizeit guten Gebrauch gemacht und nicht nur für die Anfertigung und den Verkauf von Kinderkleidchen gearbeitet, sondern durch Lesen, Lernen u. a. versucht, die wirtschaftliche Lage im Land, den Markt zu studieren und vielleicht eine Möglichkeit für die Aufnahme eines neuen Produkts zu entdecken. Für ein Produkt, dessen Herstellung nicht auf Maschinen und großen geldlichen Auslagen beruht.

Ich weiß nun, daß ich mich auf die Geschicklichkeit meiner Hände verlassen kann und auf meinen Ideenreichtum für vieles, der zu jeder Zeit da ist.

Als ein geeignetes Produkt erscheint mir *handgearbeiteter Modeschmuck* mit der Verwendung von unechten, künstlichen Perlen, die groß in Mode sind. Es kommt ein neuer Umzug in eine Gegend, die als Geschäftsadresse annehmbar und gleichzeitig zum Wohnen geeignet ist.

Ein paar Tage nach unserem Einzug besuche ich mit meinen ersten Perlenschmuck-Schöpfungen und einem gewissen Optimismus, der mich immer begleitet, einen Großhändler in der Fifth Avenue. Ich zeige ihm meine fein auf schwarzen Samtplatten angebrachten Originale aus handgearbeitetem Perlenschmuck. Auf meiner Geschäftskarte steht der Name meiner Firma, die ich, um jedem Gesetz Genüge zu tun, hatte eintragen lassen: *CORONA Mfg. Co.* Denselben Namen zeigt auch mein gedruckter Auftragsblock.

Obgleich ich natürlich sehnlichst wünsche, daß meine Modelle gefallen mögen und ein kleiner Auftrag dies bestätigt, ist der Erfolg an diesem ersten Vormittag fast mehr als ich ertragen kann, einfach überwältigend. Ich habe drei von den Großen aufgesucht, und ich habe drei Anfangsaufträge!

Als erstes habe ich ein Patent zu beantragen, das meine Ware schützt. Gesagt – getan! Dann kaufe ich mengenweise Perlen und Zubehör, das ich für die Anfertigung brauche. Und so komme ich in meine Fabrik zu meinem überglücklichen Papa und ich höre noch seine Prophezeiung am Abend auf unserer kleinen Feier mit Irma und Martin[1]. Und wieder ist es ein Freitagabend wie vor Jahren. Und Papa sagt nun: „Kinder, jetzt schaffen wir's.“

Und ein großes Glücksgefühl erfüllt uns alle. Anfangs

276

sitze ich allein in den drei Werkräumen mit Tischen für zwölf Arbeiterinnen, und ich arbeite an meinen Aufträgen. Neue Ideen kommen mir, aber ich will mich nicht unterbrechen. Wenn ich in 8–10 Stunden genügend geschafft habe, verbringe ich die Spätabendstunden mit weiteren neuen Entwürfen.

Und so vergehen die ersten Tage, einer nach dem anderen. Inzwischen erscheint meine Annonce im „Aufbau"[2]. Meine ersten Arbeiterinnen erscheinen eine Woche, nachdem ich mir meine ersten Aufträge geholt habe. Noch bevor ich die erste Ware abliefere, kommen telefonisch Nachaufträge. Ich erzähle von meinen neuesten Modellen. Ohne diese gesehen zu haben, bestellen sie auch davon. Und die Ablieferung erfolgt, und sie sind zufrieden, wie sie ausfällt. Je schneller die Ablieferung erfolgt, desto schneller kommt die Bezahlung.

Ich erwerbe neue Kunden, und ich stelle neue Arbeiterinnen ein. Nach etwa drei Monaten habe ich 15 Kunden und beschäftige neun Arbeiterinnen. Das nächste, was ich im Auge habe, ist Verbilligung beim Einkauf. Eine kleine Reise nach Rhode Island, wo die Rohwaren hergestellt werden, bringt Ersparnis beim Einkauf und daher größeren Verdienst. Etwas später kaufe ich dort schon erhöhte Mengen, was zu einer weiteren Verbilligung beim Einkauf führt. Und so geht's voran.

Immer wieder ersinne ich neue Muster, meine kostbaren Originale! Auf keinen Fall darf ich je einen Designer anstellen. Das Entwerfen von neuen Modellen muß in meiner Hand bleiben. Als Gehalt für einen Designer kann man leicht den größten Teil des Verdienstes hergeben. Woran ich nicht sparen will, sind die Gehälter für meine Arbeiterinnen. Da ich immer weiter durch Annoncen im „Aufbau" nach solchen suche, sind diejenigen, die sich melden, so wie ich Emigrantinnen. Sie zeichnen sich durch ihre schnelle Auffassung, durch außerordentlichen Fleiß und große Gewissenhaftigkeit aus. Obgleich solche Arbeit ihnen doch neu ist – denn sie waren entweder Hausfrauen und gute Mütter, oder aber in akademischen Berufen tätig – haben sie sich schnell den Anforderungen der Emigration angepaßt. Und ich könnte kaum besser fahren als mit ihnen. Viele sind in diesen ersten Jahren die einzigen Verdiener in ihrem Haus. Sie ermöglichen es ihren Männern, akademischen Studien nachzugehen, um wieder in ihren alten Berufen als Arzt, Rechtsanwalt, Ingenieur oder Architekt und anderen zurückzukommen.

Ich habe auch ein paar ältere Frauen unter meinen Angestellten. Die Notwendigkeit Geld zu verdienen, hat sie zu *CORONA* gebracht, und sie alle schätzen die angenehmen Arbeitsbedingungen in meiner kleinen Fabrik.

Endlich habe ich auch die Erlaubnis erhalten, Heimarbeit auszugeben, und da sind gleich zwei Bewerberinnen, bei denen die einfachste Arbeit, die getan werden muß, landet: Perlen, die sie einfach auf lange Schnüre aufzuziehen haben. Mehrfache Reihen, bis zu 12 Reihen sind in der Mode. Zu dieser Arbeit braucht man wirklich nicht in meinen Werkräumen zu sitzen. Heimarbeit ist das, was vielen unserer Emigrantinnen besonders nützlich ist. Sie können ihren Pflichten als Hausfrauen und Mütter usw. nachkommen und dennoch Geld verdienen. Und so sitzen sie jahrelang an der Heimarbeit und machen handgenähte Handschuhe, Kleinlederwaren, Lampenschirme, gestickte Damenwäsche und nun auch Perlenschmuck.

Einen weiteren Schritt vorwärts bedeutet nicht nur, die Einkaufsverbilligung zu erstreben, sondern auch die Erhöhung von Verkaufsmöglichkeiten. Bisher sind nur die Großhändler meine Kunden, die ich selbst erworben habe, ohne Kommission zu zahlen. Wenn ich nun durch Vertreter an den Einzelhandel, also an Geschäfte verkaufen ließe, könnte man bessere Preise erzielen, auch wenn man Kommission bezahlte. Es bedeutet Geschäftsvergrößerung durch Umsatzerhöhung: Vom Hersteller zum Einzelhandel! Wieder hilft der „Aufbau". Ich nehme solche Vertreter an, die in den Staaten Amerikas mit Waren herumreisen und solche Arten von Geschäften besuchen, wo sie auch meinen *CORONA*-Perlenschmuck mitanbieten können; in jedem Staat nur ein Vertreter. Die Vergrößerung des ganzen Betriebs durch die wesentliche Erweiterung des Kundenkreises ist die Folge. „Man muß das Eisen schmieden, solange es heiß ist!" Der Plan glückt.

Meine Großhandels-Kunden wissen davon und bleiben der *CORONA* trotzdem treu. Von jetzt ab entwerfe ich für sie andere Modelle, die nicht in meinen Kollektionen für die Einzelhändler enthalten sind. Und immer weiter kommen neue Ideen. Ich brauche jetzt noch mehr Originale als vorher. Neuer Schmuck wird entworfen, teilweise in neuen Farben, mit Perlen, die ich extra einfärben lasse, für meine Frühlingsmuster.

1 *Irma und Martin.* Senta Meyer-Gersteins Schwester und deren Mann in New York.
2 *Aufbau.* Auflagengrößte deutschsprachige Zeitschrift in den Vereinigten Staaten. Zu den Lesern der Wochenzeitung gehören vor allem deutsch-jüdische Emigranten.

Quelle: Senta Meyer-Gerstein, „So wie es war …", Band II. Manuskript 1987, 1991. Abdruck mit freundlicher Genehmigung von Senta Meyer-Gerstein, Florida.

Über Moskau nach Shanghai

Der Strom der Vertriebenen aus dem Dritten Reich führte Ende der dreißiger Jahre zu einem Asylnotstand ungeahnten Ausmaßes. Eine eigens zum Zweck der Flüchtlingshilfe nach Evian in Frankreich einberufene Konferenz brachte 1938 keine Verbesserung der Lage, da sich viele Staaten wirtschaftlich außerstande sahen, den Strom der Emigranten aufzunehmen. Allein in der chinesischen Stadt Shanghai gab es bis zum Ausbruch des Zweiten Weltkriegs keine Beschränkungen zur Einreise. Die Verfasserin des folgenden Beitrags war eine von etwa 20 000 deutschen und österreichischen Juden, die in Shanghai Asyl fanden und dort inmitten größter Armut den Krieg überlebten. Hertha Beuthners „Persönliche Aufzeichnungen" beginnen mit ihrer Flucht durch Rußland und die Mandschurei nach China und enden mit der Beschreibung ihres Exils in der chinesischen Hafenstadt Shanghai.

Es blieb nichts anderes übrig als auszuwandern, aber auch da waren sehr große Schwierigkeiten. Nachdem die Nazis sämtliche Wertsachen der Juden beschlagnahmt hatten, nachdem wir alle wertvollen Bücher zum Verbrennen haben abgeben müssen, standen wir nun ganz arm da und durften nur 10 Reichsmark mit auf die Reise nehmen. Trotzdem versuchte jeder, so rasch als nur irgend möglich, dieses Feindesland zu verlassen. Mein Mann konnte als erster von uns zu seiner Tochter nach Buenos Aires in Argentinien auswandern, da dort erlaubt war, Blutsverwandtschaft anzufordern und ins Land hineinzulassen. Ich aber war nur die Stiefmutter, und daher war mir der Einlaß dort verwehrt. Danach setzte ich alle Hebel in Bewegung, um meinen damals erst 15 Jahre alten Sohn, noch ein Schuljunge, dem Nazi-Schicksal zu entreißen; denn schon fanden Einziehungen der Juden zum Zwangsarbeitsdienst statt. Ich hatte nur die einzige Möglichkeit, ihn mit der Jugend-Alijah der Henrietta Szold nach Palästina zu schicken. Der Abschied von meinem einzigen Kinde war herzzerbrechend. Tage- und nächtelang lag ich weinend im Bett und wollte nicht mehr weiterleben. Nur meinem jüdischen Hausarzt Dr. Hoffstädt habe ich es zu verdanken, daß er mir über diese furchtbare Zeit hinweghalf. Er saß Tage und Nächte an meinem Bett und hatte ein warmes Empfinden für meinen Nervenzusammenbruch. Dann war ich ganz allein in Berlin, denn alle meine Freunde und Verwandten waren schon längst ausgewandert.

So blieb mir nichts anderes übrig, als mich „freiwillig" zum Zwangsarbeitsdienst zu melden. Ich kam mit vielen anderen Kindern und Greisen, Männern und Frauen nach Frankfurt an der Oder auf ein Gut, wo ich mit allen zusammen im Pferdestall schlafen mußte, nur mein kleines Köfferchen als Kissen benutzend. Um 5 Uhr morgens wurde geweckt und um 6 Uhr morgens ging's mit dem Lastwagen hinaus aufs Feld, wo wir jeden Tag bis spätabends, immer in gebückter Stellung, aus der Erde Mohrrüben und Kartoffeln herausziehen mußten. Mittags gab es eine Suppe, die ich vom Lastwagen aus an die einzelnen verteilte. Nach getaner Arbeit ging es dann wieder mit dem Lastwagen zurück in das Gut. Ich saß auf der hinteren Klappe des Lastwagens, die sich am 3. Tage unterwegs von selbst öffnete und mich im Fahren auf die Landstraße hinunterwarf. Zwei junge Burschen trugen mich wenigstens an die Seite, damit ich nicht überfahren werden sollte, und dort saß ich nun und harrte der Dinge, die da kommen sollten. Ich hatte mir den rechten Arm und meine Rippen gebrochen, und es war mir, als ob die Spitzen der gebrochenen Rippen mein Herz durchbohrten, solch einen entsetzlichen Schmerz empfand ich nun stundenlang, bis endlich ein Arzt erschien und meine sofortige Überführung in ein jüdisches Krankenhaus in Berlin anordnete. Eine meiner Kolleginnen packte meine Siebensachen und begleitete mich zur Eisenbahn nach Berlin, wo ich mit einer Bahre des Roten Kreuzes erwartet und ins Krankenhaus befördert wurde. Hier bekam ich einen Gipsverband und wurde wieder entlassen, da ich ja nicht bezahlen konnte. Nun war guter Rat teuer. Ein altes mitleidiges Mütterchen trug mir mein Köfferchen und half mir in die Elektrische einzusteigen. Aber ich hatte ja keine Wohnung mehr, meine Möbel waren verschleudert, und ich konnte mich auch nicht allein an- und ausziehen.

Nach vielen harten Tagen und großen Bemühungen nahmen mich endlich gute Bekannte in ihrem Haus als Hausangestellte auf, von wo aus es mir dann endlich gelang, nach Shanghai, China, dem einzigen, damals noch möglichen Zufluchtsort, auszuwandern. Ich war die Allerletzte im Jahre 1940, die mit dem Sibirien-Expreßzug dorthin fahren konnte, denn nach mir ist damals niemand mehr aus Deutschland herausgekommen, da inzwischen der Krieg ausgebrochen war. Die noch Zurückgebliebenen verfielen unweigerlich dem Gastod in den von den Nazis erbauten Gaskammern. Somit muß ich eigentlich meinen „Betriebsunfall" als meine Rettung anerkennen.

Wie sah aber nun meine Reise nach dem Fernen Osten aus? Am 6. August 1940, abends um $\frac{3}{4}$ 11 Uhr, fuhr ich vom Bahnhof Charlottenburg in Berlin mit dem Zug nach Gudogai (Weißrußland). Frau Dr. Lotte Hirschberg, meine Freundin, eine Schriftstellerin für Kinderbücher, begleitete mich bis zur Bahn, mußte aber dann spurlos verschwinden, da es Juden nicht erlaubt war, auf dem Bahnhof zu erscheinen. So konnten wir uns in der stockfinsteren Dunkelheit nicht einmal voneinander verabschieden. Ich sah sie niemals wieder, denn auch sie endete in der Gaskammer. Schon rückte der Zug an. Wir fuhren die Nacht durch und waren am nächsten Morgen, dem 7. August 1940, frühmorgens um 8 Uhr, in Königsberg in Ostpreußen und bald danach, um 10 Uhr, an der deutschen Grenzstation Eydtkau in Litauen angelangt. Hier erste Paß- und Gepäckkontrolle. Im Nebenkupee fand Leibesvisitation statt. Eine nicht zu uns gehörende Familie mußte aussteigen und ihre sämtlichen Gepäckstücke, unheimlich viele an der Zahl, sowohl zur Kontrolle hin- als auch wieder zurückbefördern ins Kupee. Dadurch hatten wir eine so große Verspätung, daß wir in der litauischen Hauptstadt Wilna, nachdem wir Verbalis und Kaunas passiert hatten, den Anschlußzug nach Gudogai versäumten.

Nun war guter Rat teuer! Wir mußten in Wilna übernachten und hatten keinen Pfennig Geld bei uns. Da erschien uns ein Messias in Gestalt eines blutjungen jüdischen, litauischen Glasfabrikanten. Er hörte von unserem Pech, und – siehe da, wir vermochten unseren Augen nicht zu trauen – er führte uns elf Personen in ein gutes Hotel und bezahlte für uns alle Logis und Verpflegung und verschwand sofort wieder wortlos, ohne auf unseren Dank zu warten. So etwas gab es also doch noch! Es gab uns wieder frischen Mut. Wir waren sprachlos und tief gerührt. Im Hotel in Wilna schlief ich zusammen im gleichen Zimmer mit einer Frau Oppenheim aus Frankfurt am Main, und von dieser Zeit an schloß ich mich ausschließlich nur dieser Familie an (Mann, Frau und 17jähriger Sohn). Am 8. August 1940 fuhren wir nach Gudogai weiter.

Es war mehr als schwierig, herauszubekommen, ob und wann und wo der Zug einlaufen sollte. Niemand wußte Bescheid, auch das Bahnpersonal nicht. Vorher hatten wir uns ein wenig die Stadt angesehen: überall Juden. Litauen wimmelte von hebräischen Plakaten in jiddischem Jargon. Auf dem Trödelmarkt sah es schreckenerregend aus: zerlumpte, zerfetzte Gestalten, überall Armut, Armut, Armut! Als wir ankamen, stürzten sich sofort herumlungernde Litauer auf uns, um unser Gepäck zu tragen oder zu betteln. Einer fragte uns, ob Hitler gestorben sei und wir sein Leichenzug seien! Wir saßen auf den Geleisen des Bahnhofs und harrten der Dinge, die da kommen sollten. Unsere besonders netten Wirtsleute vom Hotel ließen unser Gepäck durch mehrere Jungens, Emigranten gleich uns, tragen und wir erfuhren durch diese ganz schreckliche Dinge von Warschau, von wo sie hatten flüchten müssen. Aber wir hatten Glück! Nach langem Warten kam doch endlich ein Zug, der uns über Kena nach Gudogai bringen sollte. Paß- und Gepäckkontrollen hörten nun gar nicht mehr auf; dazu Formularausfüllungen in Hülle und Fülle – kurz und gut, man kam gar nicht mehr zur Ruhe. Jeden Augenblick war irgend etwas anderes zu erledigen. Trotzdem hatten wir buchstäblich aufgeatmet, als unser einst so geliebtes Vaterland, jetzt unser größtes Feindesland, an der Grenzstation Eydtkau endlich hinter uns lag und wir aufatmen konnten von der Knechtschaft. Wehmütig waren wir wegen des endgültigen Verlustes unserer Heimat, die uns ja nun schon lange keine mehr gewesen war, und nur traurig darüber, daß wir nun selig sein mußten, diesem Feindesland entronnen zu sein.

Angekommen in Gudogai, mußten wir umsteigen und weiterfahren über Molodetschno und Minsk nach Moskau. Hier gesellten sich alle diejenigen zu uns, die von Berlin nach Moskau geflogen waren. Der erste Sowjet-Stern tauchte auf! In Moskau war der Sibirien-Expreßzug schon fort, und so mußten wir unfreiwilligen Aufenthalt von drei Tagen in Moskau nehmen. Wir wurden untergebracht im Hotel Savoy, wo wir bis zum 11. August 1940 verblieben. Mein 17jähriger Kavalier „Bubi" wich nun nicht mehr von meiner Seite. Es war wundervoll in Moskau. Bei unserer Ankunft auf dem Bahnhof wurden wir von einem Vertreter des „Intourist" in Empfang genommen, der uns und unser Gepäck per Autobus ins Hotel beförderte. Hier lebten wir wie die „Fürsten"! Da wir kein Geld hatten, wurden wir zur deutschen Botschaft geschickt und erhielten dort mehr Geld als wir erwarteten. Wir mußten nur einen Brief an den Hilfsverein in Berlin schreiben, damit dieser der deutschen Botschaft das für uns verauslagte Geld wieder zurückerstattete. So hatten wir also Geld und konnten leben!

Moskau ist eine Prachtstadt und hochinteressant. Ganz breite Straßen (ca. 70 m breit) und wunderschöne Gebäude. Jetzt erst kam es einem so recht zum Bewußtsein, daß man wieder ein freier Mensch war und gehen konnte, wohin man wollte. Aus der Knechtschaft befreit, kein Verbot, kein Krieg, keine Lebensmittelkarte, keine Kennkarte! Es war einfach nicht zu fassen. Man konnte wieder essen, was und so viel man wollte: Butter, Geflügel, Eier, Kaviar. Es war herrlich! Ich machte eine wunderschöne Rundfahrt durch die ganze Stadt und Vororte mit einer Führerin, einem sehr netten, gepflegten, jungen russischen Mädchen, Studentin, in einem Auto ganz für mich allein. Sie zeigte und erklärte mir alles: den Kreml, die Residenzstadt des Zaren, die ganz für sich abgeschlossen ist; das Grab Lenins, an dem täglich Hunderttausende vorbeidefilieren, die Universität, Krankenhäuser, Theater usw. Es wird sehr viel für die Kinder getan: 20 Kindertheater sind vorhanden. Es gibt keinen Unterschied zwischen reich und arm: alle sind Genossen. [...]

(Beuthner beschreibt hier ihre Erlebnisse auf der Weiterfahrt durch die Mandschurei, ihre Ankunft in der chinesischen Hafenstadt Dairen und schließlich die Überfahrt mit dem Schiff nach Shanghai, dem Ziel ihrer langen Reise ins Exil.)

Am Sonntag, dem 25. August 1940, nachmittags um 4 Uhr, hatten wir unser Ziel, Shanghai, erreicht! Lange bevor das Schiff anlegte, konnte ich hoch oben am Pier und unten am Hafen viele tausend Menschen sehen, und ich winkte, ohne zu ahnen, daß man mich dort unten schon erkannt hatte. Bald sah ich meinen Neffen und meinen Vetter. Es beschlich mich nun doch ein ganz eigenartiges Gefühl, zu wissen, wieder in ein Stück Heimat zu kommen und erwartet zu werden von Menschen, die keine Feinde sind. Ich kam als allererste vom Schiff herunter. Von hoch oben wurde mein Name von mir fremden Personen gerufen, denn das Komitee war zur Begrüßung am Hafen und suchte nun nach allen Verwandten, die da ankommen sollten. Es herrschte sehr, sehr große Aufregung. Ich wurde vom Komitee gefragt, ob ich Verwandte hier hätte, andernfalls sollte ich mich wieder bei ihnen melden. Aber plötzlich sah ich nun auch meinen Schwager und meine Schwester, die mich hierher angefordert hatten, und später gesellten sich noch andere gute Bekannte hinzu. Ich hatte einen ganz herrlichen Empfang, und die Freude war riesengroß. Wir fuhren in vielen Rikschas zum Haus meiner Geschwister, und ich war mehr als erstaunt, ein anständiges, solide erbautes Haus zu sehen, in dem es sich ganz gut leben ließ. Wir haben Badestube und WC und zwei Zimmer mit Veranda, von denen das eine Zimmer sehr groß ist. Nun wurde ich mit richtiggehendem Bohnenkaffee und gutem Kuchen bewirtet – ein so lange entbehrter Genuß! Es war ganz großartig, und ich fühlte mich sofort heimisch und außerordentlich wohl. Es kamen viele Freunde, um mich zu begrüßen, und immer wieder mußte ich meine Erlebnisse auf dieser so sehr strapaziösen Fahrt hierher erzählen. Alle wunderten sich, wie gut ich trotzdem aussah, denn ich hatte mich noch zu guter Letzt auf dem Schiff ganz braun brennen lassen. Und dann gab es ein großes Fragen: alle wollten wissen, wie es in Deutschland jetzt aussieht und welche neuen Verordnungen nun dort wieder getroffen worden waren. – Also: der erste Eindruck in Shanghai war ein recht guter. Ich war ganz besonders darum so sehr angenehm enttäuscht, weil ich ja eigentlich absolut nichts oder nur das Allerallerschlechteste erwartet hatte, ohne mir natürlich überhaupt irgendeine Vorstellung machen zu können. Denn als meine Geschwister damals lange vor mir von Berlin nach Shanghai auswanderten, sagte ich zu ihnen zum Abschied: „Keine zehn Pferde können mich jemals nach Shanghai bringen!" Und nun war ich doch trotzdem da. Es war sehr gemütlich, und man fühlte sich zu Hause. ...

Dies war mein erster Eindruck, nun aber beginne ich, so gut ich kann, alles, was ich in Shanghai gesehen, erlebt und gearbeitet habe, noch einmal durch meine Erinnerung ziehen zu lassen. Im Jahre 1940 zerfiel Shanghai in drei Teile: das englische Settlement, die „French" (französische Siedlung) und Hongkew (japanische Siedlung). Kurios, daß in Shanghai kein Teil unter chinesischer Verwaltung steht. Die Garden Bridge verbindet Hongkew mit den beiden anderen Teilen. Auf dieser Brücke befinden sich japanische Posten, vor denen sich alle Chinesen ganz tief ehrfurchtsvoll verbeugen müssen, wenn sie vorbeigehen. Tun sie dies nicht in gebührender Ehrerbietung, so bekommen sie oft genug von den Posten Fußtritte oder Ohrfeigen. Die Schutzleute sind zum größten Teil Inder, sehr große, kräftige Gestalten, pompös wirkend in ihrer ganzen Körperfülle mit dem üblichen bunten Turban auf dem Kopfe. Alle haben eine ganz dunkelbraune Hautfarbe und einen dicht wuchernden, tiefschwarzen Bart, der fast das ganze Gesicht einrahmt, und ganz schwarze Augen. Wenn sie mit ihren Frauen durch die Straßen ziehen, so ist dies ein malerischer Anblick: der Mann geht ein paar Schritte voraus, oft mit einem winzigen spindeldürren Kindchen auf dem Arm, was darum so kurios aussieht, weil der Mann so groß und stark ist. Die Frauen müssen hinterhergehen, denn es ist ihnen nicht erlaubt, neben ihrem Mann einherzuschreiten.

In den Straßen hört man chinesisch, japanisch, deutsch, englisch, französisch, russisch, indisch, jiddisch, galizianisch usw. Kurz: es sind hier sehr viele Nationen vertreten, und alles wirkt überall sehr international. Man kann niemals nach einem Weg fragen, sondern muß sich stets allein zurechtfinden, was außergewöhnlich schwierig ist. Denn selbst wenn man das seltene Glück hat, jemand zu treffen, der englisch spricht, so kann man sich doch noch lange nicht mit ihm verständigen, weil die meisten Leute ein sogenanntes „Pigeon-English" sprechen. Und es ist für uns ganz unmöglich, diese Aussprache zu verstehen. So irrt man oft in den Straßen herum, ohne zu seinem Ziel zu gelangen, weil oft auch die Straßennamen fehlen oder erst in der Mitte der Straßen, statt am Anfang, auftauchen. Außerdem laufen die Hausnummern ganz wild durcheinander. Es kann einem passieren, daß man vor der Hausnummer 230 steht und annimmt, noch 200 Häuser passieren zu müssen, um zu der Hausnummer 30 zu gelangen: weit gefehlt! Diese Nummer kann eventuell schon das nächste Haus sein, oder auch in viel weiterer Ferne liegen.

Das Straßenbild in Hongkew ist durchaus deprimierend. Die Straßen sind schlecht gepflastert, haben Löcher und Kuten, so daß bei jedem Regenfall sofort Überschwemmung eintritt. Ein großer Teil ist noch immer zerschossen und liegt in Schutt und Asche wie ein Trümmerhaufen. Die Läden sind fast alle offen, ohne Türen und Fenster, so daß man überall hineinsehen kann. In den sogenannten „fliegenden Küchen" wird den ganzen Tag über in den Straßen gekocht, so daß die widerlichsten Gerüche einem andauernd in die Nase kriechen, weil immer mit Sojaöl gekocht wird. Die Menschheit ist so verarmt und so kulturlos und sieht so verwahrlost aus, daß man sich jeden Tag von neuem erschreckt. Die Chinesen haben schrecklich viele Kinder, die alle zerlumpt und halbnackt sich fast ausschließlich in den Straßen aufhalten, essen, schlafen und spielen. Wenn die Eltern irgendeinen Laden haben, dann hocken sie dort, ohne Rücksicht auf Kundschaft.

Geschäftliches und Privates wird nicht getrennt. Man sieht überall schwangere Frauen, Mütter, die beim Laufen auf der Straße ihre Kinder stillen an der offenen Brust, hockende Gestalten, die keinen Stuhl benötigen zum Sitzen. Uns würde diese Hockstellung anstrengen. Für die Chinesen bedeutet es ein Ausruhen und Sitzen. Bettler wälzen sich buchstäblich durch die Straßen, das heißt, sie kullern sich in ihrer ganzen Länge und glauben, dadurch mehr Mitleid zu erregen. Sie lassen sich auch oft an eine Kette legen und wie ein Tier durch die Straßen führen. Sie legen sich auch lang mitten auf die Fahrstraße und schlafen auf den harten Steinen, oder sie hocken mit verdrehten Augen, die kaum mehr sichtbar sind: ekelerregend, widerlich! Es soll hier eine Sekte der Bettler geben, eine Organisation, die sich aus freien Stücken Gliedmaßen abnehmen lassen, um sich dann mit Betteln zu ernähren. Man sieht auch Mütter mit todkranken Kindern im Arm, schreiend und weinend – kurz, man wird das Würgen im Hals nicht mehr los, wenn man dieses Elend sieht. Viele haben ekelerregende abscheuliche Ekzeme, Geschwüre, eitrige Beulen, offene Wunden usw., und sehr oft sieht man diese gräßlichen Hautausschläge verbunden mit Zeitungspapier, abgeschnittenen Haaren, bunten Tüten, Silberpapier etc. Man kann diesen fürchterlichen Anblick einfach nicht beschreiben.

Das Hauptverkehrsmittel sind die Rikschas. Das sind zweirädrige Karren, die von Rikschakulis gezogen werden. Diese Kulis müssen für sehr wenig Geld lange

Strecken wie ein Zugtier schnell laufen, um den Einge-
stiegenen an sein Ziel zu bringen. Man kann aber nicht
dem Kuli sagen, wohin man möchte, denn erstens ver-
steht er uns ja gar nicht, zweitens weiß er auch überhaupt nicht Bescheid, wo die betreffenden Straßen liegen. Man muß also selber seinen Weg kennen und dem
Kuli unterwegs andauernd sagen, wo er entlang zu laufen hat. Bei der Bezahlung gibt es meistens „Walla-
Walla" (Streit), denn der Kuli wird gedrückt und getreten und muß für ganz geringes Entgelt sich den Schweiß
herablaufen lassen. Es ist unmenschlich, jedes Tier wird
besser behandelt als solch ein Sklave der Menschheit!
[...]

Und nun zu meinen ganz persönlichen Erfahrungen: Ich
suchte natürlich von Anfang an nach einem Job, so daß
ich auf die Unterstützung durch unser Komitee, das uns
beschützen sollte, baldigst verzichten könnte. Durch unser Komitee erhielten wir täglich eine Suppe, die wir uns
in unserem Kochgeschirr aus dem Heim abholen mußten, sowie 1 ½ kleine Weißbrote, sehr selten mal ⅛ Pfund
Margarine oder – Gott behüte – auch mal ein Ei. Oft
schwammen auch kleine Mädchen – gemeint ist die Ver-
kleinerungsform von Maden – in der Suppe herum und
galten als Fleischstückchen. Davon kann kein Mensch
existieren, und doch haben die meisten kein Geld, um
sich noch irgend etwas dazuzukaufen zu können.
Es war nicht so einfach, hier eine Stellung zu bekommen. Ich studierte die englischen Zeitungen nach Angeboten, the „China Daily News", „The China Press" usw.,
alle am Bund gelegen nahe der Garden Bridge, wohin
ich zu Fuß von Hongkew aus marschieren mußte. Dann
beantwortete ich unzählige Annoncen, erhielt aber meistens überhaupt gar keine Antwort. Manchmal telefonierte ich auch, da ich jedoch keinerlei Referenzen ange-
ben konnte, hatte ich niemals Erfolg. Schließlich
entschied ich mich für einen Haushaltungsjob. Ich kam
in eine russische Familie, wo ich zwei kleine Mädelchen
im Alter von 5 und 7 Jahren zu betreuen hatte. Ich
wohnte dort und war den ganzen Tag über sehr beschäf-

tigt. Aber sobald beide Kinder abends im Bett lagen (ich schlief mit ihnen zusammen im gleichen Raum), war es mir nicht erlaubt, Licht zu machen, und ich mußte im Dunklen sitzen. Aus diesem Grunde hielt ich mich länger als gewöhnlich in der Badestube auf, um zu lesen oder um mich umzuziehen, oder mich zu waschen. Die Dame des Hauses verlangte jedoch von mir, sofort herauszukommen und das Licht auszulöschen. Als eine Art von Bestrafung erhielt ich dann kein Abendbrot, und da ich sehr hungrig war, ging ich aus dem Haus heraus, um irgendwo irgend etwas zu essen. Als ich wieder zurückkehrte, war die Tür verschlossen und niemand öffnete mir. Und so endete mein erster Job.

Meine zweite Stelle war wiederum bei einer russischen Familie in der Nanking Road. Hier hatte ich ein sehr süßes Mädelchen und einen Teenager, die sich beide sehr rasch zu mir hingezogen fühlten. Wir waren sehr gute Freunde miteinander und verbrachten eine sehr glückliche Zeit. Ich ging mit ihnen oft zum YMCA (Young Men's Christian Association) schwimmen. Wir gingen ins Theater und ins Kino, wir arrangierten hübsche Parties, ich backte und bereitete gute Mahlzeiten für sie usw. Wir nahmen gewöhnlich während der heißen Jahreszeit unsere Mahlzeiten oben auf unserem Dachgarten ein, und jeden Morgen übten wir Gymnastik in dem sogenannten „Shanghai Health Studio", das ihre Mutter leitete und wo sie einer Anzahl von Chinesen die Kunst des Fechtens und der Gymnastik beibrachte. Wir hatten viel Spaß, und ich persönlich empfand es besonders angenehm, daß wir die Duschen unentwegt benutzen durften. Auch waren da oben eine große Anzahl von Tieren: Fische, Vögel, Papageien, Hunde, Katzen, Kakadus usw. Auch Musik wurde nicht vernachlässigt. Die Mädels hatten Klavierunterricht, und so verbrachten wir alle zusammen eine recht glückliche Zeit. Daher war ich furchtbar enttäuscht, als Frau Barr mir eines Tages sagte, daß wir uns trennen müßten. Sie mußte einer alten Verwandten bei sich Obdach geben, und diese kehrte jetzt aus einem anderen Ort zu ihr zurück.

So war ich wieder einmal ohne Stellung und konnte

nichts anderes finden. Daher entschloß ich mich, etwas für mich ganz Neues zu versuchen, nämlich als Verkäuferin für eine Firma zu arbeiten, die Schuheinlegesohlen fabrizierte. Ich mußte in alle Schuhläden gehen, hatte aber wenig Erfolg. Daher legte ich dieses Handwerk bald wieder nieder. Dann, nach längerer Pause, engagierten mich zwei Rechtsanwälte als Typistin mit meiner eigenen Schreibmaschine. Einer dieser Rechtsanwälte war mir aus Berlin bekannt, als ich bei ihm in der Meinekestraße 10 im Palästina-Amt gearbeitet hatte. Auf jeden Fall war ich froh, wieder in meinem eigentlichen Beruf arbeiten zu können und alle Haushaltungsarbeiten weit hinter mir zu lassen. Mein früherer Chef war sehr erfreut, mich wiederzusehen und schien meine Hilfe dringend zu benötigen. Aber nach kurzer Zeit mußten auch diese mich wieder entlassen, weil sie nicht mehr genug für mich zu arbeiten hatten und auch nicht mehr fähig waren, mich zu bezahlen. Die nun notwendig gewordene Reparatur meiner Schreibmaschine wurde von ihnen nicht mehr bezahlt.

Jetzt wurde mein Leben in der Tat eine Art von Alpdruck. Ich mußte sogenannte Wohlfahrt von einigen meiner Bekannten annehmen, die mich vorübergehend in ihrem Heim aufnahmen. So war ich kurze Zeit „Amah" (Dienstmädchen) bei Oppenheimers, Dr. Julius Kaim, Borchardts usw. Natürlich war mir dies äußerst peinlich, aber was sollte ich tun ohne einen einzigen Pfennig in der Tasche? Dann akzeptierte ich einen Job bei einer japanischen Familie, Mr. & Mrs. Kodama in Scott Road, wo ich ein sechs Monate altes Baby zu betreuen hatte, weil die eigene Mutter Tuberkulose hatte und das Kind nicht berühren durfte. Es war ein sehr großes Haus hinter hohen Mauern, so daß man von außen nicht hineinsehen konnte, und sie hatten einen großen herrlichen Garten. Das Baby durfte nicht schreien, und so mußte ich es fast andauernd auf meinen Armen wiegen und auch nachts mit ihm unten im Garten spazierengehen. Man behandelte mich gut, aber ich konnte das japanische Essen nicht vertragen und bekam Bauchtyphus, so daß ich ins Krankenhaus eingeliefert werden mußte. Mr. Kodama besuchte mich mit Blumen und Geld und bat mich, nach meiner Wiederherstellung zu ihm zurückzukehren, was ich ihm auch versprach. Aber was für eine Überraschung! Nach drei Tagen kündigte er mir. Und als ich mein kleines Köfferchen gepackt hatte und mich verabschieden wollte, ließ er mich nicht gehen, bevor die Polizei nicht alle meine Sachen durchwühlt hatte, um zu sehen, ob ich auch nichts gestohlen hätte. Ich war furchtbar aufgebracht, bis man mir endlich erklärte, daß viele Kleider in seinem Haus verschwunden seien und das Durchwühlen meiner Sachen nur zu meinem eigenen Schutze stattfände, damit man mich später nicht wegen Diebstahls anklagen könnte. So verließ ich dieses Haus, bitter enttäuscht und laut weinend und zutiefst beleidigt.

Endlich erhielt ich einen besseren Job bei der neu eingeführten Zeitung „The Shanghai Morningpost" als Typistin und Korrekturleserin für meinen Chef, Dr. Ladislaus Frank. Hier war ich nun endlich in meinem Element und arbeitete mit sehr großem Interesse für den Erfolg dieser Zeitung. Es war sehr interessant, und ich war glücklich, diesen Posten bekommen zu haben. Aber mein Schicksal ereilte mich von neuem! Der japanische Krieg brach aus, und zuallererst wurde unser Büro durch die Japaner geschlossen. Als ich am Morgen des 8. Dezember 1942 meine Arbeitsstelle erreichen wollte, wurde ich von der Menschenmenge zurückgedrängt und durfte die Garden Bridge nicht mehr passieren. So endete auch diese meine erste richtige, beglückende Stellung. Ich sah alle meine Sachen in diesem Büro niemals wieder und bekam auch niemals mehr mein Gehalt ausgezahlt. Dies war höhere Gewalt! Nun war ich wirklich gestrandet! Ich konnte meine bescheidene Miete für mein winziges Zimmerchen nicht mehr bezahlen und mußte mich bitteren Herzens entschließen, ins Heim unseres Komitees zu gehen. Mit 30 oder 40 Personen in einem einzigen Raum war ich jetzt im „Chaoufoong-Camp" zusammen. Das brachte mich auf den Hund, da ich mein Privatleben über alles so sehr liebte. Ich schlief wieder einmal oben, wohin ich ohne Leiter hinaufzuklettern hatte, in einem Stockbett, und hatte auch keinen eigenen Stuhl zum Sitzen. So litt ich fast sechs Monate, bis endlich mein Freund, Dr. Julius Kaim, sich bereit erklärte, für mich ein kleines Zimmerchen zu mieten und zu bezahlen. Aber auch hier waren Schwierigkeiten, und ich mußte mich entschließen, zusammen mit einem anderen Ehepaar in einem Raum mit ihnen zu wohnen.

Am Broadway teilte ich ein Zimmer mit Herrn und Frau Jonas, was natürlich besser war als im Camp, aber auch dies hatte natürlich sehr viele Unannehmlichkeiten. Ich konnte mich niemals zurückziehen und mußte immer warten, bis das Ehepaar zu Bett gegangen war. Am 18. Februar 1943 wurde die Japanische Proklamation ausgerufen. Danach mußten wir alle in ein sogenanntes „Designated Area" (Ghetto) ziehen. Unser Hauswirt zog als allererster mit Sack und Pack aus unserem Haus und hinterließ uns weder Stuhl noch Bett, da alle Möbel ihm gehörten und dies ein möbliertes Zimmer war, in dem wir hausten. Also mußten sowohl das Ehepaar als auch ich von nun an auf dem Steinfußboden schlafen. Ich versuchte, die anderen aufzuheitern mit einer Art von Galgenhumor, so daß wir es ein klein wenig leichter nahmen. Aber 2 Monate später mußten nun auch wir umziehen. Die „Sacra" trennte uns und brachte uns in zwei verschiedenen Gebäuden unter. Das Ehepaar zog in die Muirhead Road 630, und ich kam in das Sacra-Gebäude in 826 East Yuhang Road. Dieses Gebäude war eine chinesische Mittelschule gewesen und war für uns geräumt worden. Hier bekam ich ein großes Zimmer mit noch zwei anderen älteren Damen zusammen, was natürlich auch nicht gerade mein Ideal war. Doch ich versuchte nun, so rasch als nur irgend möglich, wieder Geld zu verdienen und bekam eine Stellung als unerfahrene Fabrikarbeiterin in einem Go-down (Warenlager) in der Firma „Leibson's Yarn Producing Co.". Hier saß ich an einer langen Bank, zusammen mit vielen chinesischen Kindern, und mußte dreckige Lumpen sortieren in drei oder vier verschiedene Körbchen, die dann gewogen wurden, ob man auch die genügende Menge erarbeitet hatte. Die Chinesen spuckten andauernd in diese Lumpen hinein und ich muß sagen, ich halte es heute für ein wahres Wunder, daß ich damals nicht irgend eine gräßliche Krankheit erwischt hatte; denn ich arbeitete dort ein ganzes Jahr in dieser Weise. Ich mußte frühmorgens aufbrechen, denn die Elektrische war immer so überfüllt, daß ich fast immer zwei Stunden für meinen Weg zur Arbeit benötigte.

Infolge der Proklamation der Japaner vom 18. Februar 1943 mußten diejenigen, die außerhalb des Ghettos ihre Arbeit zu verrichten hatten, einen Spezialpaß beantragen, ohne den sie nicht berechtigt waren, das Wohnghetto zu verlassen. Dieser Paß wurde durch einen Japaner, Mr. Ghoya, auf der Polizeistation ausgegeben, der sich „The King of the Jews" (Der König der Juden) nannte. So mußte man zu diesem häßlichen kleinen Zwerg gehen und dort bei ihm um solch einen Paß oder auch um dessen Verlängerung zu bitten. Zuerst hatte man draußen Stunden und Stunden in Regen und Sturm anzustehen und zu warten, bis man einen hinein ließ. Und als man endlich die Erlaubnis erhielt, zu diesem „König" zu gelangen, dann wußte man niemals im vorhinein, in welcher Stimmung dieser häßliche Mensch war. Er konnte wütend werden und einen unverrichteterweise wieder hinausjagen, wann immer es ihm paßte, oder wenn irgend etwas ihm mißfiel. Wenn man zum Beispiel den Mantel oder den Hut nicht richtig hielt, so mußte man darauf gefaßt sein, auch Püffe und Schläge ins Gesicht zu bekommen. Oft genug hörte man ihn in wildem Zorn schreien „Get out!" (Verschwinde!) oder man sah Ärzte und andere gebildete Menschen mit hochroten Wangen von den erhaltenen Ohrfeigen dieses Unmenschen hinausfliehen. Mr. Ghoya liebte es, seine Mitmenschen zu quälen und hatte eine Freude an seiner wilden Wut, die er an anderen auslassen konnte. So ließ er einen oft tagelang warten, bis er endlich den Paß ausgab. In diesem Paß waren ganz bestimmte Stunden festgelegt, in denen man frühmorgens den Distrikt verlassen und abends wieder betreten durfte. Die Grenzen waren scharf bewacht und die Pässe regelmäßig kontrolliert

durch große Inder mit tiefschwarzen Augen, die schrek-
kenerregend aussahen.

Eines Abends kam ich etwa fünf Minuten zu spät durch
die Grenze. Sofort wurde mir mein Paß fortgenommen,
und ich mußte zur Polizeistation marschieren. Sechs
Wochen lang wartete ich tagaus, tagein geduldig auf der
Straße vor Mr. Ghoyas Büro, um meinen Paß von ihm zu-
rückzuerlangen, aber vergebens! Er hatte ein teufliches
Vergnügen daran, seine Opfer zu malträtieren! Die
ganze Zeit über konnte ich nicht arbeiten und kein Geld
verdienen. Endlich, nach 6 Wochen vergeblichen War-
tens, ließ sich der häßliche Zwerg herbei, mich an seinem Pult einen Brief schreiben zu lassen, in welchem
ich mein unendliches Bedauern auszudrücken und um
Verzeihung zu bitten hatte für mein fürchterliches Verbrechen. Außerdem mußte ich meine Bereitwilligkeit erklären, eine bestimmte Summe als verdiente Bestrafung
zu bezahlen. Nachdem ich also das verlangte Geld hin-
terlegt hatte, erhielt ich dann endlich meinen Paß zurück, der die ganze Zeit über vor seinen Augen auf seinem Pult gelegen hatte.

Als ich nun wieder anfing, als Lumpensortiererin zu arbeiten, war ich so arm, daß ich keine warmen Hausschuhe für meine erfrorenen Füße kaufen konnte. Es
war inzwischen bitterkalter Winter geworden, und ich
konnte in meine Schuhe nicht mehr hineinkommen. Ich
ging zu einem Zahnarzt und bat ihn, alle meine Goldfül-
lungen aus meinen Zähnen herauszunehmen. Dafür erhielt ich dann so viel Geld, wie ich gerade benötigte, um
mir dafür ein Paar warme Hausschuhe zu kaufen. Dann
ging ich zurück in meine Arbeitsstätte im Go-down.
Jetzt fühlte ich so recht, was es heißt, in der Emigration
zu leben. Ich lebte von einem zum anderen Tag, niemals
wissend, woher ich die nächste Mahlzeit nehmen sollte.
Ich aß in der sogenannten fliegenden Küche auf der
Straße bei einem Kuli einen Teller Suppe oder eine
kleine Schüssel mit Reis. Später wurde ich vom Godown
als Spulerin in eine andere Fabrik in der Arthur Road
geschickt, wurde aber nach einem Jahr wiederum entlassen und hatte gegen Hunger und Elend zu kämpfen.

Da ich keine Bürostellung mehr finden konnte, kehrte ich zurück zu Haushaltungsstellungen. Ich war abwechselnd *Amah*, Dienstmädchen, oder *Nurse*, Pflegerin. Meine letzte Stellung als Hausangestellte war bei dem Chirurgen Dr. Dagobert Flater, der in Berlin beim Virchow-Krankenhaus einen guten Ruf genossen hatte. Dieser Arzt lebte in einem einzigen Raum zusammen mit seinem 24jährigen Sohn. Beide genierten sich absolut nicht, sich vor mir im Zimmer auf den Topf zu setzen und ihr Geschäft dort zu verrichten, anstatt auf das WC zu gehen. Ich erwähne dies nur, um zu zeigen, wie sogar gebildete, kultivierte Personen durch die Emigration so furchtbar demoralisiert geworden waren. Mit Abscheu verließ ich endlich auch diese Stellung nach neun Monaten.

Ich glaubte, nach all diesen Erfahrungen bereits das Schlimmste überstanden zu haben, so daß „einen ollen Seemann nichts mehr erschrecken konnte". Aber nein! Es kam doch noch schlimmer: Am 17. Juli 1945 ereignete sich ein furchtbarer Luftangriff auf Shanghai. Ich lag gerade krank zu Bett in dem Sacra-Gebäude, als um etwa 1 Uhr mittags unser Gebäude in der East Yuhang Road 828 von einer wohlgezielten Bombe getroffen wurde, wo ca. 400 Menschen wohnten. Die Sirenen heulten und plötzlich lag alles im Dunklen. Ich dachte, die Welt war zu Ende. Erde wurde hoch aufgeworfen und bedeckte alles mit grauem Staub und Schmutz. Sofort hörte ich das Schreien und Wimmern der Verletzten und Begrabenen, und als ich meinen Weg hindurchgefunden hatte, sah ich Tote und Sterbende auf der Erde liegen über den ganzen Platz verstreut. Es war ein entsetzlicher Anblick! In einem einzigen Augenblick hatten alle ihr ganzes bißchen Hab und Gut verloren, ihre Existenz, ihr Unterkommen und viele ihrer Angehörigen. Alle waren in allertiefster Erregung. Ich mag wirklich nicht mehr zurückdenken an diese entsetzlichen Schrekken. Alle Sachen lagen begraben unter den Ruinen des zerbombten Gebäudes und sind bis zum heutigen Tage nicht mehr zum Vorschein gekommen, weil es mit Lebensgefahr verbunden war, auch nur den Versuch zu machen, diese von dort wieder herauszuholen. Dies war das dritte Mal, daß wir alles verloren: das erste Mal, als wir unser Heimatland, unser Heim und unsere Existenz durch Hitlers Nazi-Regime und durch seine Verfolgung verloren. Zweitens, als wir unsere Nationalität infolge der vorher erwähnten japanischen Proklamation verloren, welche uns zu „Staatenlosen Flüchtlingen", d.h. Personen ohne Vaterland erklärte, und durch welche wir unsere neueroberte Existenz und unsere Wohnung in Shanghai verloren, und drittens, als wir unsere Unterkunft, unser Hab und Gut, unsere Existenz usw. infolge des Bombardements vom 17. Juli 1945 verloren und viele dabei sogar ihr Leben einbüßten. Es war wie ein Wunder, daß mein Zimmer in der Sacra unversehrt geblieben war.

Nach diesem Bombardement mußte das Sacra-Gebäude sofort geräumt werden, weil es baufällig geworden war, und alle wurden hoch in der „S.J.Y.A. Kadoorie Schule" als „ausgebombte Personen" untergebracht. Die Schule wurde für die Kinder geschlossen, und sie konnten keinen Unterricht dort mehr erhalten. Erst nach langen, riesigen Anstrengungen gelang es dem „Joint" (unserem Komitee), nach und nach für einige von uns ein kleines Zimmerchen zu finden. Seit diesem Bombardement arbeitete ich seit August 1945 mit dem Joint-Komitee an ihrem Zentralplatz für ausgebombte Personen als Stenotypistin, und erst am 6. Februar 1946 hatten wir mehr oder weniger unsere Aufgaben vollendet. So war auch die Einwanderung nach Shanghai für europäische Juden kein Leckerbissen gewesen – dessen kann man versichert sein! Und trotzdem: wir waren nicht in der Gaskammer, wir haben nicht die Schrecken der Konzentrationslager durchmachen müssen, und wir sind noch immer in einem einigermaßen guten Gesundheitszustand am Leben. Und dies ist mehr, als wir erwarten konnten, und wir müssen trotz allem doch dankbar sein, daß wir nicht, wie so viele unserer Angehörigen und Freunde, gestorben oder getötet worden sind. Wir müssen uns immer dieser armen Seelen erinnern und ihrer gedenken, die für unser Heil und Wohlergehen ihr Leben lassen mußten. Ich weiß wirklich nicht, welches Recht ich habe oder womit ich mir es verdient habe, noch heute am Leben zu sein.

Geschrieben in Shanghai am 6. Februar 1946.

Quelle: Hertha Beuthner, „Meine persönlichen Aufzeichnungen". Manuskript, 1946. Leo-Baeck Institute. Abdruck mit freundlicher Genehmigung des Leo-Baeck-Instituts.

Exil in Manila

Über die Familie und das Leben der Verfasserin dieses Kapitels ist nicht viel bekannt. Der Zeugenbericht, den Margarete Stern 12 Jahre nach ihrer Rückkehr aus dem Exil dem Holocaust-Archiv in Jerusalem übergab, trägt folgenden Vermerk des Archivars Dr. Ball-Kaduri: „Ich wurde darauf aufmerksam gemacht, daß Frau Margarete Stern, die vorübergehend bei Yad Vashem arbeitete, zuerst in Wien und später lange Zeit in Manila (Philippinen) gewesen ist. Da mir über Manila nur ein Bericht bekannt ist, so bat ich sie, ihre Erlebnisse aus Wien und aus Manila zu berichten. Ich füge den Bericht im Original bei. Er ist von Frau Stern selbst geschrieben und wurde mir von ihr Anfang Mai 1957 mit Begleitbrief zugesandt. Die Personalien sind im Bericht angegeben: Geboren am 7. November 1900; 1921 Heirat mit Ernst Stern; Mutter von 4 Kindern."

Bis zum „Anschluß" (an das Dritte Reich[1]) lebten wir in Wien, wie so viele andere Menschen unserer Klasse, ein normales, bürgerliches, verhältnismäßig sorgenfreies Leben. Mit dem Anschluß erhielten wir einen Nazi-Kommissar in unserem Betrieb, und nicht lange darauf wurde unser Besitz im ganzen konfisziert.

Einige Zeit später wurde ich in die Auswanderungsabteilung der Israelitischen Kultusgemeinde als englische Korrespondentin aufgenommen. Ich trat meine Arbeit am 10. November 1938 an, der Tag, an dem alle Tempel im Reich und in Österreich zerstört wurden.[2] Als ich am Morgen das Haus der Kultusgemeinde in der Seitenstättengasse betreten wollte, sah ich, daß es von der SA besetzt war und wollte erschreckt zurück, doch ich wurde in den Gang gezerrt und mußte gemeinsam mit allen Beamten den Tag dort verbringen und durfte das Gebäude nicht verlassen. Gegen Abend wurden wir im großen

Saal versammelt, und ein Mann in Zivilkleidung, es war der SA-Führer Adolf Eichmann[3], der später Millionen von jüdischen Leben auslöschte, hielt uns eine „freundschaftliche" Ansprache; wir hätten nichts zu befürchten, wenn wir zum Guten der Gemeinde mit ihm arbeiten würden.

Ich arbeitete dann hauptsächlich in der Auswanderungsabteilung, wurde aber auch aushilfsweise in anderen Abteilungen der Kultusgemeinde beschäftigt, z. B. in der Abteilung, die die Polentransporte[4] zusammenstellen mußte, und in der Begräbnisabteilung. Die Leiter der Gemeinde waren Dr. Löwenherz und Rabbiner Dr. Murmelstein, der Leiter der Begräbnisabteilung war Dr. Felsberg, der heutige Direktor der Kultusgemeinde. Ich entsinne mich eines Vorfalles, der meiner Ansicht nach für den damaligen nervlichen Zustand der Wiener Juden bezeichnend war: Eine Frau, deren Mann verhaftet worden war, kam mit einer „Urne", die sie eben per Post erhalten hatte, um ein Begräbnis für die Asche ihres Mannes zu bestellen. Am Friedhof, vor der Beerdigung, kam Dr. Felsberg die Urne sonderbar vor. Er öffnete sie und fand ein Butterpaket, das die Frau von Verwandten im Ausland erhalten hatte. Überglücklich und hysterisch lachend fuhren die Frau und das Minjan zurück. Einige Tage später erhielt sie tatsächlich, wie das damals üblich war,[5] die Urne mit der Asche des Mannes.

Meines Mannes und mein Bestreben war damals, da wir keine Möglichkeit hatten, mit unseren Kindern gemeinsam auszuwandern, vor allem die Kinder in Sicherheit zu bringen. Wir wollten die Kinder nach England schikken, es gelang uns auch mit unseren drei jüngeren Söhnen im Alter von 6 bis 13 Jahren durch einen Kindertransport mittels der Kinderabteilung der Gemeinde. Rosl Schwarz war die Leiterin. Meine Älteste, eine Tochter von 14 Jahren, wollte nur nach Eretz Israel, und wir konnten sie mit der Jugendalijah[6] wegschicken.

Im Zuge meiner Arbeit für die Polentransporte sah ich eines Tages auf der Liste der zu verschickenden Juden den Namen meines Mannes. Es gelang mir das schier Unmögliche, ihn mit Hilfe von Dr. Löwenherz anstatt in den Polentransport in einen „illegalen" Palästinatransport zu bringen. Er war acht Monate unterwegs während eines ungewöhnlich schweren Winters, in dem sogar die Donau zugefroren war, auf einem offenem Donaufloß, und kam nach unmenschlichen Strapazen mit schweren Erfrierungen hier (in Palästina) an.

Mann und Kinder waren nun Gott sei Dank in Sicherheit. Ich war in Wien allein zurückgeblieben, arbeitete in verhältnismäßiger Sicherheit in der jüdischen Kultusgemeinde und sah vorerst keine Möglichkeit wegzukommen. Wir hatten im Laufe der Zeit unzählige Gesuche um Affidavits und Permits (Visa) in alle Welt geschickt – ohne Erfolg. Unter anderem hatte ich eine Zeitungsanzeige vom Jewish Refugee Committee (jüdisches Flüchtlingskomitee) in Manila beantwortet, das sprachkundige Korrespondentinnen suchte, und hatte, da ich keine Antwort erhielt, die Sache ganz vergessen. Und nun, ein Jahr später, erhielt ich vom amerikanischen Konsulat die Vorladung, mir das Einreisevisum nach den Philippinen abzuholen. Was ich noch besaß, die Wohnung und die Möbel, verschenkte ich. Zum Verkauf nahm ich mir nicht die Zeit, und wenige Tage darauf war ich unterwegs. Hätte ich gezögert, wäre die Ausreise durch den Eintritt Italiens in den Krieg unmöglich geworden.

In Manila arbeitete ich als Sekretärin im Joint Jewish Refugee Committee (Flüchtlingskomitee) vom Tag meiner Ankunft im März 1940 bis zum Dezember 1941, als die Japaner auch in dieses „Ende der Welt" den Krieg brachten und das Komitee auflösten. Um mich zu erhalten, nahm ich Vertretungen von mehreren pharmazeutischen Firmen und anderen Artikeln an und lebte unter japanischer Herrschaft noch etwa vier Jahre lang frei. Der Rabbiner der jüdischen Gemeinde, Dr. Schwarz, organisierte in der Synagoge eine Ausspeisung für seine Gemeindemitglieder, die die Kriegsverhältnisse um ihre Stellungen gebracht hatten, und ich arbeitete als freiwillige Helferin dieser Aktion.

Die Japaner haben in Manila Juden nicht als Juden verfolgt. Die deutschen Pässe imponierten ihnen sogar zuerst. Wo Verfolgungen vorkamen, geschahen diese gegen „Weiße". Ich wurde von den Japanern durch eine Kette von unseligen Umständen verhaftet, nicht als Jüdin, sondern weil sie mich als Mitarbeiterin des amerikanischen Komitees, wie ich erst nach Kriegsende erfuhr, für eine amerikanische Spionin hielten. Ich wurde in die Kasematten des berüchtigten „Fort Santiago" gebracht, einer mittelalterlichen Festung aus spanischer Zeit. Über die Torturen und Qualen dieser Zeit möchte ich hier nicht sprechen, außer daß mehr als 90 Prozent der Menschen in Fort Santiago die Haft nicht überlebten.

Ich war in der Gefangenschaft schwer erkrankt und im sterbenden Zustand in die Lepra-Abteilung des San Lazare Spitals gebracht worden, als die Amerikaner kurz darauf Manila befreiten. Bei ihrem Abzug und den letzten verzweifelten Kämpfen metzelten die Japaner alle Weißen, deren sie habhaft werden konnten, nieder, steckten die Stadt in Brand und schossen auf die Menschen, die aus den brennenden Häusern flüchteten. Damals kamen neben Philippinos und Chinesen auch viele deutsche Juden um.

Nach Kriegsende, im Jahre 1946, fuhr ich von den Philippinen über Amerika nach England, um meine drei Söhne nach Palästina mitzunehmen. Mein ältester Sohn war Soldat in der englischen Armee. Mein mittlerer erkrankte schwer während meines Aufenthalts in England, so daß ich fast ein Jahr dort blieb, bis er außer Lebensgefahr war. Mit meinen zwei jüngeren Kindern kam ich im Jahre 1948 hier (in Palästina) an und war, nach den langen, schweren Jahren der Trennung mit den Meinen wieder vereint.

Nun habe ich vor drei Jahren meinen Sohn an den Folgen jener Krankheit hier verloren, vor einem Jahr starb mein Mann. Ich habe als Korrespondentin und Sekretärin auch hier im Lande gearbeitet. Meine Tochter ist Lehrerin, mein jüngster Sohn ebenfalls Lehrer in Tel Aviv, mein ältester Sohn, der als Soldat nach Wien gekommen war, hat dort abgerüstet, geheiratet und lebt auch jetzt noch in Wien.

1 *Anschluß.* Die am 13. März 1938 von Hitler gewaltsam vollzogene Eingliederung Österreichs ins Dritte Reich blieb bis zum Zusammenbruch des Nationalsozialismus im Mai 1945 bestehen.

2 *10. November 1938*, Tag des sogenannten „Kristallnacht"-Pogroms, an dem die Nazis in Deutschland und Österreich fast alle jüdischen Tempel, Geschäfte und Wohnungen zerstörten.

3 *Adolf Eichmann.* SS-Obersturmbannführer (1906–1962), leitete ab 1941 die Deportation und Vernichtung der Juden im Holocaust. Er wurde nach seiner Verhaftung 1962 in Israel zum Tode verurteilt und hingerichtet.

4 *Polentransporte.* Hinweis auf die Deportation von Juden aus Österreich nach Polen. Anfänglich betrafen die „Polentransporte" die Ausweisung von polnischen Juden, die ohne Visum in Österreich seßhaft waren, später galt die Bezeichnung für den Abtransport aller Juden in Konzentrationslager nach Polen.

5 *Urne.* Im Verlauf des Kristallnacht-Pogroms kam es zur Inhaftierung Tausender jüdischer Männer in Nazi-Konzentrationslagern. Viele ältere Gefangene, die den Schikanen und Strapazen der Lager nicht gewachsen waren, starben an den Folgen der Inhaftierung. Urnen mit der Asche der Ermordeten wurden von den Nazis per Post an die Familienmitglieder geschickt.

6 *Jugendalijah.* Transfer jüdischer Kinder nach Palästina.

Quelle: Margarete Stern, „Wien–Manila (Philippinen)". Ball-Kaduri-Sammlung, Manuskript 01/178, 1957. Abdruck mit freundlicher Genehmigung des Yad-Vashem-Archivs, Jerusalem.

V
Holocaust
1940–1945

Deportation aus Stettin

*Die Verfasserin, eine Stadträtin aus Stettin, dem heutigen
Szczecin in Polen, verlor 1933 ihre Arbeitsstelle und zugleich das Recht auf jede weitere politische Betätigung im
Dritten Reich. Nach dem Novemberpogrom 1938 und der
Berufung des SS-Funktionärs Koburg zum Gauleiter von
Pommern kam es zum deutschen Einmarsch in Polen, wodurch sich die Lage zusehends verschlechterte. Koburgs faschistischer Ehrgeiz, Pommern als ersten Gau Deutschlands „judenrein" zu machen, führte bereits Anfang 1940
zur Deportation aller Stettiner Juden ins „Generalgouver-
nement" Polen. Else Meyring gehörte zu den wenigen
Überlebenden dieses Transports. Meyrings Autobiographie
schildert anschaulich die Etappen ihrer Entmachtung,
Enteignung und Vertreibung und berichtet über ihre traurige Arbeit in Lublin. Der Verfasserin gelang später die
Flucht nach Schweden, wo sie 1955 ihre Memoiren
schrieb.*

1933–1940

Meine Welt lag in Trümmern! Ich war nicht mehr ein
Mensch wie andere. Wie sollte ich das begreifen, die ich
in rastloser Arbeit fast 20 Jahre mit anderen Frauen zu-
sammengearbeitet, sie geführt und zu staatsbürgerli-
chem Denken erzogen hatte, durchdrungen von den
gleichen Ideen, den gleichen Idealen und heißester Va-
terlandsliebe! Wie war ich mit jedem Pflasterstein meiner Vaterstadt Stettin verbunden, in der ich plötzlich aus
einer geachteten Persönlichkeit zu einem nur noch ungern gesehenen Gast geworden war! Was nützten mir
die vielen Freundschaftsbezeugungen? Ich mußte die
anderen noch trösten, sie davor bewahren, daß sie sich
in ihrer freundschaftlichen Anteilnahme durch mich

kompromittierten! Und mein Mann verstand von der ganzen Sachlage nur, daß ich Kummer hatte, weil man mir die geliebte Arbeit genommen, und hielt alles für einen Spuk, der vergehen würde, wie er gekommen. Er ging unbekümmert aus, leider nun nicht mehr mit seinem treuen Hundebegleiter, der rechtzeitig gestorben war. Denn was sollten wir nach der, trotz laufenden Vertrages, erzwungenen Aufgabe unserer Wohnung als Untermieter mit einem großen Hunde anfangen? [...]

Aus meinen ungewohnten und unfruchtbaren Selbstbetrachtungen riß mich die Notwendigkeit, meine Talente nutzbringend zu verwenden. Unsere materielle Lage wurde schwierig. Die Buchdruckerei wurde zwar mit Rücksicht darauf, daß meine beiden Brüder Frontkämpfer gewesen waren, nur in langsameren Tempo boykottiert. Da sie aber in erster Linie für Behörden und offizielle Organe gearbeitet hatte, dauerte es nicht lange, bis sie vollkommen lahmgelegt war. Mein Mann hatte sein Vermögen teils während des Krieges und restlich während der Inflationszeit eingebüßt, und es wurde immer schwerer, an ihn nach Rückziehung aus dem Geschäft die vereinbarte Rente auszuzahlen. So wurde es für mich notwendig, etwas zu unternehmen, um unseren Lebensunterhalt wenigstens teilweise bestreiten zu können.

Das begann damit, daß ich das Anerbieten eines Bekannten annahm, mir eine wechselnde Zahl von Kleidern zur Verfügung zu stellen, mit denen ich in meiner Wohnung einen kleinen „Salon" einrichtete. Als ich meine Geschäftskarte versandte, gab es eine kleine Sensation, die ehemalige Frau Stadträtin auf diesem Wege zu sehen. Mir machte das wenig aus. Ich habe die gute Gabe von den Eltern gelernt, jede Situation, in der ich stecke, zu bejahen, „and to make the best of it", wie der Engländer sagt. Ich hatte immer Interesse für modische Dinge gehabt und konnte meine Kundinnen gut beraten. Letzten Endes verdiente aber die Absenderin mehr bei dem Geschäft als ich, und da meine Kundinnen es liebten, sich bei dieser Gelegenheit lange und ausgiebig über alle

Probleme zu unterhalten, so geriet ich in Konflikt mit den nun allein zu erfüllenden Hausfrauenpflichten, die mir ohnedies bedeutend mehr Schwierigkeiten bereiteten als der Kleiderverkauf. Ich war deshalb sehr glücklich, als die Jüdische Gemeinde an mich mit dem Auftrage herantrat, ihre Winterhilfe aufzuziehen gegen ein kleines Gehalt, dem ersten Verdienst aus sozialer Tätigkeit, meinem ureigensten Arbeitsgebiet.

Jüdische Arme durften nun nicht mehr von der aus den Händen der Frauenvereine verstaatlichten Winterhilfe, die ich, die Jüdin, ins Leben gerufen hatte, unterstützt werden. Ich stürzte mich in die gewohnte Arbeit, die ich durchführte, bis ich in die Auswanderungsberatungsstelle zunächst als Sekretärin und nach einem halben Jahre als Leiterin berufen wurde mit einem Gehalt, mit dem ich einen bescheidenen Lebensunterhalt bestreiten konnte und zu meiner Befriedigung dadurch unabhängig wurde. Auf Grund meiner geographischen Kenntnisse wäre ich wahrscheinlich nicht berechtigt gewesen, eine solche Stellung einzunehmen. Was hatte meine Generation schon in Geographie gelernt, und dieser geringe Gedächtniskram hatte sich mit der Zeit noch verringert. Aber schnell erweiterten sich meine Kenntnisse in unvorstellbarer Weise. Es gab kaum ein Fleckchen auf der Erde, zu dem die Juden im Jahre 1937 nicht hinstrebten, um der Diskriminierung in ihrem Vaterlande zu entgehen. Nur noch wenige Menschen, darunter mein Mann, hofften noch immer, daß diese Verfolgung sich selbst ad absurdum führen würde.

Und es kam das Jahr 1938 mit der Verhaftung fast aller Männer und Abführung in die Konzentrationslager. Über diese Zeit wird viel von berufener Seite geschrieben werden. Hier kann nur ein kleiner Beitrag aus den Erlebnissen einer provinziellen Beratungsstelle gegeben werden.

Am Morgen des verhängnisvollen 9. November kam meine Aufwärterin – eine Hausangestellte durften wir wegen der „sittlichen Gefährdung" nicht mehr halten, obwohl mein Mann schon über 70 Jahre alt war – und berichtete von dem Brand der Synagoge. Gleich darauf erhielt ich den telefonischen Anruf meiner Freundin, mit der Bitte, auf dem Wege zum Büro zu ihr zu kommen. Dort erfuhr ich von der unerklärlichen Verhaftung des Ehemannes, aber wir beiden Frauen hatten nicht entfernt den Gedanken, daß hier Zusammenhänge mit dem Brande vorliegen könnten. Auf der Straße kamen mir die weiblichen Angestellten meines Büros entgegen, die männliche Hilfskraft war bereits verhaftet, und teilten mir mit, daß das Büro von der Gestapo geschlossen wurde und man mich jetzt suche. Sie deuteten auf zwei Herren, die sich auf dem gleichen Wege uns näherten. Darauf ging ich auf beide zu und sagte: „Ich hörte eben, Sie wollen mich sprechen. Was wollen Sie von mir?" Die Herren schienen überrascht von der kühnen Ansprache. Ich erhielt die Antwort: „Wir müssen Ihr Büro schließen und wollen Ihre Schlüssel haben." Ich entgegnete, daß die absolute Schließung wohl nicht angängig sei, da ich wichtige Post für Ausreisen erwarte. Man sagte mir, daß ich einige Tage abwarten müsse und mich bei der Gestapo dann erkundigen könne, ob ich weiterarbeiten dürfe.

Bedrückt ging ich nach Hause. Dort trafen nach und nach viele bekannte Frauen ein, für deren Familienauswanderung ich arbeitete, auch meine junge Schwägerin, so daß ich bald ein Bild davon bekam, daß Massenverhaftungen vorgenommen waren. Dazu telefonische Hilferufe aus der Provinz. „Wir sind allein, was sollen wir tun, helfen Sie uns!" Die Haltung der Frauen war bewundernswert, was später sogar der Gestaposachbearbeiter in einer Unterredung anerkannte.

Ich tappte zunächst vollkommen im dunkeln über die Schritte, die zu unternehmen seien, und von der Zentrale in Berlin waren keine Weisungen zu erhalten, da ich die Post nicht erhielt. Drei Tage lang riß der Strom der Besucher in unserer Wohnung nicht ab, wo mein Mann und ich mit Wein und Tee unaufhörlich zu stärken versuchten. Endlich hielt ich die Zeit für gekommen, der Gestapo meinen Besuch zu machen. Ich erhielt tatsächlich die Erlaubnis, wieder zu arbeiten und fand mein Büro in geordnetem Zustande vor. Meine Haltung bei dem ersten Zusamentreffen mit der Gestapo hat mir für die weitere Arbeit sehr genützt. Ich mußte Listen aufstellen für diejenigen Männer, für die ein Auswanderungsvorhaben gesichert war und sie in persönlichen Rücksprachen überreichen, erhielt auch die Zusicherung, daß alte Männer grundsätzlich zur Entlassung gebracht werden sollten, eine besondere Abmachung mit der für meinen Bezirk zuständigen Gestapostelle, der andere erst viel später folgten.

Eine rastlose Arbeit begann, und wenn aus meinem Bezirk verhältnismäßig sehr viele Entlassungen sehr bald erfolgten, so war es nicht nur der unermüdlichen Arbeit aller Büromitarbeiter zu danken, sondern nicht zum wenigsten der Tüchtigkeit der Ehefrauen, die durch beschwörende Telegramme an Angehörige und Freunde in der ganzen Welt Auswanderungsmöglichkeiten herbeizauberten, die sonst nicht vorhanden gewesen wären. Meine Schwägerin fuhr selbst ins Kriegsministerium und benachrichtigte den ehemaligen Kommandeur des Regiments, in dem mein Bruder als Offizier den Weltkrieg mitgemacht hatte, von dessen Verhaftung, mit dem Erfolg, daß mein Bruder sofort ohne Nachweis einer Auswanderung entlassen wurde.

Auch die Vorsteher der Gemeinde wurden nach kurzer Zeit wieder entlassen mit der Auflage, einen jüdischen Vertrauensmann der Gestapo nicht nur in den Vorstand aufzunehmen, sondern sich sogar seinen Maßnahmen unterzuordnen. Damit brach eine schwere zermürbende Zeit für mich an im Kampfe gegen diesen undurchschaubaren Mann, der alle Organisationen, mit Ausnahme meiner Auswanderungsberatungsstelle, in seine Hände bekam. Aber die Handlungsfreiheit, die ich mir bewahrte, kostete viel Kraft, viel Nervenaufwand und Diplomatie. Ein letzter Rest von Respekt, ein Abglanz von meiner früheren Stellung, in der mich dieser „Bevollmächtigte" schon gekannt hatte, schien mich jedoch zu schützen. [...]

Jeden Abend erschien mein Mann im Büro, aß geduldig mit uns zusammen sein Abendbrot zum schnell bereiteten Tee und beteiligte sich an der Expedition der umfangreichen Post, weil auch er zu seinem Teil der Arbeit beitragen wollte. Fast jede Woche fuhr ich zur Zentrale, um die laufenden Anträge möglichst durch persönliche Rücksprache zu unterstützen. Mit unerhörter Hochspannung wurde dort gearbeitet. Es gehörte mit zu den Aufgaben der Zentrale, die Devisen, die vom „Joint" (amerikanische Flüchtlingshilfe) für die Bezahlung der Passagen zur Verfügung gestellt wurden, und Vorzeigegelder auf die verschiedenen Fälle zu verteilen. Aber weder Devisen noch Schiffsraum waren in dem Umfange vorhanden, wie die Nachfrage aus den verschiedenen Beratungsstellen des Landes es erforderte. Und so wurde die Entscheidung der Zentrale ein Gerichtsurteil, dem nicht nur die Betroffenen, sondern auch wir Bearbeiter, die wir mit ganzem Herzen mit unseren „Fällen" verknüpft waren, mit Aufregung entgegensahen.

Die Stimmung der Ehefrauen gegen unsere Arbeit wurde immer ungünstiger, je länger es dauerte, bis ihre Angehörigen befreit werden konnten. Als die ersten Männer aus dem Konzentrationslager entlassen wurden, war es erschütternd zu sehen, wie alle Frauen neidlos an dem Glück der anderen teilnahmen. Aber schon beim dritten Schub merkte man, daß eine Depression um sich griff, die sich später oft in Verwürfen über eine ungerechte Behandlung Luft machte. Sosehr das begreiflich war, so weh tat es doch im Bewußtsein der gemachten Bemühungen oder der Unmöglichkeit eines Erfolges, wenn es keine Auswanderungsmöglichkeiten für den Betreffenden gab und auch die Bestimmungen für Aufnahme in das englische Camp nicht erfüllt werden konnten.

Ich wußte, wie schwer es ganz besonders die Frauen in den Kleinstädten hatten, die völlig ohne Schutz und Unterstützung dastanden, wehrlos der Willkür preisgegeben. Man erlaubte sich auch an kleinen Orten manchen besonderen Scherz. So erinnere ich mich an den aufgeregten Anruf aus einer kleinen Provinzstadt, wo man nicht nur die Männer, sondern auch die Kinder geholt und eingesperrt hatte, um sie dann am Abend den verzweifelten Müttern zurückzugeben. In einem anderen Orte holte man Frauen und Kinder aus den Betten und stellte sie, die nur mit dem Hemd bekleidet waren, gegenüber der Synagoge auf, damit sie dem Brande zusehen sollten, während die Männer als die Schuldigen abgeführt wurden.

Die Berührung mit den tapferen und tüchtigen Frauen der Provinz ist ein großes Erlebnis für mich gewesen. Mein Beratungsbezirk war sehr weitläufig, und so verlegte ich des öfteren Sprechstunden in die kleineren Städte. Dadurch bekam ich einen Einblick in das Leben der Kleinstädterin, der mich mit großer Bewunderung erfüllte. Die Vereinigung der Aufgaben von Hausfrau, Geschäftsfrau und Mutter war für sie kein Problem. Auch hatte ich Gelegenheit, zu beobachten, wie geachtet fast überall die Juden waren und wie sie sich assimiliert hatten. Da mein Verhältnis zu meiner Klientel nicht bürokratischer Natur war, sondern meine Anteilnahme an ihren Sorgen und Kümmernissen wohl meistens gefühlt wurde, so gelang es mir, bei dem oft Negativen meiner Bemühungen ihnen mindestens eine seelische Stütze zu sein.

Die Deportation 1940

In diese rastlos aufreibende Arbeit brach wie ein Blitz der Februar 1940 mit seiner unerwarteten „Auswanderung" aller Gemeindemitglieder. Vorangegangen war die angeordnete, aber auf Intervention der Reichsvereinigung der Juden und Einsprüche des Städtischen Gesundheitsamtes wieder zurückgenommene Anordnung, daß diejenigen Juden, die in den besten Stadtvierteln wohnten, ihre Wohnungen zu räumen hätten und in ein leerstehendes, ehemals in jüdischen Händen befindliches Kaufhaus zu ziehen hätten. Die Gestapo hatte mit Kreide den Rauminhalt abgegrenzt, der den Familien zur Verfügung gestellt werden sollte und der großherzig die Aufstellung eines Bettes, eines Schrankes als Trennwand zum Nachbarn und eines Teppichs als Vorhang genehmigte. Auch der Oberbürgermeister hatte gegen die Anhäufung der Juden im Geschäftsviertel protestiert, und so war dieser Kelch an uns vorübergegangen.

Es fehlte auch nicht an warnenden Stimmen, die einige Provinzvertreter mir übermittelten und die, aus „sachverständigem" Munde stammend, auf eine bevorstehende Evakuierung der Juden aus den Grenzbezirken hinwiesen. Der jüdische Vertrauensmann der Gestapo hatte mich schon vor Monaten gefragt, ob ich bereit wäre, die Unterbringung der Juden in Lublin mit ihm zu organisieren. Ich hatte stets über diese Äußerungen in der Zentrale Bericht erstattet, aber die beruhigende Antwort erhalten, daß zwar Deportierungspläne bestanden hätten, aber eine akute Gefahr nicht vorläge zur Zeit. Zwei Faktoren hatten wir nicht in Rechnung gestellt: den im Januar stattgefundenen Wechsel im Judenreferat der Gestapo in Berlin durch die Besetzung mit dem gefürchteten Wiener „Austreiber" Adolf Eichmann, und den glühenden Ehrgeiz unseres Gauleiters Schwede-Koburg, der seine Provinz als erster „judenrein" machen wollte, wie es ihm ja auch einmal gelungen war, seinen Wahlkreis Koburg zum ersten nazistischen zu gestalten.

Obwohl es mir widerstrebt, von meinen eigenen Erlebnissen zu erzählen, über die ich mich bisher nur in sehr geringem Maße selbst meinen Freunden gegenüber geäußert habe, muß ich es doch tun, um ein Bild von den Vorgängen geben zu können. Es wird nur wenig Überlebende geben, die in der Lage sein werden, dies zu tun und die so große Einsicht nicht nur in das Leben der Deportierten, sondern auch in das der polnischen Juden bekommen haben. Aber alles, was ich schilderte, bezieht sich nur auf das Jahr 1940, ergänzt durch die noch einige Zeit nachher möglichen Berichte meines Bruders und anderer Freunde von dort. [...]

Mein Mann und ich hatten unsere Wohnung sehr plötzlich aufgeben müssen, weil der in das gleiche Haus eingezogene Bürgermeister es für untragbar hielt, mit Juden zusammenzuwohnen. Eine Bekannte räumte uns zwei Hinterzimmer ihrer großen Wohnung ein. Wir waren früh ins Bett gegangen und hatten schon lange geschlafen, als ich plötzlich von dem Geräusch der sich öffnenden Türe geweckt wurde. Es stand dort ein großer Mann in gelber Uniform, der zu mir sagte: „Schlafen Sie ruhig weiter. Ich wußte nicht, daß hier hinten noch jemand wohnt." Natürlich schlief ich nicht ruhig weiter, sondern entschloß mich nach kurzem Zögern nachzusehen, was in der vorderen Wohnung vor sich ging.

Nach dem langen Korridor zu waren alle Türen geöffnet. Ich sah bei meiner Wirtin zwei uniformierte Männer Akten durchblättern, desgleichen bei einem vorn wohnenden Ehepaar und glaubte nun, daß es sich um eine Steuerkontrolle handelte. Auf alle Fälle ging ich hinein und fragte, ob man mich brauchte. Nein, man brauche mich nicht. Ich legte mich wieder in mein Bett, weckte meinen Mann natürlich nicht und war zum Zerreißen gespannt vor Unruhe, was mit meinen Miteinwohnern geschehe. Ich weiß nicht, wieviel Zeit verrann, als die Tür zum Schlafzimmer wieder geöffnet wurde und nunmehr zwei Uniformierte erschienen. „Stehen Sie sofort auf. Sie müssen verreisen." Ich weckte meinen Mann, der schwerhörig und dazu verschlafen war und überhaupt nicht begreifen konnte, was ich von ihm wollte. Darauf sagte der eine Beamte zu ihm: „Hören Sie, was Ihre Frau zu Ihnen sagt. Sie müssen sofort aufstehen und verreisen!" Und zu mir gewandt: „Ziehen Sie Ihren Mann warm an, 2–3mal warmes Unterzeug. Es ist kalt, wo Sie hinkommen." – „Wo kommen wir hin?" – „Das weiß ich nicht!"

In Gegenwart der beiden Beamten mußten wir uns anziehen. „Packen Sie das Nötigste ein." – „Bettwäsche, Handtücher?" – „Nicht nötig, das finden Sie alles vor." Und dann übergab er mir einen langen Fragebogen zur Auskunft über Vermögensverhältnisse und etwaige Schulden. Dann mußte alles im Hause befindliche Geld und der noch vorhandene kunstgewerbliche Schmuck – Gold- und Silbersachen waren bereits eingezogen – abgeliefert werden. Alles wurde von dem Beamten in einen Beutel getan. Sämtliche in der Speisekammer befindlichen Lebensmittel mußten übergeben werden und wurden in Körben von der Volkswohlfahrt abgeholt.

Sämtliche Schrankschlüssel mußten übergeben werden. Dann erhielt ich zwei primitive Pappanhänger mit der Weisung, unseren Namen darauf zu vermerken und sie um den Hals zu hängen.

Mein Mann hatte bis dahin alles schweigend mit angesehen. Jetzt aber schrie er empört auf: „Nein, das tue ich nicht. Ich bin kein Verbrecher!" Ich sah, wie die beiden Beamten sich geniert abwandten. „Du bist kein Verbrecher, und niemand wird das von dir glauben. Aber alle Juden müssen das tragen. Sieh, ich binde es mir um und mache mir gar nichts daraus!" Als mein Mann sah, daß ich mir das Schildchen umhängte, taumelte er, so daß ich ihn stützen mußte. Ich habe leider nicht verstanden, daß er in dem Augenblick einen (seelischen) Schock empfangen hatte, der eine später erst sich bemerkbar machende Geistesverwirrung mit sich brachte. Er ließ fortan alles mit sich geschehen, folgte ohne Widerspruch. Nur als der Beamte die Tür versiegelte, fragte er: „Und was wird mit dem Kanarienvogel?" Und der Beamte, der sichtlich von den Vorgängen sehr beschämt war, antwortete: „Wir bringen ihn zum Tierschutzverein." Er nahm den Koffer meines Mannes und ist ihm zur Seite geblieben, bis wir zur Verladung in die Eisenbahn kamen.

Vor dem Haus stand ein großer Omnibus. Wir waren die Letzten, die hineinkamen. Es stellte sich später heraus, daß man uns zunächst vergessen hatte. Deshalb blieben mir auch nur zwei Stunden Zeit für Packen und Abwikkeln der Formalitäten, während bei den anderen die Beamten schon stundenlang vorher erschienen und geprüft hatten. Es war 2 Uhr nachts gewesen, als wir geholt wurden. Tiefes Dunkel lag auf den Straßen, und obwohl ich meine Vaterstadt gut zu kennen glaubte, war es mir nicht möglich, festzustellen, wohin wir fuhren. Endlich landeten wir vor einem großen Güterschuppen und sahen Scharen von wartenden Juden, hinter denen wir uns aufstellten. Es war ein bitterkalter Morgen. Wie lange wir auf Einlaß warten mußten, weiß ich nicht. Man hat in solchen Situationen keine Zeitbestimmung.

Es war schon Tagesgrauen, als mein Mann und ich die Halle betraten, die überfüllt war von wartenden Menschen, die dort, wer weiß wie lange, auf ihren Koffern in dumpfer Traurigkeit hockten. Doch merkte man insbesondere den Leuten aus den kleinen Provinzstädten eine gewisse Erleichterung an, als wir hinzukamen. Später erfuhr ich, daß wir eine Deportation von 1200 Menschen, darunter ungefähr 100 Kinder und Jugendliche, waren.

Wir hatten nun verschiedene Tische zu passieren. An dem einem nahm uns der begleitende Beamte den Beutel ab, in dem sich unser abgenommener Schmuck und das Bargeld befanden. Als Gegenwert wurden uns 20 Złoty, etwa 10 Mark, ausgehändigt. Ich sah, daß den Kontrollbeamten jene Formulare vorlagen, die wir im Januar bereits auf Anordnung des Vertrauensmannes der Gestapo für die Gemeinde hatten ausfüllen müssen. Auch die Auswanderungsabsichten mußten angegeben werden, und ich konnte damals schon erklären, daß ein Gesuch nach Schweden vorliege. An einem nächsten Tisch bekamen wir eine Fahrkarte. Die Gestapo hatte sich den Scherz etwas kosten lassen und besondere Karten mit einem nicht vorhandenen Zielort ausgegeben. Dann wurden wir getrennt zur Leibesvisitation. Als ich den kleinen Raum betrat, sah ich, daß ein Teil der Kontrollantinnen von mir einstmals angestellte Fürsorgerinnen meines früheren Amtes waren. Peinliches Schweigen breitete sich im Raume aus. Dann trat ich stolz vor. „Bitte?" Scheu tastete eine von ihnen über meine Jacke. „An der Grenze wird es schlimmer sein", sagte sie ängstlich leise.

Nun warteten unsere mannshohen Tüten, die sich überhaupt nicht transportieren ließen. Auf ihrem Boden lagen 2 oder 3 Brote, 1 Fleischwurst, 1 Büchse kondensierter Milch, 1 kleiner Käse, 1 Büchse Marmelade. An sich also kein großes Paket, zu dem man eine so riesige Tüte aus der Zementfabrik gebraucht hätte. Aber auch damit hatte sich die Gestapo einen Scherz machen wollen. Wie wir uns abquälen mußten, in einer Hand den Koffer und mit der anderen Hand die entsetzlich schwer zu handhabende Tüte nachschleifend, über den Armen Decken und Mäntel. So sollen wir für die Zeitungen fotografiert worden sein. „Was die Juden für Lebensmittel mitnehmen!"

Nunmehr ging es zum wartenden Zuge. Es war kein Viehwagen, wie vielfach erzählt wurde, sondern ausrangierte 4.-Klasse-Wagen, so daß auch ein Klosett vorhanden war. Die Türen wurden verschlossen, Fenster durften nicht geöffnet werden, was aber in den 3 Tagen und Nächten, in denen wir nun nerventötend langsam fuhren, nicht beachtet wurde. Wir brauchten auch den Schnee, der auf den Scheiben lagerte, um unseren Durst zu stillen, nachdem die kleine Dose Milch schnell geleert war. Niemand hatte eine Ahnung, wie lange der Mundvorrat reichen mußte, und so war er bei vielen schnell aufgebraucht. Aber man half sich gegenseitig aus.

Das Bewußtsein, daß das, was dem einen gehörte, nun auch dem anderen zu eigen war, brach erst langsam und bei vielen leider nie durch. Meine Schwester, die im gleichen Wagen mit uns fuhr, war schneller dabei als ich. Daß meine Vorräte zu teilen waren, war mir selbstverständlich, und ich hatte auch zuviel innere Erregung, um überhaupt Gebrauch vom Brote machen zu können. Aber daß meine Becher und Teller, die ich vorsorglich mitgenommen hatte, von ihr als Allgemeingut reklamiert wurden, erschien mir doch höchst verwunderlich und unästhetisch. Ich habe später gelernt, dankbar zu sein, wenn überhaupt ein Becher für eine große Zahl von Menschen vorhanden war.

Die Haltung der Leute war im allgemeinen bewundernswert. Keine Klage. Alle vertrauten darauf, in eine polnische Stadt zu kommen und bis zur Beendigung des Krieges dort „irgendwo" leben zu müssen. Fraglos ging von der Tatsache, daß arm und reich, hoch und niedrig, ja der ganze (jüdische) Gemeindevorstand zu den Deportierten gehörte, eine beruhigende psychologische Wirkung aus. Ich habe noch oft Gelegenheit gehabt, zu beobachten, wie die eigene Haltung gestärkt wird durch gemeinsames Erleben, wie man sich inmitten gleicher Not geniert, Klagen laut werden zu lassen. Nur soll man nicht glauben, daß das gemeinsame Schicksal Altruisten zeugt. Ich habe mit Kummer oft feststellen müssen, wie der krasse Egoismus sich Bahn bricht, besonders bei solchen Menschen, die Habenichtse waren. Tatsächlich trat immer am bescheidensten auf, wer früher etwas gewesen, und am verständnisvollsten auch dafür, daß nicht alles als selbstverständlich hinzunehmen war, was die polnischen Gastgeber mit ihren oft schwachen Kräften für sie taten und hilfsbereite Landsleute ohne Rücksicht auf eigenes Leid freiwillig auf sich nahmen.

Der Zug hielt ab und zu auf nicht erkennbaren Stationen. Dann leuchteten Scheinwerfer in die Fenster, und alles hielt vor Angst den Atem an. Oft standen wir auch lange auf offener Strecke. Das schwerste war, daß die Wagen nicht geheizt und nicht beleuchtet waren. Aber mit der Dunkelheit senkte sich ein wohltuender Halbschlummer auf die erschöpften Menschen.

Doch für mich begann es dann sehr schrecklich zu werden, denn mein Mann bekam Angstzustände. Er delirierte, glaubte sich von einem Tintenfisch umklammert, wollte ins Gepäcknetz klettern und drehte mir und der mir helfenden Schwester fast die Arme aus den Gelenken, wenn wir ihn zurückhalten und beruhigen wollten. In keiner der drei Nächte war er sich meiner Gegenwart bewußt. Er sprach mit mir wie mit einer Fremden über uns beide, und ich hätte glücklich sein können über all das Liebe, was er von mir erzählte, wenn die Situation nicht so abgrundtief traurig gewesen wäre. Wenn er am Tage klarer erschien, erzählte ich ihm, daß wir auf Erholungsreise wären, ein schönes Hotel auf uns warte und wir herrliche Tage nur für uns verleben würden, ohne daß ich zur Arbeit fortgehen müsse. Es gelang auch, ihm etwas Nahrung zuzuführen. Aber nachts quälte er mich, ihn zu Bett gehen zu lassen. Er ließ sich nicht auf dem Platz halten und wanderte störend durch den Wagen, die armen Mitreisenden aufschreckend. Doch hat sich niemand darüber beklagt. Jeder verstand das große und besondere Leid, das sich da manifestierte.

In der dritten Nacht bestand mein Mann darauf, sich auszuziehen. Er hatte gerade die Stiefel abgelegt, als der Zug wieder einmal stand. Aber jetzt wurden die Türen aufgerissen, schwarz Uniformierte stürmten herein und trieben uns, mit dem Bajonett drohend, hinaus. Es gelang mir nicht, ihm die Stiefel wieder anzuziehen. Er schlüpfte, zur Eile angetrieben, in seine Gummischuhe. Ich raffte Koffer und Decken zusammen und kletterte mit meinem Mann auf den Bahnsteig, auf dem das Ziel zu lesen war „Lublin". Die Bahnhofsuhr zeigte auf 4.

In Polen

Wir wurden angewiesen, uns in Reihen aufzustellen und unser Gepäck auf dem Bahnhof stehenzulassen. Wir taten es vertrauensvoll und haben die Koffer nie wiedergesehen.

Als wir aus dem Bahnhof herauskamen, schlug uns eine beißende Kälte entgegen. 40 Grad Reaumur sollen es gewesen sein. Die Bahnhofstreppe war vereist. Viele Menschen, auch mein Mann in seinen lose sitzenden Gummischuhen, glitten auf den Straßen aus. Schon stand ein uniformierter Jüngling mit erhobenem Bajonett hinter ihm. „Lassen Sie das!" herrschte ich ihn in meiner Erregung an, und er ging fort. Andere sind schlechter behandelt worden, es soll bereits dort Mißhandlungen gegeben haben.

Erst sehr viel später habe ich begriffen, daß man diese lieben Volksdeutschen, neu entdeckt in Polen, in Uniform gesteckt und zur Aufsicht über die Juden bestellt, nur anzuschreien brauchte, um sie kuschen zu machen. Leider haben die polnischen Juden vor ihnen solchen mit Angst gemischten Respekt gehabt, daß diese dummen Jungen, Analphabeten, größenwahnsinnig geworden waren und sich zu richtigen Peinigern entwickelten. Nun sind sie inzwischen als „Freiwillige" ins Feld geschickt worden, und es wird nicht mehr viele von ihnen geben.

Der Anfang unserer Truppe war inzwischen um die Ecke gebogen, und man hörte Schüsse. Nicht nur ich werde davon überzeugt gewesen sein, daß wir erschossen werden würden. Aber gleich mir werden demgegenüber viele eine absolute Apathie gehabt haben. Drei Tage und drei Nächte unter solchen Umständen fast schlaflos zugebracht, narkotisieren die Seele.

Wir gingen jetzt eine, wie es schien, endlose Landstraße in tiefem Schnee entlang. An beiden Seiten des beleuchteten Weges standen in kurzen Abständen die jungen Schwarzuniformierten und feuerten vergnügt Salven in die Luft. Zeitweise sauste auch eine Peitsche auf irgend jemand nieder, der sich nicht genug in der Reihe hielt. Viermal habe ich einen Peitschenhieb aufgefangen, der meinem Mann galt und mir nicht allzu weh tat, da ich über einem pelzgefütterten Mantel noch meinen Pelzmantel gezogen hatte.

Mir fiel in der Kälte so langsam alles aus der Hand, was ich trug. Es war mir ganz gleichgültig. Mein armer Mann hielt einen Stiefel krampfhaft in der Hand, die dadurch jämmerlich erfror. Das Schrecklichste aber war, daß er erst einen und dann den anderen Gummischuh verlor und diesen langen Schneeweg in Strümpfen zum größten Teil zurücklegen mußte, weil man uns hinderte, uns zu bücken, um der Schuhe wieder habhaft zu werden. Keine Klage kam über seine Lippen. Er, der verwöhnte Hypochonder, den ein Mückenstich in Raserei bringen konnte, er hat weder auf diesem Wege noch in der folgenden Leidenszeit ein Wort der Klage geäußert. Ob ein wohltätiges Dunkel seine Sinne gefangenhielt, so daß er Schmerzen und Kälte nicht empfand?

Schrecklich war es, die Jammerrufe der Alten zu hören, die auf dem Wege erschöpft hinsanken. In unserer Deportation befanden sich die Insassen zweier Altersheime, Leute bis über 80 Jahre. Sie riefen um Hilfe, und man mußte sie am Straßenrande liegen lassen. Man durfte nicht stehenbleiben, man konnte nicht helfen. Plötzlich schmiegte sich eine Kinderhand in die meine. „Tante, nimm mich mit." Die Mutter, eine jüngere Frau, sah mit ihren wirr hängenden, reifbedeckten Haaren wie eine alte Hexe aus. Sie hatte keine Kraft mehr in den erstarrten Händen, um ihr Kind festzuhalten. Die letzte Decke glitt mir vom Arm, als ich die vertrauensvolle kleine Hand ergriff. Und so, den schwankenden Mann an der einen Seite, das Kind an der Hand, kamen wir endlich zu einem umzäunten Barackenlager.

Wir gehörten wohl ziemlich zu den Letzten. Als wir hineinkamen, waren die Räume schon gestopft voll. Alles lag erschöpft am Boden, der zum Teil mit Stroh bedeckt war. Keine Heizung, aber die Anwesenheit so vieler Menschen erzeugte nach dem Marsch durch die strenge Kälte eine wohltuende Wärme. Hier traf ich plötzlich meinen ältesten Bruder, von dem ich gehofft hatte, das er der Deportation entgangen war, da er die Aufforderung seiner Ehefrau, die in die USA vorgegangen war, in der Tasche hatte. Auch seine drei Kinder befanden sich bereits in den USA. Wir gaben uns schweigend die Hand, dann ging er weiter, um einigen alten Leuten zu helfen. Auch den Bruder meines Vaters mit seiner Frau entdeckte ich in meiner Nähe. Obwohl fast 70 Jahre alt, hatte er sich ungeachtet der strapaziösen Reise sofort mit seinen medizinischen Kenntnissen zur Verfügung gestellt.

Wir hatten sechs Ärzte unter uns, die notwendig gebraucht wurden, denn es lagen Tote, Sterbende, Gebärende, Erschöpfte, alles durcheinander. Auch meine Schwester, eine an sich kranke Frau, früher sehr geschätzte Rote-Kreuz-Schwester, die mir in den Nächten der Reise so tapfer beigestanden hatte, also auch kaum Schlaf gefunden hatte, war sofort an der Arbeit. Der bisherige Leiter des Beerdigungswesens, nahezu 70 Jahre, trat mit einigen Männern das Amt an, die Toten, darunter nicht identifizierbare, hinauszutragen.

Ich war zunächst bemüht, meinen Mann zur Ruhe zu bringen. Aber er weigerte sich, auf der Erde zu sitzen. Er wollte ein „ordentliches Unterkommen" haben. Da trat plötzlich ein SS-Obersturmbannführer heran, sah sich um und kam dann auf mich zu, die ich neben meinem nun ganz zusammengesunkenen Manne stand. „Was ist mit dem Mann?" – „Er ist zusammengebrochen." Er sah mir ins Gesicht. „Ich habe nichts mit alledem zu schaffen. Ich bin die rechte Hand vom Generalgouverneur und war zufällig in Lublin. Ich wollte mir die Sache mal ansehen. Ich hasse Sie ... natürlich! Aber ich bin ein Mensch. Ich will Ihnen helfen. Ihr Mann muß ins Spital, ins Jüdische Spital." – „Und ich gehe mit ihm." – „Sie können nicht mitgehen, es ist besser auch für Sie beide." Er holte einen jungen Volksdeutschen, zeigte auf meinen Mann und sagte: „Diesen Mann fahrt Ihr ins Jüdische Spital und meldet nachher der Frau, daß Ihr ihn abgegeben habt!" Er ging fort, mein Mann wurde glücklicherweise nicht abgeholt. Wer weiß, was sie mit ihm angestellt hätten. Nach einiger Zeit kam der Obersturmbannführer mit dem Lagerkommandanten in SS-Uniform zurück, verbeugte sich leicht und sagte: „Man hat mir eben klargemacht, daß ein Obersturmbannführer nichts bei Juden zu suchen hat. Ich kann Ihnen nicht helfen."

Plötzlich verbreitete sich die frohe Kunde, daß der Judenrat Tee schicken würde. Und er kam eimerweise, aber er reichte nicht für die Menge. So durfte er zunächst nur an die Kranken und Schwachen verabreicht werden, und ich vergesse die Blicke nicht, die mir bettelnd folgten, als ich verteilend an durstigen und schmachtenden Menschen vorübergehen mußte. Aber wir durften uns von dem reinen Schnee holen, der haufenweise vor dem Lager aufgetürmt lag. Ich selbst spürte weder Hunger noch Durst. Ich habe überhaupt einige Tage lang kaum Nahrung zu mir genommen. Und als mir dann später gutes Essen zuteil wurde, konnte der entwöhnte Magen tagelang nichts bei sich behalten.

Dann kam eine neue Parole: Der Transport wird in drei Gruppen aufgeteilt. Alles versuchte, mit Verwandten und Freunden zusammenzubleiben. Meine Angehörigen und ich kamen gar nicht auf den Gedanken, einen derartigen Versuch zu unternehmen. Ohne Verständigung untereinander war jeder an seinem Platz bereit, sich für die hilflosen Menschen einzusetzen, von seiner eigenen Kraft getragen. Tatsächlich ist von da an jeder von unserer Familie an den verschiedenen Aufenthaltsorten ein ganz selbstverständlicher Rückhalt für die anderen geworden, an den man sich mit allen Sorgen und Kümmernissen klammerte.

Erst später habe ich den Sinn der Aufteilung in die drei Gruppen erfahren. Zu der ersten Gruppe gehörten die Ältesten, zu denen mein Mann und ich auch kamen, im wesentlichen die Insassen der Altersheime, die in einen

Lublin nahe liegenden kleinen Ort, mit Rücksicht auf die Nähe des Lubliner Spitals, geschickt wurden. Die nächste Gruppe kam in einen größeren Landort, der mit Schlitten in drei Stunden zu erreichen war. Und die dritte Gruppe umfaßte die jüngeren Menschen, sollte vielmehr diese umfassen, die zu Fuß einen Weg zum Lager zurücklegen mußten, der mit Schlitten gleichfalls drei Stunden brauchte. In allen drei Orten wohnten polnische Juden.

Es war ein heller frostklarer Mittag, als wir in die Schlitten verladen, oder besser gesagt, hineingestoßen wurden ... Unsere Gruppe sollte eine halbe Stunde bis zum Ziel fahren. Wir kamen schnell aus dem Ort heraus, wunderten uns über die vielen jüdischen Angestellten, die wir trafen, denn wir hielten ahnungslos jeden Juden, der eine Armbinde mit dem Davidstern trug, für einen Angestellten des Judenrats, der uns übrigens bei der Ausfahrt aus dem Lager noch sichtbar wurde. Er war alarmiert worden und hatte von der Landstraße die Hingesunkenen bereits aufgelesen und ins Spital befördert. In einer halben Stunde sollten wir am Ziel sein. Wir fuhren schon viele halbe Stunden. Schneebedeckt lagen die Felder an beiden Seiten des Weges. Schnee, Schnee, eine nicht enden wollende schneebedeckte Ebene.

Endlich fuhren wir in ein Dorf ein. Wir wollten aus den Schlitten herausklettern, als Schwarzuniformierte erschienen und kommandierten: „Aufsteigen, weiterfahren!" Und wir erhielten auf jeden Kutschbock nun einen Uniformierten und fuhren weiter in den sinkenden Tag. Schnee, Schnee, nichts als Schnee. Wie lange wir noch fuhren, weiß ich nicht. Dann kamen wir wieder in ein Dorf, das wie ausgestorben dalag. „Heraus." Und wer nicht schnell genug herauskam, dem half ein Bajonett nach. Und wieder die Wirkung meines zornigen Ausrufs: „Lassen Sie den Kranken", als man meinen Mann herausstoßen wollte.

Ganz plötzlich waren die Schlitten verschwunden und wir standen allein auf der durch den Schneeglanz erhellten Dorfstraße. Mein Mann begann wieder zu delirieren. „Laß mich doch ins Bett gehen. Ich bin so müde!" Meine

Kräfte versagten fast, ihn davon abzuhalten, sich in den Schnee zu legen.

Da sah ich aus der nahen Kirche einen Geistlichen in Begleitung eines Mannes kommen. Ich ging auf ihn zu und sprach ihn auf französisch an. Ich bat um Unterkommen für meinen kranken Mann und Hilfe für die alten Leute, die mit mir gekommen waren. Er antwortete, daß wir hier auf ihn warten sollten, er käme bald zurück. Ein Hoffnungsstrahl! Nach geraumer Zeit stand er wieder vor uns. „Der kranke Mann mit seiner Frau und der Arzt mit seiner Frau kommen mit mir. Die anderen gehen ruhig in die Häuser, wo man sie aufnehmen wird." Wir folgten ihm in seine Küche. Wohltuende Wärme umfing uns. Er hieß mich, Hände und Füße meines Mannes, die hochgeschwollen in den Schuhen steckten, mit Schnee einzureiben, und der uns begleitende Arzt hatte zum Eigengebrauch eine Injektionsspritze und Herzmedikamente mit, von denen er nun meinem Mann opferte. Um den großen Küchenherd wurde Stroh ausgebreitet, wir lagerten uns darauf, nachdem wir einen heißen Tee bekommen hatten. Wir blieben aber nicht zu Vieren, denn noch andere hatten den Weg zum Pfarrhaus gefunden, und obwohl uns der Pfarrer gesagt hatte, daß er nicht mehr als vier Personen beherbergen wollte, konnten wir die Landsleute nicht zurückweisen. Alles fiel in schweren Schlaf.

Da begann mein Mann wieder zu delirieren und um Hilfe zu schreien. Seine Stimme gellte durch das schlafende Haus. Vergebens bemühten wir uns, ihn zu beruhigen. Ich nahm ihn wie ein Kind in den Arm, aber in seinem Wahn erkannte er mich wieder nicht. Der Arzt hielt es für richtig, zum Pfarrer zu gehen und ihm eine Erklärung für das abzugeben, was sich bei uns abspielte. Die Folge davon war, daß wir eingeschlossen wurden mit dem dringenden Rat, am anderen Morgen weiterzuziehen.

Jedoch war für uns schon gearbeitet worden und Hilfe nahe. Die näheren Umstände habe ich später erfahren. Die schwarzen Teufel hatten eigenmächtig gehandelt und uns gegen die Anweisung in ein polnisches Dorf befördert. Dort war der Führer zum Ortsvorsteher gegangen mit der Meldung: „Ich bringe Juden." – „Was soll ich damit?" – „Totschlagen." Der polnische Ortsvorsteher setzte sich mit dem Judenrat in Lublin in Verbindung und erhielt die Zusicherung, daß am nächsten Tage Schlitten geschickt werden würden, um die Deportierten an ihren Bestimmungsort zu bringen. Die polnische Ortsbevölkerung hatte sich durchaus anständig gegen uns benommen. Alle hatten Nachtquartier gefunden, und der Lehrer hatte dafür gesorgt, daß uns eine warme Mittagssuppe gegen wenig Geld verabfolgt wurde.

Auch mein Mann, der immer wieder in Schlaf versank, schlürfte gierig die Suppe, war aber nicht zu bewegen, aufzustehen als die Schlitten kamen, so daß wir fast den Anschluß verloren. Ich wußte nicht, daß es eine übergroße Schwäche war, die ihn hinderte. Schließlich fanden sich zwei junge Polen auf meine Bitte hin bereit, ihn gegen Entgelt hinauszutragen. Wir legten ihn in den Schlitten, soweit die anderen Insassen Platz freimachen konnten, und ich deckte ihn mangels der verlorenen Decke mit seinem Ulster (Mantel) zu, den er außer seinem Pelzmantel mitgenommen hatte. Als ich mir meinen Mantel aus dem Hause holen wollte, war er mit Muff und Handschuhen gestohlen und ein höhnisches Lachen klang mir nach, als ich zum Schlitten zurückeilte, weil mir keine Zeit zum Nachforschen mehr blieb. Und in der kurzen Zwischenzeit hatten die beiden jungen Polen meinem Mann den deckenden Ulster gestohlen. So fuhr ich, gebeugt über meinem Mann, halb kniend, halb liegend, um ihm Schutz zu geben vor der Kälte. Es wird mir ein ewiges Wunder bleiben, daß meine verwöhnten Hände, mit denen ich mich nun ohne Handschuhe am Rand des Schlittens festhalten mußte, keinen Frostschaden nahmen.

Wir fuhren durch den Wald, und nicht lange, so kehrten wir in ein Dorf ein, hielten vor einem einstöckigen kleinen Hause und wurden mit wildem Geschrei von jungen Burschen begrüßt. Ehe ich wußte, was geschah, hatte man meinen Mann herausgehoben und ihn ins Haus getragen. Ich folgte, so schnell ich konnte, und ich fand ihn schon sorglich auf Stroh gebettet in einem großen Raum. „E Mann mit nem Bort aus Deitschland!" Mein Mann trug einen weißen Spitzbart, was die (polnischen) Juden, bei denen wir jetzt gelandet waren, begeisterte, denn sie sahen in der Barttracht ein Zeichen der Frömmigkeit. Fortwährend kamen neue Menschen, meist Frauen und Kinder, und staunten meinen Mann an. Hilfreiche Hände flößten ihm Tee ein sowie Milch und Eingemachtes. Jeder bemühte sich um ihn und ich ahnte nicht, daß wir uns in dem ärmsten jüdischen Dorfe befanden und jede Gabe Entbehrung für den Geber bedeutete. „Eir Mann?" – „Wie alt?" – „So olt!" – „Wieviel Kinder?" – „Keine Kinder!" Nicht wiederzugeben der Ton des Bedauerns, denn Kinderreichtum ist der einzige Reichtum, dessen sich diese Ärmsten der Armen stolz erfreuen.

Der große Raum, in dem wir uns befanden, einer Scheune ähnlich, war der Betraum des jüdischen Ortes. Der orthodoxe Rabbi mit Frau und fünf Kindern wohnte im selben Hause, ließ sich aber nicht blicken. Er hielt sich von uns zurück, weil er sich nicht mit uns verständigen konnte, und es hat einer langen Zeit bedurft, bis ich seine Scheu, mit einer Frau zu verhandeln, überwunden hatte und ihn in gemeinsamer Fürsorgearbeit schätzenlernte.

Es war ein junger Mann, eine polnisch-jüdische Schönheit mit so vornehmem Benehmen, als wäre er nicht in einem armseligen jüdischen Dorf, sondern in der großen Welt erzogen worden, der sichtlich die Leitung der Hilfsaktion übernommen hatte. Er installierte Nachtwachen und blieb selber wachend bei uns. Meine Bitte um Waschwasser setzte ihn in Verlegenheit. Schließlich brachte er in einem kleinen Becher Wasser, hieß mich die Hände ausstrecken und netzte sie. An größere Reinigung war er sichtlich nicht gewohnt. Ich wagte ihn um ein Bett für meinen Mann zu bitten. „Verzeiht, es gibt kein Bett", antwortete er geniert, sichtlich bemüht, hochdeutsch zu sprechen. Aber am anderen Morgen, nachdem wir mit Tee erquickt waren, kam er zu mir und sagte: „Mei Vader is a frummer Mann. Er mecht gern haben den Mann mit dem Bort. Kimmt mit." Wir stützten meinen Mann auf dem kurzen Wege und betraten so zum ersten Male die armselige Behausung eines polnischen Juden.

Durch einen ungepflasterten Flur kamen wir in einen schmalen einfenstrigen Raum. Gleich in der Ecke stand an der verräucherten Wand der quadratische Ziegelherd. Die Frau des Hauses verließ den Platz nicht. Sie rührte die ganze Zeit die Suppe, die neben etwas trockenem Brot die Nahrung des Tages bedeutete. Man pflegte zu essen, wenn es den Betreffenden „hungerte".

Während unsere Hausfrau mit der einen Hand den Kochlöffel in Bewegung setzte, damit die dünne Wassersuppe sich nicht ansetzte, hielt sie in der anderen Hand das Gebetbuch. Die ganze Zeit, in der ich den Raum mit ihr teilte, hat sie das Buch nicht aus der Hand gelegt, und an ihren Lippen sah ich, daß sie in den Inhalt vertieft war. Sie begrüßte uns nicht, wies uns mit einer Kopfbewegung an die Betten, welche mit schmalem Zwischenraum am Fenster standen. In das eine Bett, das keine sehr saubere Wäsche hatte (ich wußte damals noch nicht, welch großer Besitz Bettwäsche und ein Bett sind), wurde mein Mann gelegt. Die Frau kam jetzt heran und gab mir, ohne zu sprechen, einen Samtbeutel. Mir war bekannt, daß fromme Juden in solchen Beuteln ihre Gebetsriemen aufbewahrten, aber ich war in Verlegenheit, was ich damit anfangen sollte. So legte ich sie zögernd neben meinen sofort wieder einschlummernden Mann. Da ging ein so verächtlicher Zug über das Gesicht der schweigenden Frau, daß ich in tiefer Beschämung empfand, wie sehr ich sie enttäuscht hatte, weil sie ihre Hilfe Unwürdigen zuteil werden ließ. Sie ging an den Herd zurück und nahm überhaupt keine Notiz mehr von uns. Ich wagte nicht, sie um etwas Suppe für meinen Mann zu bitten. Aber als der Sohn, unser junger Protektor, kam, gab er meinem schweigsamen Mann ein Glas mit jener undefinierbaren Suppe, die von da an das gewöhnliche Essen für meine Landsleute geworden ist. [...]

328

Inzwischen hatten der Arzt und der hilfreiche Landsmann, der sich um die Beerdigungen kümmerte, eine Fahrgelegenheit nach Lublin gefunden und hatten im dortigen Spital die Aufnahme meines Mannes erreicht. Wir fuhren noch am gleichen Tag dorthin. Pflegepersonal stand für die beiden Räume (des Spitals) nicht zur Verfügung. Ich fragte daher schüchtern die Oberschwester, ob man mir erlauben würde, die Stationsschwester zu unterstützen, die die Oberleitung unserer Abteilung neben ihrer sonstigen Tätigkeit hatte. Mir lag daran, meinem Mann nahe zu bleiben, und es zeigte sich, daß meine bloße Anwesenheit die Kranken beruhigte. Jedoch war man zunächst zögernd in der Zusage. Man fürchtete sichtlich, daß ich mich nicht unterordnen würde. Als man aber sah, daß ich mich absolut unterordnete, auch meinen Mann bei der Essensverteilung nicht bevorzugte, nahm man in steigendem Maße meine Hilfe in Anspruch, besonders bei apathischen Kranken, die die Nahrungsaufnahme verweigerten.

So erinnere ich mich einer unserer vornehmsten Frauen, die scheinbar bewußtlos im Bette lag und auf die Schwester nicht reagierte. Ich rief sie mit ihrem Namen an, worauf sie sofort die Augen öffnete. „Sehen Sie, ich bin es und bringen Ihnen zu essen." – „Ich will kein Essen, man bringt mir Kot und Urin." – „Aber wie können Sie so etwas sagen. Hier liegt mein Mann. Ich füttere jetzt erst ihn und dann Sie. Ich habe es Ihrer Tochter versprochen, mich um Sie zu kümmern." Wie viele Lügen haben damals meine Lippen gesprochen. Es war mir ganz gleich, wenn ich damit eine seelische Stütze und einen friedvollen Tod geben konnte! Es gelang mir, ihr einige Tage Nahrung zuzuführen. Aber dann verschloß sie sich auch mir. Ich fühlte, daß sie keinen Lebenswillen mehr hatte. Sie würde ihre in Mischehe lebende Tochter und die Enkelkinder nicht mehr wiedersehen. Wozu sie quälen? Und sie schlief ein, so sanft, wie ich viele sterben sah.

Auch mein Mann, der fast immer schlafend dalag und nicht wußte, wie schrecklich Hände und Füße mit Blut und Eiter bedeckt waren, die nicht gewaschen, die nicht verbunden wurden außer mit einem Notverband, den ich selbst mit einem geschenkten und zu Binden zerrissenen Hemde angelegt hatte, auch er starb in seiner Kleidung, die er seit der Deportation nicht ausgezogen hatte, einen sanften Tod. Und im letzten Augenblick war seine Frau nicht bei ihm! Als ich eines Morgens den Saal betrat, fand ich das vertraute Gesicht nicht mehr. Ich hatte mich gewöhnt, den Tod kommen zu sehen. Er hat dort unten seine Schrecken für mich verloren. Täglich, wenn ich ins Spital kam, meldete mir der Arzt, wer in der Nacht gestorben sei. Und mein Verstand antwortete: „Es ist gut so."

Zu den Schwierigkeiten, in denen wir die Juden der Orte, in die wir aufgenommen waren, versetzten, gehörten nicht zuletzt die Todesfälle. In dem kleinen Ort, in dem ich zuerst mit meinem Manne gewesen war, ist z.B. die jährliche Todesziffer nicht so hoch wie die Zahl der Toten, die wir schon im ersten Vierteljahr lieferten. Der Lubliner Friedhof ist allerdings geräumig, und der Judenrat grenzte, weit voraussehend, einen freien Teil für die Deportierten ab. Einer der ersten auf diesem fremden Boden war mein Mann.

Es war nicht leicht, herauszubekommen, wann die Beisetzung stattfinden sollte. Aber der Landsmann, der sich vom ersten Tage um die Bestattung gekümmert hatte, gab mir die Nachricht und begleitete mich zum nahen Friedhof. Es schloß sich noch ein junger Landsmann an, so daß ich nicht ganz allein war. Ich mußte lange im Büro warten, bis man mich an die Tür eines Raumes führte, in dem auf einem hohen Eisblock mein Mann lag, umringt von frommen Juden, die die Todesgebete murmelten. Dann mußte ich mich wieder zurückziehen. Bald wurde eine Zeltbahn an Stäben herausgetragen, auf der der eingehüllte Tote lag, der mir vorangetragen wurde. Einen Sarg kannte man dort nicht. Plötzlich stellten die Träger die Bahre hin und verschwanden. Wir warteten eine Weile, dann gingen meine Begleiter die Leute suchen, um festzustellen, warum sie nicht wiederkehrten.

Ich stand allein unter dem grauen Februarhimmel auf

schneebedecktem Wege und starrte auf den eingehüllten Körper, dessen Konturen sich abzeichneten. Ich glaubte es nicht ertragen zu können. Da fiel mir ein, daß mein Mann sich gewünscht habe, unter dem Beethovenschen Trauermarsch verbrannt zu werden, so sang ich ihn leise für ihn. Die Leute kamen wieder und trugen die Bahre zur Gruft. Für die Verzögerung durfte man ihnen keinen Vorwurf machen. Es war zu schwer gewesen, der vereisten Erde die tiefe Gruft abzuringen. Und dann betteten sie den Toten, der in einen Gebetsmantel gekleidet war, mit sanften Bewegungen. Sie legten das Gesicht und die Hände frei, zwischen die sie ein Stöckchen mit einem kleinen Schild, auf dem vermutlich der Name stand, steckten. Mein Herz wollte stillstehen vor Schreck. Aber friedlich und schön leuchtete das Gesicht meines Mannes mir aus der Gruft entgegen und meine Phantasie hob mich aus dem Grauen heraus und ließ mich die königliche Gruft eines Pharaos sehen, in der ich den Menschen zurücklassen mußte, der mich wie kein anderer geliebt hatte.

Nach mir durfte keine andere Frau mehr an den Beerdigungszeremonien teilnehmen. Der leitende Spitalarzt, der in westlichem Denken aufgewachsen war, schien entsetzt, als er hörte, daß man mich zugelassen hatte, und ich mußte ihm recht geben, daß es für eine Frau kaum ertragbar war. Doch mochte ich das Bewußtsein nicht missen, meinen Mann zur letzten Ruhestätte geleitet zu haben.

Drei Monate später, als ich keine unbekannte Frau mehr war, setzte der Judenrat meinem Manne als Dank für meine Mitarbeit einen Stein. Es war der erste auf dem Friedhof, der deutsche Worte trug. Ein Mitglied des Judenrates führte mich zur Enthüllung, und meine neugewonnenen liebevollen polnischen Freundinnen deckten das Grab, entgegen der herrschenden Sitte, ganz mit Blumen. Die Dankbarkeit dieser guten Menschen war genauso unbegrenzt wie ihre Hilfsbereitschaft. Der Judenrat plante übrigens, auf einer eisernen großen Tafel die Namen der auf dem Lubliner Friedhof Beerdigten zu verzeichnen.

Als ich nun mutterseelenallein den Friedhof verließ und überdachte, wie leicht der Erfrierungstod sei, trat zum ersten und einzigen Male die Versuchung an mich heran. Niemand würde es merken, wenn ich jetzt aus der Stadt herausginge und immer weiter in den Schnee hinein. Der Gedanke, ein Ende zu machen, war zu verlockend. Mein Weg führte mich am Spital vorbei. Da stand ein Mann im Eingang und gestikulierte wild mit den Armen. „Wo bleibt Ihr, man sucht Euch, Do kimmen Leit." Und ich ging hinein. Man brauchte mich. Man hatte mich vermißt. Ich blieb [...]

Das war das Wunderbare, daß ich mich nützlich machen konnte, und dadurch blieb meine innere Substanz unzerstört. Niemals habe ich meinen Namen mehr geliebt, als wenn er nun getröstet und dankbar von den Lippen jener unglücklichen Verstörten erklang, die aus den drei Verteilungsorten zum Spital transportiert wurden und verängstigt auf ihrer Bahre der Aufnahme harrten. Wenn sie mich sahen, hegten sie sofort die in nichts gerechtfertigte Zuversicht und Hoffnung, daß sie nun geborgen seien.

Quelle: Else Meyring, „Arbeit als Jüdin 1933–1940". Ball-Kaduri-Sammlung, Manuskript 1955. Abdruck mit freundlicher Genehmigung des Yad-Vashem-Archivs in Jerusalem.

Bericht über die „Herbert-Baum-Gruppe"

Charlotte Holzer wurde 1909 in Berlin geboren und arbeitete dort als Krankenschwester im Jüdischen Spital. Nach der faschistischen Machtübernahme 1933 schloß sie sich dem antifaschistischen Untergrund an und arbeitete in illegalen kommunistischen Gruppen, wo sie Richard Holzer kennenlernte, den sie nach ihrer Scheidung von Gustav Päch in zweiter Ehe heiratete. Kurz nach dem Kristallnacht-Pogrom Anfang November 1938 trat sie mit ihrem Mann in eine jüdische Widerstandszelle unter der Leitung Herbert Baums ein (siehe Abbildung 13), der in Berlin neben Walter Sack zu den aktivsten kommunistischen Kämpfern gegen die Nazi-Tyrannei zählte. Neben der Verteilung illegaler Zeitungen, Flugschriften und Plakate beteiligte sich Holzer an geschickt durchgeführten Störaktionen der „Herbert-Baum-Gruppe", darunter auch die Brandlegung an einer antikommunistischen Ausstellung der Nazis im Berliner Lustgarten. Trotz peinlichster Planung und größter Geheimhaltung des vorgesehenen Attentats auf die Ausstellung „Sowjetparadies" kam es jedoch zum Verrat der Gruppe durch einen Spitzel in ihrer Mitte. Charlotte und Richard Holzer wurden wie alle anderen Genossen der „Herbert-Baum-Gruppe" verhaftet und 1942 zum Tode verurteilt. Durch eine glückliche Fügung des Schicksals gelang es sowohl Charlotte als auch Richard Holzer, kurz vor der Hinrichtung zu entkommen und im Untergrund zu überleben. Nach der Gründung der Deutschen Demokratischen Republik kehrten beide nach Berlin zurück, wo Charlotte 1980 starb. Ihr kurzes Protokoll gibt Aufschluß über den äußerst gefährlichen Einsatz kommunistischer Widerstandskämpfer im Dritten Reich und zählt zu den wichtigsten erhaltenen Zeugnissen über die Arbeit der „Herbert-Baum-Gruppe". Das Interview wurde im Jahre 1963 von Dr. Ball-Kaduri in Tel Aviv aufgenommen.

Interview über das Attentat auf die Nazi-Ausstellung „Sowjetparadies"

Frage: Wie setzte sich die Herbert-Baum-Gruppe zusammen?

Holzer: Alle Mitglieder, mit zwei Ausnahmen, waren Juden. Sie kamen ursprünglich aus der jüdischen Jugendbewegung, viele von den *Kameraden,* nur wenige von *Blau-Weiß.* 1933 gehörten sie alle schon dem „Kommunistischen Jugendverband" (KJV) an. Ein oder zwei gehörten auch damals schon der kommunistischen Partei selbst an. Ich kam erst später zu der Gruppe. Die eine Nicht-Jüdin war Susanne Wesse, deren Mann Halbjude war. Sie war eine geborene Französin. Die andere Nicht-Jüdin war die Freundin eines Mitglieds der Gruppe. Im Jahre 1936/37 zog die kommunistische Partei die Juden aus den illegalen Gruppen heraus, um diese illegalen Gruppen nicht durch Zugehörigkeit von Juden doppelt zu gefährden, und faßte die jüdischen Genossen in besonderen Gruppen zusammen. Eine solche war die „Herbert-Baum-Gruppe". Von den persönlichen Angaben, die in *Erkämpft das Menschenrecht*[1] über Herbert Baum stehen, treffen zwei Angaben nicht zu: Herbert Baum war nicht Student, sondern besuchte eine deutsche Abendschule zur Ausbildung als Ingenieur, und er kam nicht vom zionistischen „Bund", sondern vom deutschen Kommunistischen Jugendverband.

Die Juden, die 1936–37 aus den illegalen allgemeinen Gruppen ausschieden, erhielten von der kommunistischen Partei auch das Recht, illegal auszuwandern. Sie wurden nicht gezwungen, den illegalen jüdischen Gruppen beizutreten, wenn sie es vorzogen, auszuwandern.

Frage: Gab es in der Gruppe eine spezielle jüdische Ideologie?

Holzer: Nein, es gab keine spezielle jüdische Ideologie, sondern nur die allgemeine kommunistische, aber es gab spezielle Arbeit für Juden. Die meisten noch in Deutschland lebenden Juden waren während des Krieges Zwangsarbeiter bei Siemens in Berlin, und in diesem Kreise wurde von der Gruppe aus kulturelle Arbeit und sonstige Hilfsarbeit gemacht, illegale Papiere beschafft usw.

Frage: Ging der Plan des Attentats von der Gruppe aus, oder war er von der Leitung der kommunistischen Partei angeordnet?

Holzer: Die Zusammenhänge liegen viel komplizierter! Unsere Gruppe arbeitete eng zusammen mit einer normalen Parallelgruppe. In unserer Gruppe waren keine Spitzel, aber in die andere Gruppe hatte sich ein Spitzel eingeschlichen. Einige Zeit vorher war ein Kommunist namens Franke mit seiner Frau von der Gestapo gefaßt worden, und die Frau wurde in Gegenwart des Mannes so mißhandelt, daß er sich schließlich bereit erklärte, mit der Gestapo zusammenzuarbeiten. Obwohl die Partei im allgemeinen Leute nach solchen Verhaftungen nicht wieder aktiv werden ließ, weil darin immer diese Gefahr bestand, wurde bei Franke schließlich eine Ausnahme gemacht, und er in die Parallelgruppe aufgenommen.

Der Gestapo fiel damals illegales kommunistisches Material, das aus nordischen Ländern eingeschmuggelt war, in die Hand. Sie fälschte das Material dadurch, daß sie Aufforderungen zu Einzelaktionen hineinsetzte und spielte es dann den illegalen Gruppen in die Hand, weil sie diese zu Aktivität veranlassen wollte, um sie dadurch zu finden und zu fassen. Dieses Material verteilte sie auch durch Franke.

Zu der anderen Gruppe, der Gruppe Steinbink, gehörte ein Chemiker, der im Kaiser-Wilhelm-Institut arbeitete und Material für Brandherde beschaffen konnte.

Herbert Baum und andere der Gruppe waren für den Plan eines Attentats auf die Ausstellung „Sowjetparadies". Die Meinungen in der Gruppe waren sehr geteilt, und nicht wenige waren dagegen, weil man mit vielen unschuldigen jüdischen Opfern rechnen mußte, wenn der Plan mißlang. Aber trotzdem setzte sich der Plan durch und wurde ausgeführt. Das Ergebnis war dann, außer dem Auffliegen beider Gruppen, die bekannten 250 Erschießungen und weitere 250 Deportationen in die Konzentrationslager.

Frage: Wie wurde die Aktion technisch durchgeführt?
Holzer: Wie oben geschildert, wurde das Brandmaterial von dem Techniker in der Nachbargruppe geliefert. Dann wurde abends an verschiedenen Stellen der Ausstellung Feuer gelegt. Aber da der Plan ja verraten war, so wurde das Feuer schnell gelöscht und die erste Gruppe sehr schnell verhaftet.

Der Spitzel Franke ist, nachdem er seinen Dienst getan hatte, auch umgebracht worden.

Anhang: Frau Holzer gab an, daß die Bezeichnung, unter der die ganzen Strafverfahren der Nazis liefen, „Lustgarten-Attentat"[2] lautete. Frau Holzer gab ferner an, daß der einzige der Gruppe, von dem nach der Hinrichtung persönliche Überreste verblieben waren, Herbert Baum selbst war. Diese Überreste sind im Jahre 1954 in einem Ehrenmal auf dem jüdischen Friedhof in Weißensee beigesetzt worden.

1 Hinweis auf die kurzen Biographien von Herbert und Marianne Baum in *Erkämpft das Menschenrecht*. Eine ältere Quelle mit wichtigen Angaben über die politische Arbeit der „Gruppe Baum" ist die Darstellung von Günther Weissenborn *Der lautlose Aufstand*, die auch eine Liste der Teilnehmer und ihrer Hinrichtungstage enthält. Unter den neueren Studien siehe vor allem Margot Pikarski, *Jugend im Berliner Widerstand. Herbert Baum und Kampfgefährten* (Berlin 1978); Wolfgang Wippermann, *Die Berliner Gruppe Baum und der jüdische Widerstand* (Berlin 1981); Konrad Kwiet und Helmut Eschwege, „Die Herbert-Baum-Gruppe" in ihrem Buch *Selbstbehauptung und Widerstand. Deutsche Juden im Kampf um Existenz und Menschenwürde 1933–1945* (Hamburg 1984), S. 114–139; Eric Brothers, „Anti-Fascist Resistance of German Jews" in *Leo Baeck Institute Year Book XXXII* (1987), S. 369–382.
2 Eine genaue Darstellung des Attentats findet sich in Wolfgang Schefflers „Der Brandanschlag im Berliner Lustgarten im Mai 1942 und seine Folgen". In *Jahrbuch des Landesarchivs Berlin* (Berlin, 1984), S. 91–118.

Quelle: *Bericht über eine Besprechung mit Frau Charlotte Holzer zum Thema: Attentat auf die Ausstellung „Sowjetparadies" in Berlin im Jahre 1942, erstattet für Yad Vashem von Dr. Ball-Kaduri, Tel Aviv, 1963.* Manuskript 01/298. Abdruck mit freundlicher Genehmigung des Yad-Vashem-Archivs, Jerusalem.

Wir sind die letzten hier

Die Verfasserin war die Tochter von Alice Rose Birn-
baum und Dr. Paul Borinski, Leiter des Hauptgesund-
heitsamtes der Stadt Berlin. Ihre Schulausbildung absol-
vierte Borinski zuerst am Dorotheum-Lyzeum und später
am Oberlyzeum, wo sie 1933 ihr Abitur bestand. Wäh-
rend der ersten Phase der nationalsozialistischen Herr-
schaft arbeitete Borinski in Hamburg als Praktikantin in
verschiedenen Kinderheimen, begann dann 1937 das Stu-
dium an der „Jüdischen Lehrerbildungsanstalt" und be-
stand zwei Jahre später die staatliche „Lehrerprüfung für
Jüdische Volksschulen". Borinski unterrichtete sechs Mo-
nate an verschiedenen Anstalten, entschloß sich aber ange-
sichts des antisemitischen Terrors im Herbst 1939 zum
Eintritt in die jüdische Jugendbewegung Makkabi Ha-
zair, um sich in deren Auswandererlager „Gut Ahrens-
dorf" auf das Leben in Palästina vorzubereiten. Nach der
Auflösung des Schulungsdorfes übersiedelte sie 1941 in
das Hazair-Lager „Neuendorf" in der Nähe Fürstenwal-
des an der Spree, wo sie zwei Jahre lang in der Landwirt-
schaft arbeitete und auf eine Möglichkeit zur Ausreise
wartete. Am 8. April 1943 kam jedoch der SS-Befehl zum
Abtransport der gesamten Belegschaft ins Vernichtungsla-
ger Auschwitz. Borinski überlebte als einzige ihres Kollek-
tivs die Qualen des Lagers. 1945 gelang ihr die Flucht in
die Schweiz. Borinski übersiedelte 1947 nach Israel und
begann dort ihr lang ersehntes Leben als Pionier (Cha-
wer) im Kibbuz Mayan Zwi. Das vorliegende Kapitel
gibt eine außerordentlich anschauliche Darstellung des Le-
bens ihrer Gruppe im Schulungslager Neuendorf bis zur
Deportation nach Auschwitz. Die Sprache des Berichts
spiegelt die mit hebräischen Vokabeln vermischte Um-
gangssprache der jüdischen Gemeinschaft sowie die engen

337

*kameradschaftlichen Beziehungen und den tief religiösen
Geist innerhalb des Kollektivs. Darüber hinaus wirft der
Bericht wichtige historische Schlaglichter auf die Arbeit der
„Reichsvereinigung der Juden in Deutschland", aus deren
leitendem Kreis niemand am Leben geblieben ist.*

1940–1943

Es gibt sehr viel von der Arbeit und dem Leben, das wir
in den letzten Jahren geführt haben, zu erzählen. Nicht
etwa, weil es für die Allgemeinheit besonders wichtig
wäre, aber ich glaube, daß man einen Rechenschaftsbe-
richt ablegen muß. Das heißt, daß ich, weil ich wohl die
einzige bin, die übriggeblieben ist und euch jetzt erreichen kann, euch, den verantwortlichen *Chawerim* (Kameraden), Rechenschaft ablegen muß über das, was mit unseren Menschen geschehen ist. Es kann kein erschöpfen-
der Überblick werden, ich habe auch noch nicht die
Ruhe, die zu einer geordneten Darstellung nötig wäre.
Ich kann nur versuchen, das, was mir eben einfällt, auf-
zuschreiben. Und ich bin dankbar dafür, daß ihr da seid,
Chawerim, und daß ich weiß, diese Blätter werden in eure
Hände kommen. Ihr werdet mit um all das Schwere wissen, was wir in den letzten Jahren ertragen haben. Dieses Bewußtsein, daß ich einmal vor euch treten muß, um
euch zu berichten über die Verpflichtung, die wir einge-
gangen sind, hat mich in diesen Jahren aufrechterhalten
und vorwärts getrieben. Daß wir diese Verpflichtung
nicht so erfüllen konnten, wie es nötig gewesen wäre,
das lag daran, daß unsere Kräfte zu schwach und die
Umstände oder das Schicksal mächtiger waren.
Wir haben vieles nicht gesehen, was wir hätten sehen
müssen! Mancher wäre vielleicht gerettet worden, wenn
wir nicht so blind gewesen wären. Aber wie groß auch
unsere Schuld sein mag, eines ist sicher und ihr werdet
das auch glauben: was immer wir auch taten oder unterließen, es geschah im festen Glauben an die Richtigkeit
unseres Weges und um der Reinhaltung unseres Zieles
willen.

Die *Chawerim* Alfred und Ludwig sind tot. Kurt und Sonja sind nicht mehr zu finden. Herbert ist irgendwo in Deutschland. Die *Madrichim* (Gruppenleiter) aus Paderborn, Neuendorf und Steckelsdorf sind tot oder verschollen. Ich bin die einzige, die zu euch sprechen kann und ich muß es in ihrer aller Namen tun. Es ist eine große und schwere Aufgabe, aber ihr, *Chawerim*, werdet mir helfen durch euer Verstehen.

Es war im September 1940. [...] Damals konnte noch keiner von uns übersehen, mit welcher Schnelligkeit sich die Ereignisse weiterentwickeln würden und daß alle Beschlüsse, die wir faßten, in ganz kurzer Zeit wieder umgestoßen sein würden. Man konnte zwar noch nichts übersehen, aber man mußte immerhin ahnen, welcher Katastrophe alles Geschehen zustrebte. Aber da man sehr hilflos war und in diesem kleinen Bezirk kaum etwas tun konnte, blieb nichts anderes übrig, als die Arbeit weiter so zu machen, als wenn es für alle Ewigkeit wäre. Es gab eben nirgends Sicherheiten, auch im Negativen nicht. Man mußte hoffen, solange es nur ging. Heute weiß ich, welch ein Fehler diese „als ob"-Politik gewesen ist, aber man muß verstehen: es ging darum, unseren *Chawerim* in all dem Trubel und der einstürzenden Welt, die sie umgab, das Gefühl eines sicheren Punktes zu geben. Darum hieß die Parole immer wieder: „Es hat sich nichts bei uns geändert!" [...]

Noch einmal ein letztes Aufflackern des jüdischen offiziellen Lebens in einer verhältnismäßig großangelegten Ausstellung „Jüdische Arbeit", zu der die einzelnen Umschulungsbetriebe der R. V. (Reichsvereinigung der Juden in Deutschland) reichliches Material geliefert hatten, vor allem auf handwerklichem Gebiet. Der *Hechaluz* (zionistische Ortsgruppe) hatte eine große Koje für sich, mit Modellen der einzelnen *Hachscharah-Kibbuzim* (Auswanderer-Schulungsdörfer) und einer Reihe von ausgesucht schönen Bildern von *Eretz Israel*.

Und dann ging es sehr rasch mit der Auflösung der jüdischen Institutionen. Der R. V. wurden sehr starke finanzielle Beschränkungen auferlegt. Man mußte sich klarwerden darüber, daß uns von dieser Seite kein Beitrag mehr zu der Erhaltung der *Hachscharah-Kibbuzim* geschickt werden konnte. Die Umschulungsbetriebe durften nicht mehr bestehen. War das nun auch das Ende der *Hachscharoth*? War es jetzt vielleicht „Punkt zwölf Uhr?" Auf jeder *Moezah* (Treffen) während des letzten Jahres hatte man sich die Frage gestellt: Wann wird es soweit sein? Und jedesmal haben wir sie uns selbst wieder beantwortet: Noch nicht, es ist erst fünf Minuten vor zwölf. Und so gut diese Versicherung auch damals gewesen sein mochte, am Ende haben wir es doch verpaßt, als es nun wirklich zwölf Uhr war. Und dabei waren wir uns vollkommen bewußt, daß wir mitten in so etwas wie einen historischen Augenblick hineingestellt waren. Immer wieder hatte Alfred[1] uns gesagt: *Chawerim*, wir erleben Geschichte, und wir müssen bestehen! [...]

Von außen wird der Druck immer stärker. Die ersten Juden aus Stettin sind bereits im Februar 1940 evakuiert worden, ein halbes Jahr später sind die Badenser nach Gurs[2] gekommen. Damals hatten wir alle einen Tag gefastet.
Die Ruhe danach war nicht von langer Dauer. Ende September 1941 werden die Breslauer Juden in Lagern zusammengefaßt. Der „Judenstern" erscheint! Wir haben, als wir zum ersten Mal unseren gelben Fleck mit Stolz trugen, einen feierlichen Appell gemacht. Man darf nur noch mit besonderer Genehmigung seinen Aufenthaltsort verlassen. Für jede noch so kleine Fahrt bedarf es einer besonderen Bewilligung. Und wir arbeiten weiter unter dem Motto „es hat sich nichts geändert". Die Beziehungen zwischen den einzelnen *Chewroth* sind enger als je. Man fühlt sich, ohne die eigene Einstellung verwischen zu wollen, miteinander verbunden in einem gemeinsamen Wollen: Zu Überstehen! In einer gemeinsamen Sehnsucht: Nach der Verwirklichung! ... Es gibt viele Dinge zu besprechen: Wie wird eine Evakuierung aussehen? Gibt es eine Verpflichtung der jüdischen Gemeinschaft gegenüber? Werden wir nicht dadurch, daß wir jünger, stärker, hoffnungsvoller sind, die Alten stüt-

zen können? Sollen wir uns freiwillig melden, um mit einzelnen Transporten mitzugehen? Aber man kann nichts übersehen. Man wird abwarten. Man wird die Geschehnisse an sich herankommen lassen. Man soll nicht vorgreifen wollen, aber man wird sich auch nicht entziehen, wenn die Aufgabe an einen herantritt. Für uns ist es immer noch fünf Minuten vor zwölf!

Da draußen, in den *Kibbuzim*, ist man in Anspruch genommen von der in diesem Maße doch ungewohnten körperlichen Arbeit und von den Schwierigkeiten, die trotz allen guten Willens die Verschmelzung der verschiedenen Gruppen mit sich bringt. So kommt es, daß man, abgesehen von den gelegentlichen Aussprachen über die Zukunft, nicht allzuviel mit dem Geschehen der Umwelt beschäftigt ist und daß man bei den selten gewordenen Besuchen in Berlin, nachher, wenn man wieder zurückkommt, daß Gefühl hat, als lebe man auf einer Insel. [...]

Das alltägliche Leben geht weiter. Immer mehr *Chawerim* müssen sich von ihren Eltern trennen. Die meisten der Eltern haben sich nach persönlicher Rücksprache oder, wenn das nicht möglich war, durch Briefe der Kinder und durch Briefe der *Madrichim* überzeugen lassen, daß es für ihre Söhne und Töchter besser sein würde, in der Gemeinschaft zu bleiben. Ihnen gegenüber haben wir die Verpflichtung übernommen, nach besten Kräften für die *Chawerim* zu sorgen. Und vertrauend haben sie das Opfer gebracht, zu verzichten. Und wieder muß ich hier sagen: Wie groß auch unsere Schuld sein mag daran, daß nicht mehr gerettet wurden, was wir taten oder unterließen, geschah immer im festen Glauben an die Richtigkeit unseres Weges und um der Reinhaltung unseres Zieles willen!

Wir sagten nein, als zum ersten Male die Frage an uns herantrat, ob die *Chawerim*, die die Möglichkeit dazu hätten, versuchen sollten, illegal zu leben. Man dürfte sich dem jüdischen Schicksal nicht entziehen. Man müßte im Rahmen der Gemeinschaft Stütze für die anderen sein. Und außerdem wußte man, daß für jeden Juden, der verschwand, Funktionäre der Gemeinde zur Rechenschaft gezogen wurden.

Wir dachten – das muß ich hier noch einmal ausdrücklich sagen – wir dachten bis zum Augenblick, als wir selbst das KZ Auschwitz betraten, daß Evakuierung zwar allerschwerste Arbeit, allerstrengste Entbehrungen jeder Art bedeuten würde, denen vielleicht der eine oder andere erliegen müßte, aber wir haben nie geahnt, daß Evakuierung gleichbedeutend war mit fast sicherer Vernichtung.

Die Stimmung der *Chewrah* war überaus belastet durch die dauernden Abschiede von Eltern, durch das Gefühl des einzelnen, diese Menschen hilflos verlassen zu haben. Wir haben aus dieser Stimmung heraus am *Jom hazofim* (Tag der Pioniere) das feierliche Versprechen abgelegt, daß jeder von uns, wenn er in das Land Israel kommt, auf den Namen seines Vaters und seiner Mutter einen Baum pflanzen wird. Ich weiß, daß wir Übriggebliebenen dieses Versprechen auch für die, die nicht mehr da sind, erfüllen müssen.

Das alltägliche Leben geht weiter. Wir müssen doch damit rechnen, daß auch wir in absehbarer Zeit zur Evakuierung kommen werden. Man muß sich also vorbereiten, nicht nur innerlich bereit zu sein, auch äußerlich alles so gut wie möglich einzurichten. Von Paderborn schickt Ludwig statt des sonst üblichen *Tarbut*- (kulturelle Feier) Planes ein Programm, nach dem sie dort die Ausrüstung vorgenommen haben. Wir geben unsere Überlegungen und Erfahrungen hinzu, dann beginnen wir mit der intensiven Vorbereitung. Zuerst stellen wir einige *Chawerim* und *Chaweroth* zu einer sogenannten „Ordnungsgruppe" zusammen. Sie haben spezielle Ausbildung in erster Hilfe, müssen Listen von allen mitzunehmenden Dingen aufstellen und ähnliches. Unsere Diskussionen gehen über Themen wie: Wenn in meinem Rucksack nur noch wenig Platz ist, nehme ich dann eher ein Paar Socken mehr oder ein Buch mit? Diese Dinge sind alle höchst unwichtig. Ich erzähle eigentlich nur davon – denn sie werden noch unwichtiger, wenn man die spätere Entwicklung kennt und weiß, daß alle praktischen Vorbereitungen so ganz überflüssig gewesen sind – um ein wenig die Atmosphäre spürbar zu machen, in der wir damals lebten. Bei allen Versuchen, uns in unsere eigene Arbeit zu vertiefen, gab es durch die äußere Notwendigkeit diese dauernde Unruhe, dieses ungesunde, angespannte „Bereitsein". Denn was wünschten wir alle im Herzen sehnsüchtiger, als daß uns noch eine Frist und immer wieder eine neue Frist blieb. Wir schliefen damals nicht viel. Am Tage schwere körperliche Arbeit bei Bauern, an der Bahn, in Gärtnereien, abends die Vorbereitungen, mit Nähen hauptsächlich, in der Nacht lange Gespräche in der *Maskiruth* (Saal), die erwogen und wieder erwogen und am Ende doch darin gipfelten, daß man sich sagte: Wir können nicht viel tun, wir müssen abwarten und hoffen und glauben. Ich weiß viele Nächte, in denen wir Älteren so singend durch das Gut gingen:

> „Komm mit! Wir wollen noch einmal
> Nächtlich das Haus umgehen.
> Der Mond steht hinter den Wolken,
> Kaum ein Baum ist zu sehen.
>
> An der Wand der Baracken
> Streifen wir sacht vorbei,
> Vielleicht, daß dem Schlaf der Freunde
> So ein Wächter sei.
>
> Ist auch ihr Schlaf heute noch fest,
> Führen ihre Träume sie weit,
> Braucht es doch nur zu rufen
> Und wir stehn bereit.
>
> Bereit zu dem unübersehbaren
> Weg, der uns zugedacht.
> Heut schlafen sie fest, und sie träumen,
> Spät ist es schon. Gute Nacht."

Und wieder spüren wir, da alles zusammenbrechen will um uns herum, die Sehnsucht nach einer engen Verbindung mit den *Chawerim* draußen. Wie dankbar wir ihnen für jedes Zeichen sind. Es ist eine immer neue Sicherheit, die das Bewußtsein gibt: es sorgen sich *Chawerim* mit um euch. Wir stehen mit vielen jetzt in einem, wenn auch durch die äußeren Umstände in jeder Beziehung stark eingeschränkten Briefwechsel. [...]

Kurz vor *Pessach* (Feier im Frühling) 1942 wird uns mitgeteilt, daß in zwei Wochen ein Teil der Belegschaft des Gutes evakuiert werden soll. Und nun geht das Überlegen wieder los: Was werden wir tun, was wird mit uns geschehen? Soll die *Chewrah* sich geschlossen melden, wenn einige *Chawerim* betroffen sind? Soll man einzelne Gruppen aufstellen? Aber das sind Rechnungen mit lauter Unbekannten, man muß abwarten.
Die Listen kommen. Am Abend werden sie feierlich verlesen. Es sind die Namen der Schneidemühler[3] und aller Staatenlosen oder ehemaligen Polen. Von uns sind sechs *Chaweroth* dabei. Man wird sie nicht reklamieren können. Die *Chewrah* beschließt, daß eine Gruppe von *Chawerim*, auch vier bis sechs, die sich freiwillig melden werden, mitgehen sollen. Es melden sich weit mehr. Am nächsten Morgen wählen wir sorgfältig aus: die stärksten der *Chawerim*, aber es müssen auch genug tragende für die übrige *Chewrah* dableiben, und die, die persönlich starke Beziehungen zu den betreffenden *Chaweroth* haben. Und doch wissen wir noch nicht, ob wir diese freiwillige Meldung erlauben dürfen. Wir erwägen, noch einmal zusammen mit allen *Chawerim*, die Möglichkeiten. Die Evakuierungsgruppe mit den Freiwilligen ist vollkommen fertig ausgerüstet. Am nächsten Morgen, dem ersten *Pessach*-Tag, sollen sie aufbrechen. Da bringt ein Anruf von Alfred die Entscheidung: Es darf keiner freiwillig mitgehen! Der letzte Abend, an dem die ganze Belegschaft beisammen ist. Einer der Schneidemühler gibt den *Seder* (Passah-Feiergebet). In die Lieder der *Haggadah* (Geschichte vom Auszug der Israeliten aus Ägypten) hinein kommen die Anordnungen aus dem Büro, wie die Rucksäcke gepackt sein müssen, welche Papiere noch zu unterschreiben sind, in welcher Reihen-

folge der Abtransport vor sich gehen wird. Die Lastautos kommen schon an. Grausam nahe ist das Fest für uns geworden.

Die Nacht über sitzen wir noch mit unseren *Chaweroth* zusammen. Martin Gerson[4] kommt zu uns hinüber. In den vergangenen Monaten hat er uns gut genug kennengelernt, um zu wissen, was es für die *Chaweroth* bedeutet, von den übrigen getrennt zu werden. Er verspricht, seinen ganzen Einfluß – und der ist nicht gering – aufzubieten, um von der Gestapo wenigstens vier der Mädel wieder freizubekommen. Eine wird ihre Eltern auf dem Transport treffen und der andern hat man gesagt, daß sie zu ihrem Vater, der bereits vorher ausgesiedelt wurde, kommen soll. Damals glaubten wir auch wirklich, daß es solche Möglichkeiten gäbe. Am Morgen fahren die Lastwagen mit dem Transport fort. Martin fuhr bis Frankfurt an der Oder mit, wo alle gesammelt werden sollten. Nach zwei Tagen kam er zurück mit ungefähr 12 Menschen, die er reklamieren konnte. Unter ihnen waren auch unsere 4 *Chaweroth*. Eine unbeschreibliche Freude! Vor allem auch darüber, daß die *Chawerim*, die sich freiwillig gemeldet hatten, nicht mitgegangen sind. Man hätte unmöglich so viele reklamieren können.

Nach diesem kurzen Atemholen gehen die Vorbereitungen weiter. Nicht mehr so intensiv, denn das wichtigste ist getan. Jetzt fordert wieder die tägliche Arbeit ihr Recht. Aber diese andauernde Aufbruchstimmung bleibt, auch wenn wir in unserem Inseldasein nicht so unmittelbar von dem Geschehen der Außenwelt betroffen werden. Noch ein Jahr werden wir in dieser Spannung leben, bis auch wir unseren Rucksack, der schon so lange gepackt steht, auf die Schulter nehmen müssen. Aber das wissen wir ja noch nicht, und man muß von Woche zu Woche auf den Marschbefehl warten. [...]

Am 7. April (1943) kommen die Listen. Es sind alle aufgeführt, nur die Mischlinge nicht – vier *Chawerim* und eine *Chewrah* von uns. Außerdem bleibt Martin Gerson mit seiner Familie, die später nach Theresienstadt[5] gehen wird. Und von diesem Augenblick an sind wir dadurch, daß nun endlich die Entscheidung gefallen ist, wie erleichtert, fast heiter und ein wenig abenteuerlustig. Die Transportgruppen werden zusammengestellt. Jeder bekommt seine Nummer. Die erste in dieser langen Reihe der Nummern, die für uns eine Zeitlang den Namen und alles andere Persönliche ersetzen mußte. Die Kontrollen setzten ein. Geld und Wertsachen müssen abgegeben werden. Dokumente werden unterzeichnet, in denen steht, daß wir uns staatsfeindlich betätigt haben, daß wir deshalb zur Aussiedlung kommen und unser gesamtes Besitztum in die Hände des deutschen Reiches übergeht. Das alles berührt uns überhaupt nicht. Es ist der letzte Abend, den die *Chewrah* gemeinsam in ihrem *Zrif* in Neuendorf verbringt. Draußen hat die Gestapo überall Wachtposten aufgestellt. Wir dürfen uns nicht außerhalb des Hofes bewegen. Aber wir treten an zu einem letzten *Mifkad*. Noch einmal alle in Blau-Weiß (gekleidet). Wir singen, und die *Degalim* (Tempelfahnen) werden hereingetragen, das eine ist sehr klein geworden, von dem anderen fehlt das Herzstück. Und dieses, mit dem fehlenden Herzstück, ergreift Herbert[6] und teilt es in 12 Teile, die er an 3 *Chaweroth* und 4 *Chawerim*, an die 4 *Madrichim* und an den *Chawer*, der die Verantwortung für die Zurückbleibenden übernimmt, verteilt. Den Teil des *Degel*, den ich erhielt, trage ich noch heute auf meinem Herzen, durch alle Leibesvisitationen, Kontrollen, Fieberphantasien von Auschwitz hindurch. Aber es gibt Zeiten, in denen ich denken muß, wie sinnlos es ist, daß nur dieser Teil, wie ich es nun doch hoffen darf, einmal wieder zum Herzstück zurückkehren wird, dieser eine Teil, der ohne die anderen alle nie mehr zu einem Ganzen werden wird. Doch ich muß ihn weitertragen und hinbringen, weil ich es einmal versprochen habe, und weil mich diese Verpflichtung immer weitertreiben wird.

In der Nacht arbeiten wir noch an unserem Kalender, den wir in einem winzigen Format zusammengestellt haben, mit deutsch-hebräischen Daten, allen großen Gedenktagen und auch allen Tagen, die der *Chewrah* wichtig sind. Jeder *Chawer* soll diesen Kalender bei sich haben. Dann ordnen wir zum letzten Male noch die

Maskiruth (Saaleinrichtung). Wir haben sehr an diesem kleinen Raum gehangen. Er hat viel miterlebt, sehr viel Schweres und manches Schöne.

Am nächsten Morgen geht alles sehr rasch. Schnell muß das Gepäck aus den Baracken herausgebracht werden, schnell muß man sich zur Kontrolle anstellen. Später sammelt man sich wieder im Hof, ein letztes Essen in Eile, der Rest des Proviants wird verstaut. Da stehen schon die Lastwagen, die uns bis zum Bahnhof Fürstenwalde an der Spree bringen werden. Kaum hat man Zeit, sich von den Zurückbleibenden zu verabschieden. Gestern abend haben uns die *Chawerim*, die nicht mitgehen, eine alte, schöne *Bsomim*büchse übergeben. Wann werden wir wieder im Kreis zur *Hawdalah* (Feier am Ende des Sabbats) zusammenstehen? Wie viele Erinnerungen uns doch an Neuendorf binden! Wißt ihr noch, wie schwer wir uns einlebten? Und die *Ssichoth* (Gespräche) im Gewächshaus? Und die Abendspaziergänge? Und die Ausgestaltung des *Chewrah*-Raumes? ... Ach, all das liegt seit Ewigkeiten, scheint es, zurück! Da fährt schon das erste Lastauto, voll singender Menschen, durch das Hoftor. Und jetzt kommt unser Motor. Es schaukelt und stampft. Der Weg sieht heute so fremd aus. Wie ruhig es jetzt da hinten liegt, das Schloß mit dem Turm und der ewig stehenden Uhr. Da hinten liegt unsere Insel.

Als wir in Fürstenwalde in den Zug steigen, geht wieder alles ganz schnell und reibungslos. Unser *Chawer* Berak ist mitgekommen bis hierher; und als langsam der Zug abfährt, steht er immer noch da. Dann läuft er mit und winkt, solange man ihn sehen kann.

In Erkner wird umgestiegen! Ein Haufen der jüdischen Ordner steigt zu uns, die sich mit unserem Gepäck befassen. Und zum ersten Male SS-Männer, die schreien und befehlen. Das ist ein Ton, den wir noch gar nicht kennen und der uns einen kleinen Vorgeschmack von dem Kommenden zu geben scheint.

In Berlin aussteigen! In Kolonnen antreten! Wir marschieren durch die Straßen, vor, neben, hinter uns: Bewachung. Die Berliner scheinen an Bilder dieser Art gewöhnt. Wir biegen in die Große Hamburger Straße ein, und dann in das Haus, dessen große Tore sich öffnen, um sich hinter den letzten von uns wieder zu schließen. Damit wir auch ganz sicher wissen: Wir sind jetzt „inhaftiert".

Wir steigen Treppen empor, an Korridoren vorbei, die mit Gittertüren abgeschlossen sind, hinter deren Stäben sich Menschengesichter pressen, die uns neugierig beobachten. Es läuft einem ein bißchen kalt den Rücken hinunter. Wir beziehen unsere Zimmer. Die *Chewrah* wohnt in vier Räumen nebeneinander auf dem einen Flur. Wir sind am Freitagnachmittag angekommen, am Abend singen wir in allen Räumen: *Schir Hamalot!*

Seltsame Atmosphäre, die in diesem Haus herrscht. Mischung von hoffnungsloser Verzweiflung und ein wenig Sarkasmus, von einem letzten Auflodern des Leben-Wollens, und einer Begierde noch einmal alles auszukosten, das dieses Leben bieten konnte. Eine Art „Zauberberg". Und dazwischen stehen jetzt wir, mit unserer vielleicht ein wenig zu bewußt zur Schau getragenen Kraft und Sicherheit und unserem Wohlgerüstet-Sein. Am Morgen machen wir unseren Apell auf dem Flur, die Kommandos schallen durchs Haus. Wir machen Frühsport, nachdem wir die Erlaubnis dazu von dem für uns verantwortlichen SS-Chef bekommen haben, in dem kleinen Garten, der zum Haus gehört, in dem wir außerdem jeden Tag eine halbe Stunde zwei und zwei hintereinander spazierengehen dürfen und an dem angrenzend der kleine, alte Friedhof liegt, in dem sich das Grab Moses Mendelssohns[7] befindet. Es mutet einen an wie eine Art tragischer Ironie. Einmal machen wir dort unten auch einen ganz offiziellen Singkreis. Wir singen unsere Lieder und die Gestapo hört zu, und wenn sie es verstehen, dann lächeln sie vielleicht über diese Toren, die in dieser Situation singen: „Wir formen ein neues, starkes Geschlecht! Wir fordern die jüdische Ehre! Wir kämpfen für Freiheit, Gleichheit und Recht!" Und Abend für Abend sitzen wir eng nebeneinander auf unserem Gang und singen. Manche von den anderen kommen dazu und hören mit. Die anderen tanzen und amüsieren sich im unteren Stockwerk.

Ein großes Erlebnis für uns ist, daß wir eine Gruppe von polnischen *Chawerim* treffen, die hier sozusagen auf Durchgangsstation sind. Wir haben ein paar *Ssichoth* miteinander, sie erzählen uns von ihrem Leben und ihrer Arbeit. Es macht uns froh, daß wir den Kontakt miteinander gefunden haben. Wir hatten ja immer auf die „Berührung mit dem Ostjudentum" gewartet. Auf unsere *Chewrah* wirkt die Atmosphäre der Großen Hamburger Straße in eigener Weise. Man ist weicher, vertrauter, offener einer dem andern gegenüber. Vieles wurde gesagt, was im alltäglichen Leben aus Scham – oder auch nur aus Mangel an Zeit – nicht ausgesprochen war. Das war gut so, denn es band uns noch fester.

Am Freitagabend machen wir einen *Oneg* (Gedenkfeier) für alle. Der große Raum im ersten Stock, auf den die Flure münden, ist voller Menschen. Und sie sind alle beeindruckt. Als Abschluß die Worte aus dem alten Sprech-Chor, den wir zur letzten Bundes-*Moezah*, noch in Neuendorf, gesagt haben, die wir später Alfred als Versprechen in das „Ahrensdorfer Bilderbuch" geschrieben haben, und die uns jetzt wieder einfallen:

> Wir sind die Letzten hier
> Und müssen überstehen,
> Soll unsre Jugend nicht
> Sinnlos verlorengehn!
> Jeder an seinem Platz,
> Auf dem bereit er steht,
> Bietet Verspruch und Gewähr,
> Daß nichts verlorengeht!
> Nichts, was geschaffen war,
> Nichts, was noch leben wird,
> Geben wir auf!
> Seht uns, wir stehen hier,
> Immer zum Aufbruch bereit,
> Füllen, mit jeden Tages Pflicht,
> Dienstbar dem Werke
> die Zeit.
> Denn wir wissen:
> Einmal werden auch wir

In der Heimat sein,
Dann graben unsere Spaten
In unsere Scholle sich ein.
Dann sind wir in des Werkes Bau
Fest eingefügter Stein,
Dann gehen in unseres Volkes Kette
Als ewig kreisendes Glied wir ein.
Wir sind Ahasver nicht mehr,
Der fliehend und weitergestoßen
Ewig verachtet die Welt durchirrt.
Wir sind schon wieder
Juda Maccabi,
Der sein Volk in die Freiheit führen wird.
Wir sind noch immer
der Hämmerer
Des alten,
Des ewig jungen
Volkes Israel!
Hoch wollen Deine Fahne
Wir halten,
Unsere Fahnen
Land Israel!

Man deutet uns an, daß wir voraussichtlich am nächsten Montag fahren werden. Montagabend ist der erste *Seder*-Abend. Grausam nahe ist das Fest! Es bleibt nicht mehr viel Zeit. Noch eine letzte *Hawdalah*. Diesmal stehen mit in unserem Kreis die drei Mütter von *Chawerim*, die mit uns gehen werden, und einige der älteren Neuendörfer, die sich uns angeschlossen haben. Und am Sonntag früh werden wir alle in unsere Zimmer eingeschlossen, Gepäckkontrolle! Sonntagabend, da die Kontrolle vorbei ist und wir die Zimmer verlassen können, versammeln wir uns zu einem vorverlegten ersten *Seder*. Auch die polnischen *Chawerim* sind dabei und es gibt einen Brocken *Mazzoth* für jeden von uns. Wenn wir nur zusammen bleiben können – das ist die Sehnsucht, die uns in diesen Tagen am stärksten bewegt. Wenn nur nicht die *Chaweroth* und *Chawerim* getrennt werden! Das ist unsere große Angst. Wir haben uns zwar lange genug theoretisch darüber unterhalten, daß es diese Möglichkeit geben wird, daß auch jeder, selbst wenn er ganz allein ist, sich als *Chewrah* fühlen soll in all seinen Entschlüssen. Aber wir hoffen doch, daß diese Prüfung uns nicht aufgelegt werden wird.

Am Montag ganz früh noch einen letzten *Mifkad*. Letzte Worte des Glaubens an ein gutes Geschick, des Vertrauens zueinander, des – hoffentlich nicht endgültigen – Abschieds. Ein Händedruck im Kreis.

Dann geht wieder alles sehr schnell. Wir treten an, steigen geordnet die Treppen hinunter, grüßen noch einmal Freunde, die zurückbleiben. Heute hat sich die Tür wieder geöffnet. Davor stehen wieder die Lastwagen. Einer nach dem anderen wird vollgeladen, fährt ab. Richtung Norden.

An einem der Güterbahnhöfe steigen wir aus. Da steht schon ein Zug. Geschlossene Viehwaggons, ganz kleine Fenster. Ein bißchen Stroh auf dem Boden. Wir richten uns rasch ein. Auf drei Waggons ist die *Chewrah* verteilt. Ein Winken zu den andern hinüber. Martin ist – mit einer Ordnerbinde – mit am Zug. Welch ein gutes Gefühl, ihn hier zu sehen. Ihm geht der Abschied unglaublich nah. Er hat uns gesagt, wie sehr er sich uns nun verbunden fühlt, wie sehr er uns achtet und dankt für unsere Art. Was diese Worte für ihn bedeuten, kann nur der ermessen, der ihn kennt. Die Ordner müssen den Zug verlassen, sie steigen auf ein Lastauto, das sie wieder zurückbringt. Bis zuletzt kann man Martins grauen Kopf sehen. Dann werden die Türen von außen verschlossen, eine kleine Weile noch, und der Zug fährt an.

Draußen blühen die ersten Obstbäume. In dieser Nacht gibt in jedem Waggon einer von uns den *Seder*. Wir erzählen aus der *Haggadah*, singen die alten Lieder und wissen dabei, daß wir selber *Haggadah* erleben. Kaum schlafen wir in dieser Nacht. Gegen Morgen, als es eben anfängt hell zu werden, passieren wir Breslau. Wir fahren ziemlich rasch. Und immer, immer die Frage: Wird man uns trennen? Auch wir sind „ernst, aber voller Zuversicht". Durch das kleine Fenster sehen wir, daß die

Gegend sich ändert. Viele Bergwerke, trostlos ödes Land. Ab und zu Menschen, die an der Bahn arbeiten. Manche von ihnen mit Judenstern. Viele in den Uniformen von Kriegsgefangenen. Wir fragen sie nach der Richtung, nach dem eventuellen Ziel unseres Zuges. Sie zucken die Achseln. Einer deutet gegen den Himmel. Wir verstehen nichts. Wir fahren jetzt langsam, halten einmal. Es ist gegen Mittag, als wir an einem Bahnhof mit dem Schild „Auschwitz" vorbeikommen. Kurze Zeit darauf halten wir wieder. Dann sieht man, daß ein Waggon nach dem andern geöffnet wird. Jetzt ist unserer daran. Man springt hinaus. Keine Zeit mehr zum Auf-Wiedersehn-Sagen. Draußen ruft es: Die Männer drüben, die Frauen hier antreten! Das gibt einen Stich ins Herz. Dort stehen sie schon, durch alle Geleise von uns getrennt. Vor uns ein großes Auto: die SS.

Männer rufen: Wer alt ist, schwanger ist, Kinder hat, schlimme Füße hat, zu schwach ist zum Laufen, soll fahren. Darf fahren! So rücksichtsvoll sind sie. Und die Alten, die Frauen mit den Kindern, die Kranken und die Bequemen laufen hin und klettern auf das Auto. Wenn eins voll ist, fährt es ab und das nächste rollt vor.

Neuer Befehl: Alles Gepäck liegen lassen! Es wird schon nachgebracht werden. Wir treten an, in Reihen zu fünf. Die *Chaweroth* stehen eng zusammen, Hand in Hand, hinter uns die übrigen Neuendorfer. Wir müssen noch einmal an einigen SS-Männern vorbei, die uns scharf mustern, ab und zu nach dem Alter fragen. Wer unter vierzehn und über vierzig ist, wer ihnen schwach vorkommt, den schicken sie aufs Auto! „Wartet nur", sagen sie, wenn einer sich nicht von den andern trennen will, „ihr kommt nachher schon wieder zusammen."

Und wir marschieren, begleitet von Frauen in SS-Uniform und geführt von einem höheren SS-Mann, folgsam in Fünferreihen. Der Weg ist nicht lang. Wir sehen auf einmal vor uns Stacheldraht, überall Stacheldraht. Wir sehen vor uns ein Riesentor, umlagert von SS-Posten mit zerrenden, schnaubenden, kläffenden Hunden, und durch dieses Tor ziehen wir ein. Sehr aufrecht, und ohne daß uns eigentlich bewußt wird, daß wir mit die-

sem Moment das Lager Auschwitz, das Konzentrations-
und Vernichtungslager, betreten haben.
Es ist der 20. April 1943.

1 *Alfred Selbiger* war der Mittelpunkt aller zionistischen und
  chaluzischen Arbeit in Deutschland, die nach der Auflösung
  des Palästina-Amtes in Berlin illegal und damit immer
  schwieriger und gefahrvoller wurde. Selbiger wurde 1942 zusammen mit sieben anderen Funktionären der „Reichsvereinigung der Juden in Deutschland" von der SS ermordet.
2 *Gurs.* Nazi-Konzentrationslager im Süden Frankreichs.
3 *Schneidemühler.* Mitglieder eines zionistischen Schulungsdorfes in der Mark Brandenburg.
4 *Martin Gerson.* Leiter des zionistischen Schulungsgutes
  Neuendorf, wo die Verfasserin arbeitete.
5 *Theresienstadt.* Von den Nazis errichtetes und als „Judenstadt"
  getarntes Konzentrationslager in der Tschechoslowakei.
6 *Herbert Growald,* geboren 1914 in Königsberg, war der Leiter
  des zionistischen Schulungsgutes „Ahrensdorf".
7 *Moses Mendelssohn* (1729–1786), jüdischer Aufklärungsphilo-
  soph und Freund Lessings, leitete die Emanzipation der Juden in Deutschland ein.

Quelle: Anneliese Borinski, „Erinnerungen 1940–1943". Ge-
schrieben in Neuchâtel-Bex (Schweiz), Herbst 1945. 72 Seiten
Manuskript. Abdruck mit freundlicher Genehmigung des Yad-
Vashem-Archivs, Jerusalem.

Auschwitz-Birkenau 1944

Im Mittelpunkt des engmaschigen Netzwerks nationalsozialistischer Konzentrationslager, zu denen in Deutschland unter anderem Dachau, Buchenwald, Sachsenhausen und Bergen-Belsen zählten, befanden sich die Vernichtungslager Chełmno, Majdanek, Sobibor und Auschwitz (Oświęcim) im besetzten Polen. Während der „Endlösung", Hitlers Tarnwort für den systematischen Genozid am europäischen Judentum, erfolgte der Ausbau dieser Lager zu Zerstörungsstätten unvorstellbaren Ausmaßes. Allein das KZ Auschwitz umfaßte insgesamt 40 Außenlager, davon 9 mit Häftlingsarbeitern für Werke der Chemie- und Metallindustrie. Im Vernichtungslager Auschwitz, wo erstmals im September 1941 Menschen mit Zyklon-B vergast wurden, ermordeten die Nazis bis 1945 über 2,5 Millionen Opfer. Das folgende Kapitel stammt aus der Feder einer jungen Jüdin, die nach der Flucht mit ihrer Familie 1944 in Albanien verhaftet und von der SS nach Auschwitz deportiert wurde. Begov erinnert sich an den Tag ihrer Ankunft im Zweiglager Auschwitz-Birkenau und an ihre Abscheu, den unheimlichen Zweck des Lagers zu begreifen. Der autobiographische Bericht schildert ihre Kontakte mit anderen Häftlingen im Frauenblock sowie den ersten Auftritt ihrer jüdischen Vorgesetzten. Im Verlauf der kurzen Gespräche mit diesen „Stubowis" (Stubenbediensteten) beginnt Begov den Grad ihrer Gefährdung langsam zu erahnen. Trotz der lähmenden Hoffnungslosigkeit inmitten der Todesfabrik gelang der Verfasserin dennoch das Überleben im Arbeitsdienst. Begovs Autobiographie, betitelt Mit eigenen Augen: Botschaft einer Auschwitz-Überlebenden, *entstand unmittelbar nach dem Krieg und zählt zu den seltenen Augenzeugenberichten aus dem Holocaust.*

Abends wurde uns Neulingen die uns weder bewußte, noch von uns gewürdigte hohe Ehre zuteil, mit unseren drei Stubenbediensteten informative Gespräche führen zu können, sie über das Lager im allgemeinen und vor allem über unsere Aussichten hier zu befragen. Da wir uns in einem Arbeitslager wähnten, zweifelten wir nicht daran, daß die Quarantäne ein Übergangsstadium war und daß sich unsere Lage radikal verbessern mußte, sobald wir uns in den Arbeitsprozeß des Lagers eingeschaltet hatten. Und es verstand sich von selbst, daß wir uns zugleich auch nach dem Familienlager erkundigten, wo wir unsere Angehörigen und Freunde bald wiederzusehen hofften.

Gedanken, Hoffnungen, wie sie uns seit Beginn unserer nazi-deutschen Gefangenschaft immer wieder, in allen möglichen Situationen und Variationen, erfüllt hatten und die bewiesen, wie sehr wir auch in dieser höllischen Umwelt unseren „irdischen" Vorstellungen verhaftet geblieben waren.

Als eine Ehre war diese abendliche Unterhaltung deshalb anzusehen, weil die unmenschlichen Forderungen, die diese Funktionärinnen, in Erfüllung ihrer Lagerpflichten, an uns zu stellen hatten und die dabei angewandten Methoden ein normales Verhältnis zu uns und vice versa ausschlossen. Der soziale Unterschied zwischen dieser Art von Funktionären im allgemeinen und den ihnen überantworteten gewöhnlichen Häftlingen war enorm und unüberbrückbar und kann mit keinerlei Dienstverhältnis im allgemeinen Leben verglichen werden. Nur sehr selten und vereinzelt kam es vor, daß man als gewöhnlicher Häftling zu solchen Vorgesetzten normale, manchmal sogar freundschaftliche Beziehungen unterhielt, was sich auf das Schicksal des einzelnen stets günstig auswirkte.

Die Gespräche mit unseren drei Stubowi (Stubenbediensteten) am ersten Abend unseres Lager-Martyriums verdankten wir vermutlich dem Interesse, das auch sie, wie alle anderen Häftlinge, Neuankömmlingen entgegenbrachten, ehe diese in der Masse untergingen, was sehr rasch geschah. Vermutlich aber auch einem kindischen

Verlangen, uns Ahnungslosen mit ihren Lager-Kenntnissen und -Erfahrungen zu imponieren und uns dabei ihre eigene Vergangenheit quasi vorzuwerfen, so wie das Pioniergruppen ihren Nachzüglern gegenüber eh und je zu tun pflegten. Groteske Vorhaltungen allerdings, wenn man bedenkt, daß diese Mädchen zu den Zwangs-Pionieren der größten Vernichtungsstätte der Menschheitsgeschichte gehörten.

Jedenfalls kam es an jenem Abend dazu, daß Ruza, Frieda und Judith ihre Amtswürde auf eine Weile ablegten und unserer „Stube" einen Privatbesuch abstatteten. Sie schritten unsere Kojenreihen ab und blieben da und dort stehen, um „Cercle" zu halten, wobei sich etwas wie ein kameradschaftliches Gespräch zwischen uns entwickeln konnte.

Ich betrachtete mit Muße und Neugierde die drei jungen Dinger, die abwechselnd vor unseren Kojen hielten. Sie waren einfach und nett gekleidet, saubergehalten und sahen, mit Ausnahme von Ruza, auffallend rundlich aus, was im Lager, in dessen Vernichtungskomödie Magerkeit zu den lebensgefährlichen „Delikten" zählte und zugleich als Makel galt, ein leidenschaftlich angestrebter Idealzustand war. Ihre äußere Erscheinung wirkte demnach nicht anders, als die vieler junger Mädchen im gewöhnlichen Leben. Doch ihr Blick war mir fremd. Auch in diesen drei weitgeöffneten Augenpaaren, wie in den Augen aller jüdischen Häftlinge, denen wir begegneten, lag der seltsame, trostlose, abwesende Auschwitz-Blick, der mir erst später vertraut werden sollte. Aber auch alles, was sie sagten, wie sie es sagten, ebenso ihr Schweigen auf manche unserer Fragen war fremdartig und machte einen ebenso absonderlichen Eindruck wie ihr von uns unverstandener Diensteifer.

Vor unserer Koje stand Judith, die, wie man uns später erzählte, ihr damaliges Überleben einem tollkühnen Streich verdankte. Angeblich war ihr das einmalige Bravourstück gelungen, auf der Fahrt vom Lager ins Krematorium zu entkommen. Das Gespräch unserer Kojengemeinschaft mit ihr blieb mir komplett in Erinnerung. Von Judith erfuhren wir, daß wir uns nicht in Ausch-

witz, sondern einige Kilometer weit entfernt von dort, in Birkenau, befanden und daß es um Auschwitz herum mehrere Lager gab. Dazu fragten wir sie noch:
– Ist es überall so wie hier?
– Ich war anderswo noch nicht, erwiderte sie.
Ihre Antwort auf unsere nächste Frage war insofern bedeutungsvoll, als sie den ersten, flüchtigen Hinweis auf die Wirklichkeit enthielt, in der wir in Auschwitz lebten und die uns derart absurd, derart unglaubwürdig schien, daß wir sie erst nach weiteren 23 Tagen erfassen konnten. Diese nächste Frage galt dem, was uns allen ganz besonders am Herzen lag. Sie lautete:
– Und wo liegt das Familienlager?
– Das Familienlager! wiederholte Judith ärgerlich, anscheinend waren wir nicht die einzigen, die sich bis dahin bei ihr danach erkundigt hatten. Und kurz und bündig sagte sie:
– Es gibt kein Familienlager!
Betroffen und mißtrauisch schauten wir sie an:
– Wo denn sind unsere Leute hingekommen? Darauf zuckte sie mit dem Anflug eines vielsagenden Lächelns die Schultern und schwieg.
Was ist das für dumme Wichtigtuerei, dachte ich bei mir und versuchte sogleich, Judiths Auskunft zu widerlegen:
– Du hast doch selbst gesagt, daß es um Auschwitz herum einige Lager gibt, die du noch nicht gesehen hast. Woher weißt du, daß keines davon ein Familienlager ist?
Wieder zuckte sie vielsagend die Achseln und schwieg.
Da wir glaubten, annehmen zu müssen, daß keine vernünftige Auskunft über das Familienlager aus ihr herauszubekommen war, gaben wir es auf und gingen auf ein anderes Thema über.

(Begov erfährt weitere Details über das Lagerleben und den Schwarzhandel mit Brot.)

An jenem Abend (kamen) auch einige Häftlinge aus den Nebenblocks auf Besuch zu uns. Sie gehörten nicht zur „Lagergeneration", sondern zu den vorerst Überlebenden späterer Transporte und hatten das große Los gezogen, im Lager irgendwie hochzukommen. Auch mit solchen, ausschließlich harmlosen „Arrivierten", hatte man als gewöhnlicher Häftling nur fallweise und zumeist verwandtschaftliche oder von früher her freundschaftliche Kontakte. Höhergestellte Häftlinge jeder Art bildeten eine Clique für sich.

Auch diese Besucherinnen machten, wie unsere Blockangestellten, äußerlich einen alltäglichen, ihrem ganzen Wesen, ihrem Gehabe und ihren Reden nach jedoch einen absonderlichen Eindruck. Mit ihren seltsamen, fremd-fernen Blicken und auf eine unnatürliche Weise erzählten sie uns, knapp und bruchstückhaft, Dinge, denen wir vor allem glaubten entnehmen zu können, daß auch sie nichts vom Familienlager wußten und die uns womöglich noch unglaubwürdiger, noch unverständlicher waren als Judiths vorherige Äußerung sowie ihr vielsagendes Schweigen zu diesem Thema.

Drei von diesen Besucherinnen und unsere kurzen Dialoge mit ihnen blieben mir genau in Erinnerung. Als erste ein blondes, dralles junges Mädchen, eine jugoslawische Jüdin. Sie hatte gehört, daß ein italienisch-jugoslawischer Transport angekommen war und wollte uns sehen.

– Von meinem Transport lebe heute nur noch ich, sagte sie und ich glaubte, etwas wie Stolz in ihrer Stimme mitschwingen zu hören.

– Wann bist du gekommen? fragten wir sie.

– Vor einem Jahr.

– Wieviel wart ihr?

– 700 Personen – es war ein kleiner Transport.

– Und von 700 Personen lebst heute nur noch du? war unsere nächste verblüffte Frage.

– Ja, nickte sie und blickte, wie mir schien, beinahe triumphierend drein. Dann ging sie weiter.

Ich hielt diese Behauptung vor allem aus sentimentalen Erwägungen heraus für unwahr.

– Könnt ihr euch vorstellen, fragte ich meine Kojenkameradinnen, daß sie auf eine solche Weise, in einem solchen Ton darüber reden würde, wenn es wirklich wahr wäre? Und ist so etwas überhaupt möglich?

Die Nächsten aber waren deutlicher. Und je deutlicher sie waren, desto unklarer und unverständlicher wurden sie uns, so daß wir uns schließlich ihren knappen, scheinbar konfusen Aussagen gegenüber in ein vielsagendes Schweigen hüllten, so wie es Judith zuvor im umgekehrten Fall getan hatte. Für uns stand nämlich fest, das hier eine fixe Idee, eine Art Lagerpsychose grassierte, die wir nicht begreifen und der wir nicht beikommen konnten.

Besonders „verdächtig" war uns in dieser Hinsicht das Verhalten und die Worte eines blutjungen Mädchens, das die zweite war, die mir aus der kleinen Gruppe der Besucherinnen lebhaft in Erinnerung blieb. Sie war bei einer Selektion an der Rampe zur Arbeit gewählt worden und hatte hier das Glück, Schützling einer Blockältesten zu werden.

– Mit wem bist du hergekommen? fragten wir sie.

– Mit Mutti und zwei kleinen Geschwistern, antwortete sie, – aber die sind gleich ins Gas gegangen.

– Wohin? fragten wir.

– Ins Gas, wiederholte sie.

Da schwiegen wir und warfen einander bloß vielsagende Blicke zu, mit denen wir uns gleichsam auf die Stirn tippten.

Doch trotz dieser verständnislos-ungläubigen Haltung wurde mir unheimlich zumute unter dem Eindruck dieser seltsamen Erscheinungen, die so fremd, wie in weite Fernen über uns hinwegblickten und uns dabei in einer Alltagssprache geradezu kannibalische Geschichten aus ihrem Leben erzählten.

Auch meine Kojen-Kameradinnen, ja die Bewohner unserer ganzen „Stube" schienen in den Bannkreis dieser Besucherinnen und ihrer unverständlichen Aussagen geraten zu sein. Etwas Unheimlich-Drohendes lag plötzlich in der Luft.

Da kam die letzte Besucherin des Abends herbei, die

dritte, die mir als diejenige in Erinnerung blieb, deren Worte eine andere Wirkung auf mich erzielten wie die der anderen. Diese Dritte war eine reife Frau und mir schien, als könnte man mit ihr ein für unsere Begriffe vernünftiges Wort sprechen.

Mit dem Anflug eines freundlichen Lächelns blickte sie uns an und wollte an unserer Koje vorbeigehen. Doch ich hielt sie fest.

– Weißt du, wo das Familienlager ist? fragte ich sie unvermittelt, hoffnungsvoll und skeptisch zugleich auf ihre Antwort wartend.

Sie stützte die Hände auf den Rand unserer Koje. Das angedeutete Lächeln wich nicht von ihren Lippen, als sie ruhig erwiderte:

– Es gibt kein Familienlager.

– Wo denn sind unsere Leute hingekommen? fragte ich weiter, – bitte, sag uns, wo sie sind.

Da hob sie die rechte Hand und wies mit dem Zeigefinger und mit einem entsprechenden Augenaufschlag nach oben.

– Dort sind sie, sagte sie einfach. Und als sie unser ungläubiges Entsetzen sah, nickte sie bloß und fügte ergänzend hinzu:

– Dort, wo alle anderen hingekommen sind.

Damit verließ sie uns.

Und wieder wechselten wir vielsagende Blicke miteinander. Doch die ernsten, unzweideutigen Worte und die Gesten dieser Frau hatten die erste Bresche in meine totale Unwissenheit geschlagen, obwohl ich noch 23 Tage weit davon entfernt war, diese Ungeheuerlichkeit zu erfassen. Eine leise Ahnung stieg in mir auf, von etwas Furchtbarem, das hier im Lager geschah, das mir völlig fremd war und uns alle bedrohte. Eine Ahnung, die sich allmählich in eine Gewißheit wandeln sollte, die mein Weltbild total veränderte. Zugleich aber regte sich ein bis dahin unbekanntes Gefühl in mir, gleichsam lauernd, wie ein wildes Tier bereit, mich anzufallen, mich zu Boden zu zwingen. Es war die Angst, die erst das Wissen um unser Schicksal voll in mir entfesselte und die ganz anders war, als alles, was man im gewöhnlichen Leben so nennt. Eine Angst, die alle jüdischen Häftlinge beherrschte und nie geahnte Reaktionen in jedem von uns auszulösen imstande war.

Quelle: Lucie Begov, „Mit eigenen Augen. Botschaft einer Auschwitz-Überlebenden". © Bleicher Verlag, Gerlingen 1983.

Befreiung aus Theresienstadt

Nach Ausbruch des Zweiten Weltkriegs begann der faschistische Völkermord am europäischen Judentum. Im Sommer 1941 gaben Reinhard Heydrich und Adolf Eichmann den Befehl zum Ausbau der Konzentrations- und Durchgangslager rund um Nazi-Vernichtungszentren im besetzten Polen. Eines dieser Durchgangslager auf dem Weg nach Auschwitz war die vom österreichischen Kaiser Josef II. im Jahre 1780 erbaute Garnison Theresienstadt (Terezin), etwa 50 km außerhalb Prags gelegen. Zur Tarnung des wahren Zwecks des Transitlagers wurde Theresienstadt von der Nazi-Propaganda als „Modellghetto" maskiert, das Pensionisten, Invaliden, Veteranen und prominenten Juden aus Deutschland angeblich „auf Lebenszeit Heimunterkunft und Verpflegung" bieten würde. In Wirklichkeit wurden zwischen 1941 und 1945 mehr als 140 000 Juden nach Theresienstadt verschleppt, von denen 35 000 an Hunger, Krankheit und Entbehrung starben. Weitere 88 000 Opfer wurden von Theresienstadt in andere Vernichtungslager, vorwiegend Auschwitz, deportiert. 5 120 deutsche Juden konnten 1945 von der Sowjetarmee aus Theresienstadt befreit werden, unter ihnen auch Dr. Leo Baeck, der 1943 inhaftierte Leiter der „Reichsvereinigung der Juden in Deutschland". Das folgende Kapitel berichtet über die Befreiung von 1 200 Theresienstädtern, deren Rettung dem Roten Kreuz in der Schweiz zu verdanken war.

Nach dem furchtbaren Unglück des Abtransports der 20 000 nach Auschwitz[1] hatte sich ein lähmender Schrecken auf das Ghetto gelegt. Nichts von der so hoffnungsvollen, optimistischen Stimmung, die alles im Erdulden so erleichtert hatte, war noch vorhanden. Beraubt aller Freunde, aller zionistischen Gesinnungsgenossen, beraubt des seelischen Halts, den die kulturelle Arbeit gegeben hatte, vegetierte man, zum ersten Mal nahe an Verzweiflung dahin ... In diese Stimmung hinein kam an einem Samstagmittag, Ende Januar 1945, Frau Bertha Falkenberg zu mir mit einer Botschaft von Leo Baeck[2]: Es ginge ein Transport in die Schweiz, und er hätte uns beide auf die Liste der eventuellen Teilnehmer gesetzt! – Bertha Falkenberg gehörte zu den bedeutenden Frauen des Jüdischen Frauenbundes.[3] Sie war die Leiterin der Berliner Gruppe und viele bedeutenden Institutionen waren ihrer Initiative zu verdanken. Nachdem sie durch ein Wunder vor Auschwitz bewahrt worden war und Theresienstadt überstanden hatte, starb sie in der Schweiz einen Tag vor ihrer endgültigen Emigration.

Wir wollten die Botschaft nicht glauben, trotzdem die Quelle viel zu ernsthaft war, als daß nicht doch Ernst dahinter sein müßte. Aber wie könnte das möglich sein? Wir hatten noch nie von einer solchen Möglichkeit gehört. Ich beschloß, in die Magdeburger Kaserne, den Sitz der Ghettoverwaltung, zu gehen und zu Frau Murmelstein, wo sich jeden Samstagnachmittag zwei bis drei Frauen trafen, der traurige Rest unserer großen wunderbaren Wizogruppe. Frau Murmelstein war eine bescheidene, gütige Frau. Sie hat sich – wie ich hörte – nach der Befreiung sofort scheiden lassen und ging in ihre Heimat Budapest zurück. An jenem unvergessenen Samstag empfing sie mich mit den Worten: „Es geht ein Transport in die Schweiz und Sie sind als erste auf der Liste." Es hieß, man könne sich freiwillig melden. So lief ich sofort zu anderen, wen immer ich kannte, mit der Wunderkunde, die bald wie ein Lauffeuer das Ghetto erfaßt hatte. Nur Volljuden seien zugelassen, aber sonst wußte man nichts Näheres. In der Nacht – merkwürdigerweise ging dort alles in der Nacht vor sich – kam die Nachricht, daß die Mitgehenden sich sofort an einer bestimmten Stelle zu melden hätten.

So zog dann durch die nur von Mondeslicht beleuchteten Straßen ein Zug aufgeregter Menschen, zweifelnd, fragend, beunruhigt. An der Meldestelle saß ein mir bekannter tschechischer Ingenieur, Tschechojude, der mir sagte: „Es ist wahr. Gehen Sie mit." Aber ausschlaggebend war mir die Ansicht der Polizeirätin Mosse, die ich aus der Jugendfürsorgearbeit kannte und die mir versicherte, sie habe den deutschen Beamten gesprochen, der für die Aktion in das Ghetto kam. So ließ ich mich einschreiben. Der nächste Tag verlief in großer Unruhe, denn immer wieder kamen die Zweifler, die hinter dem Angebot einen der genügsam bekannten Nazifallen vermuteten. Dann kam plötzlich die Weisung: Wer mitwolle, müsse am nächsten Tag zum Lagerkommandanten, da er die Auswahl treffen würde, und es kam sofort die Aufforderung zum Erscheinen. Diese Tatsache, der gefürchteten Bestie gegenüberzustehen, erfüllte uns mit großer Furcht und dämpfte alle Hoffnung. Was wird herauskommen, vielleicht noch Schlimmeres! Man wartete stundenlang, mußte einzeln hinein, aber niemand der Abgefertigten wußte, wer dabei oder nicht dabei war oder nach welchen Prinzipien die Auswahl vor sich ging. Das merkte man erst später, nämlich nach dem (Prinzip), wer fähig wäre zu erzählen. Mein Glück war, daß die Bestie – er ist später in Prag gehängt worden – mich weder als Reichsdeutsche kannte noch von meiner Tätigkeit als Leiterin der Wizogruppe im Ghetto wußte, oder daß ich einmal die erste sein sollte, die im Mai 1945 auf der Wizotagung in Bern über Theresienstadt berichten sollte.

So entspann sich zwischen mir und Herrn Rahm folgendes Gespräch (über einen Todesfall im Lager): „Was war der Mann?" – „Rabbiner." – „Wo ist er gestorben?" – „Theresienstadt." – „Woran?" Das war die verfängliche Frage! Ich sagte: „Mittelohrentzündung." Da sah er mich scharf an und wiederholte drohend: „Woran? Sage nie etwas anderes!" So war ich beim Transport. Hätte ich gesagt, er ist verhungert, was der wirkliche Grund war, hätte ich die Freiheit nie wiedergesehen.

Nun folgten Stunden der Ungewißheit und des Schwankens, da immer noch Stimmen abrieten vor Angst, es sei eine Falle. Dann kam der Bescheid, zu einer gewissen Stunde in einer Kaserne mit Gepäck zum Abtransport zu sein. Es gab bestimmte Vorschriften, was wir von unseren Habseligkeiten nicht mitnehmen durften, z. B. kein Ghettogeld, kein Bild etc. Die bei mir bei seinem Abtransport versteckten Bilder des Malers, Dichters und Arztes Dr. Fleischmann brachte ich noch schnell zu Professor X, dem Leiter der Bibliothek, der sie später in Prag ausstellen ließ. In der Kaserne war es insofern anders als bei Osttransporten, da wir frei dort umhergehen und miteinander sprechen konnten. Dann bekamen wir Reiseproviant mit Kostbarkeiten: reichlich Brot, Butter, Wurst, was wir dort sonst nie zu kosten bekommen hatten.

Plötzlich sollten wir uns versammeln, und Herr Rahm hielt uns eine Abschiedsrede mit dem Verbot, nie etwas zu erzählen, da sonst kein weiterer Transport gehen würde von den in die Schweiz geplanten. In Wirklichkeit sollte der im April aufgerufene Transport vergast werden, was durch das Dazwischenkommen von Graf Dunant, dem Leiter des Roten Kreuzes, kurz vor der Befreiung verhindert wurde. Im Gegensatz zu sonst wurden wir auch beim Einsteigen nicht geschlagen und beschimpft. SS-Soldaten standen stumm vor dem Zug. Ebenfalls im Gegensatz zu den Osttransporten waren die Fenster nicht plombiert, sondern offen. Es waren 3.-Klasse-D-Wagen, und wir saßen dicht gedrängt zusammen, das Gepäck in den Gängen. Es muß Nachmittag um vier oder fünf gewesen sein, als sich der Zug in Bewegung setzte, denn die Arbeiterinnen von der Glimmerfabrik, einer Kriegs-Sklavenarbeit, kamen gerade zurück. Sie winkten uns zu, mit welchen Gefühlen wohl? Und das war das letzte, was ich vom Ghetto sah.

Nun begann die Fahrt ins Blaue. Irgend jemand erkannte Nürnberg, dem Erdboden gleich. Wir fuhren und fuhren Tag und Nacht. Nur Zivilpersonen schienen den Zug zu begleiten. Dann kam ein denkwürdiger Augenblick. Einer kam an die Tür und sagte: „Im Namen des Führers, Sie dürfen den Stern abtrennen!" Nun begannen auch die immer noch Zweifelnden zu glauben. Dann kam noch ein Rückschlag. Zu Beginn der zweiten Nacht blieben wir plötzlich im Stockdunklen auf offener Strecke stehen, die ganze Nacht. Was der Grund war, weiß ich bis heute nicht, vielleicht ein voraussichtlicher Fliegeralarm. Es war unheimlich, das Schweigen, das Nichtwissen, und man tat nun alles, die Kleinmütigen zu trösten. Dann ging es morgens plötzlich weiter. Der Zivilbeamte erschien wieder und gab den Befehl, die Männer sollten sich rasieren, die Frauen frisieren. Wie die Männer das tun konnten, da wir kaum Trinkwasser hatten, weiß ich nicht. Und dann konnten wir glauben, denn wir fuhren in den Konstanzer Badischen Bahnhof ein und sahen zum letzten Mal die verhaßten Hakenkreuzfahnen.

Und dann hielt der Zug in Kreuzlingen auf Schweizer Boden. Bei allem in einem langen Leben Erfahrenen kann ich nur sagen, daß dies der größte Augenblick meines Lebens war. Es ist auch unmöglich, die Gefühle zu beschreiben, die man in der wiedererlangten Freiheit empfand. Da standen Schweizer Rot-Kreuz-Schwestern und gaben Äpfel und Schokolade, Kostbarkeiten, die wir nicht mehr erkannten. Da waren der tschechische, österreichische und holländische Konsul. Nur für uns Reichsdeutsche war niemand da. Dann ging es weiter nach St. Gallen. Und jemand sagte: „Laßt uns Kaddisch[4] sagen für die, die diese Stunde nicht mehr erleben." Und wir sagten Kaddisch. Das ist die Geschichte der Befreiung der 1 200 Juden aus Theresienstadt in die Schweiz.

1 *Auschwitz.* Nationalsozialistisches Vernichtungslager im besetzten Polen, in dem bis 1945 mehr als 2,5 Millionen Juden ermordet wurden. Das KZ Auschwitz umfaßte insgesamt 40 Außenlager, davon neun mit Häftlingsarbeitern für Werke der Metallindustrie.

2 *Leo Baeck* (1873–1956), Rabbiner und Dozent an der Hochschule für die Wissenschaft des Judentums. Als geistiger Führer des deutschen Judentums wurde Baeck nach Hitlers Machtübernahme Vorsitzender der neugeschaffenen „Reichsvertretung der deutschen Juden" und leitete auch die 1939 eingesetzte „Reichsvereinigung der Juden in Deutschland", die das jüdische Selbsthilfewerk leitete, was vorwiegend die Wirtschaftshilfe, Erziehung, Wohlfahrtspflege und Auswanderungshilfe betraf. Im Januar 1943 wurde Leo Baeck nach

Theresienstadt deportiert. Er überlebte jedoch das Nazi-Lager und emigrierte nach der Befreiung nach London.

3 Der *Jüdische Frauenbund*, gegründet 1904 und 1938 zwangsweise von den Nazis aufgelöst, unterhielt Ortsgruppen in den meisten größeren jüdischen Gemeinden und hatte bis zu 50 000 Mitglieder. Bertha Pappenheim war von 1904 bis 1924 die erste Vorsitzende des JFB, der sich unter ihrer Leitung vorwiegend dem Kampf gegen den Mädchenhandel, dem Kinderschutz, der Berufsausbildung für Mädchen und der Gründung von Heimen für gefährdete Mädchen widmete. Bertha Falkenberg war Vorsitzende des JFB Berlin. (Vgl. Monika Richarz, „Jüdisches Leben in Deutschland 1918–1945".)

4 *Kaddisch*. Totengebet, das von den nächsten männlichen Verwandten zur Erinnerung an Verstorbene gesagt wird.

Quelle: Klara Caro, „Die Befreiung der Zwölfhundert Theresienstädter in die Schweiz". Manuskript, 1961. Ball-Kaduri-Sammlung, Jerusalem. Abdruck mit freundlicher Genehmigung des Yad-Vashem-Archivs.

15. Zelte für neue Mitglieder im Kibbuz Givat-Brenner. Durchmesser 4 m, Höhe 3 m. Palästina 1935. Fotografie von Margot Bloch Verfasserin von Kapitel 11.

Margot Bloch (Kapitel 11) und Ali Bloch 1935 nach ihrer Ankunft im Kibbuz Givat-Brenner in Palästina, heute Israel.

17. Susi Lewinsky, geb. Traumann, Verfasserin von Kapitel 1
Hamburg 1936.

Der Bettler Don Esteban. Zeichnung von Susi Lewinsky (Kapitel 13) in der Emigration in El Salvador.

19.   Charlotte Pick, Verfasserin von Kapitel 30, mit ihren Eltern
       deren Ferienhaus 1932 in der Nähe Münchens.

0.   Charlotte Pick (Kapitel 30) auf der Terrasse ihres Wohnhauses
in Oakland. Kalifornien 1985.

21.   Salomea Genin (Kapitel 33) bei der Arbeit als Dolmetscheri
im Berliner Pergamon-Museum Anfang der siebziger Jahre.

22. Salomea Genin, Verfasserin von Kapitel 33, in ihrer Berliner Wohnung. DDR 1989.

VI

Autobiographisches aus Ost und West
1945–1990

Chor der Geretteten

Nelly Sachs, geboren 1891 in Berlin als Kind einer jüdischen Fabrikantenfamilie, wurde im religiös emanzipierten Elternhaus von Privatlehrern erzogen und zur Ausbildung ihrer vielseitigen musischen Anlagen ermuntert. Mit 17 Jahren schrieb sie ihre ersten, nach romantischen Vorbildern stilisierten Gedichte und Puppenspiele. 1933 brachte jedoch ein abruptes Ende ihrer Geborgenheit im elterlichen Hause. Sieben Jahre lebte sie unter Hitlers Schreckensherrschaft, und erst 1940 gelang Sachs durch Vermittlung der schwedischen Schriftstellerin Selma Lagerlöf mit ihrer Mutter die Flucht aus Deutschland. Die gesamte übrige Familie wurde in Konzentrationslager verschleppt und ermordet. Sachs fand Asyl in Stockholm, wo, nach einer Zeit tiefster Depression, in rascher Folge eine Reihe von Gedichtzyklen entstand. Werke wie In den Wohnungen des Todes *(1947),* Sternverdunkelung *(1949),* Und niemand weiß weiter *(1957),* Flucht und Verwandlung *(1959) und* Fahrt ins Staublose *(1961) brachten der Lyrikerin internationale Anerkennung. 1965 erhielt die bereits mehrfach ausgezeichnete Dichterin den Friedenspreis des Deutschen Buchhandels und ein Jahr später den Nobelpreis für Literatur. Nelly Sachs starb 1970 in Stockholm. Das folgende autobiographische Poem entstammt ihrem Band* Fahrt ins Staublose *und beschreibt die tiefen Wunden und den „schlecht versiegelten Schmerz" der Geretteten gegenüber dem furchtbaren Schicksal des jüdischen Volkes im Faschismus. Die Sprache des Gedichts reflektiert nicht die „schwarze Antwort des Hasses", sondern die Erinnerung an vergangenes Leid und ihre Hoffnung auf die Überwindung der Angst.*

Chor der Geretteten

Wir Geretteten
Aus deren hohlem Gebein der Tod schon seine Flöten
                                                  schnitt
An deren Sehnen der Tod schon seinen Bogen strich –
Unsere Leiber klagen noch nach
Mit ihrer verstümmelten Musik.

Wir Geretteten,
Immer noch hängen die Schlingen für unsere Hälse
                                                  gedreht
Vor uns in der blauen Luft –
Immer noch füllen sich die Stundenuhren mit unserem
                                         tropfenden Blut.

Wir Geretteten,
Immer noch essen an uns die Würmer der Angst.
Unser Gestirn ist vergraben im Staub.

Wir Geretteten
Bitten euch:
Zeigt uns langsam eure Sonne.
Führt uns von Stern zu Stern im Schritt
Laßt uns das Leben leise wieder lernen.
Es könnte sonst eines Vogels Lied,
Das Füllen des Eimers am Brunnen
Unseren schlecht versiegelten Schmerz aufbrechen
                                                  lassen
Und uns wegschäumen –
Wir bitten euch:
Zeigt uns noch nicht einen beißenden Hund –
Es könnte sein, es könnte sein,
Daß wir zu Staub zerfallen –
Vor euren Augen zerfallen in Staub.
Was hält denn unsere Webe zusammen?
Wir odemlos gewordene,
Deren Seele zu Ihm floh aus der Mitternacht,
Lange bevor man unseren Leib rettete
In der Arche des Augenblicks.

Wir Geretteten,
Wir drücken eure Hand,
Wir erkennen euer Auge –
Aber zusammen hält uns nur noch der Abschied,
Der Abschied im Staub
Hält uns mit euch zusammen.

Aus: *Fahrt ins Staublose. Die Gedichte der Nelly Sachs.* © Suhrkamp
Verlag Frankfurt am Main 1961

Vom Kriegsende bis zur Gründung des Staates Israel 1945–1949

Frieda Hirsch schrieb ihre „Chronik der Familien Moses Goldberg und Alfred Hirsch" für ihre „lieben Kinder, Enkel, Geschwister und Freunde". Im Vorwort zur Autobiographie aus dem Jahr 1963 schrieb sie: „Wenn es mir, in meinem 75. Lebensjahr, noch gelingt zu zeigen, wie und wofür Eure Vorfahren in Deutschland bis 1933 gelebt haben, dann habe ich erreicht, was ich mit dieser, meiner rein persönlichen und bunten Erzählung beabsichtigte. Ich hoffe, Ihr werdet lesen, lernen und lachen! Und vielleicht werden sich auch die nachwachsenden Geschlechter einmal für manche Tatsachen interessieren." Die Familie der Verfasserin wanderte kurz entschlossen nach Beginn der faschistischen Gewaltherrschaft im Mai 1933 von Heidelberg nach Palästina aus, wo ihr Mann, Dr. med. Albert Hirsch, in Haifa eine neue Praxis eröffnete. Nach anfänglichen Schwierigkeiten mit den konfliktgeladenen politischen Gegebenheiten des Nahen Ostens meisterte Frieda schnell die Umstellung auf die neue Sprache und das herbe Leben des Landes. Mit großer Genugtuung stellte sie in ihrer Autobiographie fest, daß „in nur wenigen Tagen aus der schüchternen Dame eine energische Frau geworden" war. Den Verlauf des Krieges verfolgte Frieda mit großer Sorge um das Schicksal ihrer Angehörigen und ihres Sohnes Walter, der sich nach der Einwanderung in Haifa freiwillig zum Dienst in der englischen Armee gemeldet hatte und 1943 schwer verwundet aus der Schlacht in El Alamein (Ägypten) zurückkehrte. Der folgende Ausschnitt beschreibt die Gedanken- und Gefühlswelt der 57jährigen Mutter gegen Ende des Zweiten Weltkriegs, ihre Euphorie über den Friedensschluß, aber auch die bittere Enttäuschung über den Ausbruch neuer Kämpfe zwischen Juden und Arabern im israelischen Unabhängigkeitskrieg 1947/48.

Haifa 1945

Während des ganzen Zweiten Weltkriegs haben wir, Papa Hirsch und ich, zwar nur als Zivilisten unsere Pflicht getan, aber den Krieg auf allen Schauplätzen in Gedanken aufs intensivste miterlebt. Durch Zeitungen und Radio konnten wir jedes wesentliche militärische Ereignis fast unmittelbar erfahren. Mit welcher Spannung lauschten wir am Radio, als der größte Politiker Europas, Winston Churchill[1], seine berühmte Rede von „Blut und Tränen" hielt. Und wie waren wir von Entsetzen gebannt, als wir das Vorrücken der Nazi-Heere auf Paris und die endgültige Eroberung der Stadt am Rundfunk verfolgten.

Und dazu kam die Angst und Sorge um all die Freunde, die zwar aus Deutschland heraus waren, aber in Holland, Belgien oder Frankreich trügerische Sicherheit gefunden hatten. Wo waren sie? Lebend? Gefangen? Untergetaucht? Nachricht war nicht zu bekommen!

Nie werde ich das Glücksgefühl vergessen, das ich spürte, als ich mit Ruth Levi am Hafentor von Haifa die liebe Marta Levi und Sigmund L. – gerettet aus Bergen-Belsen[2] – erwarten durfte, und als die ersten Briefe von den verschollenen Geschwistern eintrafen: von Jacki aus Frankreich, von Mädi Frey aus Amerika, von unseren Freunden Brunswic und Annele Goldscheider aus Paris; und als Veri die frohe Botschaft bekam, daß seine Eltern in Berlin am Leben geblieben waren! Als der „D-Tag", der Tag des Kriegsendes, schließlich verkündet wurde, herrschte Jubel in der ganzen Welt. Glaubten wir doch alle an eine neue friedliche und völkerverbindende Zukunft!

Aber wir Juden in Palästina wußten es schnell: Für uns begann ein neuer Krieg, unser Unabhängigkeitskrieg.

Von 1945 bis zur Staatsgründung von Israel

Die politischen Ereignisse, die sich in Palästina bis zur Staatserklärung am 14. Mai 1948 abspielten, will ich hier nicht im einzelnen darstellen.

Es ist bekannt, daß schon während des Zweiten Weltkriegs sich die *Zwah Haganah Israel* (jüdische Streitmacht) gebildet und gestärkt hatte, daß ihm die Stoßtruppen des *Palmach* und die Jungtruppen der Bauern-Soldaten, *Nachal* genannt, angeschlossen wurden.

Am 29. November 1947, morgens um halb zwei Uhr, beschlossen die Vereinten Nationen (UNO) die Gründung eines „Jüdischen Staates". Wir alle hatten die ganze Nacht in fieberhafter Spannung am Radio gesessen und auf die Entscheidung gewartet! Und als sie kam, als die Erfüllung eines zweitausend Jahre alten Traumes wahr wurde, kannte unsere Begeisterung keine Grenzen. Wir lachten und weinten. Wir steckten nachts um zwei Uhr die blau-weiße Fahne auf! Auf allen Straßen tanzte das Volk. Freunde stürmten in die Wohnungen, man umarmte sich und man war wie betrunken vor Glück. Und die Araber aus der Stadt tanzten im Kreise mit uns, Hand in Hand!

Aber diese Einigkeit war nur ein kurzer Traum. Von oben her wurde unseren arabischen Nachbarn anders diktiert. Bald schon begannen die Kämpfe gegen die Juden. Ein Autobus wurde beschossen. Das war der Alarm, das Signal! Und dann begann der jüdische Befreiungskrieg, der *Milchemet Haschichrur*.

Die arabischen Heere brachen ein in alle Städte mit gemischter Bevölkerung: Tel Aviv, Jaffa, Haifa, Safed, Tiberias wurden beschossen, bombardiert und belagert. Jerusalem erlitt neun Wochen lang die schwerste Belagerung in seiner ganzen Geschichte.

Unsere Familien waren natürlich aktiv bei der *Haganah* oder sonstwie in der Verteidigung. Mein Schwager Alfred Marcus und Sohn, sogar Walter, trotzdem er eigentlich nicht mehr zum aktiven Dienst mußte, und in Jerusalem besonders Alfred und Miriam. Familie Thaller hatte auch in Jerusalem eine verteufelt schwere Zeit. Obwohl der Mann als Regierungsbeamter offiziell nicht im Heer sein durfte, tat er mehr als seine Pflicht. Außerdem litten ja alle fast neunzig Tage lang, mit Ausnahme der Waffenstillstandsstunden, Hunger und Durst, Mangel an Licht, Wasser, Heizstoff usw. Und bis nach der

Erbauung der „Burma-Straße" heimliche Konvois die allernötigsten Nahrungsmittel und Munition nach Jerusalem bringen konnten, war die Situation dort recht verzweifelt. Doch die Stimmung blieb gut, das ganze Volk war eine „Front".

Wir in Haifa waren in großer Angst um unsere Lieben, aber wir konnten wenig helfen. Mein Mann Berti und ich wußten sehr wenig über militärische Vorgänge, da alle ihr Militärgeheimnis heftig wahrten und mein Sohn Walter mich glücklicherweise immer anlog, daß er doch als „Invalide" nicht mitmache! Aber die Kämpfe nahmen breiten Umfang an und forderten an beiden Fronten viele Opfer. [...]

Die Offensive von jüdischer Seite bewirkte schließlich am 17. April 1948 die Befreiung der Stadt Tiberias und am *Erev Pessach* (Passah-Fest) die Entsetzung von Haifa. Jaffa wurde am 13. Mai zurückerobert. Im Juni 1948 ordnete die UNO zwar einen vierwöchigen Waffenstillstand an, aber der Endkampf dauerte doch bis nach dem 10. Juli, bis auch die Städte Lydda, Ramleh, Latrun usw. erobert waren.

Endlich, endlich wurde am 14. Mai 1948, um vier Uhr nachmittags, im Museum in Tel Aviv die Urkunde der Unabhängigkeit unterzeichnet und die Gründung des Staates Israel verkündet. Kurz darauf erfolgte die Anerkennung des Staates durch die USA und die Sowjetunion, später von weiteren 50 Nationen. Allein die Araber erklärten, im Gegensatz zum Beschluß der UNO und in Ablehnung des Friedenswillen von seiten des jüdischen Staates, ihre feste Absicht zur Vernichtung der Juden, und bis heute hat sich ihr Standpunkt kaum geändert.

1 *Winston Churchill* (1874–1965). Britischer Premierminister, trug im Zweiten Weltkrieg wesentlich zum Sieg der Alliierten bei und setzte sich nach 1945 für ein vereintes Europa ein.
2 *Bergen-Belsen.* Nationalsozialistisches Konzentrationslager nahe der niedersächsischen Stadt Bergen im Landkreis Celle.

Quelle: Frieda Hirsch, „Meine Lebenserinnerungen und eine Chronik der Familien Moses Goldberg in Mainz und Alfred Hirsch für meine lieben Kinder, Enkel, Geschwister und Freunde". Kiriat-Ono, Israel. Manuskript 1963. Abdruck mit freundlicher Genehmigung des Leo-Baeck-Instituts, New York.

Die verlorene Heimat

Die Verfasserin stammt aus München, wo sie 1899 gebo-
ren wurde und im Umkreis ihrer Familie die ersten drei-
einhalb Jahrzehnte ihres Lebens glücklich verbrachte. Hit-
lers Machtübernahme und der Einsatz des faschistischen
Terrors nach 1933 führte jedoch zum Verlust von Haus
und Hof der Familie (siehe Abbildung 19). Kurz vor
Ausbruch des Zweiten Weltkriegs gelang Charlotte ge-
meinsam mit ihrem Mann, dem Zahnarzt Dr. Herbert
Stein, die Flucht ins Ausland, wo beide zuerst in Frank-
reich und später im Westen der USA Fuß fassen konnten.
In ihrer Autobiographie „Die verlorene Heimat" be-
schrieb Charlotte Pick 1964 die einzelnen Stationen des
Exils, wobei sie nicht nur den geschichtlichen Ablauf der
Ereignisse vermittelte, sondern auch die Konturen ihrer
schmerzhaften Entwurzelung freilegte. Die seelische Land-
schaft der Emigrantin spiegelt dabei die Zerstörung ihres
Vaterlandes durch Faschismus, Brand und Bomben wider.
Sechs Jahre nach Ende des Krieges und ein Jahr nach dem
Tod ihres Mannes entschloß sich Pick schließlich zu einem
Besuch in der Bundesrepublik, um sich mit eigenen Augen
ein Bild zu verschaffen vom Zustand ihrer ehemaligen
Heimat. Der folgende Bericht gibt Einblick in die Ge-
fühls- und Erfahrungswelt der Verfasserin bei ihrer Rück-
kehr nach Bayern.

Rückkehr 1951. Erster Teil

Mein Mann und ich hatten schon Mitte 1950 beschlossen, eine Reise in die alte Heimat im Frühling 1951 zu
unternehmen. Liebe Verwandte und Freunde baten uns
zu kommen und, obwohl Trauer und Schmerz uns beinahe davon abhielten, wir wollten es doch wagen.
Aber im Dezember 1950 verlor ich plötzlich durch eine

Herzattacke meinen geliebten Lebenskameraden. So stand ich allein und um so mehr drängte es mich, den Plan auszuführen. Im April 1951 fuhr ich auf einem englischen Schiff, der „Mauretania", nach Frankreich. Ich saß mit einer sehr alten Amerikanerin am Tisch. Sie hatte einst viele Jahre in Deutschland gelebt und war glücklich, mit mir ihr Deutsch auffrischen zu können, so plauderten wir sehr anregend. Am Nebentisch saß eine größere Gruppe von Engländern. Zu meinem Erstaunen bekam ich am nächsten Tag nur englische Antworten meiner Nachbarin und ich fand heraus, daß eine Beschwerde der Engländer verlangte, wir sollten nicht länger Deutsch sprechen. Darüber war ich empört und ließ ihnen wieder sagen, sie verwechseln eine Sprache mit einem System, das seit Jahren nicht mehr existiert. Ich nehme mir das Recht in jeder Sprache zu reden, die mir paßt, besonders als eine Verfolgte Hitlers.

Von da ab redete ich überhaupt nicht mehr viel. Es war mir ohnedies Schweigen und Sinnen lieber, je näher wir Europa kamen.

In Paris blieb ich einige Tage bei Verwandten, die sich im Untergrund gerettet hatten. Aber was alles hatten sie mir zu erzählen, durch wieviel Qual und Not waren sie gegangen! Ich streifte plan- und ziellos durch die Stadt und obwohl noch überall die Spuren der schweren Besatzungsjahre zu sehen waren, die Einheitlichkeit der Bauweise, die großzügigen Plätze und Boulevards, die Brücken und Denkmale, wirklich, es überwältigte mich. Ich hatte ganz vergessen, wie schön Europa war. Amerika ist ein zu junges Land, seine bezeichnenden Merkmale liegen auf anderem Gebiet.

Als ich an einem Abend den Orient-Express bestieg, der mich direkt nach München bringen sollte, fiel mir beim Betreten meines Abteils ein Herr auf, der sich eben von einer Dame im Nebencoupe verabschiedete. Ohne mir viel dabei zu denken, ging ich auf ihn zu und fragte: „Ach bitte, sind Sie nicht der Hans Albers?[1] Zu meinem Erstaunen breitete er die Arme aus und rief: „Meine liebe gnädige Frau, wie lange haben wir uns nicht mehr getroffen?" Ich murmelte etwas und ging auf meinen

Platz zurück, kaum konnte ich ein Lächeln unterdrükken. Er kannte mich bestimmt nicht, dagegen hatte ich ihn sehr oft im Film gesehen, aber im Leben waren wir uns nie begegnet. Als ich ans Fenster trat, hörte ich zu meiner Belustigung, wie die Dame – seine Frau – einer Abschied wünschenden Gruppe auf dem Bahnsteig zurief: „Sie ist eine Wienerin, hat mit Hans zusammen gefilmt und ihn sofort wiedererkannt." Ja, so wird man leicht und schnell berühmt!

Am nächsten Morgen waren wir schon in Deutschland, als ich erwachte. Ein mir selbst unbegreiflicher Trotz erfaßte mich. Nun wollte *ich* nicht mehr deutsch sprechen, ich, die gute Lehren andern gegeben hatte. Im Speisewagen bestellte ich mir bei dem fließend englisch sprechenden Kellner Kaffee, der ungenießbar war, und daher bat ich um Tee. Zu meinem stillen Vergnügen hörte ich ihn dann zu seinem Kollegen sagen: „Wieder so a spinnerte Amerikanerin, die net woaß, was sie will."

Ab Stuttgart raste der Zug durch Württemberg, und von Ulm an kam ich in die eigentliche, mir vertraute Heimat. Ich stand am Fenster und sah die herbe Schönheit des Frühlings, es war erst Anfang Mai, die Bäume im ersten frischen Grün. Das Land schien unverändert, Häschen zeigten sich eifrig knabbernd, Wiesen lagen feucht glänzend, bestickt mit Blumen im Vordergrund von dunklen Wäldern. Allein komme ich zurück – allein, allein, allein summte der Takt der Räder in mein Ohr. Mittag fuhr der Zug in Münchens Bahnhof ein und von hier an, beim Anblick der vollkommen zerstörten Bahnhofshalle, wußte ich, wie Deutschlands Städte gelitten hatten.

Beim Aussteigen wurde ich von drei Menschen umarmt; der Cousine meines Mannes, die durch ihre Ehe mit einem christlichen Arzt der Ermordung entkam, ebenso wie meiner eigenen Cousine, die mich weinend nicht mehr von sich ließ, und deren gütigem Mann. Als ich in ihre Augen sah, wußte ich eines: ich war nicht mehr allein.

Am Nachmittag schon suchte ich Resl[2] auf, die sich einen kleinen Kolonialwarenladen gekauft hatte. Wir konnten uns zuerst nicht viel sagen, wir waren zu bewegt. Aber bald drängte sie mich, mit ihr die verschiedenen Nachbarn zu besuchen. Mein Kommen schien in den umliegenden kleinen Geschäften mit Freude und Neugier erwartet zu werden. Resl nahm mich an die Hand und führte mich zur Metzgerin, zum Rauchwarenladen, zur Altwarenhändlerin, und jedesmal ging sie zuerst in die Läden und verkündete strahlend: „Da ist's, die Lotte." Dann mußte ich mich sehr genau mustern lassen, bekam überall etwas angeboten, und weiter ging es zur nächsten Nachbarin. Wie stolz sie auf mich war, die gute Seele, und eines wußte ich gewiß, keiner dieser Leute war je ein Hitleranhänger gewesen!

Rückkehr 1951. Zweiter Teil

Mein erster Weg am nächsten Morgen war zu meinem Vaterhaus. Am Abend vor unserer Auswanderung hatte mein Mann noch einen Bund Hausschlüssel in einen Koffer geworfen. Als ich ihn fragend ansah, erklärte er mir, sein Glaube an den Untergang des Dritten Reiches sei unerschütterlich. Wir werden zurückkommen und mit diesen Schlüsseln unser Haus wieder öffnen. So stand ich zagend und zitternd vor meinem Vaterhaus. Ich wußte schon, daß die neuen Besitzer die kleine, sehr hübsch gemeißelte Figur eines Heiligen über dem Eingangstor hatten herunterreißen lassen. Wie verfallen das Gebäude aussah! Ich versuchte nun mit meinen Schlüsseln das schwere Haustor zu öffnen, als sich eine Hand auf meinen Arm legte. „Halt, was wollen Sie denn hier, etwa einbrechen?" fragte mich eine entrüstete Männerstimme. Ich sah in sein Gesicht und antwortete mit dem Trotz, der mich noch immer beherrschte: „Nein, ich bin keine Einbrecherin, aber ich will mein Haus betreten." Sein Ärger verwandelte sich in Überraschung, als ich ihm meinen Namen nannte. Er vermutete mich im tiefsten Amerika. Dieser Mann war der Direktor einer Bank, die 1939 das Haus gekauft hatte. Er bat mich nun sehr höflich, in sein Büro zu kommen.
Ich kann meine Gefühle nicht beschreiben, als ich nun mit ihm die alte geschwungene Biedermeier-Treppe hin-

aufstieg und unsere frühere Wohnung betrat. Es war beinahe zuviel für ein Menschenherz, denn ich saß ihm dann gegenüber in dem kleinen Raum, der mein Zimmer war von Kindheit an bis zu meiner Verheiratung. Hätte eine Wahrsagerin mir vor 12 Jahren diese Situation prophezeit, wie unmöglich wäre mir dann alles erschienen. Ich suchte mit meinen Augen die alte verzweigte Esche hinter dem Haus und die Weinranken, die einst über das Fenster kletterten. Aber all das war verschwunden, vorbei …

Wie im Traum ging ich dann durch die anderen Räume, leise strich ich über die schönen marmornen Fenstersimse und die bronzenen Türgriffe, die alle das Monogramm des ersten Eigentümers zeigten. Das alte Biedermeierhaus hatte nur zwei Besitzer, mein Vater kaufte es von den Erben des Erbauers. Es sah traurig aus, aber es stand, trotz einiger schwerer Brände durch Bomben und Detonationen, das einzig erhaltene Haus in diesem Teil des großen Platzes. Manche Nachbarn, so erzählte man mir, hatten sich zugeflüstert: „Das Judenhaus überdauert alle andern, Gott schützt es wohl."

Aber für mich war es tot, tot wie die meisten seiner früheren Bewohner, und keine Bindung mehr bestand für mich zu diesem Haus, das ich geliebt hatte. Zwei der alten Parteien waren gut und herzlich zu mir, aber ich entschloß mich doch zu einem Verkauf, besonders da mir von seiten der Steuer und anderer Behörden große Lasten und Schwierigkeiten auferlegt wurden. Wie sollte ich auch die hohen Kosten einer Wiederherstellung aufbringen. Ich war alleinstehend und lebte 15 000 km entfernt. Auch mit dem Starnberger Häusl erging es mir genauso. Es war in sehr schlechtem Zustand, trotzdem mußte ich, um es überhaupt zurückzubekommen, ein großes Geldopfer bringen für angebliche Verbesserungen, z. B. einen „Sektkeller", den sich die Nazi-Bewohner hatten einbauen lassen.

Zu alledem kam, daß ich durch den sogenannten „Treuhänder", der zur Verwaltung unseres Eigentums eingesetzt war,[3] um viele Tausende betrogen worden war. Obwohl ich es beweisen konnte, war ihm nicht beizukommen. So gab ich um wenig Geld her, was ich heute bereuen muß, da durch den neuerlichen Aufstieg Deutschlands tatsächlich mir ein großes Vermögen verlorenging. Welche Sicherheit würde das heute für mich bedeuten! Aber ich bin keine Ausnahme, viele deutsche Juden haben genauso gehandelt, besonders Witwen und Waisen unter all den enttäuschenden Eindrücken und Härten der Rückerstattung. Sie leben zum Teil in beschränkten Verhältnissen, während natürlich die neuen Besitzer reich geworden sind. So kamen wir ein zweites Mal um unser Gut.

Aufenthalt 1951

Den schönsten Teil meines Besuches verbrachte ich am Tegernsee. Zuerst erschien mir alles sehr klein und eng, ganz anders, als es in meiner Erinnerung war. Ich hatte mich schon an die Größe und Ausgedehntheit Amerikas gewöhnt, besonders an den amerikanischen Westen. Seattles Umgebung – die Stadt, in der ich lebte – ist wunderbar; große Seen und hohe Berge umfassen es. Aber fast alles Gelände ist ohne Weg und Steg, völlig einsam und unerschlossen, kein Dorf, kein Gasthaus, nichts. Ich behaupte immer, die Landschaft, auch in andern amerikanischen Staaten, erscheint mir wie ein gemaltes Mittagessen, man kann es nicht zu sich nehmen. Doch ich gewöhnte mich rasch wieder an das altvertraute Bild. Die Ufer des Tegernsees und Schliersees erschienen mir bald wie einst und nicht mehr so nahe zusammengedrückt, und die Wohnstätten nicht mehr wie Puppenhäuschen.

Meine Verwandten besuchten mich oft, und wir verbrachten schöne Stunden zusammen. Es gab Wanderungen zu Almen, auf denen wir rasteten und ein Butterbrot aßen, wobei das freche Hühnervolk immer wieder vom Tisch gescheucht werden mußte. An solchen Tagen fühlte ich mich beinahe wieder zu Hause, ich konnte mir beinahe einbilden, die Zeit sei stillgestanden, die Wunden könnten heilen. Aber wenn wir zu meiner kleinen Pension zurückgingen und dabei an den lächerlich großstädtisch aufgemachten Hotels vorbeikamen, in deren Vorgärten geputzte, laute, völlig unbeschwerte deutsche Menschen saßen und von Kellnern im „Frack" bedient wurden, dann wußte ich, es war nur ein Traum. Es gab kein zurück, Deutschland war noch immer nicht erwacht aus seiner blutbefleckten Vergangenheit.

Meine Resl besuchte mich oft an Sonntagen. Was für lange Gespräche wir dann hatten, und wieviel wir zusammen lachen konnten! Sie liebte es sehr, mit mir irgendwo behaglich und bescheiden zu essen. Immer wieder schlug ich ihr vor, mit mir nach Seattle zu übersiedeln. Ich wollte ihr einen schönen Lebensabend gestalten. Um es ihr leichter zu machen, stellte ich ihr vor Augen, wie nötig ich sie brauchte. Sie könnte für mich sorgen und ich wäre nicht mehr allein. Das wäre wohl auch der einzige Grund gewesen, hätte sie sich dazu entschlossen. Doch beim nächsten Zusammensein erklärte sie mir nach reiflicher Überlegung, sie müsse es ablehnen. Sie sehe zwar ein, daß sie für mich nötig wäre, denn ich esse nicht genug, und überhaupt müsse sie auf mich aufpassen – in ihren Augen blieb ich immer das kleine „Mädl" – aber sie sei viel zu alt, nahe den Achtzig, und sie könnte bald eine Bürde für mich werden. Einen solch alten Baum soll man nicht mehr verpflanzen, meinte sie. „Ich hoffe nur, du findest wieder einen guten Mann." Und damit mußte ich mich abfinden. Sosehr ich es bedauerte, sie hatte doch wohl recht gehabt.

Im August ging ich zurück in die Stadt (München). Ich wollte noch manche Plätze besuchen, an die ich mit Wehmut dachte. So fuhr ich mit meinen Verwandten nach Wolfratshausen. Das Gebäude, in dem die Schule einst untergebracht war, hatte die jüdische Gemeinde zurückerhalten. Es hatte seit 1938 nationalsozialistischen Zwecken gedient. Nun waren jüdische DP's (Flüchtlinge)[4] vorläufig dort untergebracht. Es war entsetzlich heruntergekommen, dieses einst schöne gepflegte Haus. Gehetzte ängstliche Menschen sahen mich an, und ich wagte nicht weiter vorzudringen. Wir fuhren dann in das nahe Lager Föhrenwalde, eine primitive Siedlung für jüdische Flüchtlinge. Erst als ich mich als Mitglied einer amerikanischen Hilfsorganisation auswies, ließ man mich ein. Es war erschütternd, grausig, diese verstörten Menschen zu sehen, die zusammengepfercht, immer noch in nicht abzuschüttelnder Angst, hier vegetierten. Ich begegnete zunächst offenem Mißtrauen, ja Haß. Man hielt mich für eine Spionin oder dergleichen. Das waren alles östliche Juden, und ich kann nicht jiddisch sprechen. Mit tiefstem Mitleid ging ich durch das Lager. Immer mehr Insassen, die der Hölle noch entronnen waren, folgten mir. Ich wandte mich an einen alten Mann, armselig und schmutzig, der mich schon lange mißtrauisch beobachtet hatte. „Bruder", sagte ich, „glaub mir, ich bin auch eine Jüdin, warum Gott mich verschont hat, weiß ich nicht." Er schüttelte den Kopf, da machte ich einen letzten Versuch und sprach unser Glaubensbekenntnis „Schma Israel … Höre Israel, der Ewige …"

Er starrte mich an, dann brach er in Schluchzen aus, „Sie is a Jiddin, sie is a Jiddin", riefen nun alle und umringten mich. Jeder wollte mir die Hand geben. Ich schämte mich, wie gut es mir ging, ich fühlte nur einen Wunsch; am liebsten hätte ich diese elenden, zerlumpten Menschen geküßt.

Sulzbach in der Oberpfalz

Die Heimat meines Mannes wurde auch mir meine zweite. Er hing an ihr genauso stark, wie ich an der meinen. Das Städtchen Sulzbach war überragt von einer alten Festung, malerisch gelegen in den Ausläufern des fränkischen Jura. Einst waren hier viele jüdische Familien ansässig, die aber zum großen Teil schon 1919, da ich als junge Braut zum ersten Mal nach Sulzbach kam, in der ganzen Welt verstreut lebten.

Mein Schwiegervater war staatlich angestellter jüdischer Lehrer und zugleich Kantor der nun sehr klein gewordenen Gemeinde. Die Eltern wohnten im jüdischen Gemeindehaus im oberen Stock, unten waren die Schulräume. Gegenüber lag die schlichte Synagoge aus der Biedermeierzeit, beschattet von einem riesigen Kirschbaum, eine Augenweide, wenn er blühte, und ein Genuß, wenn er die hellen großen, saftigen Früchte trug. Die Straße selbst führte steil hinauf ins Städtchen, mit kleinen runden Steinen gepflastert, und man nannte sie Synagogenstraße.

Das Verhältnis zwischen Christen und Juden war wunderbar. Man brachte sich größte Achtung entgegen und überall schon von weitem rief jung und alt einen Gruß uns zu. Mein Schwiegervater spielte in dem „Gasthaus zur Sonne" Samstag abend Karten mit dem Arzt, dem Apotheker und anderen Lehrern, mit denen ihn eine tiefe Freundschaft verband. Es war eine Oase des Friedens, und ich liebte dieses geruhsame Städtchen innig. Mein Mann und ich wanderten stundenlang durch Wälder und Felder der Umgebung. Wir krochen in den Tropfsteinhöhlen des Jura herum, mit kleinen Kerzchen in der Hand, oder wir suchten Pilze, die es in Mengen gab. Ich war besonders entzückt von Sulzbachs gotischem Rathaus und der fränkischen Bauweise der Häuser. Oft verbrachten wir einen Tag im nahen Nürnberg oder Amberg. Dort hatte mein Mann das Gymnasium besucht, und noch heute sehe ich mir mit Wehmut und Freude Bilder dieser Städte an. Welch eine Fülle von interessanten Eindrücken diese altertümlichen Plätze boten, wieviel Schönheit und Kultur sie ausstrahlten! Auch das war meine Heimat, sie gehörte mir und wir gehörten ihr.

Ich erinnere mich noch der Bauersfrauen, die wöchentlich zur Stadt kamen, mit weißen Kopftüchern in der einfachen fränkischen Tracht und einem hohen, schweren Tragkorb auf dem Rücken. Sie kamen gern zu meiner Schwiegermutter, die immer ein Stück Kuchen und Kaffee für sie bereit hatte. Dann kramten sie ihre Schätze aus, Erdbeeren, Blaubeeren oder Äpfel und Birnen, manchmal auch lebendes Geflügel.

Sonntag abends im Sommer verbrachten wir immer in der „Bastei", einem Wirtshaus mit großem altem Garten. Da aßen wir unser mitgebrachtes Abendbrot, nur Rettich, Brot und Bier wurden bestellt; denn meine Schwiegereltern befolgten die jüdischen Speisegesetze, und jeder wußte das und respektierte es. Wir liebten von diesem Wirtsgarten den Blick ins weite Land, hinüber nach Rosenberg, wo Tag und Nacht die Hochöfen glühten.

Bald kannte man auch mich. Ich blieb zwar die „Großstädterin" und man verstand meinen Dialekt nur schwer, ebenso, wie ich den ihren, aber immerhin war ich die Schwiegertochter des „Oberlehrers" und die Frau von einst Sulzbachs bösestem Bub, wie man mir schmunzelnd erzählte, aber jeder hatte ihn gern und die Leute sprachen auch oft von seinem einzigen Bruder Oskar, der mit 19 Jahren im Ersten Weltkrieg an der Westfront gefallen war. Sein Name stand auf dem Kriegerdenkmal, das war alles, was seinen Eltern von ihm blieb. Der Dank des Vaterlandes? ... Sie starben beide durch Hitler.

Im Sommer 1938 kam der Befehl, die schöne alte Synagoge in ein Heimatmuseum umzuwandeln. Sie wurde binnen weniger Stunden enteignet. Aber jemand muß davon gewußt haben, denn wir erhielten ein Paket ohne Namen des Absenders – es konnte nur ein Christ gewesen sein –, das die älteste Thorarolle enthielt in einem uralten hölzernen Kästchen, und zwei wunderbare silberne getriebene Pokale mit der hebräischen Angabe des Jahres 1765. Es gelang uns tatsächlich, die Sachen zu retten. Einen der Becher schenkte ich der Synagoge in Seattle, die Thora hat ihren Platz hier in San Francisco in einem Gotteshaus gefunden und der andere Pokal ist meine ständige Erinnerung an meine zweite Heimat.

Im Jahre 1951 fuhren meine Verwandten mich auf meine Bitte hin von Nürnberg nach Sulzbach. Aber ich war den schmerzlichen Eindrücken nicht gewachsen. Als ich am Synagogenplatz beim Schuster vorbeikam, kehrte seine Frau gerade die Straße. Sie blickte mich an und schrie: „Em Steins Herbert sei Frau." Der Besen fiel auf die Gasse, sie schlug die Hände vors Gesicht und weinte. Und so erging es mir auch mit anderen, die sich der Sulzbacher Juden erinnerten. Kein einziger von diesen war mehr heimgekehrt, man hatte sie alle ermordet. Meine Verwandten zwangen mich zurückzufahren, bevor ich meinen Rundgang beendete. Ich war noch lange sehr mitgenommen von diesem Wiedersehen.

In Amerika erhielt ich Monate später einen Brief von einer christlichen Jugendfreundin meines Mannes, die ich nicht getroffen hatte, aber sie hörte durch Nachbarn über meinen Besuch. Sie schrieb ganz kurz: „Wir alle wissen, warum Herbert so jung hat sterben müssen. Der Verlust der geliebten Heimat hat sein Herz gebrochen."

Abschiedsgedanken 1951

Vier Monate waren verflossen, und meine Zeit in der alten Heimat ging ihrem Ende entgegen. Am nächsten Morgen – es waren die letzten Augusttage – mußte ich nach Paris, um mein Schiff in Le Havre zu erreichen. Die ganze Nacht lag ich wach und ließ all die vielen Eindrücke nochmals an mir vorbeiziehen. Was war geschehen? Hatte ich die alte Heimat wiedergefunden, nun, da sie mir offenstand und befreit war von Wahnsinn und Tyrannei? Nein, war die Antwort und nochmals nein. Die Landschaft war die gleiche geblieben, lieblich und zugleich mächtig, unsagbar schön die Matten der Berge, die Dörflein und Kirchen. Aber das Gift, das so viele Jahre ausgesät wurde, hatte sich in die Seele der Menschen gefressen und sie zerstört. Zwar haben sich manche beherzte und aufrechte Männer gefunden, die dem allgemeinen Irrsinn Widerstand leisteten und nun die Geschicke Deutschlands lenken. Sie werden immer ein versöhnender Gedanke für uns Ausgestoßene sein. Trotzdem wird wohl die Generation um Hitler erst aus dem ewigen Kommen und Gehen verschwinden müssen, bis eine neue und unschuldige deutsche Welt wiedererstehen kann.

Ich fand die lieben alten Freunde, die nie von der Vergiftung erfaßt gewesen waren, aber zu viele andere waren es noch, und mein Ohr hörte nur allzu rasch den falschen Ton. „Der Hitler hätte den Krieg schon gewonnen, wenn ihm nicht die Amerikaner in den Arm gefallen wären" oder „es ist eine infame Lüge, daß sechs Millionen Juden getötet wurden. Wer hat sie denn gezählt?" Am Anfang versuchte ich die Dinge richtigzustellen, später schwieg ich. Die Menschen wollten gar nicht die Wahrheit wissen, sie wollten keine Schuldgefühle empfinden, sie bedauerten nur eines, daß sie den Krieg verloren hatten. Die schlimmsten aber waren die Heuchler, von denen ich oft wußte, wie sie dem Nazi-Regime ergeben waren und mitgemacht hatten. Sie beteuerten nun immer wieder, daß sie nie, nein niemals an das „Tausendjährige Reich" geglaubt und immer zu seinen Gegnern gehört hätten. Wie oft sagte man mir: „Sie waren am besten dran, Sie konnten nach Amerika gehen und mußten all die schrecklichen Bomben und das Hungern nicht mitmachen. Wie gut hatten Sie es doch!" Ich sah sie an und dachte an das Herzeleid und das Bangen um die Lieben, die man ausgelöscht hatte, und an die Sehnsucht und an die schwere ungewohnte Arbeit im fremden Land – ich schüttelte nur den Kopf und schwieg. Hier war alles vergebens.

Und meine Traurigkeit wuchs, wenn ich durch die Stadt ging und meinen Weg oft nicht finden konnte in altvertrauten Straßenzügen, die noch verschüttet lagen. Wen suchte ich hier? Jüdische Verwandte und Freunde waren fast alle ermordet oder ausgewandert, auch von den christlichen Freunden schon manche hinweggerafft. Das furchtbare Hasten und Treiben, die wilde Jagd nach Geld und Macht, die Menschen rücksichtslos und ohne Erbarmen füreinander, das alles waren Lebensformen, so fremd, so unbekannt in meinem alten München. Ja, ich mußte die bittere Wahrheit hinnehmen, die alte Heimat war verloren.

Am nächsten Morgen, bevor ich abfuhr, ging ich nochmals zu meiner Resl, ich wollte nicht, daß sie zum Bahnhof kam. So standen wir wortlos in dem kleinen Stübchen, hinter dem Laden. Wie gebrechlich sie geworden war! „Du hast keine Mutter mehr", sagte sie leise, „so werde ich dich segnen, ich weiß nur den Segensspruch meines Glaubens, aber die Mutter hätte nichts dagegen." Ich senkte den Kopf, und sie schlug das Kreuz und ihre segnenden Worte beglückten mich. Ich küßte ihre alten runzeligen Hände und lief rasch hinaus. Auch dieses letzte wahre Heimatland, das seit meiner Kindheit von ihr zu mir ausstrahlte, würde bald verlöschen. Das wußte ich.

So stand ich wieder am Waggonfenster des Zuges, der mich hinwegbringen würde, doch diesmals war ich allein. Ich weinte nicht, aber ich war uferlos traurig!

Nachwort

Der Leser wird sich vielleicht fragen, warum ich heute, nach 25 Jahren Leben im Ausland, diese Erinnerungen niederschreibe.

Ich habe nun einen gewissen Abstand von den Ereignissen bekommen, aber sie stehen mir noch immer lebendig vor Augen, und vieles zeigt sich klarer und schärfer nun als vor Jahren. Eines kann ich nicht genug betonen: Es ist mir völlig bewußt, daß ich zu den wenigen Glücklichen gehöre, die, obwohl einige Male sehr nahe der Vernichtung, doch immer wieder durch ein gütiges Geschick gerettet wurden.

Ich weiß nur zu genau, daß wir, wie all die andern, den sicheren grausamen Tod erlitten hätten, wäre es uns nicht rechtzeitig gelungen, auszuwandern, und ich bin unendlich dankbar dafür.

Doch diese Erinnerungen hier wurden mit einer gewissen Absicht geschrieben. Sie sollen beweisen, daß sogar diejenigen, die sich retten und ein neues Leben aufbauen konnten, schwer gelitten haben. Das Land, das uns aufnahm, war gut zu uns, wir haben es lieben und achten gelernt. Wir sind ergebene Bürger geworden! Aber die alte Heimat kann nicht ersetzt werden, und der Schmerz über ihren gewaltsamen Verlust hinterließ eine tiefe Wunde!

Sollte es mir mit meinen Ausführungen gelungen sein, auch nur bei einigen meiner Leser, vielleicht darunter jungen Menschen, Verständnis für unser schweres Schicksal erweckt zu haben, dann wäre meine Botschaft nicht vergebens. Ich kann gerade jungen Deutschen nicht eindringlich genug zurufen: „Seid tolerant, denkt, was für namenloses Unglück durch künstlich angefachten Haß, Lüge und Verleumdung angerichtet wurde. Kämpft gegen Vorurteile!"

Ein Mensch ist das Produkt seiner Umgebung und seiner Erziehung. Würde man ein kleines Kind, ganz gleich welcher Herkunft, in einem anderen Land als dem seiner Geburt aufwachsen lassen, es würde ein Bürger dieses Volkes werden, mit all dessen Merkmalen, natürlich seine körperlichen mögen verschieden sein. Das ist eine erwiesene Tatsache.

Deutschland hatte in seiner halben Million Juden Bürger hervorgebracht, die nach der Emanzipation ihr Höchstes darin sahen, treue Diener ihres Vaterlandes zu sein. Obwohl man ihre Hingabe und Liebe zur Heimat immer wieder verletzte und zurückstieß, sie gaben sich doppelte Mühe.

Wie ich in meinen durchaus wahren Erzählungen aufzeigte, sie fanden auch manche Anerkennung und Freundschaft von nicht-jüdischer Seite. Deutschland hat diese ergebenen Söhne und Töchter vertrieben oder ermordet. Es hat sich selbst der Mitbürger beraubt, die zu den besten gehörten. Wieso es zu einem solch fanatischen Haß, angefacht durch Wahnsinnige und Ehrgeizige, kommen konnte, werden wir, die ihn miterlebt haben, nie verstehen können. Immerhin beteiligten sich Millionen und Millionen Deutscher jubelnd und zynisch zugleich an dem Vernichtungsprogramm. Mit wehmütiger Hoffnung verfolge ich die Berichte über eine deutsche Jugend, die anfängt, die Sünden der Väter zu begreifen und die den ernsten Wunsch hat, selbst ein reines Leben zu führen, frei von Haß und Vorurteil gegen den Mitmenschen. Ich sehe Bilder vom Mahnmal Bergen-Belsen[5], das mit Blumen aus der Hand deutscher Jungen und Mädels geschmückt ist. Ich lese Berichte über den tiefen Einduck, den Anne Franks Tagebuch macht. Leider schlägt doch noch immer wieder Lüge und Haß durch, aber ich glaube fest daran, daß die neue Generation langsam aber sicher ein aufrechtes wahres Deutschland schaffen wird, das versuchen will, die entsetzliche Vergangenheit gutzumachen.

Wir wenigen deutschen Juden, die zwar ihr Leben retten konnten, denen aber die teure Heimat verlorenging, werden diesen Läuterungsprozeß nicht mehr erleben.

So laßt mich euch immer wieder sagen: „Deutsche Jugend, lernt eure Heimat ohne Überhebung lieben, und nicht weil sie besser als andere Länder ist, sondern einfach aus dem Grunde, weswegen wir deutsche Juden sie liebten, nämlich weil ihr in diese Heimat hineingeboren seid, weil sie euch, wie einstmals uns, Vater- und Mutterland bedeutet." Erst dann werdet ihr unsere Trauer verstehen können.

1 *Hans Albers* (1892–1960), deutscher Schauspieler, der besonders durch seine Rolle im Film „Der blaue Engel" bekannt wurde.
2 *„Resl"* hatte viele Jahre lang als Hausangestellte bei den Eltern in München gearbeitet und war von der Geburt der Verfasserin an ihre eingebende und liebevolle Betreuerin.
3 Im Rahmen der offiziellen „Wiedergutmachung" an den Opfern faschistischer Gewalttaten kam es ab 1952 in der BRD zu Reparationszahlungen an Juden und deren Familien im In- und Ausland.
4 *DP* (Displaced Person). Nach Kriegsende und der Befreiung der Nazi-Konzentrationslager durch alliierte Streitkräfte wurden Flüchtlinge und Überlebende aus den Lagern vorübergehend in „Displaced Person Camps" und Flüchtlingsheimen untergebracht. Dort warteten die DPs auf die Ausreise oder Einbürgerung in andere Staaten, vorwiegend Israel.
5 *Bergen-Belsen.* Nazi-Konzentrationslager in Deutschland.

Quelle: Charlotte Pick, „Die verlorene Heimat". Manuskript, 1964, 1990. Abdruck mit freundlicher Genehmigung von Charlotte Pick, San Francisco.

Gedanken zur DDR 1954

*Anna Seghers wurde am 19. November 1900 in Mainz
als Tochter des Kunsthändlers Isidor Reiling geboren. Ab
1919 studierte sie an den Universitäten Heidelberg und
Köln die Fächer Kunstgeschichte und Sinologie und pro-
movierte 1924 mit einer Arbeit über das Thema* „Jude
und Judentum im Werke Rembrandts". *Während
ihres Studiums kam Seghers in Kontakt mit dem Marxismus, schloß sich kurz darauf der sozialistischen Arbeiterbewegung an und trat 1928 der Kommunistischen Partei
Deutschlands bei. Im gleichen Jahr erschien ihre erste literarische Arbeit, die sozialkritische Erzählung* „Aufstand
der Fischer von Santa Barbara", *für die sie den Kleist-
Preis erhielt. 1933 wurde Anna Seghers von der Gestapo
verhaftet und ihre Bücher verboten und verbrannt. Seghers
gelang jedoch die Flucht nach Frankreich, wo die Verfasserin als Mitherausgeberin der antifaschistischen* „Neuen
Deutschen Blätter" *für die Belange der deutschen Schriftsteller im Exil eintrat. Nach Ausbruch des Krieges floh
Seghers über Marseille nach Mexiko, wo sie ab 1941 mit
Ludwig Renn, Bodo Uhse und Alexander Abusch für die
Zeitung* „Neues Deutschland" *arbeitete und ihre berühmten Romane* Transit *und* Das siebte Kreuz *schrieb.
1947 nach Berlin zurückgekehrt, wurde Anna Seghers Vi-
zepräsidentin des* „Kulturbundes zur demokratischen Erneuerung Deutschlands", *Mitglied der Akademie der
Künste und von 1952 bis 1978 Vorsitzende des Schrift-
stellerverbandes der DDR. Ihre Arbeit für die Sozialistische Einheitspartei Deutschlands (SED) machte Seghers
zu einer der bekanntesten Sprecherinnen der DDR-Kul-
turpolitik und spiegelt zugleich die Rolle der SED, Künstler und Schriftsteller für ihre Ziele einzusetzen. In der folgenden Rede, die sie 1954 anläßlich neuer Wahlen zur*

Volkskammer vor jungen DDR-Arbeitern hielt, kommt Seghers auf die Motive zu sprechen, die sie Ende 1946 bewogen, aus Mexiko nach Deutschland zurückzukehren. Sie erinnert sich an ihre ersten Begegnungen, Gespräche und Erfahrungen nach dem Krieg und spricht über ihre Rolle als Dichterin in Zeiten der kulturellen und politischen Neuordnung. Ihr Beitrag mag hier stellvertretend für die Hoffnungen vieler kommunistischer Exilautoren stehen, die sich nach dem Krieg in der DDR niederließen und den Aufbau eines sozialistischen Staates anstrebten.
Anna Seghers starb 1983 in Ostberlin.

Ich möchte Ihnen zum Abschied Verschiedenes sagen, was mir durch den Kopf geht – einige Erinnerungen und Gedanken.
Es ist jetzt viele Jahre her, als ich aus der Emigration zurückgekommen bin. Damals, in diesem besonders harten Winter 1946/47, wurden Kinder geboren, die heute schon längst zur Schule gehen. Es war damals ein Wagnis, ein Kind zur Welt zu bringen, und die Menschen waren im Innern genauso zertrümmert, wie ihre Städte von außen aussahen. Sie verfeuerten ihre Treppengeländer und jedes Stück Holz, das sie erwischen konnten. Ich kann mich erinnern, daß damals in der Zeitung eine Nachricht umlief, daß ein alter Großvater in der Küche nachts seinen Enkel erschlagen hatte, weil dieser Enkel ihn dabei erwischte, wie er sich aus dem Brotlaib, den die Mutter nach den Brotkarten für die Familie vorgekerbt hatte, aus Hunger ein Stück abgeschnitten hatte, und weil er sich schämte, daß ihn der Kleine dabei erwischte.
Es war ein hartes, ein furchtbares Leben. Als ich aus Mexiko zurückkam, quer durch Europa, durch viele Länder, da habe ich viele Menschen getroffen, die nicht nur mich, sondern uns, die wir zurückkamen, fragten: Warum geht ihr heim? Offen gesagt, mir ist die Antwort anmaßend und pathetisch erschienen: Ich gehe heim, um mitzuhelfen, ein neues Leben in Deutschland aufzu-

bauen – und doch, es war der Grund. Es war in uns und in mir die Sicherheit, daß wir ein neues Leben aufbauen können und dürfen. Und als wir zurückkamen, als ich durch die Städte fuhr, eben diese Städte, wovon ich euch soeben ein Beispiel gegeben habe – und ihr wißt noch viel mehr und viel schärfere Beispiele –, da war mir zumute wie einem Menschen, der in einer Arbeit, die ich jetzt schreibe, vorkommt: Auf den Ruinen hier und da waren die Bilder und Losungen zu sehen, und die Menschen knurrten alle und schubsten einer den anderen weg, wenn man in eine Bahn, in die S-Bahn oder die U-Bahn, steigen wollte, und knurrend und zornig sahen auch viele auf die Bilder und Losungen. Aber dieser junge Mensch, der sie sah – so ungefähr heißt es in der Geschichte –, hatte sonst niemand, er hatte sonst kein vertrautes Gesicht als diese Gesichter zu seiner Begrüßung, und er hatte keine anderen Worte zu seinem Willkomm.

Ich war ganz kurz hier (in der DDR), da ist mir schon bewußt geworden, was für eine ungeheure Tragweite das Wort des Schriftstellers bei uns hat und in solcher Situation haben muß und haben wird. Später sagte bei uns ein Sowjetschriftsteller Sätze, die mir sehr eingeleuchtet haben und das sehr gut ausdrücken: „Wenn große Massen des Volkes an der Kultur, an der Literatur teilhaben, dann stellen sich auch dem Schriftsteller ganz neue, ungeahnte Probleme und Fragen." Die große Tragweite, die die Arbeit eines deutschen Schriftstellers in einem in Veränderung begriffenen Volk, wie unsere Menschen es waren und sind, hat, das ist das, wonach sich im Grunde jeder seiner selbst und seines Volkes bewußter Schriftsteller sehnen muß ... Es ist die Möglichkeit, die der Schriftsteller hat, auf sein Volk so zu wirken, daß er an seinem Leben verändernd teilnehmen kann. Das kann er, weil wir zum ersten Mal in der deutschen Geschichte einen Staat besitzen, in dem die Macht in den Händen der Menschen liegt, die den Frieden wünschen und soziale Gerechtigkeit und Freiheit. An dem Aufbau dieses Lebens kann der Schriftsteller teilnehmen.

Ich verdanke der Deutschen Demokratischen Republik

die Freiheit, über den Stoff schreiben zu können, über den ich schreiben will. Mein Stoff ist die Wirklichkeit, diese in Veränderung begriffene Wirklichkeit, die nicht immer glatt und auch nicht immer schön und gewiß nicht vollkommen ist, sondern eine Wirklichkeit mit Widersprüchen, mit Auf und Ab, eine rauhe Wirklichkeit ... Ich weiß nicht, für was der Schriftsteller dankbarer sein kann, als wenn er über das schreiben kann, was wir die Veränderungen im Menschen nennen. Ich glaube, es gibt keinen schöneren und es gibt keinen großartigeren Stoff, so daß wir Schriftsteller diesem Staat, zu dem wir alle in diesem Raum gehören, und damit gewissermaßen auch ein wenig uns selbst hier, die ihn mitgeschaffen, sowohl unseren Stoff verdanken wie die Möglichkeit, daß wir ihn schreiben können, nämlich unsere materielle Existenz.

Jetzt stehen wir vor den Wahlen. Sehen Sie, viele Menschen in unserem Volke sind froh, daß unser Leben besser und billiger geworden ist. Wir kennen viele Menschen – schon weniger – in unserem Volke, die außerdem von Herzen froh und glücklich sind, daß dadurch das demokratische Leben, das Ziel, das sie sich gestellt haben in guten und schlechten Tagen, eine sichtbare Gestalt für viele annimmt. Und ferner gibt es Menschen, denen wir die Leitung unseres Staates anvertraut haben und anvertrauen. Diese Menschen haben für das Ziel, das wir erreichen werden und zum großen Teil schon erreicht haben, in der finstersten Zeit in Zuchthäusern und Konzentrationslagern gesessen, und sie sind mit großer Mühe dem Tode entronnen, weil sie schon damals in der furchtbarsten Dunkelheit dieses helle Ziel, von dem wir Schriftsteller so viel sprechen und von dem wir so viel erwarten, da es sich immer deutlicher zeigt, vor sich gesehen haben und weil sie den Weg auf dieses Ziel schon damals in einer dunklen, einer finsteren Zeit beschritten haben.

Ich möchte noch einiges sagen über einige Begegnungen, die ich in unserer Friedensbewegung gehabt habe und die auch damit zu tun haben.

Vor kurzem war hier in Berlin eine französische Delegation, die in die Deutsche Demokratische Republik gefahren war und die nach Berlin kam. Einer dieser Franzosen, eine bekannte Persönlichkeit, war nicht zum ersten Male hier. Er war hier als politischer Gefangener im KZ gewesen, und er war von der Station zum KZ von Wächtern und Hunden getrieben worden. Schon auf dem Wege hierher erzählte er mir: „Ich gehe jetzt in dieses Land zurück. Ich weiß nicht, ob ich die Gesichter, die ich auf diesem Weg sah, vergessen kann. Sogar die Gesichter der Kinder kamen mir kalt und hämisch vor, sogar die Kinder hatten, angelernt von den Erwachsenen, Spottworte auf den Lippen, als wir in unseren Gefangenenanzügen da durch die Dörfer getrieben wurden." Und dann nach der Befreiung durch die Sowjetarmee kam er aus seinem Zuchthaus durch Brandenburg und auf diese und jene Art immer weiter nach Westen, und er kam durch die Dörfer, und wie er mir gestanden hat, empfand er – ich will mich nicht falsch ausdrücken, er war kein Engel – ein gewisses Gefühl der Genugtuung, wie er diese Menschen ganz verstört und verzweifelt und ratlos gesehen hat. Und als er jetzt mit der Delegation bei uns war, da hat er den Wunsch ausgesprochen – und er ist ihm natürlich auch erfüllt worden –, eine Strecke dieses Weges nicht im Auto, sondern zu Fuß zu machen, wie er ihn schon einmal gemacht hatte, und so ist er wieder durch diese Dörfer gegangen. Vorher war er in unseren Städten, in großen und kleinen, in unseren volkseigenen Betrieben, und nun ging er durch die Dörfer, er sah die Felder, er stellte Fragen – er spricht Deutsch –, er verstand, wie sich die Neuverteilung der Erde vollzogen hatte, und er sah die Reihen der Neubauernhäuser. Er traf dann seine eigenen Delegationsfreunde irgendwo in einer Wirtsstube. Ein Junge hörte, daß er Franzose sei, er fragte ihn: „Woher kommt ihr denn?" Und er sagte: „Ich bin Franzose." Da sagte der kleine Junge: „Aha, ihr gehört zu dem Volk, auf das wir nie, nie mehr einen Angriff zulassen werden." Nun, viele von euch wissen, daß der Junge diesen Satz und sogar diese Worte „nie, nie mehr" nicht aus eigenem geschöpft hatte, sondern daß sie in dem Appell unseres Präsidenten Wilhelm Pieck[1] enthalten waren, der damals – ich erinnere mich, es war kurz vor dem Wiener Völkerkongreß – unsere Verbundenheit mit dem französischen Volk ... betonte, und daß der Junge diese Sätze in dem gegenwartskundlichen Unterricht in der Dorfschule gelernt hatte. Mein Freund hat sich gefreut, und er hat sich nicht geschämt – und Sie werden ihn auch verstehen –, daß er beinahe zu Tränen gerührt war, nach den Erfahrungen, die er gemacht hatte. Er lernte auch, daß unter den ersten Worten, die die Kinder schreiben lernen, das Wort „Friede" ist. Und sehen Sie, das sind vielleicht die Kinder, die damals geboren wurden, als wir zurückgekommen sind. Ich sagte, damals war es vielleicht ein Wagnis, Kinder zur Welt zur bringen, in der so beschaffenen Gesellschaft in der Sowjetzone und in ganz Deutschland.

Eine kurze Zeit darauf – es war aber schon vielleicht ein Jahr seit meiner Ankunft vergangen – fuhr ich einmal in der tiefen Dunkelheit in einer ungeheizten und unbeleuchteten S-Bahn, und da hörte ich ein Gespräch mit an. Wenn man sich nachher daran erinnert, wird einem der Sinn solcher Gespräche deutlicher. Ich konnte die Gesichter nicht sehen, ich hörte nur nach den Stimmen, daß es ein Mann und eine Frau waren, die sich auf einer Station getroffen hatten, die sich wahrscheinlich schon lange nicht mehr gesehen hatten und die sich nun aussprachen. Und der eine sagte zum anderen: „Es ist ganz sonderbar, die Kinder bringen manchmal aus der Schule Worte und Begriffe mit, die haben wir unser Lebtag nicht gehört, und die gebrauchen wir auch gar nicht zu Hause. Dabei liegt die Schule nur ein paar Straßen weit weg. Sehen Sie, ich war mit meinem kleinen Jungen" – erzählte der Mann – „kürzlich im Stadtwald und habe mir einen Baum gefällt, um ihn zu verheizen. Wie wir das taten, kam ein Polizist uns in die Quere und sagte: ‚Sind Sie denn verrückt geworden, Sie können hier doch nicht Holz fällen, das Holz gehört doch dem Volke.' Wir zogen ein wenig bedeppert mit unserem kleinen Schlitten heim, und dann fragte mich mein Junge: ‚Sag mal, Vater, sind wir jetzt Diebe?' Ja", sagte der Mann in der dunklen S-Bahn –, „offengestanden, ich wußte wirklich nicht genau, was ich dem Jungen antworten sollte. Sind wir jetzt Diebe, weil wir dem Volk einen Baum genommen haben?" – „Ja", sagte die Frau, „manchmal ist es schwer, den Kindern zu antworten." Auf der nächsten Station mußten sie aussteigen.

Das waren die Gespräche, die damals, ein Jahr darauf, begonnen haben. Als am Anfang des Zweijahrplanes Grotewohl[2] dazu sprach, da sagte er: „Wir geben keine großen und leeren Versprechungen ab, wir geben nur Versprechungen ab über kleine, erfüllbare, unbedingt nützliche Dinge, die wir in gemeinsamer Arbeit wirklich erreichen können." Wir – auch wir hier – haben volles Vertrauen zu diesen durch unsere gemeinsame Arbeit erfüllten oder erfüllbaren Versprechungen. Und diese von unseren Schriftstellern gestaltete Wirklichkeit, die wir auf dem Papier und dadurch in der Wirklichkeit mit gestalten – mit tiefer Tragweite, mit tiefem Echo in unser ganzes gesellschaftliches Leben hinein, bis zu dem Kleid, das ich anhabe, bis zu dem Stück Brot und dem Stück Fleisch, das ich essen werde –, diesen Weg gehen wir zusammen, und was ich wünschte, ist, daß auch in diesem Morgen, den wir zusammen verbracht haben, und in dem, was wir zusammen gehört haben, etwas enthalten sein möge – nicht für alle, aber für manche –, was uns auf diesem Wege ein kleines Stückchen weiterbringt.

Ich danke Ihnen. Auf Wiedersehen. (1954)

1 Wilhelm Pieck (1876–1960) war 1918 der Mitbegründer der KPD und ab 1945 deren Vorsitzender. 1946 wurde er mit Otto Grotewohl Vorsitzender der SED und seit 1949 Präsident der DDR.
2 *Otto Grotewohl* (1894–1964) war ab 1945 Vorsitzender der SPD in der sowjetischen Besatzungszone, 1946 mit Wilhelm Pieck Vorsitzender der SED und seit 1949 Ministerpräsident der DDR.

Quelle: Anna Seghers, „Gedanken zu unserer Zeit", in: *Aufsätze, Ansprachen, Essays 1954–1979*. © Aufbau-Verlag Berlin und Weimar 1980, S. 42–48.

Denk' ich an Deutschland 1972

Die Verfasserin wurde 1922 als jüngste Tochter der Berliner Künstlerfamilie Chempin geboren. Bis zum Ende der Weimarer Republik verbrachte sie mit ihren drei Geschwistern eine glückliche Jugend im Haus ihrer Eltern. Anbetrachts der faschistischen Brutalitäten entschloß sich die Familie, ein Jahr nach Hitlers Machtergreifung im November 1934, zur Flucht nach Palästina. Rosemarie überlebte den Krieg, heiratete in der neuen Heimat und brachte 1948 eine Tochter zur Welt. Im Jahr der Gründung der Deutschen Demokratischen Republik entschloß sich die Verfasserin, zusammen mit ihrer Familie nach Deutschland zurückzukehren, um am Aufbau des neuen, sozialistischen Staates mitzuarbeiten. Doch schon kurz nach ihrer Ankunft in Berlin geriet Silbermann, wie viele andere jüdische Heimkehrer aus dem kapitalistischen Ausland, in den Strudel einer antisemitischen Kampagne, die, von Stalin selbst aus politischen Gründen angefacht, 1953 auch in der DDR einsetzte. Der Verfasserin wurde unter anderem vorgeworfen, im Interesse Israels staatsfeindliche Spionage zu betreiben. Zutiefst enttäuscht und betrübt über die fehlgeleitete Politik des Staates entschloß sich Silbermann zur neuerlichen Flucht aus Deutschland. Der folgende Beitrag reflektiert die kritische Wende ihrer Gedanken und Gefühlswelt anbetrachts des politischen Wechsels in der BRD Anfang der siebziger Jahre. Silbermanns Aufzeichnungen entstanden im Herbst 1972 nach einem Besuch bei jungen Freunden und Kollegen in München.

„Denk' ich an Deutschland in der Nacht, so werd' ich um den Schlaf gebracht!" schrieb Heinrich Heine[1] 1848. Auch ich, Rosemarie Silbermann, 1922 als Rosemarie

Chempin in Berlin geboren, ward um den Schlaf gebracht, dacht ich an Deutschland in der Nacht.

Ich frage mich und auch heute, 1972, was ist das: Vaterland? Was ist das: Heimat? Wo ist meine Heimat? Wer oder was bestimmt, wo meine Heimat ist?

Mein Vater wurde in Berlin geboren, meine Großmutter wurde in Berlin geboren. Und davor waren auch die Vorfahren der meisten heutigen Berliner noch nicht in Berlin geboren.

Lange, lange beschäftigten mich diese Fragen. Erst mit Wut, da war ich 13, dann mit Haß, da war ich 20, dann mit Zuversicht, da war ich 25, und dann mit Enttäuschung und Trauer, da war ich 33. Und dann machte ich einen dicken Korken auf alles, was damit zusammenhing. Hab' keine Heimat! Basta!

Und jetzt flog der Korken heraus. Am 5. September 1972. Ich frage aufs neue: Was ist Heimat? Wo ist meine Heimat? Was ist das: Muttersprache? Was ist meine Muttersprache?

Ich will versuchen, chronologisch vorzugehen. Ich wurde also 1922 in Berlin geboren. 1922: Nachkriegsberlin. Keine gute Zeit, zur Welt zu kommen, aber dennoch: Rosemarie Chempin, Konfession: Mosaisch, wie es so schön in meinem Geburtsschein heißt. Vater: Mosaisch. Mutter: Mosaisch. Nationalität: Deutsch. Sprache: Deutsch. Kultur: Deutsch. Eine Familie von Künstlern. Vater Schauspieler, Doktor der Kunsthistorik. Mutter Schauspielerin.

Familie Chempin: eine alte Berliner Familie. Die Mehrzahl geboren in der Luisenstraße in Berlin. Alle mit dem Ziel, ihr Teil für eine schönere bessere Welt, ein schöneres besseres Deutschland beizutragen. Jeder auf seine Art. Der eine durch die Kunst der Vermittlung des Schönen, durch Person, Verstand und Sprache. Der andere durch die Musik und wieder ein anderer durch die Weiterentwicklung der Wissenschaft.

Es gab auch Kaufleute unter ihnen, wie in jeder gutbürgerlichen Familie im damaligen Deutschland. Es gab keine Arbeiter unter ihnen, das kam später; aber die Arbeiterschaft spielte eine große Rolle in den Gedanken,

Wünschen und Zielen eines ansehnlichen Teils der Familie. Ich wuchs also auf in einer ganz normalen, kulturell auf einem hohen Stand stehenden deutschen Familie. Ich lernte früh, die Schönheit der Natur mit offenen Augen und offenem Herzen zu sehen und in mich aufzunehmen. Lernte, daß der Wald und die Seen meine Heimat sind. Für alle da, die ein Auge und ein Herz dafür haben. Lernte, daß die Sprachen im allgemeinen und die deutsche Sprache im besonderen ein Werkzeug des Ausdrucks und der Verständigung ist.

Wir waren vier Kinder zu Hause. Drei Jungen und ich, die Jüngste. Als ich 6 Jahre alt war, saßen wir um meine Großmutter geschart und sie las uns „Die Räuber" von Schiller und „Egmont" von Goethe vor. Später lasen wir mit verteilten Rollen. Es gab eine riesige Bibliothek. Der Zugang zu ihr war frei. Wir Geschwister – und ich ganz besonders – machten reichlich Gebrauch davon. Wir lasen Wassermanns „Das Gänsemännchen", Hesses „Narziß und Goldmund", Heinrich Mann, Thomas Mann natürlich, die „Buddenbrooks" und den „Zauberberg", den „Schimmelreiter" von Storm und so weiter und so fort. Die Sprache war uns und mir im besonderen ein Vergnügen. Es war eine innere Beziehung zur Sprache, zur Kultur und zur Natur. [...]

Ich liebte das Riesengebirge, die Spree, die Havel, den Thüringer Wald, die Nordsee, die Ostsee und all das, was ich nur aus den Erzählungen meiner Großmutter wußte, die Deutschland sehr genau kannte und nicht aufhörte, uns immer wieder von allen Schönheiten Deutschlands und der Welt zu erzählen. Ich war Bestandteil Deutschlands. Deutschland gehörte mir und den anderen.

(Silbermann floh 1934 mit ihrer Familie von Nazi-Deutschland nach Palästina. Sie kehrte nach Kriegsende voller Hoffnung mit ihrer Tochter nach Berlin zurück, erkannte jedoch schnell, daß man sie wegen ihrer Kontakte zum kapitalistischen Ausland in der DDR politisch kaltstellen wollte. Silbermann verließ daraufhin im Herbst 1954 Deutschland zum zweiten Mal.)

Wir waren also wieder auf der Flucht unter Zurücklassung all unserer Sachen. Zum zweiten Mal in unserem Leben. Nur diesmal nicht wieder ins Ungewisse. Der Übergang nach Westberlin war leicht damals, aber fiel uns innerlich schwer, sehr schwer. Vieles, woran ich geglaubt hatte, war für mich zerschellt. Und diesmal waren es nicht die Feinde, sondern die Freunde, die mich zur Ungewollten machten. Es gab deshalb nur eine Antwort: zurück nach Israel.

Der Tag unseres Abflugs vom Tempelhofer Feld in Berlin war ein trüber, trauriger Tag. Da stand ich also nach genau 20 Jahren und verließ zum zweiten Mal Berlin, wo ich geboren wurde und wo ich glaubte hinzugehören. Enttäuschung und Trauer war, was ich empfand. Ich hatte keine Theorie mehr, denn meine stimmte nicht mehr. Eins stimmte, ob ich wollte oder nicht: Ich war Jüdin. Zwar war meine Muttersprache deutsch, aber die Kluft zu Deutschland war unüberbrückbar. Man hatte es mir deutlich gemacht, daß ich nicht dazugehörte. Wo gehörte ich aber hin? Auf die Judenbank? In Deutschland zu bleiben wäre natürlich theoretisch möglich gewesen, aber es ging über meine seelischen Kräfte. Ich mußte Abstand gewinnen.

Ich verstopfte den Schmerz, so wie man eine Flasche verstopft, mit einem dicken Korken.

Ich kam also nach genau 20 Jahren im November 1954 zum zweiten Mal als Emigrantin aus Deutschland nach Israel. Mit dem Unterschied, daß ich die Sitten und Gebräuche kannte und ein Kind hatte, für das ich verantwortlich war. Ich war bitter enttäuscht. Wir fingen also von vorne an. Unsere alten Freunde sagten schadenfroh: „Wir haben es euch ja vorher gesagt, Juden werden niemals von Deutschen als Deutsche anerkannt werden. Im Westen versucht man das schlechte Gewissen mit Geld zu beruhigen, und im Osten findet man politische Ausflüchte." Ich hatte darauf nichts mehr zu erwidern und schwieg. Ich arbeitete, lernte, baute mir eine neue Existenz auf und verbannte alle Gedanken an Deutschland. Es ging soweit, daß ich aufhörte, deutsche Bücher zu lesen und deutsch zu sprechen. Ich begann, mich damit

abzufinden, daß ich eben keine Heimat hatte, daß ich sozusagen als freier Mensch lebte. Mein Kind fühlte sich
sehr schnell wieder daheim und war glücklich und zufrieden. Ich redete mir ein, daß Deutschland für mich
nicht mehr existierte. Ich war inzwischen beruflich erfolgreich als Sozialarbeiterin und Erziehungsberaterin.
Ich packte die sozialen Probleme jetzt von einer anderen, von der praktischen Seite her an und wollte von Politik nichts mehr wissen. Immer wenn die Rede auf
Deutschland kam, Ost oder West, schwieg ich. Zehn
Jahre lang beteiligte ich mich nicht am öffentlichen Leben, so wie ich es in der Vergangenheit gewohnt gewesen war, bis ich genug Kräfte gesammelt hatte, auf andere Art meinen Teil für eine bessere Welt beizutragen.
Ich begann wieder an Gerechtigkeit zu glauben und an
das Recht, wie ein Mensch zu leben, ganz egal wo. Ich
stürzte mich auf die englische Sprache, die ich recht gut
beherrsche. Zählen tat ich weiter auf Deutsch, ganz un-
willkürlich.
Ich glaubte meinen Weg gefunden zu haben, auch ohne
Heimat, oder das, was ich unter Heimat verstand.
Manchmal beneidete ich im stillen meine Tochter, die
das Problem der Entwurzelung nicht kannte und hoffentlich auch nie kennenlernen wird.
Aber manchmal, wenn ich ganz alleine mit mir war,
dann übermannte es mich und die Trauer und die Enttäuschung wollten wieder hochkommen. Ich war hart
mit mir selbst, und mit Deutschland. Ich ließ es nicht zu,
Trauer und Enttäuschung hochkommen zu lassen. Ich
verfolgte den Eichmann-Prozeß[2]. Ich las Zeitungen und
hörte Nachrichten. Keiner war schuld. Auch Eichmann
hatte Befehle bekommen. Alle hatten sie Befehle bekommen. Keiner war bereit, die Verantwortung auf sich zu
nehmen. In (West-) Deutschland sprach man von Zu-
rückeroberung der verlorenen Ostgebiete und bereitete
einen neuen Krieg vor: den kalten Krieg. Man beschul-
digte Gott und die Welt und wälzte alle Schuld von sich
ab.
Ich verfolgte auch die Tatsache, daß die junge Generation Deutschlands aufmuckte, sei es als Linksradikale

oder als Hippies. Ich verfolgte auch die Reaktion auf dieses Aufmucken. Sie schien mir nicht anders als je. Mit Drohungen, Wasserwerfern und Sanktionen suchte man die Rebellen zum Schweigen zu bringen. An der Spitze der Bundesregierung (BRD) standen zum Teil alte Bekannte mit nicht ganz reiner Weste. Ich verfolgte den Aufstieg Willy Brandts[3]. Er war der einzige, zu dem wir Zutrauen hatten. Ich verfolgte auch, wie man ihm Steine in den Weg legte und dachte mir mein Teil dabei.

Deutschland tat mir immer noch weh. Ich wollte es nicht wahrhaben, aber ich konnte es nicht immer mit Erfolg unterdrücken. Je mehr Zeit verging, um so mehr spürte ich das innere Entwurzeltsein. Das Nirgendshingehören. Mit niemand außer mir selbst sprach ich darüber. Niemand ahnte, daß es mich noch bewegte. Im Sommer 1971 traf ich auf einem Internationalen Psychologen-Kongreß in Israel ein paar Deutsche. Ich tat, als ob ich nicht deutsch sprechen könnte. Ich ging ihnen aus dem Weg, so weit ich nur konnte. Und sprach mit ihnen nur Englisch. Die ältere Generation machte einen sehr zurückhaltenden Eindruck. Aber da war auch die jüngere Generation, die wohl meinen deutschen Akzent erkannte. Sie forderte mich zur Diskussion heraus, erst auf englisch, dann bald auf deutsch. Ich nahm Stellung. Ich zeigte nicht meine wahre Einstellung, denn ich erlaubte mir nicht, den Korken aufzumachen. Ich griff an. Sprach von Allgemeinschuld, von Auschwitz und Mauthausen und davon, daß Deutschland wenig dazugelernt hat, was menschliche Beziehungen und Einstellungen zu Andersgearteten anbetrifft. Alle Wut und Verzweiflung, Bitterkeit und Enttäuschung, die mir durch Deutschland zugefügt wurden, kamen heraus. Aggressiv und unversöhnlich. Es war Selbstschutz. Man antwortete mir: „Was willst du von uns, den in den vierziger Jahren Geborenen? Wir haben nichts mit der Vergangenheit zu tun. Wir wollen ein anderes Deutschland. Wir sind anders. Wir sind ein anderes Deutschland." Ich diskutierte scharf, ich bekundete mein Mißtrauen. Ich wußte, daß ich unfair diskutierte. Aber war man mit mir fair gewesen? Ich wußte, daß ich keine Chance gab. Hatte man mir eine Chance gegeben in Deutschland? Ich glaubte, in den langen Jahren mit dem Problem Deutschland fertig geworden zu sein. Ich glaubte nicht mehr dazuzugehören. Die jungen Deutschen, die mit mir diskutierten, gaben nicht auf. Sie wollten verstehen. Dieses ehrliche Verstehenwollen rührte mich. Ich war bereit, ihnen eine Chance zu geben. Mit sehr viel Vorbehalten und Mißtrauen, aber eine Chance wollte ich ihnen geben. Ich fühlte, daß sie es ernst meinten.

Ein Jahr verging, ich wollte mich mit den Dingen nicht beschäftigen. Ich versprach, mich zu melden, wenn ich in Europa bin. Eines Tages im Sommer 1972 erschienen die, mit denen ich diskutiert hatte, bei mir in Israel, um die Diskussion fortzusetzen. Es war das Jahr der Vorbereitungen zur Olympiade in München, der ich sehr skeptisch gegenüberstand. Ich hatte die von 1936 noch gut in Erinnerung. Selbstherrlichkeit, Überheblichkeit und Angeberei. Was hatten wir dort zu suchen? Es gab heiße Diskussionen in Israel, ob man teilnehmen sollte oder nicht. In dieser Situation kamen meine jungen Debattierer aus Deutschland nach Israel. Ich nahm sie freundlich auf. Ich wollte ihnen eine Chance geben. Die Diskussion ging weiter.

Einen Monat zuvor war Mikis Theodorakis, der griechische Freiheitskämpfer, in Israel gewesen und brachte unter anderem die Ballade von Mauthausen mit, die ich auf deutsch erstanden hatte. Ich spielte die Ballade meinen jungen Freunden aus Deutschland vor. Es war schwer, etwas darauf zu erwidern. Sie sagten, das war schrecklich, aber es ist vorbei. Wir werden es nicht mehr zulassen. Ich blieb skeptisch. Ich versuchte zu erklären, warum ich skeptisch war. Und dann hatte eine von ihnen ein Erlebnis am Strand von Tel Aviv. Ein junger Bursche sprach sie an, wie junge Burschen es auf der ganzen Welt tun. „Woher bist du?" – „From Germany." Er drehte sich um und ging. Sie war getroffen, wütend, traurig. Dann setzte sich eine Frau neben sie. Die Frau zog sich aus. Sie hatte eine Nummer im Arm[4] eingraviert. Da verstand sie plötzlich, was ich die ganze Zeit zu erklären versuchte. Sie sagte mir: „Solange es noch

Menschen mit Nummern im Arm gibt, die von Deutschen in den Arm gebrannt wurden, wird es schwer sein, daß man Deutschen vertraut." Sie sagte, daß sie etwas gegen den Haß tun wolle, daß der gegenseitige Haß und das gegenseitige Mißtrauen die größten Feinde der Menschheit und des Fortschritts seien. Aber was kann man gegen Haß und Mißtrauen tun? Um Verständnis werben? Versuchen, selbst zu verstehen? Ich hatte das Gefühl, daß meine jungen Freunde aus Deutschland es ernst meinten. Aber ich blieb skeptisch. Ich sah, was meine Generation in Deutschland tat, um Haß und Mißtrauen zu beseitigen. Es war sehr wenig, was ich sah.

Im Monat August fuhr ich zum ersten Mal seit meiner Emigration wieder nach Deutschland (BRD). Ich wollte mich selbst überzeugen, wo Deutschland im Jahre 1972 stand. Ich suchte einen alten Klassenkameraden auf, der im Ruhrgebiet lebte. Er war dabei, als man im Jahre 1933 (unseren Freund) Walter Pätznick in Handschellen abführte. Er hatte meine Adresse aufgestöbert und sich mit mir schon vor einiger Zeit in Verbindung gesetzt. Was ich im Ruhrgebiet sah, bestätigte meine Einstellung in gewissem Sinne. Ich sprach mit den verschiedensten Leuten. In Kneipen, in Kaffeehäusern und Familien. Ich diskutierte aggressiv und hart. Nahm mir kein Blatt vor den Mund. Meine Generation und Ältere versuchten Worte der Versöhnung, aber der Haß, das Mißtrauen und das Sich-nicht-identifizieren-Wollen standen hinter den Worten.

Alle glaubten, sich bei mir für das Geschehene entschuldigen zu müssen, und damit sei der Fall erledigt. Sie vergaßen nie hinzuzusetzen, daß sie ja nichts gewußt hätten, und daß es eigentlich nicht ihre Schuld sei, die sie jetzt begleichen müßten. Und jedesmal wieder kam eine Frage, die mich in Wut versetzte. Die Frage: Woher kannst du so gut deutsch? Ja, woher wohl?

Wußten sie es nicht? Jawohl, ich konnte gut deutsch. Es war ja sozusagen meine Muttersprache. Aber auf diese Idee kam kaum einer. Man ging an dem Problem vorbei, versuchte es zuzukleistern. Ich sprach auch mit jungen Leuten. Ich sah mit Freuden eine große Diskrepanz. Die jungen Leute waren realistisch, gut orientiert und ich spürte in keiner Weise Mißtrauen, Haß oder billige Entschuldigungen. Ich empfand dasselbe ehrliche, aufrichtige Verstehen-wollen, Sich-mit-den-Dingen-auseinandersetzen-Wollen wie bei meinen jungen Kollegen, die ich in Israel sprach. Es war ein Hoffnungsschimmer. Eine Möglichkeit. Ich hatte in Israel mit meinen jungen Freunden verabredet, daß wir uns im September in Deutschland treffen würden. Ich wußte nicht, ob ich es wirklich wollte. Ich sah im Fernsehen die Eröffnung der Olympiade in München. Ich war überrascht von der angenehmen Atmosphäre, die deutlich zu spüren war. Nichts von der zackigen überheblichen Angeberei, die ich erwartet hatte. Ich flog am 30. August von Düsseldorf über München nach Innsbruck, wo ich mit meinen Eltern, die in Amerika leben, verabredet war. Ich hatte in München vier Stunden Aufenthalt. Ich war erstaunt. Ich spürte die angenehme menschliche Atmosphäre. Sollte ich mich geirrt haben? Sollte es menschlicher geworden sein? Es war ein erstaunliches Erlebnis, das freundliche, farbenprächtige München. Die Stadt, in der vieles seinen Anfang genommen hatte. Die bellenden Verleumdungen Hitlers, die gröhlenden, jüdische Schaufenster einschlagenden Braunhemden (SA) und die marschierenden Stiefel, die später halb Europa zertraten. So hatte ich es von früher in Erinnerung.

Etwas regte sich in mir in den zwei Wochen, die ich in Deutschland verbracht hatte, als mich die Sprache, die ich liebte, aber nicht sprechen wollte, umgab. Ich war verwirrt. Ich wehrte mich immer noch, innerlich Stellung zu nehme. Aber ich merkte, daß das Eis zu schmelzen begann.

Und dann kam der 5. September 1972. Ich erlebte ihn im Kurort Igls oberhalb Innsbrucks. Ich drehte früh das Radio auf. Der Ansager sprach mit Erschütterung in der Stimme vom Mordanschlag arabischer Terroristen auf die israelische Mannschaft im Olympiadorf in München. Ich war entsetzt, aber spürte beim Sprecher Anteilnahme und Ablehnung des Anschlages auf die jüdischen Sportler.

Ich ging hinaus auf die Straße. Man kannte mich dort, da ich nicht zum ersten Male hier war. Solch eine Anteilnahme, die mir von allen Seiten entgegengebracht wurde, hatte ich noch nie im deutschsprachigen Europa gefühlt.

Ich beschloß, meine jungen Freunde in München anzurufen – wie verabredet. Ich hatte das Empfinden, daß es angesichts der Tatsachen nicht fair gewesen wäre, nicht anzurufen. Wir verabredeten uns für den 7. September. Man wollte mich mit dem Auto von Innsbruck abholen. Sie wußten noch nichts vom Geschehen, und ich sagte nichts. In den folgenden zwei Tagen, vom 5. bis zum 7. September, hingen wir alle am Radio und vor dem Fernseher. Das Furchtbare geschah. Die israelische Mannschaft wurde bestialisch ermordet. Zwölf Tote waren zu beklagen. Unter ihnen ein deutscher Polizist. Trotz des schrecklichen, tragischen Geschehens hatte ich zum ersten Mal das Gefühl, daß Deutsche auch menschlich handeln können. Ich sah die Fernsehsendung am 6. September abends, direkt übertragen vom Olympiastadion. Ich spürte in den Worten der Veranstalter wahre Anteilnahme und Verabscheuung des Geschehens. Mehr noch, ich spürte, wie man alles tun wollte, um diesen Mord zu verhindern. Dann kam die Nacht vom 6. zum 7. September. Voll Hoffnung erst und voll Entsetzen über den schrecklichen Ausgang später. Ich hörte die Übertragung der Trauerversammlung. Ich hörte die Reden Brandts, Heinemanns und Genschers. Ich sah die deutschen Sportler mit Trauerflor am Arm und traurigen Gesichtern. Es war ein schreckliches Geschehen, ein verabscheuungswürdiger Mord, und es geschah auf deutschem Boden, in München. Aber ich sah nicht nur die schreckliche Tat, ich sah auch die Reaktion der Deutschen. Und zum ersten Mal begann ich wieder an Deutschland anders als bisher zu denken. Ich war bereit zu hören, in mich aufzunehmen, eine wirkliche Chance zu geben. Vielleicht ließ sich die entstandene Kluft überbrücken.

Als ich mich wie verabredet mit meinen jungen Kollegen in Innsbruck traf, waren die ersten Worte voll

Trauer und Entsetzen: „Es ist schrecklich, was geschah. Es ist nicht wieder gutzumachen, und es ist noch schrecklicher, daß es auf deutschem Boden geschah. Wieder wurden Juden, weil sie Juden waren, ermordet. Diesmal nicht von uns Deutschen, aber als unsere Gäste, und wir hatten es nicht verhindern können." Ich spürte aus diesen Worten wieder die wirkliche innere Anteilnahme, die mir in den letzten Tagen von überall entgegenströmte.

Ich war bereit, nach Deutschland mitzufahren. Ich fuhr das erste Mal nach Berchtesgaden (Bayern), da dort einer meiner jungen Kollegen wohnte. Berchtesgaden war ein rotes Tuch für jeden Antifaschisten und für jeden Juden. Ich hatte sehr gemischte Gefühle, als wir in Berchtesgaden einfuhren. Hier war der Adlerhorst. Von hier hatte Hitler seine Fäden gesponnen. Selbst die hinreißende Schönheit der Umgebung konnte meine Gefühle nicht eindämmen. Da war ich also in Berchtesgaden, einem der schönsten Plätze Deutschlands, aber für mich lastete der Schatten des Geiers vom Adlerhorst über der Landschaft. Es war eine gewisse Beruhigung zu sehen, daß außer dem Teehaus und einer aufgebauten Anlage im Sandkasten nichts Sichtbares an den Adlerhorst erinnerte. Nach meinem Geschmack war auch der Sandkasten überflüssig. Mich interessierte nicht, wie es damals da oben aussah. Ich wollte es gar nicht wissen.

Es folgten endlose Gespräche. Ernste menschliche Gespräche, überschattet vom Geschehen in München. Wieder spürte ich aus diesen Gesprächen den Ernst und die Wahrhaftigkeit, mit denen man versuchte, sich mit den Dingen auseinanderzusetzen. Es half mir, die Schatten des Geiers von Berchtesgaden zu vertreiben. Hier fragte man mich nicht, woher ich so gut deutsch kann. Im Gegenteil, ich mußte oft englische Worte benutzen, sagte, daß mir deutsche Worte fehlen. Aber der Ernst der Gespräche gab mir den Mut, Worte, die mir fehlten, zu suchen. Es ging und ich bemerkte, daß ich die deutsche Sprache gut beherrschte. Daß ich mich in ihr ausdrücken konnte, wie in keiner anderen Sprache. Es war meine Muttersprache, und sie begann zu fließen, zu sprudeln und zu strömen. Ich fühlte wieder die innere Beziehung zur Sprache, die mir abhanden gekommen war oder mit Gewalt von mir unterdrückt worden war als Rache auf die Tatsache, daß ich auf die Judenbank gesetzt worden war. Ich empfand mehr und mehr, was mich mit Deutschland verband und weniger, was mich von Deutschland trennte.

Es tauchte die Frage auf, die ich am Anfang dieses Schreibens stellte: Wer oder was bestimmt, wo man hingehört? Kann ein einzelner, eine Partei oder eine Regierung dem einzelnen die Heimat, in der er geboren ist, oder die Sprache, die seine Muttersprache ist, absprechen? Diese Fragen brachten mich dazu, mehr über das Problem nachzudenken. Ich konnte wieder über Deutschland nachdenken, ohne um den Schlaf gebracht zu werden. Der Korken, den ich auf die Gedanken und Gefühle, was Deutschland anbetraf, gesetzt hatte, war herausgesprungen. Ich hatte eine gemeinsame Sprache mit der jungen Generation Deutschlands gefunden. Aber wie war es mit der anderen? Mit meiner Generation? Wie würde sich Frau Schmidt oder Frau Müller als Nachbarin mir gegenüber verhalten? Wie würde ich diese oder jene dumme Bemerkung ertragen können? Auch darüber sprachen wir.

In der Ballade von Mikis Theodorakis und Jakobus Kampanelli heißt es:

> Wenn dieser Krieg einmal vorbei ist,
> Dann führe ich dich auf den Wachtturm
> Und küsse dich auf offenem Platze.
> Dann können wir endlich friedlich sterben,
> Wo Mord und Tod uns nur erwarteten
> Und wo das Gas steht, blühen Rosen.

Ich wollte nicht, daß Rosen neben dem Gasofen wachsen. Es scheint mir eine Verniedlichung. Der Gasofen soll ein Mahnmal bleiben. Frau Schmidt würde versuchen, ihn mit Rosen zuzudecken, damit man vergißt. Meine jungen Freunde waren anderer Ansicht. Sie sagten, daß die Rosen neben dem Gasofen in Mauthausen

420

auch bedeuten könnten, daß das Leben und die Gerechtigkeit stärker sind als organisierter Mord und Tod. Ja, vielleicht konnte man es auch so sehen.

Die nächste Frage, die ich stellte, war: Was seid ihr zu tun bereit? Inwieweit seid ihr bereit, euch für die Gerechtigkeit einzusetzen? Man würde es bei den kommenden Wahlen am 19. November sehen. Ich verließ Deutschland diesmal mit ganz neuen Gedanken und Gefühlen. Ich war herausgetreten aus meiner Ecke von Enttäuschung, Wut und Bitternis. Ich hatte das Gefühl, daß das Gespräch fortgesetzt werden muß; daß ich etwas zu sagen hatte und daß es etwas zu hören gab.

Nach meiner Rückkehr am Ende des Sommers nach Israel nahm die Unterhaltung ihre Fortsetzung. Am 20. November bekam ich eine neue Bestätigung, daß etwas anders geworden ist. Der große Wahlsieg Willy Brandts bezeugte das ganz offensichtlich. Es gab vielleicht doch noch einen Weg, meinen Frieden mit der Heimat zu schließen, aber der Weg dorthin war nicht ein Vertuschen oder Verkleistern der Tatsachen, sondern das offene Gespräch, so wie ich es geführt hatte. Der Wunsch zu diesem offenen Gespräch war der Anlaß, der mich zum Schreiben bewegte und mir den Mut gab, mich direkt an Deutschland zu wenden mit meinen Fragen, Zweifeln und Erkenntnissen.

Es mag ein Beitrag sein für ein besseres Verständnis. Mir gibt es ein Gefühl der Partnerschaft und vielleicht im Lauf der Zeit auch der Zugehörigkeit. Was geschehen ist, läßt sich nicht mehr ändern. Das Ausschlaggebende ist, was man daraus macht.

Das heutige Deutschland gibt Hoffnung, daran zu glauben, daß sich die Vergangenheit nicht wiederholt. Das heutige Deutschland gibt Hoffnung auf neue Möglichkeiten, an denen ich vielleicht sogar teilhaben könnte als Deutsche.

1 *Heinrich Heine* (1797–1856), deutscher Dichter und Publizist, Sohn einer jüdischen Kaufmannsfamilie in Hamburg, lebte seit 1831 im Exil in Paris.

2 *Adolf Eichmann* (1906–1962) leitete ab 1941 die Deportation

und Vernichtung der Juden im Nazi-Holocaust. Er wurde 1962 in Israel zum Tode verurteilt und hingerichtet.

3 *Willy Brandt* (geb. 1913) war 1957–1966 Regierender Bürgermeister von Berlin (West), seit 1964 Vorsitzender der SPD und von 1969 bis 1974 Bundeskanzler der BRD. Er bemühte sich um einen Ausgleich mit Polen (Ostpolitik) und erhielt dafür 1971 den Friedensnobelpreis.

4 *Nummer im Arm.* Hinweis auf die Tatsache, daß allen Häftlingen in Mauthausen, Auschwitz und anderen Nazi-Konzentrations- und -Vernichtungslagern von der SS Nummern in den Arm tätowiert wurden. Überlebende des Holocausts trugen zeitlebens die Kennzeichen dieser Tätowierungen.

Quelle: Rosemarie Silbermann, Fragen an Deutschland (1972). In: *Blick zurück ohne Haß. Juden aus Israel erinnern sich an Deutschland.* Hrsg. von Michael Lüders. © Bund-Verlag, Köln 1981.

Wie ich in den Schoß
der Familie zurückkehrte

Die Verfasserin wurde 1932 in Berlin geboren und wuchs als Kind polnisch-jüdischer Emigranten in Australien auf. Salomeas frühreifes Interesse am politischen Geschehen ihrer Zeit verschaffte ihr schnellen Kontakt zur antifaschistischen Bewegung. Bereits 1944, ein Jahr vor dem Ende des Zweiten Weltkriegs, fand Salomea Anschluß beim kommunistischen Jugendverband Australiens und beteiligte sich daraufhin aktiv am politischen Leben der Kommunistischen Partei. 1963 kehrte Genin in ihre alte Heimatstadt Berlin zurück, um am Aufbau des sozialistischen deutschen Staates mitzuwirken (siehe Abbildung 21). Die Umstellung auf das Leben in der DDR bewirkte bei Genin auch eine innere Umorientierung, die sich zugleich mit der Gründung einer Familie und der Geburt ihrer zwei Kinder Mitte der sechziger Jahre vollzog. Genins zunehmend kritisches Verhältnis zum sterilen Obrigkeitsdenken innerhalb der Partei führte Anfang der siebziger Jahre zu häufigen Auseinandersetzungen mit SED-Funktionären und Genossen. Auf der Suche nach antiautoritären Denkmodellen fand Genin jedoch nicht nur neue Muster der Vergangenheitsbewältigung, sondern auch ein neues Verständnis für das Erbe des Judentums. Der folgende Bericht vom Mai 1989 legt Rechenschaft ab über Genins Prozeß der Selbstfindung als linksliberale Jüdin in der DDR vor dem Fall der Mauer.

Nationale Wurzeln suchte ich. Sie braucht man, wie die Luft zum Atmen. Das hatte ich in meinem australisch modifizierten, osteuropäisch jüdischen Zuhause mit der Muttermilch aufgesogen. Menschen teilte ich nach nationalen Kategorien ein. Ich wollte Wurzeln, aber keine jüdischen. Wer wollte schon Jude sein? Daß das etwas Widerliches ist, hatten die Nazis in Berlin mir schon vor meinem 6. Lebensjahr gründlich beigebracht. Auch hatte ich eine sehr gestörte Beziehung zu meiner polnisch-jüdischen Mutter. Mit der Ablehnung ihrer Person lehnte ich auch eines ihrer Wesensmerkmale ab, nämlich Jüdin sein. Zwölfjährig trat ich 1944 dem Kommunistischen Jugendverband und siebzehnjährig 1949 der Kommunistischen Partei Australiens bei, als die Illegalität mitten im kalten Krieg drohte. Ich wußte, die Mechanismen des Kapitalismus waren schuld am Krieg, am Faschismus, an der Verelendung so vieler Menschen. Der Sozialismus beruht auf Mechanismen, die Machtgehabe, Unterdrückung und Krieg überflüssig machen. Mit 18 fuhr ich 1951 nach Berlin als Mitglied der australischen Delegation zu den 3. Weltfestspielen und sah mit eigenen Augen: hier wird an der neuen Welt und dem neuen Menschen gebaut.

Wieder in Australien, zog ich Bilanz. Das Jüdische brauchte und wollte ich nicht, Australierin war ich nicht. Ich glaubte, Identität könne man wählen. Mit 21 wußte ich, was ich sein wollte: eine deutsche Kommunistin. So machte ich mich auf den Weg und kam nach neunjährigem Bemühen dreißigjährig 1963 in die DDR, allerdings nur durch einen einflußreichen Freund. Froh war ich, endlich in diesem antifaschistischen Staat mein Zuhause, eine Heimstatt für mich zu finden. Denn hier ist die Menschenwürde zu Hause, der Faschismus für immer verbannt und mit ihm auch der Antisemitismus. Hier lohnte es sich zu leben, zu arbeiten, sich zu engagieren – für den Staat und für die Individuen. Hier spielte es keine Rolle, daß ich Jüdin bin. Sowenig wie es für mich selbst eine Rolle spielte.

Ab November 1963 arbeitete ich bei Radio Berlin International, Südostasien-Redaktion, als Journalistin, Sprecherin und Übersetzerin. Das Journalistische machte mir Spaß. Den Rest nahm ich in Kauf, weil es notwendig war. Ich wußte nichts von den politischen Tabus, empfand es als meine Pflicht, gesellschaftliche Probleme anzusprechen, wie ich das im Kapitalismus immer getan hatte.

Nach einem Jahre wurde an mein Pflichtgefühl appelliert: ich, die Muttersprachlerin, würde gerade jetzt als Übersetzerin und Sprachkorrektorin dringend gebraucht. Die journalistische Arbeit sollte für ein Jahr aus meinem Vertrag gestrichen werden. Ich willigte ein. Nach einem weiteren Jahr sah ich, es war eine Ausrede gewesen, um mich von der journalistischen Arbeit ganz auszuschließen. Warum, das sagte mir keiner. „Du bist hier das *enfant terrible*", sagte mir eines Tages mein Abteilungsleiter. Das verstand ich nicht. Erst Jahre später begriff ich, ich hatte ständig, ohne es zu merken, „aber der Kaiser ist doch nackt!" ausgerufen.

Fast hatte ich vergessen, daß ich Jüdin bin. Durch den 6-Tage-Krieg[1] 1967 wurde ich das erste Mal wieder daran erinnert. Das „Neue Deutschland" veröffentlichte täglich Briefe von prominenten Genossen, die jetzt plötzlich ihre jüdische Abstammung hervorkehrten, um Israel zu verdammen. Auch ich schrieb einen entsprechenden Brief und war enttäuscht, als er nicht veröffentlicht wurde. Mit 22jähriger Verspätung bitte ich meine acht Cousins und Cousinen in Israel um Verzeihung. Better late than never!? (Spät aber doch.)

Eine zweite Erinnerung kam durch die Freundin, mit der ich den DEFA-Film „Professor Mamlock"[2] sah. Der Film hatte mich sehr aufgewühlt und hinterher, auf der Straße, brach ich in Tränen aus. Sie nahm mich in die Arme, versuchte mich zu trösten: „Für dich als Jüdin muß dieser Film besonders schlimm sein." Befremdet löste ich mich. Was heißt hier als Jüdin? Als Mensch, als Kommunist, der dafür kämpft, daß solche Unmenschlichkeit nie wieder vorkommt, wühlte er mich auf, aber doch nicht als Jüdin! Ich ahnte nicht, wie sehr sie recht hatte.

Meine erste Begegnung mit Antisemitismus in der DDR sollte durch ein „Überbleibsel" geschehen: Hannelore war Germanistin, spezialisiert auf die Schriften des Bauernkrieges, vollbusig und walkürenhaft, Ende zwanzig. Sechs Jahre kannten wir uns, und ich zählte sie zu meinem engeren Bekanntenkreis. Eines Tages, es muß 1968 gewesen sein, sagte sie, ich sei doch nur wegen der

VdN-Privilegien[3] in die DDR gekommen. So seien eben die Juden, das wisse sie von ihrer Mutter. Daß ich von diesen Privilegien vor meiner Übersiedlung in die DDR nichts gewußt hatte, überzeugte sie nicht. Ich versuchte sie von ihrer Meinung abzubringen, begriff jedoch, es hatte keinen Zweck. Ich sorgte dafür, daß ich sie nie wieder sah. Erst viele Jahre später wurde mir bewußt, wie privilegiert ich in der DDR lebte und ich merkte den Neid, den das verursachte.

Das große Schweigen um die Juden störte mich nicht. Die Betroffenheit und Abwendung vieler, wenn sie erfuhren, daß ich Jüdin bin, verwirrten mich.

Im Januar 1968 war ich erschöpft. Meine Kinder waren 1965 und 1967 geboren worden. Die Beziehung zu dem Vater kriselte, und ich ahnte schon, ich würde diese Kinder allein großziehen müssen. Ich brauchte dringend Urlaub, aber der Feriendienst des FDGB[4] nahm keine Kinder unter drei Jahren auf. Ich schrieb an den Bundesvorstand, daß ich einen Urlaubsplatz zusammen mit meinen Kindern brauchte, wo ich weder einkaufen noch kochen müßte, und wenn sie mir nicht helfen könnten, müßte ich mich an die Kirche wenden, denn von ihr wußte ich, daß sie für Mütter mit Kleinkindern Urlaub möglich machte. Eine Kollegin fand den Durchschlag dieses Briefes in meinem Schreibtisch. Von Februar bis Mai fand mein Parteiverfahren statt. Mir wurde „Verrat an der Partei" und „Kleinbürgerlichkeit" vorgeworfen. Ich versuchte mich, entsprechend der Vorwürfe, kritisch zu sehen. Schließlich waren es doch *meine Genossen*, die über mich zu Gericht saßen. Sie meinten es doch aufrichtig und gut mit mir. Das Verfahren endete mit einem Verweis (milder geht es nicht), meiner völligen Verwirrung und einer tiefen Depression. Ich hatte das Gefühl, von Vater und Mutter gerügt und verlassen worden zu sein. In den drei darauffolgenden Jahren brach ich in Tränen aus, wann immer von dem Verfahren die Rede war. Das wiederholte sich im Januar 1971, als ich mein Herz meinem einflußreichen Freund ausschüttete.

„Du kannst das doch nicht persönlich nehmen. Es gab

einen Befehl von oben, dieses Verfahren gegen dich durchzuführen."

„Vom wem?" fragte ich bestürzt.

„Vom Zentralkomitee", antwortete er.

„Und warum?" fragte ich entgeistert.

Er wurde väterlich. „Na, denk doch mal nach, Mädchen. Es brodelte doch in der Tschechoslowakei. Der Prager Frühling drohte auf die DDR überzuschwappen. Die Mäuler mußten gestopft werden."

„Aber ich sah den Prager Frühling doch auch als eine Gefahr für den Sozialismus! Ich habe nicht einmal solche Diskussionen gehört, geschweige denn mich für Dubcek[5] ausgesprochen. Ich akzeptierte auch den späteren Einmarsch als notwendig!"

„Ich versuchte, das Verfahren auch von dir abzuwenden, aber das gelang mir nicht. Ich konnte es nur mildern, so daß du lediglich einen Verweis bekamst."

„Willst du mir etwa sagen, sie brauchten einen Prügelknaben, und da ich schon immer unkonventionelle Meinungen hatte, war ich dafür gerade gut?" Plötzlich erinnerte ich mich an den Satz, mit dem der Parteisekretär die letzte Sitzung meines Verfahrens eingeleitet hatte: „Wir haben Anweisung bekommen, dieses Verfahren durchzuführen ..." Ich hatte mir den Satz zwar gemerkt, aber die Bedeutung, so elend wie mir nach den ganzen Beschuldigungen war, gar nicht erfassen können. Mir wurde schwarz vor Augen. So geht meine Partei mit politischen Konflikten um? Anstatt sie auszudiskutieren, statuiert sie ein Exempel an Unschuldigen? Das ist doch Stalinismus! Ich dachte, der war mit dem XX. Parteitag 1956 vorbeigewesen?

Nach diesem Gespräch stürzte ich in meine erste Identitätskrise. Entsetzt nahm ich zur Kenntnis: Meine Partei verlangt von mir blinden Gehorsam! Ich dachte über den Gehorsam und die Autoritätshörigkeit nach, die ich in den letzten acht Jahren in der DDR erlebt hatte. In Australien war ich fest überzeugt gewesen, daß *meine* Partei nach 1945, zusammen mit dem Schutt von den Straßen, diese Eigenschaften aus den Köpfen geräumt hatte, Eigenschaften, die Faschismus möglich gemacht hatten.

Jetzt fiel es mir auf: eine „let us agree to disagree"-Tradition („laßt uns darin einig sein, daß wir uns uneinig sind"), wie ich sie aus Australien und England kannte, ist hier unbekannt. Eher herrscht die Haltung: „Willst du nicht mein Bruder sein, dann schlag ich dir den Schädel ein." Das gehörte, so schien es mir, zum Deutschsein. So aber kann und will ich niemals werden. Lange Zeit danach haßte ich „die Deutschen". Nur meine Freunde, die fast alle Deutsche waren, habe ich unbemerkt aus dieser Ablehnung herausgenommen. Aber sie waren meine Freunde, eben weil sie toleranter waren. Erst nachdem ich 12 Jahre wieder in Deutschland gelebt hatte, konnte ich aufhören, Deutsche negativ pauschalisiert zu sehen, wie ich das in Australien unbewußt gelernt hatte. Dabei nahm ich bestürzt zur Kenntnis, Identität kann man sich nicht wählen. Mein Versuch, „deutsch" zu werden, hatte mich von mir viel weiter entfremdet, als ich es jemals gewesen war. Wer bin ich, fragte ich mich verzweifelt. Widerwillig und gleichzeitig erschüttert, merkte ich, ich bin Jüdin, ob ich will oder nicht, und die gesellschaftliche Tabuisierung dieses Themas hatte es mir schmerzlich bewußt gemacht. Und zwar bin ich ein sehr typisches Produkt osteuropäisch-jüdischer Geschichte mit Kindheitsprägungen aus dem Nazi-Berlin und Australien und Erfahrung in verschiedenen Ländern. Ergo: ich bin eine jüdische Weltbürgerin („woman of the world")!

Also gut, wennschon dennschon. 1972 wurde ich Mitglied der Jüdischen Gemeinde, studierte die Geschichte der Juden, las, was mir dazu in die Hände fiel, erkannte, wieder bestürzt, daß ich einen Weg gegangen war, den viele Juden über die Jahrhunderte vor mir genommen hatten.

Gleichzeitig beantragte ich und bekam die Genehmigung, ab September 1972 ein Fernstudium der Philosophie an der Humboldt-Universität Berlin zu machen. Ich wollte mich in den Marxismus-Leninismus vertiefen, denn wenn die Praxis, die ich erlebte, so verschieden war von der Theorie in meinem Kopf, konnte das nur an meinen unzureichenden theoretischen Kenntnissen liegen.

In meinem Philosophie-Seminar war ich, wie so oft, Außenseiter. Ich wußte nicht warum, wandte mich an den Parteisekretär des Seminars, erklärte mein Problem. Er gab mit zweierlei Rat: nicht so auffällige Kleidung zu tragen (ich trug Folklore-Kleidung als es noch nicht Mode war) und nicht solch spitzfindige Fragen zu stellen. Erstaunt und getroffen sah ich ihn an. Er, Jahrgang 1935, konnte nicht wissen, daß die Nazis den Juden Spitzfindigkeit vorgeworfen hatten, dachte ich. Außerdem wußte er doch gar nicht, daß ich Jüdin bin! Was ging hier vor sich?

Ein Jahr später entschuldigte sich eine Kommilitonin bei mir dafür, daß auch sie geholfen habe, mich zum Außenseiter zu machen. Ich hätte mich immer in die vorderen Stuhlreihen gesetzt. Alle anderen drängten nach hinten, so weit vom Dozenten weg wie möglich, damit sie weniger auffielen. Außerdem hätte ich Fragen gestellt. Nach diesem Gespräch begriff ich, daß von den 21 Seminar-Teilnehmern höchstens fünf überhaupt Fragen hatten. Die restlichen brauchten das Diplom wohl für die Karriere.

Beim Lesen von Karl Marx' „Zur Judenfrage" fand ich, er hatte recht. Die Juden als die Verkörperung des Schachers und damit des Kapitalismus zu sehen, war berechtigt und damit auch der Ruf, die Welt von dem Juden, d.h. vom Kapitalismus zu befreien. Mit Antisemitismus, so war ich überzeugt, hatte das nichts zu tun!

Ich suchte eine gesellschaftliche Aufgabe in der Jüdischen Gemeinde. Dank der festgefahrenen, diktatorischen Strukturen gab ich die Hoffnung bald auf, dort eine zu finden. Ich wandte mich den Palästinensern zu, studierte auch ihre Geschichte, ihren Leidensweg unter meinen israelischen Verwandten, freundete mich mit einigen an, wäre am liebsten nach Beirut oder Libanon gegangen, um ihnen zu helfen. Ich brauchte einige Zeit, bis ich erkannte, den Standpunkt der Juden begreifen sie nicht, interessiert sie auch nicht, wobei die Ausnahme die Regel bestätigte. Nach Jahren fiel mir auf, diese Zuwendung hatte auch mit meinem tiefsitzenden jüdischen Selbsthaß zu tun.

1975 ließ ich mir aus Westberlin einen silbernen David-stern mitbringen und legte ihn abends um meinen Hals. Dabei dachte ich an den goldenen von meinem Vater, den ich mit 9 Jahren absichtlich auf dem Wege zu der christlichen Sonntagsschule verloren hatte, deren Be-such ich vor meiner Familie verheimlicht hatte. Im Schlaf vergaß ich ihn und war völlig überrascht, ihn am nächsten Morgen im Spiegel an meinem Hals wiederzu-sehen. Ich brach in Tränen aus und wußte, ich hatte da-mit ein Stück meines jüdischen Selbsthasses abgelegt. Als ich das Haus verließ, hatte ich Angst, den Stern sichtbar zu tragen. Warum bloß? Ich war doch in der DDR und nicht von Antisemiten umgeben!

Kurz darauf fuhr ich nach Bad Elster zur Kur. Dort, wo ich keinen kannte, würde ich ihn tragen, sehen was pas-siert. Es passierte zweierlei: 1. Meine Zimmernachba-rin – über 60 Jahre alt – erzählte mir unaufgefordert, sie habe Juden geholfen und sie habe von den Greueln nichts gewußt. 2. Bei der zufälligen Begegnung mit Heinz E., einem mir aus Australien bekannten nicht-jü-dischen Genossen, fragt er: „Was trägst du denn da um deinen Hals? Du siehst ja aus wie eine zionistische Zimtzicke." Hilflos zuckte ich mit den Achseln. Mit An-tisemitismus aber brachte ich beides nicht in Verbin-dung.

Immer noch auf der Suche nach einer mir entsprechen-den Aufgabe, schaute ich mich um. Ein jüdisches Mu-seum in Berlin, der Stadt, von der die „Endlösung der Ju-denfrage" ausgegangen war, würde diesem sozialisti-schen Staat gut zu Gesicht stehen, flüsterte mir mein einflußreicher Freund ins Ohr. Gern griff ich das auf.

Auf fünf Seiten begründete ich diesen Vorschlag und richtete ihn im April 1975 an den Genossen Rudi Bell-mann, Leiter der Abteilung Kirchenfragen beim Zentral-komitee. Ja, sagte er und schickte mich zum Staatssekre-tariat für Kirchenfragen. Ja, sagte Genossin Jannot, dort zuständig für die Jüdische Gemeinde, und ermutigte mich, das vorzubereiten. Zwei Jahre lang arbeitete ich emsig an dem Plan. 1977 ging ich zu ihr mit einer Liste bekannter Persönlichkeiten, unter ihnen viele Juden und

Genossen. Ich schlug vor, das Staatssekretariat sollte gemeinsam mit der Jüdischen Gemeinde diesen Persönlichkeiten schreiben, um ihre Unterstützung zu bekommen. Sie sagte daraufhin, daß viele von denen keine Juden seien, denn nur wer gläubig wäre, würde vom Staatssekretariat als Jude anerkannt.

„Aber auch ich bin Kommunist, und schon immer Atheist. Bin ich dann etwa nicht Jüdin?"

„An diesem Grundsatz müssen wir festhalten, sonst rutschen wir in den Antisemitismus ab."

„Ich nicht", sagte ich wieder hilflos. Auf dem Weg nach Hause dachte ich, wenn sie daran festhält, dann bin ich hier keine Jüdin. Jetzt wurde mir plötzlich klar, warum die Jüdische Gemeinde offiziell ausschließlich eine Religionsgemeinschaft war und es keinen Jüdischen Kulturbund gab, wie z. B. in Polen. Da formte sich zum ersten Mal der Gedanke: das ist doch Antisemitismus! Ich schüttelte ihn ab, denn wie kann in meiner antifaschistischen DDR eine Staatsfunktionärin Antisemitin sein?

Mit der antizionistischen Welle von 1953 brachte ich das nicht zusammen, denn sie hatte ich seinerzeit nicht als antisemitisch gesehen. Ich glaubte meinen Genossen, daß die jüdischen Ärzte in Moskau zu Recht verhaftet, daß „Rajk, Slansky und Konsorten Agenten des Imperialismus" gewesen sind. Heute denke ich, die Genossin Jannot hat lediglich die 1953 festgelegten staatlichen Vorgaben befolgt. Damals aber und viele Jahre danach haßte ich sie. Ihr gab ich auch die Schuld dafür, daß meine Bemühungen um das Museum scheiterten. Ich erfuhr niemals warum. Während meiner Vorarbeiten hatte ich Besprechungen mit einem prominenten Historiker, mit dem Leiter des Märkischen Museums und anderen Vertretern staatlicher Stellen. Freundlich waren sie alle und wie eine Gummiwand, gegen die ich ständig mit meinem Kopf rannte. Am Ende stand ich wieder draußen.

Was nun? Ich wollte eine Diplomarbeit zur Judenfrage schreiben. Meine Beschäftigung damit hatte mich zu der Hypothese geführt: Europäische Juden sind eine ethnische Minderheit und befinden sich in verschiedenen Stadien der Assimilation, abhängig von dem Grad der Entfernung vom Ghetto. Dieses galt es zu beweisen. Ich reichte es der Universität als Thema ein. Kopfschütteln. „Dazu haben wir keinen Mentor."

„Ich werde einen finden." Achselzucken.

Zwei ganze Bücher gab es in der DDR zu dem Thema im Jahre 1975 zu kaufen: „Antisemitismus" von Walter Mohrmann und „Juden unterm Hakenkreuz" von fünf Autoren. Zu einem von ihnen, Rudi Goguel, dem Verfasser des Moorsoldaten-Liedes, ging ich. Von ihm erfuhr ich, welch starken Widerstand es gegen das Buch gegeben hatte. Ich schüttelte den Kopf über so viel Unwissenheit und Engstirnigkeit. Er war bereit, mein Mentor zu sein, aber er zweifelte, ob die Uni ihn anerkennen würde. Um das zu begründen, erzählte er mir seinen Lebensweg: 12 Jahre KZ als deutscher Kommunist, Chefredakteur der „Süddeutschen Zeitung" nach 1945, Flucht nach dem KPD-Verbot 1956, Anstellung beim Deutschen Wirtschaftsinstitut in der DDR und dann, langsam aber sicher, ins Abseits geschoben. Er hatte unerwünschte Meinungen gehabt. Nunmehr war er VdN-Rentner und freute sich, eine Bibliographie antifaschistischer Literatur zusammenstellen zu dürfen. Die Verbitterung war nicht zu überhören. Ich würde ihn als Mentor anmelden, sagte ich. Er nickte. Aber bevor ich das tun konnte, verstarb er – mitten in einem Disput mit mir zur Judenfrage.

Im ersten Studienjahr hatte ich bemerkenswerte Vorlesungen über die antike Philosophie bei einer Professorin, Mitglied der Jüdischen Gemeinde und Holocaust-Überlebende, gehört. Sie rief ich an, bat um Rat. Nein, sie wolle kein Mentor sein, könne auch keinen vorschlagen. Es sei jetzt nicht die Zeit für so ein Thema. „Nehmen Sie statt dessen ein Parallel-Thema über eine andere unterdrückte Gruppe, z. B. Frauen." Nun gut. Wenn auch sie das ablehnte, hatte ich keine Chance. Ich schrieb eine Diplomarbeit zur feministischen Bewegung in den USA.

Zu jener Zeit hatte ich einen privaten Englischklub gebildet. Ich dürstete nach Gedankenaustausch zu den

Problemen der DDR. Auf englisch schlug ich zwei Fliegen mit einer Klappe: die anderen üben sich im Sprechen und ich höre ihre Meinungen. Zwei Historikerinnen und zwei Sprachwissenschaftlerinnen kamen regelmäßig. Eines Abends berichtet eine Historikerin – ihr Arbeitsthema war die Arbeiterbewegung in Großbritannien – von einem Internationalen Soziologiekongreß in Uppsala. Der Leiter ihrer Arbeitsgruppe hieß Swen Levy.

„Oh", sagte ich. „Ist er Jude?"

Erschrocken schaute sie mich an. „Das würde ich doch niemals fragen!"

„Warum nicht!" fragte ich erstaunt. Beim nächsten Satz stotterte sie.

„Da... da hätte ich doch das Gefühl, ich wü... würde jemand fragen, ob er ein Dieb ist oder Tbc hat."

Noch mehr erstaunt nahm ich das zur Kenntnis. Sechs Wochen später, nachdem sie nie mehr in meinem Klub erschienen war, suchte ich nach dem Grund. Erst da erinnerte ich mich ihres Satzes. Ja, sie fühlte sich wohl ertappt, schämte sich vielleicht und war zu feige, mit mir darüber zu sprechen! Plötzlich begriff ich, warum es in der DDR-Presse und Literatur keine Juden, sondern nur „jüdische Menschen" oder „jüdische Mitbürger" gab. *Sie empfinden das immer noch als Schimpfwort!* Das ist doch Antisemitismus! Ich rechnete nach, wann die Historikerin geboren war: mitten im Krieg ...!

Monate später fragte ich Professor Hertha Kuhrig, Leiterin für Frauenforschung an der Akademie der Wissenschaften und auch in Uppsala anwesend, ob ein von ihr erwähnter Mann Jude war. Auch sie würde das niemals fragen, erfuhr ich. Jetzt mußte ich nicht mehr fragen warum.

Nach abgeschlossenem Studium und jetzt ein „Dipl.-phil." in der Tasche, wollte ich endlich meine Hypothese in einer Doktorarbeit beweisen. Ich ging wieder ins ZK zu Rudi Bellmann, der auf meine Anrufe durchweg freundlich reagierte und mich stets empfing, wenn ich darum bat. „Bitte hilf mir einen Mentor zu finden." Bereitwillig nickte er. In der Erinnerung an die Gummiwände, flehte ich ihn an, „und bitte, sage mir, wenn es nicht geht. Laß mich nicht einfach warten. Ich möchte wissen, woran ich bin." Selbstverständlich würde ich von ihm hören. Ich hörte nie. Ein Jahr später traf ich ihn wieder. Ich dolmetschte bei einem Empfang. Auf meine sarkastischen Vorwürfe hin wußte er gar nicht, wovon die Rede war. Fünf Jahre später traf ich ihn beim Schlangestehen in der Kaufhalle. „Guten Tag, Genosse Bellmann", sagte ich.

„Guten Tag. Ihr Gesicht ist mir zwar sehr bekannt, aber leider weiß ich nicht, wo ich es hintun soll."

Ich winkte ab und ging.

Wieder dolmetschend bei einem offiziellen Essen, sprach ich Klaus Gysi an, Staatssekretär für Kirchenfragen und Jude. So etwas Dummes habe die Genossin Jannot gesagt? Das könne ich doch nicht ernst nehmen! Das wäre doch nur Unwissenheit. Ja, er würde sich um einen Mentor kümmern. Ich solle in zwei Wochen anrufen. Er war nie zu sprechen. Ich lauerte ihm auf. Er sah durch mich hindurch, als wäre ich nicht vorhanden.

Ich gab's auf. Seitdem erwarte ich von DDR-Staats- und -Parteifunktionären nichts mehr als dieses feige Wegschleichen und bin angenehm überrascht, wenn ich es anders erlebe. Jetzt fing ich an, mich zu fragen: gibt es mich überhaupt oder bin ich vielleicht nur ein Gespenst, das weder sicht- noch hörbar ist?

1976 waren meine Söhne Frank 9 und André 11 Jahre alt. Sie gingen in die Walter-Husemann-Schule in Berlin-Mitte. Als kleine Kinder hatte ich sie am 1. Mai und zu der September-Opfer-des-Faschismus-Kundgebung immer mitgenommen. Jetzt wehrten sie sich, denn sie fanden Demonstrationen langweilig. Ich verstand das. 1976 nahm ich sie, anstatt zu der zentralen OdF-Kundgebung, zu der Zeremonie auf dem Jüdischen Friedhof in Weißensee mit. Ich wußte, sie kommen in ein Alter, in dem sie ihre eigene Beziehung zu diesem wichtigen Teil ihrer Geschichte entwickeln müßten, und ich fragte mich, wie schaffe ich es, daß sie das Gedenken an die Opfer des Faschismus nicht automatisch mit Langeweile verbinden. Kurz darauf besuchte ich eine Genossen-Eltern-Versammlung in der Schule. Der Parteisekretär wies daraufhin, daß es für die Schüler ab 6. Klasse Pflicht sei, zu der OdF-Kundgebung zu gehen und schimpfte auf Eltern, die Entschuldigungszettel für ihre Kinder schrieben. Ich war keineswegs bereit, meine Kinder zu zwingen, dahinzugehen und überlegte, wie man diese Kundgebung interessanter machen könnte.

Mit Hilfe meines WPO-Sckretärs schrieb ich einen Brief an das Komitee der Antifaschistischen Widerstands-kämpfer, welches diese Kundgebungen organisierte. Ich stellte das Problem dar und machte Vorschläge. Durch einen Anruf wurde ich im Februar 1977 aufgefordert, in die Abteilung Öffentlichkeitsarbeit zu kommen. Neunzig Minuten dauerte die ausführliche Diskussion mit einem älteren Genossen und seinem jüngeren technischen Assistenten. Nicht wenig war ich erstaunt, von dem älteren dreimal versichert zu bekommen, daß sie meinen Brief *nicht* als Provokation auffassen würden. Ansonsten würde ich das Problem doch wohl etwas übertreiben. Aus rein sicherheitstechnischen Gründen seien meine Vorschläge abzulehnen. Ja, für die Kinder sei vielleicht ein Problem vorhanden, man würde sich Gedanken machen, aber eine schnelle Lösung, z. B. bis zur nächsten Kundgebung in sechs Monaten, sollte ich nicht erwarten. Als ich nach Hause ging, fühlte ich mich auf den Arm genommen. Warum hatten sie meine und ihre Zeit so verschwendet, wenn sie sowieso nicht ernst nahmen, was ich ihnen schrieb? Sollte ich mich an das ZK wenden? Ich besprach das mit Heinz E., der mich nach der Kur zu Hause besuchte.

„Was zerbrichst du dir da den Kopf", meinte er. „Wir haben die Vergangenheit bewältigt." Plötzlich begriff ich: „Du?" fragte ich, „du hast doch nichts zu bewältigen. Du hast noch *vor* den Nazis ‚Hitler bedeutet Krieg' an die Wände geschrieben." Meine Gedanken wischte er als unwichtig weg. Ich wußte jetzt, im ZK würden sie genauso reagieren.

Ich war im Klassen-Elternaktiv der Schule und dachte, wenn „die da oben" nicht hinhören, dann muß man es von der Basis aus probieren. Ich stellte das Problem des

Pflichtbesuches der Kinder bei der OdF-Kundgebung im Elternaktiv zur Sprache, nicht ohne das Schutzschild meiner jüdischen und kommunistischen Vergangenheit zuerst aufzustellen, falls jemand auf die Idee käme, mir vorzuwerfen, ich wäre gegen die Kundgebung überhaupt, wie es mir schon mal bei einer Kritik der Methoden des Russischunterrichts geschehen war. Freundlich, verständnisvoll wurde ich angehört. Eine Lösung fanden auch sie nicht. Sehr bald wurde ich von Andrés Klassenlehrerin gefragt, ob ich nicht im Elternbeirat für die gesamte Schule mitwirken möchte. Ich fühlte mich geehrt und ließ mich wählen. Nun wurde mir mitgeteilt, ich müßte das Elternaktiv verlassen, denn Mitgliedschaft in beiden Gremien sei nicht erlaubt. Das lehnte ich ab, bekam aber keine Einladungen für die Aktiv-Sitzungen mehr und fand mich am Ende der Wahlzeit aus dem Beirat ausgebootet. Auch hier erlebte ich die gummiwandige Freundlichkeit, die mich ausschloß. Noch sieben Jahre gingen meine Söhne in diese Schule, und nie wieder wurde ich zu einer Genossen-Eltern-Versammlung eingeladen. An den OdF-Kundgebungen hat sich bis heute, zwölf Jahre später, nichts geändert.

Immer öfter fiel mir die Selbstherrlichkeit der Funktionäre auf, die aber doch meine Genossen waren! Ich sah, daß sie unter „Parteidisziplin" Gehorsam gegenüber der Führung verstanden. Entsetzt erkannte ich, daß hinter dem gesellschaftsweiten Ruf nach „Disziplin, Ordnung und Sicherheit" der Kadavergehorsam der Vorkriegszeit steckte.

Meine Angst vor Meinungsäußerung in der Öffentlichkeit spürte ich erstmals um 1976. Ich saß bei einer Veranstaltung im Club der Kulturschaffenden. Ein führender Pädagoge hatte gerade 30 Minuten zu den Problemen in den Schulen gesprochen. Es fehlte Wesentliches. Während ich anfing im Kopf zu formulieren, was ich in der Diskussion sagen wollte, bekam ich rasendes Herzklopfen. An diesem Abend hielt ich meinen Mund, und tat es von da an oft. Entweder weil ich sah, die Verantwortlichen wollen von Problemen nichts wissen, oder weil mich die Angst vor der Reaktion so überwältigte, daß ich mundtot wurde. Gleichzeitig schämte ich mich dieser Angst, denn in Australien hatte ich als Kommunistin gelernt, meine Pflicht ist es, kritisch zu sein. Bald erkannte ich: *Die Tabuisierung gesellschaftlicher Probleme macht Angst und die Menschen sprachlos, und damit hilf- und wehrlos. Es ist ein Mittel zur Beherrschung einer Bevölkerung. Das Unterbinden von Öffentlichkeit ist geistige Unterdrückung!*

Bei Diskussionswochenenden der Evangelischen Akademie Berlin atmete ich auf. Hier durfte ich Jüdin sein. Hier durfte ich auch eine um ihre Autonomie kämpfende Frau sein. Hier bin ich umgeben von vielen Menschen, die viele Probleme hatten, die, wie ich, aufatmeten, denn hier gewannen sie ihre Sprache wieder. Sehr bald sah ich: dieser, mein Staat – die Verbitterung kam hoch – mißbraucht die Kirche als Ventil, um sich mit gesellschaftlichen Problemen nicht beschäftigen zu müssen. *Die führenden Genossen meiner Partei scheuen die Auseinandersetzung wie der Teufel das Weihwasser!*

1978 besuchte mich meine Schwester Renia. Sie wollte ihre alte Schule, die Jüdische Mädchenschule, in der Auguststraße wiedersehen. An der Tür wurden wir vom Pförtner aufgehalten. Mit meiner Schwester wolle ich hinein? Woher sie denn käme? Aus Australien? Nein, das ginge nicht, denn Ausländer dürften nicht in die Schulen. Als ich um Verständnis bat, schickte er mich zur stellvertretenden Schuldirektorin. Vom Magistrat brauche Renia eine schriftliche Erlaubnis. Ich erklärte Renias Vergangenheit, flehte die Direktorin an, doch traf ich auf eine Wand eisiger Gleichgültigkeit. Unverrichteter Dinge mußten wir gehen.

Ab April 1981 kamen das erste Mal traumatische Ängste aus meiner Kindheit hoch. André ging in die 10. Klasse. Ich war gerade von einem 2wöchigen Internatslehrgang der Akademie der Wissenschaften nach Hause gekommen, wo ich wieder Englisch unterrichtet hatte. Bedrückt sagte mir André, er müsse für die Schule eine Stellungnahme schreiben. An seinem Gesichtsausdruck, seiner Gestik und dem Tonfall merkte ich, er hatte etwas erlebt, was er zu verdrängen suchte. Mit viel Mühe konnte ich ihm einiges aus der Nase ziehen. Er und zwei andere Schüler hätten vor dem Unterricht Witze gerissen und einen davon an die Tafel geschrieben: „Lech Walesa[6] unser Vorbild." (Fünf Monate zuvor war in Polen der Kriegszustand ausgerufen worden.) Er überreichte mir seine Stellungnahme: „Ich möchte nochmals betonen, daß ich das nicht mit politischer Absicht, oder um irgendwelche Folgen zu testen, an die Tafel geschrieben habe. Ich habe es als Ulk gemeint und es wurde auch so verstanden. Keiner aus meiner Klasse ist auf die Idee gekommen, daß ich das aus meiner Überzeugung heraus geschrieben hätte. Ich war mir dieser Folgen keineswegs bewußt. Ich hätte nie geglaubt, daß mir jemand zutrauen würde, Partei für so eine verbrecherische Vereinigung mit einem Mörder an der Spitze zu ergreifen."

„Andy", sagte ich. „Wie kommst du auf diesen Satz?"

„Na, Frau Homann hat uns erzählt, Lech Walesa hat 69 Morde begangen."

„Sagte sie wo, wann und an wem?"

„Nein." Ich las weiter. „Ich dachte, ich hätte meine Einstellung genügend bewiesen. Aber ich kann auch in meiner Stellungnahme nicht Dinge zugeben, die überhaupt nicht der Wahrheit entsprechen, z. B. daß ich mir bewußt den Russischraum ausgesucht hätte, dafür von den Polen bezahlt werde oder mit der Absicht, das an die Tafel zu schreiben, in die Schule gekommen bin. Außerdem habe ich nie etwas gegen die Sowjetunion gehabt. Ich fühle mich eher in ihrer Schuld, weil durch deutsche Schuld 20 Millionen Sowjetbürger zum großen Teil auf das Grausamste umgebracht worden sind. ... Ich habe mir viele Gedanken gemacht und bin zu dem Entschluß gekommen, daß ich mir solche ‚Scherze' in Zukunft verkneifen werde. Ich hoffe, daß Sie mir Glauben schenken."

Am nächsten Tag rief mich die Direktorin, Frau Homann, an. „Bevor ich Andrés Schulabschlußbericht schreibe, möchten wir doch mit Ihnen sprechen." Ihre Stimme klang, als würde sie mir einen großzügigen Gefallen tun. „Diese Provokation muß selbstverständlich erwähnt werden." Ich traute meinen Ohren nicht. Sie wollte meinem nicht ganz 16jährigen Sohn seine ganze Zukunft in diesem Land zunichte machen! Wir vereinbarten einen Zeitpunkt für den nächsten Tag. Ich schlief schlecht. Alles ging mir durch den Kopf. Ich hatte versucht, meine Söhne zu einem Klassenstandpunkt und selbständigem Denken zu erziehen. Ich wußte, André strahlte einen starken Willen aus, und hatte schon längst gespürt, Frau Homann paßte das nicht. Um meinen Sohn zu retten, müßte ich diese Genossin, Mitglied *meiner* Partei, bekämpfen! Ich spürte einen Haß in mir hochkommen, wie ich ihn als Jungkommunistin während des Krieges in Australien nur gegenüber den deutschen Faschisten empfunden hatte.

Bei der Aussprache war auch Herr Krahn, der Parteisekretär, zugegen. Nach einer Stunde bestand Frau Homann immer noch darauf, daß André „zu klug und zu intelligent" sei, „um das ohne Absicht gemacht zu haben". „Wenn Sie darauf bestehen", sagte ich, „dann muß ich mich an meine VdN-Kreisleitung und die höheren Parteiorgane wenden." Fast im Chor warfen sie mir Erpressung vor. Herr Krahn versuchte einzulenken. „Wir haben doch gesehen, daß Ihr Sohn das bereut hat. Wir schickten ihn auf den Korridor, um den anderen Jungen allein anzuhören. Als wir ihn hineinbaten, liefen ihm die Tränen herunter. Aber dann war er so kalt und abweisend, daß wir nicht umhin können, diese Tat doch nur seinetwegen, aus *rein erzieherischen Gründen*, in seinen Abschlußbericht zu schreiben."

Mir wurde schlecht. Dieses Verhör mit seinen ganzen Unterstellungen war das Trauma, über das André nicht sprechen konnte. Und so etwas erzählte mir auch noch dieser, vom Staat mit dem Titel „Verdienter Lehrer des Volkes" ausgezeichnete Genosse *meiner* Partei! Ich beendete das Gespräch, indem ich aufstand und ging. Ungern rief ich den einflußreichen Freund an. Er half. Hinterher erfuhr ich, sein Organ mußte Frau Homann *verbieten*, das Ereignis in Andrés Schulabschlußbericht zu schreiben.

Ich hatte gewonnen, aber wie? Darüber dachte ich lange

nach. Diesen Freund hatte ich nur, weil ich Emigrantin, Kommunistin und Jüdin war. Und was macht Lieschen Müller? Sie ist dem hilf- und wehrlos ausgesetzt! Ich bekam noch einmal eine Ahnung davon, als ich 5 Jahre später ein handgemaltes Plakat der Hausgemeinschaft in meinem Wohnhaus veränderte und mich mit Namen dazu bekannte. Das sei eine strafrechtliche Handlung, sagte der Parteibeauftragte. Mit Konsequenzen wurde gedroht, mir wurde Böswilligkeit unterstellt und meine Begründungen lächerlich gemacht. Ein Satz von Herrn Krahn während der Aussprache kam mir jetzt in den Sinn: „Sie verstehen doch, Frau Genin, daß wir diesen Vorgang der ..." er zögerte, versicherte sich durch einen Blick, ob ich das nicht-aussprechbare Wort in meinem Kopf ergänzt hatte, „... selbstverständlich melden mußten." Ich hatte noch verständnisvoll genickt! Jetzt begriff ich: aus Angst hatte die Russischlehrerin den Satz nicht weggewischt. Ca. 30 Paar Augen hatten ihn gesehen und würden zu Hause davon erzählen. Jemand von den Eltern würde das weitermelden, und dann hätte man sie der Beihilfe bezichtigt. Herr Krahn (Jahrgang ca. 1928, d. h. sicherlich als Hitlerjunge erzogen) hatte Angst, es nicht zu melden. Und Frau Homann? Auch sie hatte Angst, denn sie fühlte sich von André bedroht, weil er einen eigenen Willen hatte. Übergangslos war auch diese Frau von der Nazizeit mit ihrem Mangel an Unrechtsbewußtsein in den Sozialismus hineingewachsen. Ergo: es sind die Strukturen von diesem, *meinem* Sozialismus, die durch Angst den Gehorsam und die Untertänigkeit erzeugen! Und wenn ich das bisher nicht bemerkt hatte, dann weil ich durch meine Vergangenheit Narrenfreiheit besaß. Immer deutlicher wurde mir bewußt, daß die Betroffenheit, die mein Jüdisch-sein auslöste, zwar zur Abwendung führte, gleichzeitig aber ein Schutzschild war, das mich unantastbar machte.
Die Schizophrenie der Deutschen unter Hitler, nicht zur Kenntnis zu nehmen, was sie sahen, fiel mir ein. Es war ein Phänomen, das ich nie begriffen hatte. Entsetzt fing ich an, es zu begreifen. Noch hatte ich die Kraft, das Entsetzen, den Schmerz und die Verbitterung zu ver-

drängen. Der völlige Zusammenbruch kam 18 Monate später. Im November und Dezember 1982 war ich erstmals in meinem Leben aus nervlichen Gründen arbeitsunfähig.

Februar 1983 dachte ich darüber nach, daß es für meine Kinder wichtig wäre, das Land sich anzuschauen, in dem ihre Mutter aufgewachsen war, und auch meine Schwestern kennenzulernen. Ich beschloß zu versuchen, mit ihnen nach Australien zu fahren. Auf dem Wege zur Polizei überwältigte mich Angst. Ich ging in die VdN-Zentrale und bat sie unter Tränen um eine Befürwortung für meine Reise. Mitleidig wurde mir mitgeteilt, ich sei nicht die einzige mit diesem Wunsch! Das würde aber von der Polizei als eine Einmischung in ihre Angelegenheiten verstanden und übelgenommen. Ich bekam die Befürwortung nicht, durfte aber über einen Brief an Erich Honecker trotzdem fahren. Bei der Rückkehr blieb André, gerade zwei Wochen vor seinem 18. Geburtstag, in Westberlin. Ich wußte, den Schmerz dieser so schrecklichen Trennung hatte ich u. a. auch Frau Homann und Herrn Krahn zu verdanken.

Im Mai 1984 las ich in einer Wochenendbeilage des „Neuen Deutschland" das Porträt einer in der DDR lebenden Jüdin, verfaßt von Gisela Steineckert, Schriftstellerin und Funktionärin. Mir wurde übel angesichts des Selbstmitleids der Autorin, zum Volk der Täter zu gehören und ihrer gleichzeitigen Huldigung jener Jüdin. „Rampe, Auschwitz, Selektion …" schrieb sie, „Niemand darf so tun, als wäre er dabei gewesen. … Meine Haltung ist nicht zulänglich gegenüber eurer Erfahrung." Ihre triefende Sentimentalität trieb mich zur Erwiderung. Zuerst hielt ich meinen jüdischen Schutzschild hoch. Dann sagte ich meine Meinung: Niemand dürfe so tun, als wäre er *nicht* dabei gewesen, als wäre das von Monstren gemacht, und niemand dürfe die Opfer auf ein Podest heben und sie damit zu besonderen Wesen verklären. Mit dieser „Monstren-Podest"-Haltung, schrieb ich, verbanne man jene Ereignisse aus der Wirklichkeit und dann hätten sie mit uns Heutigen nichts mehr zu tun. Mit klopfendem Herzen saß ich an der Schreibmaschine und beschrieb meine in der DDR erworbenen Ängste. Diesen Brief schickte ich an das „Neue Deutschland" mit der Aufforderung, ihn als Diskussionsgrundlage zu veröffentlichen.

Katja Stern, Leiterin der Wochenendbeilage des „Neuen Deutschland", rief mich an. Sie sei über meinen Brief erschüttert. Da sie mir „keine nichtssagende Antwort schreiben" wolle, schlug sie einen Besuch bei mir vor. Beim Kaffee verstärkte sie meine Ängste, indem sie versuchte, sie mir auszureden. Drei Monate brauchte Gisela Steineckert für ihre schriftliche Antwort. Ihre Aggressivität, ihre, wie ich meine, unbewußte Verlogenheit hatte sie mit Unverschämtheiten gespickt. Ich verstand: meine Ängste hätten keine Grundlage in der Wirklichkeit, sondern ich hatte hier ein psychisches Problem. Beim Lesen fragte ich mich das erste Mal (im September 1984): kann ich noch warten, oder sollte ich lieber gleich meine Koffer packen?

1985 war ich wieder Lehrerin auf einem 2wöchigen Internatslehrgang der Akademie der Wissenschaften, auf dem ca. 40 Wissenschaftler, zumeist Reisekader, Englisch lernten. Wir sechs Lehrer wurden gefragt, ob wir abends auf englisch einen Vortrag halten würden. Ich bot an, 30 Minuten zur Judenfrage zu sprechen. Meine Worte wurden ignoriert. Zwei Tage später wurde die gleiche Frage an die Runde gerichtet. Ich könnte zu den Wurzeln des Zionismus sprechen, sagte ich diesmal. Jetzt war klar, der Vortrag würde antizionistisch sein, also riskierten sie, ihn mich halten zu lassen. Ich sprach über Osteuropa, über den Traum, einen eigenen Staat zu gründen, um dem Antisemitismus zu entgehen, über die verschiedenen Strömungen von rechts bis links, sogar eine marxistische, die sich unter dem Banner des Zionismus gebildet hatten. Unter den Zuhörern im Alter zwischen 30 und 55 entstand beklommenes Schweigen. Dann kamen zögernd Fragen zum heutigen Israel. Für Antisemitismus oder die Wurzeln des Zionismus, geschweige denn für Relevantes zur Nazi-Zeit interessierte sich scheinbar keiner. Jetzt wußte ich, es war die Angst vor dem tabuisierten Thema. Die Enttabuisierung kam ja mit der „Gedenkepidemie" 1988 erst drei Jahre später.

Im August 1987 wurde ich VdN-Rentnerin (mit 55) und konnte 60 Tage im Jahr nach dem Westen reisen. Ich sah mich in Westberliner Buchläden um. Wichtige Bücher entdeckte ich, die in der DDR niemals offiziell erwähnt werden, geschweige denn gedruckt wurden: „Die Unfähigkeit zu trauern" von Alexander und Margarete Mitscherlich, bereits *1967* erschienen. „Wir wissen nicht was morgen wird, wir wissen wohl was gestern war" von Peter Sichrovsky. Es waren Aussagen voller Unbehagen von jungen Juden in Westdeutschland und Österreich, die genauso gut in der DDR hätten geschrieben werden können. Auch Ralf Giordanos „Die zweite Schuld oder von der Last Deutscher zu sein", das von einem in der DDR verordneten Antifaschismus spricht, beschrieb, was ich in der DDR erlebe.

Im Juni 1987 erzählte mir eine Historikerin im Heimatgeschichtlichen Kabinett der Sophienstraße in Berlin-Mitte: weil die Israelis die Palästinenser so behandeln, wie die Nazis die Juden, könne sie nicht bedauern, daß Juden hier umgebracht worden waren. Meinen, zugegeben, wütenden Versuch, mich mit ihr auseinanderzusetzen, lehnte sie ab, weil ich ihren Satz „aus dem Zusammenhang gerissen" habe. Bis Januar 1988 erlebte ich die Solidarisierung ihrer Kollegen mit ihr, die nicht nur ablehnten, mit mir darüber zu sprechen, sondern sichtbare Probleme hatten, mir auf der Straße „Guten Tag" zu sagen. Jetzt war ich nicht mehr bereit, solches Verhalten nur als Dummheit abzutun, sondern nenne es, so wie ich es empfinde, nämlich blanken Antisemitismus! Ich schrieb einen Aufschrei, hier in Auszügen wiedergegeben:

„... veranlaßt mich die Bemerkung dieser freundlichen, hilfsbereiten jungen Frau, in der ich unbewußten Antisemitismus spüre, den ich nicht zum ersten Mal erlebe, zu folgenden Überlegungen: Es gibt keine kollektive Schuld, es gibt nur eine kollektive Scham, ... was es dazu noch geben sollte, ist eine kollektive Verantwortung jedes Volkes für seine eigene Geschichte. Was mich an dem Ganzen beschäftigt, ist die nebulöse Verquickung von Schuldgefühl und Verantwortung, so daß Schuldgefühl als Verantwortung empfunden wird. Bei nicht wenigen Menschen kommt ein Abwehrmechanismus in Gang, denn wer lebt schon gern mit Schuldgefühlen. Der Spieß wird umgedreht. Eine Unmenschlichkeit wird gegen die andere aufgerechnet, und siehe da, das Schuldgefühl verschwindet; und damit auch die vermeintliche Verantwortung für die eigene Geschichte. Und, wie im Falle der jungen Frau, muß man dann im nachhinein den Mord an 6 Millionen Juden nicht mehr bedauern.

Das Resultat ist eine Gleichgültigkeit gegenüber den Opfern, wie ihre Eltern oder Großeltern sie zeigten, die sich schuldig machten durch mangelnde Zivilcourage, durch unterlassene Hilfeleistung und damit Verbrechen zuließen, indem sie sich blind und taub stellten. Mit der Gleichgültigkeit wiederholen die ‚Nachgeborenen‘ ungewollt genau das, was sie an ihren Vorfahren nicht begreifen oder sogar verdammen. ...“

Interessant fand ich, daß im Festzug zu 750 Jahre Berlin die 12 Jahre des Faschismus durch einen Sarg mit Millionen Toten – wahrlich wie eine Blackbox mit unbekanntem Inhalt – und eine Gruppe jubelnder Widerstandskämpfer vertreten waren. Gegen wen haben sie eigentlich gekämpft? Wer hat sie denn ins KZ gebracht? Wo sind denn die 80 Prozent der deutschen Bevölkerung hin, von denen Hitler getragen wurde? ...

Unter uns leben noch viele Menschen, die damals, wie man so sagt, ‚Mitläufer‘ waren. Kann es auf Dauer gelingen, Jahre eines Lebens zu vergessen oder zu verdrängen? Auch ihre Vergangenheit gehört zu unserer Geschichte. Ich möchte, daß derjenige, der es nötig hat, die Ermordung der Juden in Deutschland zu vergessen und mich heute heimlich zum Teufel wünscht oder auch mich lieben möchte, eben weil mein bloßes Dasein ihn an sein verdrängtes, schlechtes Gewissen erinnert, dazu ermuntert wird, sich seiner Geschichte zu erinnern. So könnten wir unsere Erfahrungen austauschen, unsere verschiedenen Erlebnisse kennen- und begreifen lernen und uns darüber verständigen. Wann hören wir auf, uns aus diesem Teil der deutschen Geschichte auszuklinken?"

Diesen Brief schickte ich an den „Sonntag", bekam eine zweiseitige Antwort, voller Sympathie und Mitgefühl. Aber eine Veröffentlichung käme nicht in Frage, denn die Öffentlichkeit sei zu diesen Problemen genügend aufgeklärt. Ich schickte ihn dann an die Jüdische Gemeinde für das „Nachrichtenblatt". Dr. Kirchner, der Vorsitzende in Berlin, schrieb mir: „... müssen uns davon freihalten, unser eigenes gestörtes Verhältnis zur Geschichte immer nur auf unsere Umwelt zu übertragen und als Bösartigkeit dieser Umwelt uns gegenüber zu interpretieren. Erst wenn es uns gelingt, einen festen Standpunkt zur eigenen Geschichte zu haben und diese distanzierter zu sehen als nur mit dem nicht immer vertretbaren allein emotionalen Aspekt, wird es uns auch möglich sein, wieder weniger problematisch in dieser Umwelt zu leben." Mit anderen Worten, ich soll gefälligst nicht so überempfindlich sein!!! Ich antwortete, „ich habe es aufgegeben, weniger problematisch in meiner Umwelt zu leben". Dann versuchte ich es bei „Sinn und Form". Antwort: Diese Zeitschrift habe niemals die von mir kritisierte Haltung eingenommen, daher keine Veröffentlichung. Nun wandte ich mich an meine Parteigruppe. Das Ergebnis war auch dort Hilflosigkeit und ein 3seitiges „Papier", erstellt vom Bereich Allgemeine Geschichte der Akademie der Wissenschaften, das nur von Borniertheit und Ignoranz strotzte. Nirgends fand ich Gehör. Ich, die Genossin, wandte mich in meiner Verzweiflung an „Die Kirche". Dort (!) wurde mein Aufschrei im Mai 1988 gedruckt.

Im Oktober 1988 bat mich Herr Dresdner, Reporter bei Radio DT 64, eine Jugendrundfunk-Station, meine Erinnerungen aus dem Scheunenviertel der dreißiger Jahre ins Mikrofon zu sprechen. Das „Erinnern an den 9. November 1938" lief in allen Medien auf vollen Touren. Er versicherte mir, mit seiner Sendung dem Bedürfnis nach Information nachzukommen und das Schweigen der letzten Jahrzehnte brechen zu wollen. Ich erzählte dazu

von dem Erlebnis in der ehemaligen Jüdischen Mädchenschule im Jahre 1978 und bat inständigst, auch dieses zu senden. Er versprach, sein Bestes zu tun.
Gesendet wurde es nicht. Meine Versuche, ihn am Telefon zu erreichen, schlugen fehl. So schrieb ich seinem
Chefredakteur, daß das 78er Erlebnis die große Wunde
von vor 1939 wieder geöffnet hätte, und fragte, warum
er sie noch einmal durch diese Unterschlagung aufriß.
Schriftlich entschuldigte er sich mit „Anteilnahme" und
„aufrichtigem Bedauern". Dieses Thema wäre eine andere Sendung geworden. Ich forderte ihn auf, wieder
schriftlich, die Sendung zu machen. Jetzt bekam ich eine
hilflose Bestätigung über den Erhalt meines Briefes von
der Intendantin, die der Entschuldigung „nichts hinzu-
fügen" könnte. Als ich die Intendantin anrief, und sie
aufforderte, diese Sendung zu machen, geriet sie hörbar
in Panik, wurde sehr aggressiv, was sie allerdings leug-
nete. Der Chefredakteur sei nicht mehr da, sie habe nur
seinen Schriftverkehr übernommen. Und überhaupt, ich
solle es doch dabei belassen, denn ich würde wohl „einiges nicht verstehen". Ich verstehe sehr wohl, daß so eine
Sendung gegen das offizielle Selbstbildnis der DDR ver-
stoßen würde, eine Heimstatt für Juden zu sein. Schon
der Versuch, so eine Sendung zu machen, könnte sie
ihren Posten kosten.
Fazit am 16. Mai 1989: Heute vor 26 Jahren kam ich in
die DDR. 45 Jahre nach meinem Eintritt in den KJV und
40 Jahre nach meinem Eintritt in die Kommunistische
Partei, stelle ich fest, den Sozialismus, für den ich mich
mein Leben lang eingesetzt habe, gibt es nicht. Die führenden Genossen meiner Partei glauben, die einzige
Wahrheit zu besitzen. Das macht sie blind und taub. Sie
verstehen vieles nicht, doch haben sie keine Fragen, weil
sie andere Lebenserfahrungen, andere Standpunkte und
andere Glücksansprüche als die ihrigen nicht anerkennen. Jede Kritik ihrer bevormundenden und entmündi-
genden Herrschaftspraxis wird als Opposition zum Sozialismus und damit zur klassenfeindlichen Tätigkeit
stigmatisiert bzw. kriminalisiert.
Heute, nach 26 Jahren in der DDR lebend, ersticke ich

durch den Mangel an Öffentlichkeit. Hiermit stelle ich meine sinnlosen Bemühungen ein, den Blinden Farben zu erklären. Indem ich dieses aufschreibe und es veröffentliche, gebe ich mein jüdisches Schutzschild auf und bin mir sehr bewußt, wieder einmal, wie alle engagierten Juden in der Geschichte, doppelt gefährdet zu sein: als Andersdenkende und als Jüdin.

Meine Erfahrung ist, trotz aller offiziellen Behauptungen vom Gegenteil: es gibt in diesem Land unter den Machthabenden vorwiegend Mißtrauen gegenüber den vielfach selbständig denkenden Juden und unter der „Normal"-Bevölkerung den schon immer dagewesenen Antisemitismus. Er ist seit 1945 von sehr vielen Menschen zusammen mit der echten Schuld und den dazugehörigen Schuldgefühlen nur verdrängt worden. Es gibt keine kollektive Schuld, aber ein kollektives Schuldgefühl, das, da nicht verarbeitet, auch an die „Nachgeborenen" weitergegeben worden ist. Trotz der „Gedenkepidemie" vom Frühjahr bis November 1988 und ein neues Bewußtsein, daß es Juden hier gibt, wird um das vergangene Schweigen keine Auseinandersetzung geführt. Damit hat kaum jemand eine Chance, sich mit seinem eigenen, oft unbewußten Antisemitismus auseinanderzusetzen. So bleibt alles beim alten, denn die DDR hat einen „Tapetenwechsel" nicht nötig!

Ich kehrte zum Judentum zurück, weil die immer freundliche, niemals explizite, immer gummiwändige, mich schonende und daher für mich so lange nicht erkennbare Ablehnung der anderen – deren Annahme ich so sehnlichst wünschte, daß ich bereit war, mich dafür völlig aufzugeben – mich zwang, mich auf mich zu beziehen. Aber da war nichts mehr, worauf ich mich beziehen konnte außer den mir noch verbliebenen jüdischen Werten, verblieben, weil sie in meinem Sozialismus aufgegangen waren; einem Sozialismus, geboren aus den wunderbaren aber illusionären Menschheitsvisionen der rabbinischen Vorfahren des Juden Karl Marx. Und so schrieb ich in mein neuerworbenes jüdisches Gebetbuch im Oktober 1986: „This belongs to Salomea Genin who returned to the fold between Roshashonah and Yom

Kippur 5747" (dies gehört Salomea Genin, die im Jahr 5747 zwischen Rosch Haschana [Neujahrstag] und Jom Kippur [Versöhnungstag] in den Schoß der Familie zurückkehrte).

1 *6-Tage-Krieg.* Krieg zwischen Israel, Ägypten und Syrien 1967. Das Resultat des Krieges war die Niederlage der arabischen Armeen und die Besetzung der Halbinsel Sinai, der Golan-Höhen und des Gaza-Streifens durch Israel.

2 *Professor Mamlock.* DDR-Film der 50er Jahre.

3 *VdN-Privilegien.* Als Entschädigung erhielten ehemalige Verfolgte des Nazismus (VdN) in der DDR nach dem Krieg schneller Wohnungen, Renten und einige andere Begünstigungen.

4 *FDGB.* Freier Deutscher Gewerkschaftsbund in der DDR.

5 *Alexander Dubček* (geb. 1921) war 1968–69 Generalsekretär der KP in der Tschechoslowakei. Dubcek leitete einen Demokratisierungsprozeß ein („Prager Frühling"), der durch den Einmarsch der Truppen des Warschauer Paktes gewaltsam unterdrückt wurde.

6 *Lech Wałęsa* (geb. 1943). Walesa war Leiter einer großen Streikbewegung in Gdansk in den Jahren 1980–81 und bis zu seiner Verhaftung Vorsitzender der freien Gewerkschaft „Solidarität". 1983 erhielt er den Friedensnobelpreis. 1990 wurde Walesa zum Staatspräsidenten Polens gewählt.

Quelle: Salomea Genin. „Wie ich in der DDR aus einer jüdisch-sich-selbst-hassenden Kommunistin zu einer Jüdin wurde oder Wie ich in den Schoß der Familie zurückkehrte". Berlin: Manuskript, 1989, 1991. Abdruck mit freundlicher Genehmigung von Frau Salomea Genin.

Ausgewählte Bibliographie

Dieses Literaturverzeichnis ist in drei Teile untergliedert und behandelt den Zeitraum von 1900 bis 1990. Teil I enthält eine ausgewählte Liste deutsch-jüdischer Frauenautobiographien aus dem 20. Jahrhundert. Die Angaben in Teil II beziehen sich auf ungedruckte Memoiren, Erinnerungen, Tagebücher und Briefsammlungen, die als Textvorlagen für die Kapitel dieses Buches dienten. Teil III enthält die Titel der wichtigsten Nachschlagewerke und kulturgeschichtlichen Studien zu den Sachbereichen Autobiographie, Feminismus und Judentum.

I. Veröffentlichte Autobiographien deutscher Jüdinnen

Altmann-Loos, Elsie. *Mein Leben mit Adolf Loos.* Frankfurt/M. 1986.

Ameln, Elsbeth von. *Köln Appellhofplatz. Rückblick auf ein bewegtes Leben.* Köln 1985.

Arendt, Hannah, und Karl Jaspers. *Briefwechsel 1926–1969.* Hrsg. von Lotte Köhler und Hans Saner. München 1985.

Begov, Lucie. *Mit meinen Augen. Botschaft einer Auschwitz-Überlebenden.* Nachwort von Simon Wiesenthal. Gerlingen 1983.

Behrend-Rosenfeld. *Ich stand nicht allein. Leben einer Jüdin in Deutschland 1933–1944.* München 1988.

Bloch, Karola. *Aus meinem Leben.* Pfullingen 1981.

Braun-Vogelstein, Julie. *Was niemals stirbt. Gestalten und Erinnerungen.* Stuttgart 1966.

Buber-Neumann, Margarete. *Als Gefangene bei Stalin und Hitler.* Stuttgart 1958.

Domin, Hilde. *Über die Hoffnung. Autobiographisches aus und über Deutschland.* München 1982.

Ehre, Ida. *Gott hat einen größeren Kopf, mein Kind....* Geleitwort von Helmut Schmidt. München 1985.

Eisner, Lotte. *Ich hatte einst ein schönes Vaterland. Memoiren.* Geschrieben von Martje Grohmann. Mit einem Vorwort von Werner Herzog. Heidelberg 1984.

Feuchtwanger, Marta. *Nur eine Frau: Jahre, Tage, Stunden.* München 1983.

Fischer, Grete. *Dienstboten, Brecht und andere Zeitgenossen in Prag, Berlin, London.* Olten 1966.

Fleischmann, Lea. *Dies ist nicht mein Land. Eine Jüdin verläßt die Bundesrepublik.* Hamburg 1980.

Frank, Anne. *Das Tagebuch der Anne Frank.* Frankfurt/M. 1987.

Frankenthal, Käte. *Der dreifache Fluch: Jüdin, Intellektuelle, Sozialistin. Lebenserinnerungen einer Ärztin in Deutschland und im Exil.* Frankfurt; New York 1981.

Freud, Sophie. *Meine drei Mütter und andere Leidenschaften.* Deutsch von Brigitte Stein. Düsseldorf 1989.

Friedrichs, Nellie H. *Erinnerungen aus meinem Leben in Braunschweig 1912–1937.* Braunschweig 1988.

Gert, Valeska. *Ich bin eine Hexe. Kaleidoskop meines Lebens.* München 1989.

Grundig, Lea. *Gesichte und Geschichte.* Berlin 1961.

Hagen, Nina. *Ich bin ein Berliner. Mein sinnliches und übersinnliches Leben.* Berlin 1988.

Herzberg, Wolfgang (Hrsg.). *Überleben heißt Erinnern. Lebensgeschichten deutscher Juden.* Berlin, Weimar 1990.

Hofmannsthal, Christiane von. *Tagebücher.* Hrsg. von Wolfgang Mertz. Frankfurt/M. 1991.

Isolani, Gertrud. *Briefe, Gespräche, Begegnungen. Teil 1: Berlin, Frankreich, Schweiz.* Köln 1985.

Jabob, Mathilde. „Von Rosa Luxemburg und ihren Freunden in Krieg und Revolution 1914–1919." Hrsg. und eingeleitet von Sibylle Quack und Rüdiger Zimmermann. *Internationale wissenschaftliche Korrespondenz zur Geschichte der deutschen Arbeiterbewegung.* IWK, 24. Jg., Heft 4, Dezember 1988, S. 435–515.

Kaléko, Mascha. *Aus den sechs Leben der Mascha Kaléko. Biographische Skizzen, ein Tagebuch (1938–1945) und Briefe.* Bearb. von Gisela Zoch-Westphal. Berlin 1987.

Krag, Liesl. *Man hat nicht gebraucht keine Reisegesellschaft …* Wien 1988.

Lachs, Minna. *Warum schaust du zurück: Erinnerungen 1907–1941.* Wien 1986.

Landau, Lola. *Vor dem Vergessen: meine drei Leben.* Frankfurt/M. 1987.

Lasker-Schüler, Else. *Franz Marc – Else Lasker-Schüler: ‚Der Blaue Reiter präsentiert Eurer Hoheit sein blaues Pferd'. Karten und Briefe.* Hrsg. und kommentiert von Peter-Klaus Schuster. München 1987.

Liebermann, Mischket. *Aus dem Ghetto in die Welt. Autobiographie.* Berlin 1977.

Lixl-Purcell, Andreas (Hrsg.). *Woman of Exile. German-Jewish Autobiographies Since 1933.* Westport, London 1988.

Luxemburg, Rosa. *Rosa Luxemburg im Gefängnis; Briefe und Dokumente aus den Jahren 1915–1918.* Hrsg. und eingeleitet von Charlotte Beradt. Frankfurt/M. 1987.

Michaelis-Jena, Ruth. *Auch wir waren des Kaisers Kinder. Lebenser-

innerungen. Aus dem Englischen übertragen von Regine Franzmeier. Hrsg. vom Lippischen Heimatbund, Detmold 1985.

Nathorff, Hertha. *Das Tagebuch der Hertha Nathorff. Aufzeichnungen 1933–1945.* Hrsg. und eingeleitet von Wolfgang Benz. München 1987.

Pappenheim, Bertha. *Sisyphus-Arbeit. Reisebriefe. Zweite Folge.* Berlin 1929.

Pauli, Hertha. *Der Riß der Zeit geht durch mein Herz. Ein Erlebnisbuch.* Wien, Hamburg 1970.

Richarz, Monika (Hrsg.). *Jüdisches Leben in Deutschland. Selbstzeugnisse zur Sozialgeschichte 1918–1945.* Stuttgart 1982.

Runge, Irene, und U. Stelbrink. *Ich bin Opposition.* Berlin 1990.

Sachs, Nelly. *Briefe der Nelly Sachs.* Hrsg. von Ruth Dinesen und Helmut Müssener. Frankfurt/M. 1984.

Sachs, Nelly. *Fahrt ins Staublose. Gedichte.* Frankfurt/M. 1961.

Salomon, Alice. *Charakter ist Schicksal. Lebenserinnerungen.* Aus dem Englischen übersetzt von Rolf Landwehr. Hrsg. von Rüdiger Baron und Rolf Landwehr. Weinheim 1983.

Salomon, Charlotte. *Leben oder Theater. Ein autobiographisches Singspiel in 769 Bildern.* Mit einer Einleitung von Judith Herzberg. Köln 1981.

Scholem, Betty/Scholem, Gershom. *Mutter und Sohn im Briefwechsel 1917–1946.* Hrsg. von Itta Shedletzky in Verbindung mit Thomas Sparr. München 1989.

Seghers, Anna/Herzfelde, Wieland. *Ein Briefwechsel, 1939–1946.* Hrsg. im Auftrag der Akademie der Künste der DDR von Ursula Emmerich und Erika Pick. Berlin 1985.

Spiel, Hilde. *Die hellen und die finsteren Zeiten: Erinnerungen 1911–1946.* München 1989.

Straus, Rahel. *Wir lebten in Deutschland. Erinnerungen einer deutschen Jüdin 1880–1933.* Stuttgart 1962.

Susman, Margarete. *Ich habe viele Leben gelebt. Erinnerungen.* Stuttgart 1964.

Tergit, Gabriele. *Etwas Seltenes überhaupt. Erinnerungen.* Frankfurt/M. 1983.

Ueckert-Hilbert, Charlotte (Hrsg.). *Fremd in der eigenen Stadt. Erinnerungen jüdischer Emigranten aus Hamburg.* Hamburg 1989.

Viertel, Salka. *Das unbelehrbare Herz. Ein Leben in der Welt des Theaters, der Literatur und des Films.* Mit einem Vorwort von Carl Zuckmayer. Reinbek bei Hamburg 1987.

Weiss, Gittel. *Ein Lebensbericht.* Berlin 1982.

Wolff, Charlotte. *Augenblicke verändern uns mehr als die Zeit. Eine Autobiographie.* Aus dem Englischen von Michaela Huber. Frankfurt/M. 1986.

Zuckerkandl, Bertha. *Österreich intim. Erinnerungen 1892–1942.*
München 1970.

II. Ungedruckte Quellen

Die umfangreichsten Sammlungen deutsch-jüdischer Frauenautobiographien befinden sich im Leo-Baeck-Institut in New York, in der Houghton-Bibliothek an der Harvard-Universität und im Yad-Vashem-Archiv in Jerusalem. Die folgenden Angaben beziehen sich auf Manuskripte aus öffentlichen und privaten Sammlungen.

Bamberger, Elisabeth. Meine Auswanderungsreise Berlin–Ekuador über Rußland und Japan vom Oktober 1940 bis Januar 1941. Manuskript, 1942. Privatsammlung, Baltimore, Maryland.

Beuthner, Hertha. Meine persönlichen Aufzeichnungen. Manuskript, 1946. Memoirensammlung des Leo-Baeck-Instituts, New York.

Bloch, Margot. Streiflichter aus dem einfachen Leben einer deutsch-jüdischen Einwanderin. Manuskript, 1948. Memoirensammlung des Leo-Baeck-Instituts, New York.

Borinski, Anneliese. Erinnerungen 1940–1943. Manuskript, 1945. Memoirensammlung des Yad-Vashem-Archivs, Jerusalem.

Breuer, Miriam. Der Kladowo-Transport. Zeugenbericht, aufgenommen von Dr. Ball-Kaduri im Januar 1965 in Tel Aviv. Manuskript, 1965. Ball-Kaduri-Memoirensammlung des Yad-Vashem-Archivs, Jerusalem.

Caro, Klara. Die Befreiung der Zwölfhundert Theresienstädter in die Schweiz. Manuskript, 1961. Ball-Kaduri-Memoirensammlung des Yad-Vashem-Archivs, Jerusalem.

Drobatschewsky, Ellen. Erlebnisse in Luxemburg und Frankreich 1940–1944. Manuskript, 1954. Memoirensammlung des Yad-Vashem-Archivs, Jerusalem.

Friedjung, Prive. Einige Angaben und Erinnerungen aus meinem Leben. Manuskript, 1985. Dokumentation lebensgeschichtlicher Aufzeichnungen am Institut für Wirtschafts- und Sozialgeschichte der Universität Wien unter der Leitung Dr. Albert Lichtblaus.

Genin, Salomea. Wie ich in den Schoß der Familie zurückkehrte. Manuskript, 1990. Privatsammlung, Berlin.

Gerstein, Senta Meyer. So wie es war… Bd. 1 und 2. Manuskript 1982–1988. Memoirensammlung des Leo-Baeck-Instituts, New York.

452

Gerstel, Else. Die Zeiten haben sich geändert. Manuskript, 1990. Privatsammlung, El Cerrito, Kalifornien.

Glaser, Ruth. Erinnerungen an Düsseldorf. Meine Kindheit und Jugendjahre. Manuskript, 1984. Memoirensammlung des Leo-Baeck-Instituts, New York.

Hirsch, Frieda. Meine Lebenserinnerungen und eine Chronik der Familien Moses Goldberg in Mainz und Alfred Hirsch für meine lieben Kinder, Enkel, Geschwister und Freunde. Manuskript, 1963. Memoirensammlung des Leo-Baeck-Instituts, New York.

Holzer, Charlotte. Bericht über das Attentat auf die Ausstellung „Sowjetparadies". Ball-Kaduri-Memoirensammlung des Yad-Vashem-Archivs, Jerusalem.

Israel, F. Bericht. Manuskript 02/1063. Memoirensammlung des Yad-Vashem-Archivs, Jerusalem.

Kaden, Julie. Der erste Akt meines Lebens. Manuskript, 1943. Memoirensammlung des Leo-Baeck-Instituts, New York.

Lewinsky, Susi. Briefe und Tagebuchaufzeichnungen, 1925–1939. Privatsammlung, San Francisco, Kalifornien.

Maass-Friedmann. Memoiren. Manuskript, 1967. Memoirensammlung des Leo-Baeck-Instituts, New York.

Mendels, Käthe. Die Geschichte einer jüdischen Familie in einer kleinen Stadt in Westfalen. Manuskript, 1971. Privatsammlung, Sydney, Australien.

Meyring, Else. Arbeit als Jüdin 1933–1940. Ball-Kaduri-Memoirensammlung des Yad-Vashem-Archivs, Jerusalem.

Pick, Charlotte. Die verlorene Heimat. Manuskript, 1990. Privatsammlung, Oakland, Kalifornien.

Preece, Alix. Emigrantin in Portugal und Algier. Manuskript, 1957. Memoirensammlung des Yad-Vashem-Archivs, Jerusalem.

Sachs, Charlotte. Eine Arisierung in Holland. Manuskript, 1955. Memoirensammlung des Yad-Vashem-Archivs, Jerusalem.

Stern, Margarete. Wien–Manila, Philippinen. Ball-Kaduri-Memoirensammlung des Yad-Vashem-Archivs, Jerusalem.

Wolfram, Eva. Ein kleines Mädchen kam aus Nazi-Deutschland. Manuskript, 1940. Aus der Aufsatzsammlung „Mein Leben vor und nach dem 30. Januar 1933" in der Houghton Library, Harvard University.

III. Nachschlagewerke und kulturgeschichtliche Studien

Arndt, Siegfried. *Juden in der DDR. Geschichte, Probleme, Perspektiven.* Sachsenheim 1988.

Bautz, Franz J. (Hrsg.). *Geschichte der Juden. Von der biblischen Zeit bis zur Gegenwart.* München 1983.

Bednarz, Dieter, und Michael Lüders (Hrsg.). *Blick zurück ohne Haß. Juden aus Israel erinnern sich an Deutschland.* Köln 1981.

Biographisches Handbuch der deutschsprachigen Emigration nach 1933. Bd. 1, Politik, Wirtschaft, Öffentliches Leben. München; London: K. G. Sauer, 1980. Bd. 2, International Biographical Dictionary of Central European Émigrés 1933–1945. The Arts, Sciences and Literature. München 1983.

Bridenthal, Renate und Atina Grossmann (Hrsg.). *When Biology Became Destiny. Women in Weimar and Nazi Germany.* New York 1984.

Brinker-Gabler, Gisela (Hrsg.). *Deutsche Literatur von Frauen.* Bd. 2, 19. und 20. Jahrhundert. München 1988.

Broder, Henryk, und M. Lang. (Hrsg.). *Fremd im eigenen Land. Juden in der Bundesrepublik.* Frankfurt/M. 1988.

Fischer, Erica, und Petra Lux. *Ohne uns ist kein Staat zu machen. DDR-Frauen nach der Wende.* Köln 1990.

Gorschenk, Günter und Stephan Reimers (Hrsg.). *Offene Wunden, Brennende Fragen. Juden in Deutschland von 1938 bis heute.* Frankfurt/M. 1989.

Hilberg, Raul. *Die Vernichtung der europäischen Juden. Die Geschichte des Holocaust.* Berlin 1982.

Jessen, Jens. *Bibliographie der Autobiographien. Selbstzeugnisse, Erinnerungen, Tagebücher und Briefe deutscher Schriftsteller und Künstler.* München, London 1987.

Jochmann, Werner. *Gesellschaftskrise und Judenfeindschaft in Deutschland 1870–1945.* Hamburg 1988.

Kahlau, Cordula (Hrsg.). *Aufbruch! Frauenbewegung in der DDR. Dokumentation.* München 1989.

Kaplan, Marion. *Die jüdische Frauenbewegung in Deutschland. Organisation und Ziele des jüdischen Frauenbundes 1904–1938.* Hamburg 1981.

Koonz, Claudia. *Mothers in the Fatherland. Women, the Family, and Nazi Politics.* New York 1987.

Kreis, Gabriele. *Frauen im Exil. Dichtung und Wirklichkeit.* Düsseldorf 1984.

Kwiet, Konrad, und Helmut Eschwege. *Selbstbehauptung und Widerstand. Deutsche Juden im Kampf um Existenz und Menschenwürde 1933–1945.* Hamburg 1984.

Lange, Helene, und Gertrud Bäumer (Hrsg.). *Handbuch der Frauenbewegung.* 5 Bde. Berlin 1901–1906.

Laqueur, Walter. *Der Weg zum Staat Israel. Geschichte des Zionismus.* Wien 1975.

454

Lexikon des Judentums. Gütersloh 1971.

Märten, Lu. *Texte zur Ästhetik und Kultur der Frau.* Darmstadt 1990.

Ostow, Robin. *Jüdisches Leben in der DDR.* Frankfurt/M. 1988.

Prijs, Leo. *Die Welt des Judentums. Religion, Geschichte, Lebensweise.* München 1982.

Quack, Sibylle. *Geistig frei und niemandes Knecht. Paul Levi, Rosa Luxemburg: politische Arbeit und persönliche Beziehung.* Mit 50 unveröffentlichten Briefen. Köln 1983.

Reich-Ranicki, Marcel. *Über Ruhestörer. Juden in der deutschen Literatur.* Stuttgart 1989.

Runge, Irene, und Kurt Paetzold. *Pogromnacht 1938.* Berlin 1988.

Sagarra, Eda. *Quellenbibliographie autobiographischer Schriften von Frauen im deutschen Kulturraum 1730–1918.* Internationales Archiv für Sozialgeschichte der Deutschen Literatur 1986.

Schmid-Bortenschlager, Sigrid, und Hanna Schnedl-Bubenicek. *Österreichische Schriftstellerinnen 1880–1938. Eine Bio-Bibliographie.* Stuttgart 1982.

Stephan, Inge, und Regula Venske. *Frauenliteratur ohne Tradition?* Frankfurt/M. 1987.

Sloterdijk, Peter. *Literatur als Lebenserfahrung. Autobiographien der zwanziger Jahre.* München 1978.

Szepansky, Gerda. *Frauen leisten Widerstand 1933–1945.* Frankfurt/M. 1983.

Über die Grenzen hinaus. Alltag und Widerstand im Schweizer Exil. Studienbibliothek zur Geschichte der Arbeiterbewegung. Zürich 1988.

Wall, Renate. *Verbrannt, verboten, vergessen. Kleines Lexikon deutschsprachiger Schriftstellerinnen 1933–1945.* Köln 1989.

Wolffsohn, Michael. *Ewige Schuld? 40 Jahre Deutsch-Jüdisch-Israelische Beziehungen.* München 1988.

Liste der Abbildungen

1. Käthe Mendels (zweite von rechts unten), Verfasserin von Kapitel 5, mit ihren Klassenkameradinnen in der Handelsschule in Bielefeld. Fotografie aus dem Jahr 1912. [Erica Schwarz]

2. Käthe Mendels (Kapitel 5) mit ihrem Bruder Leopold Herzberg, der als Infanterist im Ersten Weltkrieg diente. Gütersloh 1916. [Erica Schwarz]

3. Jugendbild von Else Gerstel, Verfasserin von Kapitel 1, auf einem Kostümball in Berlin. Fotografie aus dem Jahr 1919. [Else Gerstel]

4. Klassenkameradinnen aus der Augusta-Viktoria-Schule in Düsseldorf 1932. Unten links: Ruth Glaser, Verfasserin von Kapitel 9. [Ruth Glaser]

5. Ruth Glaser (Kapitel 9) bei der Arbeit als Säuglingsschwester in Tel Aviv 1944. [Ruth Glaser]

6. Prive Friedjung, Verfasserin von Kapitel 3, 1989 in Wien. [Prive Friedjung]

7. Nellie H. Friedrichs, geborene Bruell, Verfasserin von Kapitel 10, in Braunschweig kurz vor ihrer Emigration im Jahr 1937. [Christopher R. Friedrichs]

8. Nellie H. Friedrichs (Kapitel 10) mit dem jüngsten ihrer 12 Enkelkinder 1990 in New York. [Christopher R. Friedrichs]

9. Uniformierte Nationalsozialisten beim Beschmieren eines Firmenwagens des Bekleidungshauses Bamberger & Hertz (Kapitel 16) in München am 1. April 1933. Ziel der in ganz Deutschland durchgeführten Terroraktionen war der wirtschaftliche Boykott jüdischer Firmen und Geschäfte. [Frank J. Bamberger, Stadtarchiv München]

10. Paßbild von Elisabeth Bamberger, Verfasserin von Kapitel 16, sechs Jahre vor ihrer Flucht aus Deutschland nach Ekuador. Frankfurt am Main 1934. [Frank J. Bamberger]

11. Brennende Synagoge in Siegen in der „Kristallnacht" am 9. November 1938. Im Verlauf des Pogroms zerstörten die Nazis in Deutschland und Österreich über 1000 jüdische Tempel, wobei mehr als 25000 Juden verhaftet und in Konzentrationslager verschleppt wurden. [Yad Vashem, Jerusalem]

12. Antisemitischer Terror in Österreich. Im November 1938 wurden Wiener Juden unter Aufsicht der Nazis zur Straßenreinigung gezwungen. [Yad Vashem, Jerusalem]

13. Der antifaschistische Widerstandskämpfer Herbert Baum, Leiter der Berliner „Herbert Baum Gruppe" (Kapitel 24). Die meisten Mitglieder dieser Widerstandsgruppe kamen aus der jüdischen Jugendbewegung und traten später der kommunistischen Partei bei. [Yad Vashem, Jerusalem]

14. Jüdischer Flüchtlingszug nach der Ankunft in Palästina im Sommer 1944. [Yad Vashem, Jerusalem]

15. Zelte für neue Mitglieder im Kibbuz Givat-Brenner. Durchmesser 4 m, Höhe 3 m. Palästina 1935. Fotografie von Margot Bloch, Verfasserin von Kapitel 11. [Wilma Reich]

16. Margot Bloch (Kapitel 11) und Ali Bloch 1935 nach ihrer Ankunft im Kibbuz Givat-Brenner in Palästina, heute Israel. [Wilma Reich]

17. Susi Lewinsky, geb. Traumann, Verfasserin von Kapitel 13. Hamburg 1936. [Susi Lewinsky]

18. *Der Bettler Don Esteban.* Zeichnung von Susi Lewinsky (Kapitel 13) aus den Jahren ihres Exils in El Salvador. [Susi Lewinsky]

19. Charlotte Pick, Verfasserin von Kapitel 30, mit ihren Eltern in deren Ferienhaus 1932 in der Nähe Münchens. [Charlotte Pick]

20. Charlotte Pick (Kapitel 30) auf der Terrasse ihres Wohnhauses in Oakland. Kalifornien 1985. [Charlotte Pick]

21. Salomea Genin (Kapitel 33) bei der Arbeit als Dolmetscherin im Berliner Pergamon-Museum Anfang der siebziger Jahre. [Salomea Genin]

22. Salomea Genin, Verfasserin von Kapitel 33, in ihrer Berliner Wohnung. DDR 1989. [Salomea Genin]

Inhalt

V Holocaust 1940–1945

VI Autobiographisches aus Ost und West 1945–1990

RECLAM-BIBLIOTHEK

Arnold Zweig
Bilanz der deutschen Judenheit

Ein Versuch

Herausgegeben von Kurt Pätzold
302 Seiten. RBL 1391. 12,– DM
ISBN 3-379-00680-7

Eine Fülle von Namen taucht auf, von Moses Mendelssohn
bis zu Sigmund Freud und Albert Einstein – Ärzte und
Philosophen; Naturwissenschaftler und Erfinder; Bankiers
und Unternehmer; Musiker und Schauspieler; Juristen,
Schriftsteller und Journalisten – viele von ihnen Pioniere,
Wegbereiter, Anreger des Neuen. Mehr noch: Die deutschen Juden waren, nach Zweig, auch »Vorposten und Vertreter Westeuropas im deutschen Geiste« – und die vermeintliche »nationale Erneuerung« des Jahres 1933, die all
dies verwarf und ausstieß, eine einzige nationale Verstüm-
melung!
Nun endlich, nach dem Ende der DDR, liegt zum erstenm-
mal eine »gesamtdeutsche Ausgabe« eines Buches vor, das
zu den letzten eindrucksvollen Selbstzeugnissen des deutschen Judentums zählt und noch einmal an die so frucht-
bare wie konfliktreiche »deutsch-jüdische Symbiose« erinnert.

Achim von Borries in: Radio Bremen